LA FRANCE

W9-AYF-073

LE ROYAUME-UNI

LA MER DU NORD

LES PAYS-BAS (m. pl.)

Langues maternelles

Le français langue maternelle majoritaire

Le français langue maternelle d'une minorité importante

Langues officielles

Le français est la seule langue officielle

Le français est une des langues officielles du pays ou de l'état

Le français est la langue de culture ou des affaires pour une partie importante de la population

LA BELGIQUE

la Wallonie

LE LUXEMBOURG

LA MANCHE

Dunkerque
Calais
Boulogne
Lille
LA PICARDIE
Dieppe
Amiens
Cherbourg
Le Havre
Charleville-Mézières
Rouen
LA CHAMPAGNE
Verdun
Metz
LA LORRAINE
Nancy
Strasbourg
Caen
Reims
Paris
Versailles
l'ÎLE-DE-FRANCE (f.)
St. Malo
LA NORMANDIE
la Seine
Chartres
Fontainebleau
Troyes
LES VOSGES
L'ALSACE (f.)
Colmar
L'ALLEMAGNE (f.)
Brest
LA BRETAGNE
Rennes
Le Mans
Orléans
la Loire
Angers
Blois
Tours
la Loire
Nantes
LA TOURAINE
Bourges
LA BOURGOGNE
Dijon
la Saône
Besançon
LA SUISSE
LA VENDÉE
LE POITOU
Poitiers
LA FRANCE
LE JURA
La Rochelle

L'OCÉAN ATLANTIQUE (m.)

Limoges
Clermont-Ferrand
Lyon
le Val d'Aoste

L'AUVERGNE (f.)
Rocamadour
Bordeaux
la Garonne
Moissac
Albi
LE MASSIF CENTRAL
le Rhône
Grenoble
LES ALPES
LE DAUPHINÉ
L'ITALIE (f.)

Nîmes
Avignon
Nice
LA PROVENCE
Cannes
Montpellier
Arles
Aix-en-Provence
Marseille
MONACO

Biarritz
LE PAYS BASQUE
Lourdes
Toulouse
Carcassonne
LE LANGUEDOC
LES PYRÉNÉES (f. pl.)
Perpignan

la Corse

LA MER MÉDITERRANÉE

L'ANDORRE (f.)

L'ESPAGNE (f.)

0   50   100 MILLES
0   50   100   150 KILOMÈTRES

LE MONDE

À L'ÉQUATEUR

| 0 | 1,000 | 2,000 MILLES |

| 0 | 1,000 | 2,000 | 3,000 KILOMÈTRES |

LE GROENLAND

L'OCÉAN
ARCTIQUE (m.)

LA
FÉDÉRATION
RUSSE

l'Alaska (m.)
(LES
ÉTATS-UNIS)

le Yukon

les Territoires
du Nord-Ouest
(m.)

LE CANADA

la Colombie Britannique

l'Alberta
(m.)

la
Saskatchewan

le
Manitoba

l'Ontario
(m.)

le
Québec

Terre-
Neuve (f.)

le Maine

Saint-Pierre-
et-Miquelon
(LA FRANCE)

L'AMÉRIQUE
DU NORD (f.)

le New-Hampshire

le Vermont

le Nouveau-
Brunswick

la Nouvelle-Écosse

le Massachusetts

le Rhode Island

le Connecticut

LES ÉTATS-UNIS (m. pl.)

la Louisiane

Les Îles Hawaii (m. pl.)
(LES ÉTATS-UNIS)

L'AMÉRIQUE
CENTRALE (f.)

LE
MEXIQUE

LE
BELIZE

LES
CARAÏBES
(m. pl.)

L'OCÉAN
ATLANTIQUE
(m.)

LE GUATEMALA
LE SALVADOR
LE HONDURAS
LE NICARAGUA
LE PANAMA

LE COSTA
RICA

VANUATU (m.)

Wallis-et-Futuna
(LA FRANCE)

TUVALU

KIRIBATI

LES SAMOA
(f.pl.)

FIDJI
(m.)

TONGA
(m.)

LA POLYNÉSIE
FRANÇAISE

la Nouvelle-Calédonie
(LA FRANCE)

LA NOUVELLE-ZÉLANDE

L'OCÉAN
PACIFIQUE (m.)

LE VENEZUELA
LA
COLOMBIE

la Guyane
française
(LA FRANCE)

LA GUYANA

LE SURINAM

L'ÉQUATEUR
(m.)

LE PÉROU

L'AMÉRIQUE
DU SUD (f.)

LA
BOLIVIE

LE BRÉSIL

LE PARAGUAY

L'ARGENTINE (f.)

LE CHILI

L'URUGUAY (m.)

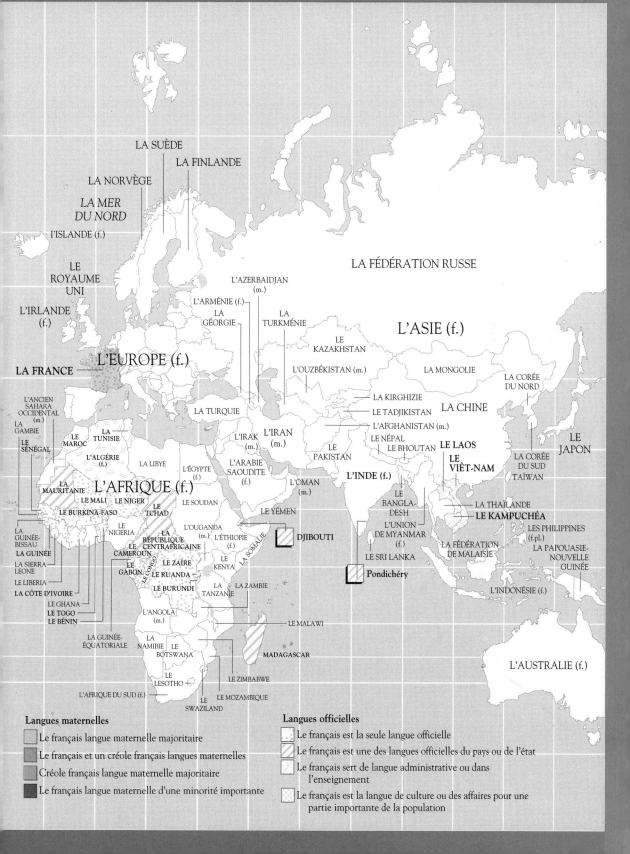

LA SUÈDE

LA FINLANDE

LA NORVÈGE

LA MER
DU NORD

l'ISLANDE (f.)

LE
ROYAUME
UNI

L'IRLANDE
(f.)

LA FÉDÉRATION RUSSE

L'AZERBAIDJAN
(m.)

L'ARMÉNIE (f.)
LA
GÉORGIE

LA
TURKMÉNIE

L'ASIE (f.)

LE
KAZAKHSTAN

L'EUROPE (f.)

L'OUZBÉKISTAN (m.)

LA MONGOLIE

LA CORÉE
DU NORD

LA FRANCE

LA KIRGHIZIE

LA CHINE

LE JAPON

L'ANCIEN
SAHARA
OCCIDENTAL
(m.)

LA TURQUIE

LE TADJIKISTAN

L'AFGHANISTAN (m.)

LE NÉPAL

LA CORÉE
DU SUD

LA
GAMBIE

LE
MAROC

LA
TUNISIE

L'IRAK
(m.)

L'IRAN
(m.)

LE BHOUTAN

LE LAOS

TAÏWAN

LE
SÉNÉGAL

L'ALGÉRIE
(f.)

LA LIBYE

L'ÉGYPTE
(f.)

L'ARABIE
SAOUDITE
(f.)

LE
PAKISTAN

LE
VIÊT-NAM

L'INDE (f.)

LA
MAURITANIE

L'AFRIQUE (f.)

L'OMAN
(m.)

LE
BANGLA-
DESH

LE MALI

LE NIGER

LE SOUDAN

LE YÉMEN

LA THAÏLANDE

LA
GUINÉE-
BISSAU

LE BURKINA-FASO

LE
TCHAD

LE
NIGERIA

L'OUGANDA
(m.)

L'UNION
DE MYANMAR
(f.)

LE KAMPUCHÉA

LA
GUINÉE

LA
RÉPUBLIQUE
CENTRAFRICAINE

L'ÉTHIOPIE
(f.)

DJIBOUTI

LES PHILIPPINES
(f.pl.)

LA SIERRA
LEONE

LE
CAMEROUN

LA
SOMALIE

LA FÉDÉRATION
DE MALAISIE

LA PAPOUASIE-
NOUVELLE
GUINÉE

LE LIBERIA

LE
GABON

LE CONGO

LE ZAÏRE

LE
KENYA

LE SRI LANKA

LA CÔTE D'IVOIRE

LE RUANDA

Pondichéry

LE GHANA

LE BURUNDI

LA
TANZANIE

LA ZAMBIE

L'INDONÉSIE (f.)

LE TOGO
LE BÉNIN

L'ANGOLA
(m.)

LE MALAWI

LA GUINÉE-
ÉQUATORIALE

LA
NAMIBIE

LE
BOTSWANA

L'AUSTRALIE (f.)

MADAGASCAR

LE
LESOTHO

LE ZIMBABWE

L'AFRIQUE DU SUD (f.)

LE
SWAZILAND

LE MOZAMBIQUE

Langues maternelles

Le français langue maternelle majoritaire

Le français et un créole français langues maternelles

Créole français langue maternelle majoritaire

Le français langue maternelle d'une minorité importante

Langues officielles

Le français est la seule langue officielle

Le français est une des langues officielles du pays ou de l'état

Le français sert de langue administrative ou dans
l'enseignement

Le français est la langue de culture ou des affaires pour une
partie importante de la population

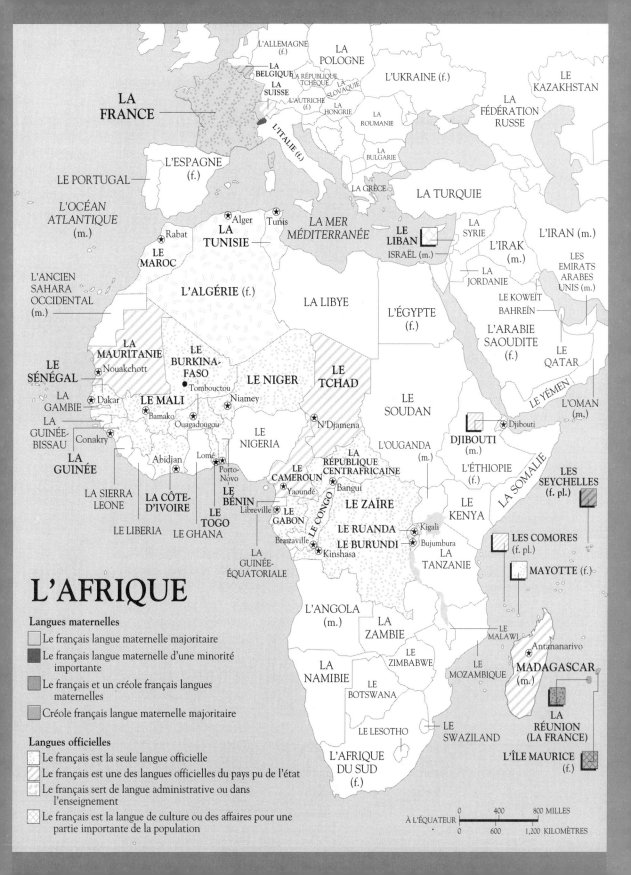

L'ALLEMAGNE (f.)

LA POLOGNE

L'UKRAINE (f.)

LE KAZAKHSTAN

LA FRANCE

LA BELGIQUE
LA SUISSE

LA RÉPUBLIQUE
TCHÈQUE
LA SLOVAQUIE
L'AUTRICHE (f.)
LA HONGRIE
LA ROUMANIE

LA FÉDÉRATION
RUSSE

L'ITALIE (f.)

LE PORTUGAL

L'ESPAGNE (f.)

LA BULGARIE

L'OCÉAN
ATLANTIQUE
(m.)

Rabat

Alger

Tunis

LA GRÈCE

LA TURQUIE

LA MER
MÉDITERRANÉE

LE LIBAN

LA SYRIE

L'IRAN (m.)

LA TUNISIE

ISRAËL (m.)

L'IRAK
(m.)

LES
EMIRATS
ARABES
UNIS (m.)

LE MAROC

LA JORDANIE

LE KOWEÏT
BAHREÏN

L'ANCIEN
SAHARA
OCCIDENTAL
(m.)

L'ALGÉRIE (f.)

LA LIBYE

L'ÉGYPTE
(f.)

L'ARABIE
SAOUDITE
(f.)

LE QATAR

LA
MAURITANIE

Nouakchott

LE BURKINA-
FASO

LE NIGER

LE TCHAD

LE SOUDAN

LE YÉMEN

L'OMAN
(m,)

LE
SÉNÉGAL

LA
GAMBIE

Dakar

Tombouctou

Niamey

LE MALI

Bamako

Ouagadougou

N'Djamena

Djibouti

DJIBOUTI
(m.)

LA
GUINÉE-
BISSAU

Conakry

LE NIGERIA

L'OUGANDA
(m.)

L'ÉTHIOPIE
(f.)

LES
SEYCHELLES
(f. pl.)

LA
GUINÉE

Abidjan

Lomé

LA
RÉPUBLIQUE
CENTRAFRICAINE

LA SIERRA
LEONE

LA CÔTE-
D'IVOIRE

Porto-
Novo

LE
CAMEROUN

Bangui

LE ZAÏRE

LE
KENYA

LES COMORES
(f. pl.)

LE
BÉNIN

Yaoundé

LE LIBERIA

LE
TOGO

LE GHANA

Libreville

LE
GABON

LE RUANDA

Kigali

MAYOTTE (f.)

LA
GUINÉE-
ÉQUATORIALE

Brazzaville

LE BURUNDI

Bujumbura

Kinshasa

LA
TANZANIE

L'ANGOLA
(m.)

LA
ZAMBIE

LE MALAWI

Antananarivo

L'AFRIQUE

LE
ZIMBABWE

MADAGASCAR
(m.)

LA
NAMIBIE

LE
BOTSWANA

LE
MOZAMBIQUE

LA
RÉUNION
(LA FRANCE)

LE LESOTHO

LE
SWAZILAND

L'AFRIQUE
DU SUD
(f.)

L'ÎLE MAURICE
(f.)

Langues maternelles

Le français langue maternelle majoritaire

Le français langue maternelle d'une minorité
importante

Le français et un créole français langues
maternelles

Créole français langue maternelle majoritaire

Langues officielles

Le français est la seule langue officielle

Le français est une des langues officielles du pays pu de l'état

Le français sert de langue administrative ou dans
l'enseignement

Le français est la langue de culture ou des affaires pour une
partie importante de la population

À L'ÉQUATEUR

0   400   800 MILLES

0   600   1,200 KILOMÈTRES

L'AMÉRIQUE DU NORD

L'OCÉAN ARCTIQUE (m.)

LE GROENLAND

L'Alaska (LES ÉTATS-UNIS)

le Yukon

les Territoires du Nord-Ouest (m.)

Saint-Pierre-et-Miquelon (LA FRANCE)

le Québec

L'AMÉRIQUE DU NORD (f.)

LE CANADA

la Colombie Britannique

l'Alberta (m.)

le Manitoba

la Saskatchewan

l'Ontario (m.)

Terre-Neuve (f.)

le Maine

Langues maternelles

- Le français langue maternelle majoritaire
- Le français et un créole français langues maternelles
- Créole français langue maternelle majoritaire
- Le français langue maternelle d'une minorité importante

Langues officielles

- Le français est la seule langue officielle
- Le français est une des langues officielles du pays ou de l'état
- Le français sert de langue administrative ou dans l'enseignement

le New-Hampshire

le Vermont

Québec
Montréal
Ottawa

l'Île du Prince-Edouard (f.)

la Nouvelle-Écosse

le Nouveau-Brunswick

le Massachusetts

le Rhode Island

le Connecticut

LES ÉTATS-UNIS (m. pl.)

la Louisiane

LE MEXIQUE

GOLFE DU MEXIQUE

LE BELIZE

L'OCÉAN ATLANTIQUE (m.)

Les Îles Hawaii (m. pl.) (LES ÉTATS-UNIS)

L'AMÉRIQUE CENTRALE

CUBA (m.)

LA JAMAÏQUE

LES CARAÏBES

HAÏTI (m.)

LA GUYANE FRANÇAISE (LA FRANCE)

LE GUATEMALA
LE SALVADOR
LE HONDURAS
LE NICARAGUA

LE COSTA RICA

LE PANAMA

LE VENEZUELA

LA GUYANA

LE SURINAM

Cayenne

L'OCÉAN PACIFIQUE (m.)

LA COLOMBIE

LES CARAÏBES

CUBA (m.)

LA RÉPUBLIQUE DOMINICAINE

la Guadeloupe (LA FRANCE)

Port-au-Prince

HAÏTI (m.)

Pointe-à-Pitre

DOMINIQUE (f.)

la Martinique (LA FRANCE)

SAINTE-LUCIE (f.)

Fort-de-France

LA MER DES CARAÏBES

| 0 | 150 | 300 MILLES |
| 0 | 200 | 400 KILOMÈTRES |

L'ÉQUATEUR (m.)

L'AMÉRIQUE DU SUD

LE PÉROU

LE BRÉSIL

LA BOLIVIE

À 45° LATITUDE

| 0 | 400 | 800 MILLES |
| 0 | 600 | 1,200 KILOMÈTRES |

ENSEMBLE

Littérature

Sixième édition

ENSEMBLE

Littérature

SIXIÈME ÉDITION

Raymond F. Comeau

Harvard University

Normand J. Lamoureux

College of the Holy Cross

JOHN WILEY & SONS, INC.

Cover image: Robert Delaunay, *Formes circulaires*, 1912.
Kunstmuseum, Bern, Switzerland

Copyright © 2003 John Wiley & Sons, Inc. All rights reserved.

No part of this publication may be reproduced, stored in a retrieval system or
transmitted in any form or by any means, electronic, mechanical, photocopying,
recording, scanning or otherwise, except as permitted under Sections 107 or 108 of
the 1976 United States Copyright Act, without either the prior written permission
of the Publisher, or authorization through payment of the appropriate per-copy fee
to the Copyright Clearance Center, 222 Rosewood Drive, Danvers, MA 01923,
(508) 750-8400, fax (508) 750-4470. Requests to the Publisher for permission should
be addressed to the Permissions Department, John Wiley & Sons, Inc., 111 River
Street, Hoboken, NJ 07030, (201) 748-6011, fax (201) 748-6008, E-Mail:
PERMREQ@WILEY.COM. To order books or for customer service please call 1-800-
CALL-WILEY (225-5945).

Library of Congress Catalog Card Number: 98-88000
ISBN 0-470-00287-5

Printed in the United States of America

10 9 8 7 6 5

Contents

Selection on the audio CD for *Ensemble: Littérature*

Preface

Ensemble presents an integrated approach to the study of French language, literature, and culture. It has been designed as a complete Intermediate French course, although it may profitably be used in more advanced courses as well. In concrete terms, *Ensemble* consists of four texts: a review grammar (with accompanying language laboratory manual), a literary reader, a cultural reader, and a historical reader. Although the four texts have been thematically and linguistically coordinated with one another, each text may be used independently of the others.

Ensemble : Littérature is comprised of eleven chapters, each containing several reading selections. Each chapter is divided into the following parts:

The introduction presents the essential facts concerning the authors and their works, providing the necessary background to properly situate the literary text. This preliminary matter is presented in English to enable students to quickly grasp the useful prerequisites and to immediately focus their attention on the literary text itself.

The *Orientation* seeks to prepare students for the particular reading selection that awaits them. It asks questions or makes certain observations that will point students in the right direction and help them come to the text with a heightened awareness of the passage's possibilities. It will show students that each work needs to be approached uniquely, according to its theme, genre, tone, style, etc.

The literary selections—three to a chapter—have been carefully chosen for their thematic content and appropriate level of difficulty. Every effort has been made to provide a representative cross-section of French literature with respect to periods, genres, and authors.

The *Vocabulaire du texte* contains numerous items designed to assist students in their understanding of the French selection. Such items are marked by a small circle in the text for easy reference.

The *Qu'en pensez-vous ?* statements test the students' understanding of the French text. Students are asked not only to say whether those statements relating to the text are correct or not but also to comment further and explain the reasons for their responses. In elaborating on their answers, students must have a good grasp of the context of the paragraph as well as of the individual sentence.

The *Appréciation du texte,* on the other hand, introduces students to basic notions of literary criticism through questions that go beyond literal interpretation to matters of language and style.

The *Nouveau Contexte* exercises select certain key words and expressions from each excerpt and highlight them in a new contextual setting. By choosing the right word to complete the sentence, students learn to transfer vocabulary words from one setting to another and become more aware of exact meaning and correct usage. Since these exercises are presented in dialogue form, students can act them out and bring the vocabulary to life in a meaningful context. The answers are found in the back of the book.

The *Vocabulaire satellite* assembles useful words and expressions relating to the theme of the chapter. Its purpose is to provide students with the terms needed for full participation in oral and written discussion.

The *Pratique de la langue* topics are intended as opportunities for broader treatment of the chapter's theme. Having become conversant with this theme through the readings, students are able to elaborate on the subject and develop their oral fluency.

The *Sujets de discussion ou de composition* suggest topics for the broadest possible development of aspects relating to the theme. Such questions may be prepared in greater detail for formal discussion or for written presentation.

In addition to the features found in each chapter, the literary reader also provides:

An *Index littéraire*, which defines the major literary terms used in the book. Items listed in the Index are marked by the superscript [L] in the text.

A *French/English vocabulary*, which contains practically all of the French words and expressions found in the book.

Note to the Sixth Edition

In keeping with the tradition of *Ensemble : Littérature*, a wide variety of readings has been included in this volume, readings by men and women writers from all centuries of French literature in the three major literary genres: fiction, poetry, and theater. Thirty percent of the selections are new to this edition. They are taken from the works of Anouilh, Bâ, Baudelaire, Molière, Montaigne, Rimbaud, Rousseau, Sengat-Kuo, Thériault, and Voltaire. More than twenty percent of the texts are from francophone literature. Students thus encounter the broadest possible variety of works and styles to help them develop a wide-ranging reading ability.

An innovative feature of this sixth edition is the audio compact disc containing a reading from each of the eleven chapters. This recording provides students with an oral rendering of the text designed to enhance their aural comprehension and help them better grasp the thematic and linguistic qualities of the passage. The reading also serves as a model to be imitated by the students, a meaningful means of improving their pronunciation by hearing and accurately reproducing the sounds and natural intonations of the French language. Literary passages come to life off the written page and can thus be appreciated to their full value. The readings marked by the icon 🎧 in the Table of Contents are the ones included on the audio compact disc, in whole or in part.

N.J.L.

About the *Ensemble* series

The four books that comprise the *Ensemble* series—*Ensemble : Grammaire, Ensemble : Culture et Société, Ensemble : Littérature,* and *Ensemble : Histoire*—can each stand alone; but, more importantly, they fit together to form an "ensemble." The review grammar and the workbook with cassettes integrate grammar and theme by incorporating thematic vocabulary in the examples and exercises. The three readers, in turn, treat the same chapter themes in their selections and exercises. The first program of its kind in French, *Ensemble*'s integrated approach encourages lively and meaningful student participation and fosters a mature treatment of the subject.

For most intermediate classes it is recommended that instruction begin with a chapter in the grammar text and proceed to the same chapter in whichever readers are adopted. Instructors may wish to vary the reading selections within a given chapter by alternating between readers. An instructor teaching an advanced course may wish to assign the grammar as outside work and spend class time on readings and oral activities. Since the four texts are thematically coordinated, a lesson may even begin with the reading or activity and end with a rapid grammar review.

Acknowledgments

We wish to express our appreciation to the staff of Holt, Rinehart and Winston, in particular, to Nancy Siegel for her thoughtful guidance throughout the development process and her careful reading of the manuscript, to Sue Hart for her cooperative attitude regarding the cover design, and to Susan Marshall and G. Parrish Glover for their concerned supervision. We also thank Diane Ratto of Michael Bass and Associates for shepherding the project through its final stages, Charlotte Jackson for her thorough copyediting, and Jeanne Pimentel for her mediculous and informed proofreading. We owe special thanks to Marie-Paule Tranvouez, our co-author of *Ensemble : Culture et Société,* for her many useful suggestions and her loyalty to the project. Finally, we thank our wives, Jean Comeau and Priscilla Lamoureux, for their unfailing support, their endless patience, and their willingness to make the many personal sacrifices that a project of this kind requires.

R.F.C./N.J.L.

Vie sociale

1

Les Jeunes

Camara Laye

amara Laye[1] (1928–1980) was born into a Moslem family on the west coast of Africa in Guinea, the son of a blacksmith and the eldest of twelve children. He received his primary education in the French school in his native Kouroussa and then attended a technical school in Conakry, the capital city. At the age of nineteen, he left Guinea for Paris where, having been awarded a scholarship, he studied automobile engineering. He worked at several different jobs to support himself as he continued his education.

He published his first work, *L'Enfant noir*, in 1953 and it was an immediate success. When Guinea obtained its independence from France in 1958, Camara Laye, having returned to his native country two years earlier, was appointed to a series of important government posts. He served, for example, as Guinea's first ambassador to Ghana. In 1965, however, Guinea broke off diplomatic relations with France. At odds with his government's policy, Laye decided to move to the neighboring country of Senegal where he served as a research fellow at the University of Dakar. His life there was not an easy one, as he had to raise seven children by himself when his wife was seized and imprisoned for seven years in Guinea where she had gone to visit her father. Laye himself never did return to his native country; he died in Dakar at the age of fifty-two.

Camara Laye's first writings appeared at a time when black writers, ever more conscious of their common heritage, not only proclaimed their cultural identity but also affirmed their political opposition to colonialist powers. *L'Enfant noir*, however, was loudly criticized by some for seeming to skirt the whole issue of colonialism. In its idealized depiction of Laye's youth, it presented a picture of family bliss, devoid of political encumbrances. Laye's childhood, viewed from the distant perspective of his early adulthood, was not representative of his countrymen, according to his critics. As a lonely young man living in Paris, Laye saw his native land in a glorified light, unobstructed by the struggles against colonialism that marked the daily existence of his fellow Guineans. Laye's purpose in writing his book, however, had not been to join hands with other African writers to denounce colonialism.

L'Enfant noir is the ostensibly fictional yet highly autobiographical account of Camara Laye's youth. The young man is blessed with two loving parents, both of whom are portrayed quite favorably. The father is revered as a worthy representative and symbol of traditional African culture. The mother cherishes her son and dreads the day when he might leave her side to make his way in life. The son is at a crossroads, having to choose between continuing his father's work and traditions or setting out to prepare a new technological career for himself, which would entail embracing another culture.

[1]/laj/

In the following excerpt, the young boy of fifteen is about to leave home to attend technical school in Conakry, some six hundred kilometers away. The time has come to say good-bye to his mother and father.

Orientation: The *Passé simple*

In written French, the *passé simple* is a basic narrative tense in the past. It is important to be able to recognize its form and understand its meaning. The *passé simple* is, in fact, synonymous with the *passé composé*. For example, *j'allai*, the *passé simple* of the verb *aller*, is no different in meaning than *je suis allé*. Both would be rendered in English as "I went."

This selection from Camara Laye is narrated in the *passé simple*. The following list includes some of the *passé simple* verbs found in the text.

Passé simple	*Infinitive*	*English Equivalent*
ce fut	être	it was
je revins	revenir	I returned
je l'aperçus	apercevoir	I noticed her
je me mis à	se mettre à	I started to
je l'étreignis	étreindre	I embraced her
je la suppliai	supplier	I begged her
elle me fit signe	faire	she motioned to me
je m'éloignai presque en courant	s'éloigner	I nearly ran off
je ralentis le pas	ralentir	I slowed down
fis-je	faire	said I
je me remis à sangloter	se remettre à	I started to sob again
il reprit	reprendre	he went on

Départ pour l'école

Mes bagages étaient en tas° dans la case.° Soigneusement° calée° et placée en évidence,° une bouteille y était jointe.

« Qu'y a-t-il dans cette bouteille ? dis-je.

— Ne la casse° pas ! dit ma mère.

5 — J'y ferai attention.

— Fais-y grande attention ! Chaque matin, avant d'entrer en classe, tu prendras une petite gorgée° de cette bouteille.

— Est-ce l'eau destinée à développer l'intelligence ? dis-je.

— Celle-là même° ! Et il n'en peut exister de plus efficace° : elle vient de
10 Kankan° ! »

J'avais déjà bu de cette eau : mon professeur m'en avait fait boire, quand j'avais passé° mon certificat d'études.° C'est une eau magique qui a nombre de pouvoirs et en particulier celui de développer le cerveau.° Le breuvage° est curieusement composé : nos marabouts° ont des planchettes° sur lesquelles ils écrivent des prières
15 tirées° du Coran° ; lorsqu'ils ont fini d'écrire le texte, ils l'effacent° en lavant la planchette ; l'eau de ce lavage est précieusement recueillie° et, additionnée de miel,° elle forme l'essentiel du breuvage. Acheté dans la ville de Kankan, qui est une ville très musulmane et la plus sainte de nos villes, et manifestement acheté à haut prix, le breuvage devait° être particulièrement agissant.° Mon père, pour sa part, m'avait
20 remis,° la veille,° une petite corne de bouc° renfermant° des talismans ; et je devais porter continuellement sur moi cette corne qui me défendrait contre les mauvais esprits.

« Cours vite faire tes adieux maintenant ! » dit ma mère.

J'allai dire au revoir aux vieilles gens de notre concession° et des conces-
25 sions voisines, et j'avais le cœur gros.° Ces hommes, ces femmes, je les connaissais depuis ma plus tendre enfance, depuis toujours je les avais vus à la place même où je les voyais, et aussi j'en avais vu disparaître : ma grand-mère paternelle avait disparu ! Et reverrais-je tous ceux auxquels je disais à présent adieu ? Frappé° de cette incertitude, ce fut comme si soudain je prenais congé de° mon passé même.
30 Mais n'était-ce pas un peu cela ? Ne quittais-je pas ici toute une partie de mon passé ?

---

en tas in a pile / **la case** hut, cabin / **soigneusement** = *avec soin, avec attention* /
calé wedged / **en évidence** conspicuously, for all to see / **casser** to break / **la petite
gorgée** sip / **celle-là même** that very one / **il... efficace** there can be no more effective
one / **Kankan** Moslem holy city in Guinea / **passer** to take (an exam) / **le certificat
d'études** = *examen à la fin des études primaires* / **le cerveau** brain / **le breuvage**
beverage / **le marabout** marabout (Moslem hermit or holy man) / **la planchette** = *la
tablette* / **tiré** = *pris* / **le Coran** the Koran, sacred scripture of Islam / **effacer** to
erase / **recueilli** collected / **additionné de miel** with honey added / **devait** was
supposed to / **agissant** = *actif, efficace* / **remettre** = donner / **la veille** = *le jour
d'avant* / **la corne de bouc** goat's horn / **renfermer** = *contenir* / **la concession** plot
of land, community / **gros** here: heavy / **frappé** struck / **prendre congé de** = *faire
ses adieux à*

Quand je revins° près de ma mère et que je l'aperçus° en larmes° devant mes bagages, je me mis à° pleurer à mon tour. Je me jetai dans ses bras et je l'étreignis.°

« Mère ! » criai-je.

Je l'entendais sangloter,° je sentais sa poitrine° douloureusement se soulever.°

35   « Mère, ne pleure pas ! dis-je. Ne pleure pas ! »

Mais je n'arrivais° pas moi-même à refréner° mes larmes et je la suppliai° de ne
pas m'accompagner à la gare, car il me semblait qu'alors je ne pourrais jamais m'ar-
racher° à ses bras. Elle me fit signe° qu'elle y consentait. Nous nous étreignîmes une
dernière fois, et je m'éloignai presque en courant.° Mes sœurs, mes frères, les ap-
40   prentis° se chargèrent des° bagages.

Mon père m'avait rapidement rejoint et il m'avait pris la main, comme du temps
où j'étais encore enfant. Je ralentis le pas° : j'étais sans courage, je sanglotais
éperdument.°

« Père ! fis-je.°

45   — Je t'écoute, dit-il.

— Est-il vrai que je pars ?

revins = *revenir (passé simple)* / **apercevoir** = *voir* / **en larmes** in tears / **se
mettre à** = *commencer à* / **étreindre** to embrace / **sangloter** to sob / **la poitrine**
chest / **se soulever** to heave / **arriver à** = *réussir à* / **refréner** = *retenir, arrêter*
/ **supplier** = *implorer* / **arracher** = *détacher avec effort* / **elle me fit signe** she
motioned to me / **s'éloigner en courant** to run off / **l'apprenti** *m* = *apprentice* / **se
charger de** to take care of / **ralentir le pas** = *aller moins vite* / **éperdument** = *sans
contrôle* / **fis-je** = *dis-je*

— Que ferais-tu d'autre° ? Tu sais bien que tu dois partir.

— Oui », dis-je.

Et je me remis à sangloter.

50   « Allons ! allons° ! mon petit, dit-il. N'es-tu pas un grand garçon ? »

Mais sa présence même, sa tendresse même — et davantage encore° maintenant qu'il me tenait la main — m'enlevaient° le peu de courage qui me restait, et il le
comprit.

« Je n'irai pas plus loin, dit-il. Nous allons nous dire adieu ici : il ne convient pas°
55   que nous fondions en larmes° à la gare, en présence de tes amis ; et puis° je ne veux
pas laisser ta mère seule en ce moment : ta mère a beaucoup de peine° ! J'en ai beaucoup aussi. Nous avons tous beaucoup de peine, mais nous devons nous montrer
courageux. Sois courageux ! Mes frères, là-bas, s'occuperont de° toi. Mais travaille
bien ! Travaille comme tu travaillais ici. Nous avons consenti° pour toi des sacri-
60   fices ; il ne faut point qu'ils demeurent sans résultat.° Tu m'entends ?

— Oui », fis-je.

Il demeura silencieux un moment, puis reprit :

« Vois-tu, je n'ai pas eu comme toi un père qui veillait sur° moi ; au moins ne l'ai-je
pas eu longtemps : à douze ans, j'étais orphelin° ; et j'ai dû faire seul mon chemin.°
65   Ce n'était pas un chemin facile ! Les oncles auxquels on m'avait confié,° m'ont traité
plus en esclave° qu'en neveu.° Ce n'est pas pourtant que je leur sois resté longtemps
à charge° : presque tout de suite ils m'ont placé chez les Syriens ; j'y étais simple domestique, et tout ce que je gagnais, je le remettais fidèlement à mes oncles, mais mes
gains mêmes ne désarmèrent jamais leur rudesse° ni leur avidité.° J'ai dû beaucoup
70   travailler pour me faire ma situation. Toi... Mais en voilà assez. Saisis ta chance ! Et
fais-moi honneur ! Je ne te demande rien de plus. Le feras-tu ?

— Je le ferai, père.

— Bien ! bien... Allons ! sois brave, petit. Va !...

— Père ! »

75   Il me serra° contre lui ; il ne m'avait jamais serré si étroitement° contre lui.

« Va ! petit, va ! »

Il desserra° brusquement son étreinte° et partit très vite — sans doute ne voulait-il
point me montrer ses larmes — , et je poursuivis ma route vers la gare.

Camara Laye, *L'Enfant noir* (1953)

---

que ferais-tu d'autre what else would you do   /   **allons ! allons !** come on now!
davantage encore even more so   /   **enlever** to take away   /   **il ne convient pas** = *il n'est
pas approprié*   /   **fondre en larmes** to burst into tears   /   **et puis** and besides   /   **avoir
beaucoup de peine** = *être très triste*   /   **s'occuper de** = *se charger de*   /   **consentir** =
accepter   /   **il ne faut point... sans résultat** they must not be to no avail   /   **veiller sur** to
watch over   /   **l'orphelin** *m* orphan   /   **faire son chemin** to make one's way   /   **confier**
to entrust   /   **l'esclave** *m* slave   /   **le neveu** nephew   /   **rester à charge** to remain a
burden   /   **la rudesse** = *la sévérité*   /   **l'avidité** *f* greediness   /   **serrer** to squeeze   /
étroitement tightly   /   **desserrer** to loosen, relax   /   **l'étreinte** *f* embrace

Qu'en pensez-vous ?

Etes-vous d'accord ou non avec les déclarations suivantes ? Justifiez votre réponse.

1. La mère donne une bouteille d'eau à son fils lorsque celui-ci part pour l'école.
2. Cette eau vient d'une source célèbre dans les montagnes.
3. Le père aussi remet un cadeau à son fils avant le départ pour l'école.
4. Le garçon a le cœur léger lorsqu'il fait ses adieux aux gens du village.
5. Il a l'impression de mettre fin à une partie de sa vie.
6. Le garçon peut aider sa mère à ne pas pleurer parce que lui a les yeux secs.
7. Le fils et sa mère font leurs adieux à la gare.
8. Le garçon a du mal à porter ses bagages.
9. Il se sent comme un petit enfant.
10. La présence du père donne du courage à son fils.
11. Le garçon devra se débrouiller (*manage*) seul, une fois arrivé à sa destination.
12. Le père veut que son fils ait une adolescence aussi facile et heureuse que la sienne l'a été.
13. Père et fils se quittent sans pleurer.

Nouveau Contexte

Complétez le dialogue suivant en choisissant les termes appropriés (employez chaque terme une seule fois). Puis, jouez le dialogue.

Noms : bouteille *f*, breuvage *m*, gorgée *f*, larmes *f*, veille *f*
Verbes : m'éloignais, enlever, pleurerais, as quitté, sangloter

— Qu'est-ce qu'il y a dans cette _____*1* ?
— Du champagne, mon _____*2* favori.
— Tu m'en donnes une _____*3* ou deux ?
— Oui, mais pas plus ! Je ne veux pas que tu fondes en _____*4*.
— Mais pourquoi donc est-ce que je _____*5* ?
— Tu ne te rappelles pas l'automne dernier, le jour où tu _____*6* ta famille ?
— Je me souviens que nous avons dîné ensemble la _____*7* de mon départ.
— Et tu as bu un peu trop de vin et tu t'es mis à _____*8* éperdument.
— C'était la première fois que je _____*9* de la maison !
— Eh bien, cette fois je vais t'_____*10* la boisson des mains avant que tu n'aies le cœur gros !

Appréciation du texte

1. Ce texte présente un double point de vue : il s'agit des expériences d'un enfant mais présentées par un adulte. Indiquez les endroits où le narrateur nous fait voir les incidents à travers les yeux de l'enfant et ceux où le point de vue est plutôt celui d'un adulte.

2. Signalez dans le texte quelques éléments de culture africaine. Est-ce que ces éléments n'appartiennent qu'à la culture africaine ou est-ce qu'il y a quelque chose de semblable dans d'autres cultures ?

Vocabulaire satellite

la **rentrée des classes** reopening of school

le **départ** departure

l' **interne** *m,f* boarding student

l' **externe** *m,f* day student

la **larme** tear

l' **étreinte** *f* hug, embrace

être indépendant to be independent

faire la lessive to do the laundry

préparer les repas to fix meals

quitter le foyer to leave home

faire ses adieux to take leave, to say good-bye

embrasser to hug, to embrace; to kiss

serrer quelqu'un to hold someone tight

serrer la main à quelqu'un to shake someone's hand

avoir le cœur gros to have a heavy heart

sangloter to sob

pleurer to cry

Pratique de la langue

1. Dans quelles circonstances avez-vous quitté vos parents pour la première fois ? Quel âge aviez-vous alors ? Etiez-vous heureux (heureuse) ou triste ? Avez-vous pleuré ? Vous ont-ils fait quelque recommandation particulière ? Vous ont-ils donné quelque chose de spécial avant votre départ ?
2. Décrivez la rentrée des classes cette année. Comment êtes-vous arrivé(e) à l'université ? Etiez-vous seul(e) ? Quels étaient vos sentiments ?
3. Vaut-il mieux aller à l'école comme interne ou comme externe ? Quels sont les avantages et les inconvénients de chaque situation ?
4. Beaucoup de jeunes gens aujourd'hui restent habiter avec leurs parents plus longtemps. A quel âge avez-vous quitté (ou allez-vous quitter) vos parents définitivement ? Décrivez les circonstances.

Marcel Pagnol

After an early career in teaching, Marcel Pagnol (1895–1974) turned to the theater while still in his twenties, and soon assured his reputation as a playwright with two rapid successes, *Topaze* (1928) and *Marius* (1929).

In Pagnol's writings one finds a well-observed portrait of everyday existence, a world inhabited by real characters who express themselves simply and directly, with-

Marcel Pagnol

out affectation. The scenes are warm with life and movement, with vivid dialogue incorporating the spoken language of the people, and touches of easy humor.

Pagnol also wrote several novels, translated Vergil's *Bucolics* and Shakespeare's *Hamlet*, and produced a good number of films, several of which were adapted from his fiction (e.g., his first film, *Marius*, 1931).

The following selection from *Le Temps des amours* was published posthumously in 1977. It is part of the series entitled *Souvenirs d'enfance*, in which Pagnol relives his youth, drawing on memory, imagination, humor, and poetic instinct. The author's personal experience in teaching enables him to understand the problems that beset adolescents in their workaday world and to appreciate the ingenious ploys which allow students to occasionally gain the upper hand.

Orientation: Verb Tenses

To fully grasp the meaning of a text, the reader must be sensitive to important differences expressed by various verb tenses. In the Marcel Pagnol selection that follows, the *passé simple* is the main tense of the narration. The verbs in the *passé simple* move the action along by telling us what *happened*.

In conjunction with the *passé simple*, the author uses another past tense, the *imperfect*. The role of the imperfect is to *describe* in the past, to place the action in a particular setting. Observe how, in the text (lines 2–15), before getting into the narration proper, the narrator introduces and describes the principal protagonists. Accordingly, in these lines, nearly all of the verbs are in the imperfect.

Notice that, most of the time, the rendition of the *passé simple* and that of the imperfect are not different in English: il *portait* une barbe pointue = he *wore* a pointed beard; il leur *demanda* leurs prénoms = he *asked* them their first names. In French, however, the differences are sharp, each of the two tenses having its own distinct function. Although the *passé simple* and the imperfect are both past tenses, they are not interchangeable : the former denotes completed past action, whereas the latter is used primarily to describe a situation in the past.

La Vie au lycée°

C'est en quatrième A2,° que notre professeur principal fut M. Galeazzi, plus connu sous le nom de Zizi.

Il était grand, maigre, légèrement voûté,° et portait une barbe pointue, déjà blanchissante. Son nez aquilin° n'était pas petit ; son regard gris bleuté° sortait toujours
5 tout droit° de ses yeux immobiles, des yeux de verre° : pour regarder à droite ou à gauche, c'était sa tête qui pivotait, comme celle d'un phare.° Sa voix était faible, mais nette,° et son articulation détachait sévèrement chaque syllabe.

Je ne dirai pas qu'il nous faisait peur : il nous inquiétait, comme un lézard ou une méduse,° et j'étais sûr qu'il avait la peau froide des pieds à la tête.
10 Son autorité était grande : il nous la montra dès le premier jour, en expédiant les jumeaux° à la permanence.°

Ces deux farceurs° étaient des Grecs d'une grande famille marseillaise. Beaux comme des statues, et le teint doré,° on ne pouvait les distinguer l'un de l'autre et ils portaient des vêtements rigoureusement semblables.° L'un répondait modestement
15 au prénom de Périclès, l'autre c'était Aristote.

On les avait déjà mis à la porte° de plusieurs pensionnats,° où ils avaient abusé de leur ressemblance pour compliquer l'existence d'infortunés professeurs, et ils nous avaient promis de nous régaler par quelques tours° de leur façon.° Mais ils n'en eurent° pas le temps.

---

le lycée = *école secondaire* / **quatrième A2** = *une classe au lycée, âges 13–14* /
voûté bent / **aquilin** hooked / **gris bleuté** = *gris avec un peu de bleu* / **tout droit** straight / **le verre** glass / **le phare** lighthouse / **net** = *clair, distinct* / **la méduse** jellyfish / **le jumeau** twin / **la permanence** study hall / **le farceur** practical joker / **le teint doré** with a golden complexion / **semblable** = *similaire* / **mettre à la porte** = *chasser de la salle de classe, mettre dehors* / **le pensionnat** boarding school / **le tour** trick / **de leur façon** = *de leur manière* / **eurent** = *passé simple (avoir)*

20   Périclès s'était installé au premier rang, près de la porte, tandis qu'°Aristote s'exilait là-haut, dans la dernière travée,° devant la fenêtre qui s'ouvrait sur la cour de l'internat.°

Zizi fut d'abord stupéfait de voir le même élève en deux endroits différents, et il lui fallut° trois « aller-retour » de sa tête pivotante pour s'assurer qu'il ne rêvait pas :
25   une fois trouvée la certitude, il leur demanda leurs prénoms, dont l'énoncé° fit éclater de rire° toute la classe.

Alors, sans le moindre° respect pour leurs augustes parrains,° Zizi déclara que cette parfaite ressemblance le troublait, et qu'il ne se croyait pas capable de supporter° la présence d'un élève double.

30   Il les avertit° donc qu'il ne les recevrait pas dans sa classe l'après-midi s'ils ne se présentaient pas avec des cravates de couleurs différentes ; en attendant,° il pria le philosophe° et le général° d'aller passer la matinée à la permanence, et d'y traduire, ensemble ou séparément, le premier chapitre de César.

L'après-midi, Aristote revint avec une cravate rouge, tandis que celle de Périclès
35   était gorge-de-pigeon.°

Zizi les installa au tout premier rang, côte à côte, devant la chaire.° Ainsi différenciés par la couleur et la contiguïté, les jumeaux ne perdirent pas courage. De temps à autre — et souvent deux fois dans la même journée — ils échangeaient leurs prénoms et leurs cravates, et ils semblaient tirer de cette petite imposture de grandes
40   satisfactions personnelles.

Zizi, qui devina certainement leur manège,° ne consentit jamais à s'en apercevoir.° Instruit à la rude° école des stoïciens, il se borna° à punir ou à récompenser, selon leur mérite, chacune des deux cravates, et à l'appeler par son prénom, sans daigner poser la moindre question sur l'identité du porteur. Les jumeaux, déperson-
45   nalisés par cette indifférence, et réduits à l'état de cravates, en furent si profondément humiliés qu'Aristote se fit tondre les cheveux à ras,° sans que Zizi manifestât° la moindre surprise : ils finirent par se résigner, apprirent leurs déclinaisons,° et devinrent bientôt capables d'aborder° les *Commentaires* de César.

Ce César, c'était la religion de Zizi. Pareil° à ces indigènes° des îles du Pacifique,
50   qui tirent° du même palmier° leurs palissades,° leur toit,° leur vin, leur pain, leurs flèches° et leurs costumes, notre Zizi tirait de César nos explications de texte,° nos

---

tandis que whereas, while / **la travée** row / **l'internat** *m* boarding school / **il lui fallut** = *il eut besoin de* / **l'énoncé** *m* statement, announcement / **éclater de rire** to burst out laughing / **le moindre** = *le plus petit* / **le parrain** namesake / **supporter** to put up with / **avertir** to warn / **en attendant** = *dans l'intervalle* / **le philosophe** = *Aristote* / **le général** = *Périclès* / **gorge-de-pigeon** = *de couleurs diverses et changeantes, comme à la gorge d'un pigeon* / **la chaire** rostrum / **le manège** trick / **s'apercevoir de** to notice / **rude** harsh, severe / **se borner** = *se limiter* / **se fit tondre les cheveux à ras** had his hair cut to the scalp / **manifestât** = *imparfait du subjonctif* / **la déclinaison** declension / **aborder** to tackle, approach / **pareil** = *semblable* / **l'indigène** *m* native / **tirer** = *obtenir* / **le palmier** palm tree / **la palissade** fence / **le toit** roof / **la flèche** arrow / **l'explication de texte** *f* textual analysis

versions,° nos analyses grammaticales, nos leçons et nos punitions... Il en avait même fait un nom commun, et disait :

— Monsieur Schmidt, vous me ferez deux heures de retenue,° et « un César », ce
55 qui signifiait : « Vous me traduirez un chapitre de César »...

C'est alors qu'un événement fortuit transforma ma vie scolaire.

Lagneau — à qui sa mère donnait des fortunes, c'est-à-dire cinq francs par semaine — avait trouvé, dans la boîte d'un bouquiniste,° trois fascicules° de Buffalo Bill, au prix de un franc les trois. Il lui restait tout juste un franc,° car° il s'était gavé°
60 la veille° de caramels mous° ; il s'empara° aussitôt des fascicules, mais il découvrit au fond de° la boîte un petit livre jauni par le temps, qu'il eut la curiosité d'ouvrir : c'était la traduction française des *Commentaires* de César, avec, en bas de page, le texte latin. Il n'hésita qu'une seconde, et sacrifia Buffalo Bill à Jules César, car il avait le sens des réalités, et le lendemain matin, à la première étude, celle de huit
65 heures moins le quart, il déposa sur mon pupitre° cette liasse° de feuilles jaunies, qui allait être pour nous aussi utile qu'une rampe dans un escalier.

Il faut dire, sans modestie, que je sus m'en servir° habilement.

Après avoir retrouvé le chapitre d'où était extraite notre version latine de la semaine, j'en recopiais la traduction ; mais afin de ne pas éveiller la méfiance ma-
70 ladive° de Zizi, je crédibilisais° nos devoirs par quelques fautes.

Pour Lagneau, deux contresens,° deux faux sens, deux « impropriétés ». Pour moi, un faux sens, une erreur sur un datif° pris pour un ablatif,° trois « impropriétés ».

Peu à peu, je diminuai le nombre de nos erreurs, et j'en atténuai la gravité. Zizi ne se douta de° rien : un jour, en pleine classe, il nous félicita° de nos progrès, ce qui me
75 fit rougir jusqu'aux oreilles. Car j'avais honte° de ma tricherie° et je pensais avec une grande inquiétude° à la composition,° qui aurait lieu en classe, sous la surveillance de Zizi lui-même : le jour venu, il nous dicta une page de Tite-Live,° et je fus d'abord épouvanté.° Cependant, en relisant ce texte, il me sembla que je le comprenais assez bien, et j'eus une heureuse surprise lorsque je fus classé troisième, tandis que
80 Lagneau était classé onzième. Je compris alors que mes tricheries m'avaient grandement profité, en développant mon goût du travail, et mon ingéniosité naturelle.

Marcel Pagnol, *Le Temps des amours* (1977)

---

la version translation into one's own tongue (here, French) / **la retenue** detention / **le bouquiniste** second-hand bookseller, whose display cases (*boîtes*) are found along the Seine in Paris / **le fascicule** fascicle, installment / **Il lui restait... un franc** He had exactly one franc left / **car** for / **se gaver de** to gorge on / **la veille** = *le jour d'avant* / **mou, molle** soft / **s'emparer de** = *saisir* / **au fond de** at the bottom of / **le pupitre** desk / **la liasse** bundle / **je sus m'en servir** = *je réussis à les utiliser* / **éveiller la méfiance maladive** to arouse the unhealthy suspicion / **crédibiliser** = *rendre croyable, donner un air authentique à* / **le contresens** mistranslation / **le datif, l'ablatif** *m* the dative, the ablative (two Latin cases of nouns) / **se douter de** to suspect / **féliciter** to congratulate / **avoir honte** to be ashamed / **la tricherie** trickery, cheating / **avec... inquiétude** with a good deal of concern / **la composition** test / **Tite-Live** = *historien romain* / **épouvanté** = *terrifié*

Qu'en pensez-vous ?

Etes-vous d'accord ou non avec les déclarations suivantes ? Justifiez votre réponse.

1. M. Galeazzi a une façon étrange de regarder à gauche et à droite.
2. Zizi manifeste sa puissance très tôt.
3. Périclès et Aristote se ressemblent.
4. Les jumeaux s'inquiètent de leur réputation de beaux farceurs.
5. Ils s'assoient toujours ensemble pour tromper le professeur.
6. La classe a beaucoup ri en apprenant les prénoms des jumeaux.
7. Zizi a expédié les jumeaux en permanence parce qu'ils n'avaient pas fait leurs devoirs.
8. Zizi a trouvé un moyen de distinguer un jumeau de l'autre.
9. Zizi réussit à dépersonnaliser les jumeaux par son indifférence.
10. César, c'est la religion de Zizi.
11. Lagneau allait payer cinq francs les trois fascicules de Buffalo Bill.
12. Lagneau n'a pas acheté Buffalo Bill parce qu'il avait le sens des réalités.
13. Le narrateur a recopié exactement la traduction de la version latine.
14. Le narrateur a bien réussi sa composition.

Nouveau Contexte

Complétez le dialogue suivant en choisissant les termes appropriés (employez chaque terme une seule fois). Puis, jouez le dialogue.

Noms : droite *f*, gauche *f*, tour *m*
Verbes : devinait, se doute de, éclater de rire, fait peur, punira, rougirai
Adjectifs : moindre, pareil

— Suzanne, veux-tu jouer un _____*1* au professeur ?
— Je n'en ai pas le courage, Claude. Il me _____*2* !
— Bah ! La _____*3* chose t'inquiète.
— Oui, mais si le professeur _____*4* notre stratagème ?
— Lui ? Pas possible ! Il ne _____*5* rien.
— Mais si on l'embarrasse devant ses élèves, il nous _____*6* sévèrement.
— Ce sera si drôle que toute la classe va _____*7*. Il ne peut pas nous mettre tous à la porte !
— Mais il va savoir que c'est ma faute à moi. J'aurai tellement honte que je _____*8* jusqu'aux oreilles.
— Non, non, non ! Fuis le regard du prof et regarde à _____*9* et à _____*10*.
— Tu es _____*11* à un criminel, Claude, et ils finissent tous par être condamnés ! Non, je ne vais pas jouer ce tour.

Appréciation du texte

1. On reconnaît chez Pagnol le sens de l'humour. Dans quelles parties du texte cet humour se manifeste-t-il ? Que pensez-vous du nom des personnages ?
2. Relevez (*point out*) une ou deux comparaisons et dites pourquoi elles vous ont frappé(e).

Vocabulaire satellite

l' **élève** *m, f* pupil
l' **étudiant(e)** student
le **copain**, la **copine** chum, pal
le, la **camarade de classe** classmate
le **cerveau** brain, bright student
le **cancre** dunce
le **jumeau**, la **jumelle** twin
le **surveillant** study-hall master
la **retenue** detention
chahuter to create a disturbance
jouer un tour à to play a trick on

taquiner to tease
tromper to trick, to deceive
tricher to cheat
mentir to lie
se **rappeler** to remember
se **souvenir de** to remember
oublier to forget
ancien, ancienne (*devant un nom*) former
farceur, farceuse practical joker

Pratique de la langue

1. Vous souvenez-vous plus particulièrement d'un de vos anciens professeurs ? Pourquoi vous souvenez-vous de lui ? Etait-il admirable, généreux, étrange, etc ? A-t-il jamais fait quelque chose de spécial pour vous ?
2. Racontez un incident amusant qui s'est passé à l'école et que vous n'avez jamais oublié.
3. Voudriez-vous être jumeau (jumelle) ? Quels sont, à votre avis, les avantages et les inconvénients d'être jumeau ? Est-ce que ces avantages et inconvénients changent avec le temps ?

Julien Green

Julien Green (1900–1998) was born in Paris to American parents. He grew up in France, where he received all of his primary and secondary education. For his college career, however, he chose the University of Virginia; he was even able to teach there for a year before returning to France. His first novel, *Mont-Cinère*, appeared in 1927, followed immediately by *Adrienne Mesurat* (1927) and *Léviathan*

(1928). He went back to the United States during World War II (1940–1945), working for the Office of War Information, and lecturing in colleges and universities. It was during this period, in 1942, that he published the only book that he wrote in English, *Memories of Happy Days*. After the war, he resumed permanent residence in France.

Julien Green's literary output is significant. Primarily a novelist, he also authored several plays and some autobiographical works. Of great interest is his *Journal*, covering all of the years since he began to write in 1926. The *Journal*, which he augmented on a regular basis, contains several volumes and offers valuable insights into the author's thinking and writing process. In 1971 the Académie française voted to receive Julien Green into its membership, making him the first person of American parentage to be so honored.

Julien Green's novels deal primarily with the tension between spirit and flesh, the conflict between saintliness and sensuality. His favorite settings are the French provinces or the American South. There is often a striking contrast between the protagonist's inner torment and the peaceful, reassuring surroundings in which the plot unfolds. Julien Green excelled not only in recreating a realistic environment for his characters but especially in describing their psychological anguish.

Our selection is taken from what many consider to be Green's best work, *Moïra* (1950). The novel is named after the young woman whose charms obsess the main character, Joseph Day, a college student living in Mrs. Dare's rooming house in Virginia in the 1920s. Joseph is in fact occupying Moïra's room while she is away at school. He is a red-haired puritan, a handsome young man whose life is centered on his desire for holiness but who is constantly tormented by evil in the form of sexual temptation. *Moïra* depicts Joseph's struggle to reconcile the carnal side of his personality with his spiritual aspirations. In the following excerpt, Joseph rushes to consult with his academic adviser after an unsettling personal encounter with Shakespeare's *Romeo and Juliet*.

Orientation: Thematic Vocabulary

The incident described here is an early-semester meeting between a college student and his adviser. Certain terms are apt to arise in this particular context. To facilitate the reading, it would be wise to think of words that the characters are likely to use in their respective roles as student and counselor. Be familiar with the meaning of the following expressions used in this text:

le **mentor** mentor	**suivre un cours** to take a course
le **bureau** office	
changer de cours to change courses	**ennuyer, s'ennuyer** to bore, to be bored
le **choix** choice	l' **élève** *m, f* student

avoir des difficultés to have problems

se **destiner à** to have one's sights set on

intéresser, s'intéresser à to interest, to be interested in

réfléchir to think

aider to help

les **conseils** *m* advice

s' **inscrire** to enroll

Chez le conseiller

Ce soir-là, Joseph ne dîna pas, et, dès huit heures et demie,° sonnait à la porte du professeur de mathématiques qui lui servait de mentor. Pendant quelques minutes, il attendit dans un petit salon meublé d'acajou° et dont les fenêtres regardaient la longue pelouse° bordée de sycomores. Se mettant de côté° dans une des encoignu-
5 res,° il reconnut entre deux colonnes doriques° la porte vert foncé° à laquelle il avait frappé, une nuit qui lui semblait déjà si lointaine,° mais dont le souvenir le troubla, et il regretta comme une faute son mouvement de curiosité : mieux valait° ne jamais se souvenir de Praileau,° mieux valait abolir ce nom de sa mémoire s'il ne provo-quait en lui que de la rancune.° D'autre part,° il se croyait tenu° de prier pour son en-
10 nemi et, en effet, il joignit les mains de toutes ses forces° et pensa : « Seigneur, accorde à Praileau ta bénédiction ! » Mais son peu° de ferveur lui fit honte.° C'était en vain qu'il serrait° les doigts° à se les rompre° et qu'il fermait les yeux en fronçant les sourcils° : au fond de° son cœur, il n'y avait aucun désir de voir descendre sur Praileau la bénédiction divine ; ce qu'il voulait surtout, c'était lui briser la mâchoire.°
15 « Tu es un hypocrite, murmura-t-il en laissant retomber ses bras. Tu fais semblant de° pardonner, mais tu ne pardonnes pas. »

Peu à peu il se calma, s'assit dans un fauteuil près d'une lampe, puis se leva et se tint° debout, les bras croisés, devant une vitrine° pleine de livres aux reliures frappées d'or.° Le *Spectator* d'Addison en dix volumes voisinait° avec les œuvres

---

dès huit heures et demie as soon as it was eight-thirty / **meublé d'acajou** furnished in mahogany / **la pelouse** lawn / **se mettre de côté** to stand to the side / **l'encoignure** *f* corner / **la colonne dorique** Doric column / **vert foncé** dark green / **lointain** distant / **valoir mieux** to be better / **Praileau** Bruce Praileau, a student with whom Joseph had come to blows over comments about his red hair. Joseph had come knocking on Bruce's door, looking for a fight. Ironically, later on, Praileau would offer to help Joseph after the latter's involvement in the death of Moïra. / **la rancune** rancor / **d'autre part** on the other hand / **tenu** = *obligé* / **de toutes ses forces** with all his might / **le peu** lack / **faire honte à** to shame / **serrer** to squeeze / **le doigt** finger / **à se les rompre** to the breaking point / **froncer les sourcils** to frown, to knit one's brows / **au fond de** at the bottom of, deep in / **lui briser la mâchoire** to break his jaw / **faire semblant de** to pretend / **se tenir debout** to remain standing / **la vitrine** showcase / **aux reliures frappées d'or** with bindings struck in gold / **voisiner** to be side by side

Le campus

20 complètes de Dryden. En bonne place, un gros Shakespeare habillé de cuir fauve°
amena° une grimace sur le visage du jeune homme qui s'éloigna de la vitrine et se
mit à° marcher de long en large° dans la petite pièce.° Brusquement la porte s'ouvrit.

   « Je ne m'attendais pas à° vous voir à une heure aussi tardive, fit° M. Tuck en
entrant. Vous êtes malgré tout° le bienvenu, mais qu'est-ce qui vous amène de si
25 grave° ? »

   Ils s'assirent.

   « Rien de grave, fit Joseph en rougissant.

   — Dans ce cas, il était tout aussi simple d'attendre jusqu'à demain et de me voir
dans mon bureau. »

30 Une moue° accompagna ces paroles, et, le ventre soulevé° par une respiration
courte, le gros professeur se renversa° dans son fauteuil.

   « Je vous écoute, monsieur Day. »

   Joseph baissa la tête comme si ce geste lui permettait de trouver plus facilement
les paroles qu'il voulait dire, mais il n'osait° ouvrir la bouche : tout à coup,° il lui

---

le cuir fauve fawn-colored leather / **amener** to bring / **se mettre à** = *commencer à* /
de long en large to and fro / **la pièce** = *la chambre* / **s'attendre à** to expect /
fit = *dit* / **malgré tout** nevertheless (lit. despite everything) / **qu'est-ce qui... de si
grave** what's so serious as to bring you here / **la moue** pout / **le ventre soulevé** stomach
heaved / **se renverser** to lean back / **oser** to dare / **tout à coup** = *soudain*

35 parut° absurde de déranger° un professeur à ce moment de la soirée pour lui faire savoir° qu'il désirait changer de cours. M. Tuck avait mille fois raison° : il aurait dû attendre à demain. Mais, puisqu'il était là, il fallait dire quelque chose qui justifiât° sa démarche.°

« Aujourd'hui, déclara-t-il soudain, relevant un visage encore enflammé de honte,
40 j'ai agi° d'une façon... »

Il chercha un adjectif et n'en trouva pas. Toutefois,° un sourire patient l'engagea à continuer ; il reprit° :

« J'ai mis en pièces° mon exemplaire° de *Roméo et Juliette*... »

Une ou deux secondes s'écoulèrent,° et il ajouta :
45 « de Shakespeare. »

Le professeur ne bougea pas, se contentant d'avancer les lèvres en une sorte de moue.

« Oui, poursuivit Joseph avec force, je n'aime pas cet ouvrage et me refuse à l'étudier. Quand je dis que je l'ai mis en pièces, précisa-t-il par amour de la vérité
50 littérale, je veux dire° que je l'ai déchiré° en deux. »

Il y eut un silence.

« En conclusion, fit le professeur d'un ton calme, je suppose que vous désirez remplacer ce cours d'anglais moderne par un autre cours...

— Par un autre cours d'anglais, oui.
55 — Vous avez le choix entre l'anglo-saxon et le moyen° anglais.

— Je sais, dit Joseph. Je prendrai le moyen anglais.

— Chaucer, n'est-ce pas ?

— Oui, Chaucer. »

Non sans effort, M. Tuck s'arracha à° son fauteuil et se mit debout. Joseph se leva
60 aussitôt.°

« Si je me souviens bien, fit le professeur, vous étudiez le grec pour lire le Nouveau Testament dans l'original. »

Joseph hocha la tête.°

« Je suis sûr que vous avez des raisons sérieuses pour ne plus vouloir suivre ce
65 cours d'anglais moderne. Il y a des années que je n'ai lu *Roméo et Juliette*. La poésie n'est pas mon affaire et, entre nous, Shakespeare m'ennuie. Mais déchirer un livre... Ici surtout, monsieur Day ! A l'Université ! »

L'étudiant croisa les bras.

« C'est pourtant° ce que j'ai fait.

---

paraître = *sembler* / **déranger** to bother, disturb / **faire savoir** to inform / **avoir mille fois raison** to be absolutely right / **justifiât** = *imparfait du subjonctif* / **la démarche** move / **agir** to act / **toutefois** however / **reprendre** to go on / **mettre en pièces** to tear to pieces / **l'exemplaire** *m* copy / **s'écouler** to pass / **vouloir dire** to mean / **déchirer** to tear / **moyen** middle / **s'arracher à** to tear oneself away from / **aussitôt** = *immédiatement* / **hocher la tête** to nod / **pourtant** nevertheless

70 — Il n'y a pas de quoi être fier,° » répliqua M. Tuck, plus acerbe.°
Joseph le regarda sans répondre.
« J'espère que vous êtes modéré dans vos habitudes, reprit le professeur.
— Je vis° comme on doit.
— Pas trop d'alcool, hein ? »
75 Une flamme brilla° tout à coup dans les yeux de Joseph.
« Jamais une goutte d'alcool n'a passé mes lèvres, dit-il d'une voix un peu rauque.° Je ne sais même pas le goût que cela peut avoir. »
M. Tuck le regarda, puis il plaça doucement une main sur son épaule.
« Vous savez, dit-il avec un sourire, je suis depuis bien des° années le mentor de
80 beaucoup d'élèves. On peut tout me dire, car c'est un peu mon métier° de recevoir des confidences. Si vous avez des difficultés...
— Je n'ai pas de difficultés, monsieur.
— Quelle raison aviez-vous de déchirer ce livre ?
— Eh bien, fit Joseph, la tête rejetée en arrière,° je suis tombé sur un passage
85 d'une grossièreté inexprimable, et la colère m'a pris°...
— Je n'ai pas souvenir de telles grossièretés, murmura M. Tuck en laissant retomber sa main.
— Certains éditeurs les omettent, fit Joseph avec une expression sagace° et un peu rusée.°
90 — C'est bien possible. Mais vous êtes sévère, monsieur Day. Et, je ne sais pas si vous vous en rendez compte,° mais Chaucer n'écrivait pas précisément pour les petites filles. A quoi vous destinez-vous plus tard ?
— Je ne sais pas encore.
— Qu'est-ce qui vous intéresse le plus ? »
95 Les traits° du jeune homme se durcirent,° et il hésita ; enfin, l'œil sombre, il répondit :
« La religion. »
Baissant la tête, le professeur se gratta° l'oreille et parut réfléchir.
« Soit dit° sans vous offenser, vous êtes encore très jeune, fit-il sur un ton amical.
100 Vos idées sont intéressantes, et je vois que vous ne badinez pas sur le chapitre de la morale.° Malgré quoi,° s'il vous arrive jamais de commettre une grosse bêtise,° une bêtise de jeune homme, vous savez, souvenez-vous que je suis là pour vous aider de mes conseils.

---

il n'y a pas de quoi être fier that's nothing to be proud of / **acerbe** caustic / **vivre** to live / **briller** to glow / **rauque** hoarse / **bien des** = *beaucoup de* / **le métier** = *la profession* / **rejeté en arrière** thrown back / **la colère m'a pris** a fit of rage came over me / **sagace** shrewd / **rusé** sly / **se rendre compte de** to realize / **le trait** feature / **se durcir** = *devenir dur* / **gratter** to scratch / **soit dit** let it be said / **vous ne badinez pas... de la morale** you're very serious about morality / **malgré quoi** this notwithstanding / **la bêtise** blunder

105   — J'espère fermement ne pas faire de bêtises.

— Je l'espère aussi pour vous, mais à votre âge la grande affaire de la vie, c'est l'amour, et l'amour fait faire des bêtises. »

D'une voix patiente, Joseph répliqua :

« Monsieur Tuck, la grande affaire de ma vie, c'est la religion.

110   — Eh bien, monsieur Day, dit le professeur en lui donnant jovialement une tape° dans le dos, voilà qui est le mieux du monde.° Je vous ferai inscrire° dès demain° pour le cours que vous avez choisi. »

Tout en° parlant, il le poussa avec douceur° vers l'antichambre et ce fut là qu'ils se quittèrent.

Julien Green, *Moïra* (1950)

Qu'en pensez-vous ?

Etes-vous d'accord ou non avec les déclarations suivantes ? Justifiez votre réponse.

1. Il vaut mieux que Joseph ne se souvienne pas de Praileau.
2. Joseph prie avec ferveur pour son ennemi.
3. Il demande la bénédiction de Dieu pour Praileau.
4. Joseph est fasciné par la vitrine du professeur de mathématiques.
5. M. Tuck n'est pas content de recevoir Joseph.
6. M. Tuck encourage Joseph à s'exprimer.
7. Joseph désire suivre un cours sur Shakespeare.
8. Joseph est alcoolique.
9. Il avait de bonnes raisons pour déchirer son *Roméo et Juliette*.
10. Il a bien fait de remplacer Shakespeare par Chaucer.
11. Joseph craint de commettre une grosse bêtise.

Nouveau Contexte

Complétez le dialogue suivant en choisissant les termes appropriés (employez chaque terme une seule fois). Puis, jouez le dialogue.

Verbes :   avez raison, faites semblant d', intéresse, suivre, me tenir debout, vaut mieux

Prépositions :   dès, malgré

— Bonjour, monsieur le professeur. C'est vous qui êtes mon conseiller ?
— Oui, Marc, c'est moi.

---

la tape slap / **voilà qui est le mieux du monde** that's perfect / **faire inscrire** to register / **dès demain** as early as tomorrow / **tout en** while / **la douceur** gentleness

— J'avais un peu peur de venir frapper à votre porte. C'est ma première année à l'université. Mais je suis venu _____*1* ma timidité.

— Bravo, Marc. Je suis là pour vous aider. Voulez-vous discuter votre programme d'études aujourd'hui ou une autre fois ?

— Non, non, tout de suite, si c'est possible. Je veux commencer _____*2* maintenant !

— D'accord. Il _____*3* ne pas attendre. Asseyez-vous.

— Je préfère _____*4* .

— C'est comme vous voulez. Alors, quels cours voulez-vous _____*5* ?

— Je ne suis pas sûr. Je ne sais pas au juste ce qui m'_____*6* . Et puis, je ne veux pas échouer.

— Vous _____*7* d'être prudent, Marc. Mais il ne faut pas avoir peur. Un petit conseil, d'abord, si vous permettez : _____*8* être un étudiant de troisième année. Vous verrez, ça vous donnera confiance.

— Merci beaucoup, monsieur. Maintenant, je vais m'asseoir et vous dire ce que j'ai décidé !

Appréciation du texte

1. Dans *Moïra*, Julien Green décrit les problèmes psychologiques de Joseph Day, qui a de la peine à réaliser son idéal spirituel et finit même par penser qu'il est hypocrite. Expliquez en détail pourquoi Joseph s'accuse d'hypocrisie.

2. Pour différentes raisons, Joseph Day est un jeune étudiant typique. Manquant de maturité, il ne reconnaît pas encore la complexité de la réalité et, sûr de lui-même, il croit posséder toutes les réponses. Pour lui, la distinction entre le bien et le mal est évidente ; aussi saura-t-il faire le bien et éviter le mal. M. Tuck cependant identifie deux domaines qui, dans le passé, ont posé des difficultés pour bon nombre d'étudiants. Quels sont ces deux domaines et quelle est l'attitude de Joseph devant ces dangers ?

Vocabulaire satellite

la **formation** education
le **jugement** judgment
la **largeur** (l'**étroitesse** *f*)
    d'esprit broad-mindedness
    (narrow-mindedness)
la **largeur** (l'**étroitesse** *f*) **de**
    vues broadness
    (narrowness) of outlook
donner des conseils to give
    advice

savoir écouter to be a good
    listener
s' **intéresser à** to be interested in
faire de la lecture to do some
    reading
assister à une conférence to
    attend a lecture
résoudre un problème to
    solve a problem
s' **amuser** to have a good time

manquer de maturité to lack maturity, to be immature
faire une bêtise to do something stupid
réveiller les pires instincts to bring out the worst

compréhensif, -sive understanding, tolerant
mûr mature
responsable; irresponsable responsible; irresponsible
pratique practical

Pratique de la langue

1. Quelles sont les qualités d'un conseiller idéal ? Est-ce une fonction nécessaire ? Y a-t-il des limites à ses services ? Que pensez-vous du professeur Tuck ? Le choisiriez-vous comme conseiller ?
2. En quoi consiste la vie d'un(e) étudiant(e) à l'université ? Quelle est son activité essentielle ? Quel est le but d'une formation universitaire ? Est-ce que le rôle des activités périscolaires *(extracurricular)* est d'apporter un complément à l'enseignement scolaire ou de distraire l'étudiant(e) de ses occupations ?
3. Débat : « La vie sociale à l'université n'est pas susceptible *(likely)* de favoriser le développement moral de l'étudiant(e). »
4. Le professeur de mathématiques, M. Tuck, a dans sa bibliothèque personnelle de nombreux classiques de la littérature anglaise. Il est évident qu'il ne s'intéresse pas qu'aux sciences. Quels sont, d'après vous, les avantages d'une formation libérale ? Y a-t-il des inconvénients ?

Sujets de discussion ou de composition

1. Imaginez et jouez un dialogue entre le narrateur et le professeur Galeazzi le jour où celui-ci trouve la traduction française des *Commentaires* de César.
2. Exagère-t-on aujourd'hui l'importance de l'éducation ? Est-elle vraiment indispensable dans notre société contemporaine ? Vaut-elle tous les sacrifices qu'on doit faire pour elle ? Quels avantages offre-t-elle ? Et quels inconvénients ?

2

Les Femmes

Gabrielle Roy

abrielle Roy (1909–1983) was born in the central Canadian province of Manitoba. After completing her formal education, she taught school for eight years. From 1937 until the outbreak of World War II, she was in Europe—in England and France particularly—launching a career in journalism. She returned to Canada in 1939 and settled in Montreal. Six years later, she published her first novel, *Bonheur d'occasion*, an examination of the plight of ordinary people living in a modern city.

Bonheur d'occasion was a landmark in the history of French Canadian literature. It emancipated the novel from its restrictive ties to a stereotypical past and actually inaugurated the contemporary period of realism with its focus on present-day life in all of its complexities. Beginning with Gabrielle Roy, Canadian writers presented

Gabrielle Roy

reality as they saw it, inserting their characters in well-observed and well-defined social and physical settings.

Bonheur d'occasion is still considered by many to be Gabrielle Roy's masterpiece. It was quickly translated into several languages—the English title is *The Tin Flute*—and gained universal acceptance. It deals with the misery of the downtrodden in Saint-Henri, a working-class district of Montreal. The people feel trapped in their environment, weary of life, powerless to influence events that are beyond their comprehension or even to effect a change in their own private destiny. The desperateness of their situation is seen in the fact that, ironically, World War II is viewed as their only chance for a deliverance that may transform their meager existence.

In the following excerpt, Rose-Anna, the mother and heart and soul of the Lacasse family, learns of the latest development in the war and pauses to consider the implications for her and her family. In the midst of her anguish as the mother of a soldier, she discovers the vital link which she has with all the other mothers of the world.

Orientation: Psychological Action

The interest in this passage is primarily psychological as the author explores the instinctive reactions and thoughts of the mother of a soldier receiving recent news about the war. Outwardly, only two things happen: first, Rose-Anna sees from a distance the headlines announcing the German invasion of Norway; second, she crosses the street to get her own copy of the paper. Psychologically, on the other hand, much more takes place. The second paragraph of the text describes the range of Rose-Anna's reactions and feelings, from initial stupor, to immediate thoughts of danger, to anger, to hatred of the aggressor. The third paragraph gives rise to a strong visual image of working-class women all over the world united in a common march against the war that takes their husbands and sons from them. The final paragraph focuses on the ultimate conflict between Rose-Anna's solidarity with the other women of the world and the personal obligations that she feels toward the son who needs her. Rose-Anna hardly hesitates: her protective feelings for her son win out.

La Femme : mère

Rose-Anna descendait du tram,° rue Notre-Dame, lorsque, devant les Deux Records,° elle aperçut° un bulletin de nouvelles tout frais imprimé.° Un petit groupe d'hommes et de femmes s'y pressaient. Et de loin, par delà° les têtes penchées° et les épaules°

---

le tram streetcar / **les Deux Records** = *le nom d'un café* / **apercevoir** = *voir, remarquer* / **tout frais imprimé** freshly printed / **par delà** beyond / **penché** = *incliné* / **l'épaule** *f* shoulder

monte la voix

écrasées° comme par l'étonnement,° Rose-Anna vit danser sur le jaune de l'affiche°
5   des lettres en caractères gras°) :

LES ALLEMANDS ENVAHISSENT° LA NORVEGE.° BOMBES SUR OSLO.°

Elle resta hébétée° un moment, l'œil dans le vide,° et tirant la courroie° de son
sac. Elle ne sut° pas d'abord d'où et comment lui était venu le coup qui la paralysait.
Puis, dressée° au malheur, sa pensée vola° à Eugène.° De quelque façon inexplicable
10   et dure, elle crut° sur l'instant que le sort° de son fils dépendait de cette nouvelle.
Elle relut les gros caractères, syllabe par syllabe, formant à demi les mots du bout de
ses lèvres. Sur le mot « Norvège », elle s'arrêta pour réfléchir. Et ce pays lointain,
qu'elle ne savait situer que vaguement, lui parut lié° à leur vie d'une manière définitive et incompréhensible. Elle n'examina, ne calcula, ne pesa° rien ; elle oublia
15   qu'Eugène l'assurait, dans sa dernière lettre, qu'il resterait au moins six mois au
camp d'entraînement.° Elle voyait des mots qui s'allongeaient° devant elle lourds° de
danger immédiat. Et cette femme, qui ne lisait jamais que son livre d'heures,° fit° une
chose extraordinaire. Elle traversa rapidement la chaussée° en fouillant° déjà dans
son réticule° ; et, à peine° arrivée sur le trottoir d'en face,° elle tendit trois sous° au
20   vendeur de journaux et déplia° aussitôt la gazette humide qu'il lui avait remise.°
S'appuyant° au mur d'un magasin, elle lut quelques lignes, poussée, entraînée° par
des ménagères° qui sortaient de la fruiterie, et retenant son sac comme elle le pouvait sous son bras serré° contre elle. Au bout d'un moment, elle plia le journal d'un
geste absent,° et leva devant elle des yeux lourds de colère. Elle haïssait° les Alle-
25   mands. Elle, qui n'avait jamais haï personne dans sa vie, haïssait ce peuple inconnu
d'une haine implacable. Elle le haïssait, non seulement à cause du coup° qu'il lui
portait,° mais à cause du mal qu'il faisait à d'autres femmes comme elle.

D'un pas d'automate,° elle prit le chemin de la rue Beaudoin. Elle les connaissait
bien soudain toutes ces femmes des pays lointains, qu'elles fussent° polonaises,°
30   norvégiennes ou tchèques ou slovaques. C'étaient des femmes comme elle. Des
femmes du peuple. Des besogneuses.° De celles qui, depuis des siècles, voyaient
partir leurs maris et leurs enfants. Une époque passait, une autre venait ; et c'était
toujours la même chose : les femmes de tous les temps agitaient la main ou pleuraient

---

écrasé crushed / **l'étonnement** astonishment / **l'affiche** ƒ posted notice / **en caractères gras** in boldface / **envahir** = *entrer violemment dans* / **la Norvège** Norway /
Oslo = *la capitale de la Norvège* / **hébété** = *stupéfait, immobile de surprise* / **l'œil
dans le vide** = *ne regardant rien* / **la courroie** strap / **sut** = *savoir (passé simple)* /
dressé = *habitué, formé* / **voler** to fly / **Eugène** = *son fils dans l'armée* / **crut** =
croire (passé simple) / **le sort** = *la destinée* / **lié** = *attaché, joint* / **peser** to weigh /
le camp d'entraînement training camp / **s'allonger** = *devenir plus long* / **lourd**
heavy / **le livre d'heures** = *livre de prières* / **fit** = *faire (passé simple)* / **la
chaussée** pavement, road / **fouiller** to rummage / **le réticule** small purse / **à peine**
scarcely / **en face** opposite / **le sou** cent / **déplier** to unfold / **remettre** =
donner / **s'appuyer** to lean / **entraîné** dragged along / **la ménagère** housewife /
serré = *pressé* / **d'un geste absent** = *sans réfléchir* / **haïr** = *détester* / **le coup**
blow / **porter** to strike (a blow) / **d'un pas d'automate** = *comme un robot* / **qu'elles
fussent** whether they be / **polonais** Polish / **besogneux** = *qui travaille dur*

[marginal handwritten note: Consentir à son sacrifice]

dans leur fichu,° et les hommes défilaient.° Il lui sembla qu'elle marchait par cette
35 claire fin d'après-midi, non pas seule, mais dans les rangs, parmi des milliers de
femmes, et que leurs soupirs° frappaient son oreille, que les soupirs las° des besogneuses, des femmes du peuple, du fond des siècles montaient jusqu'à elle. Elle
était de celles qui n'ont rien d'autre à défendre que leur homme et leurs fils. De celles
qui n'ont jamais chanté aux départs. De celles qui ont regardé les défilés° avec des
40 yeux secs° et, dans leur cœur, ont maudit° la guerre.

Et pourtant, elle haïssait les Allemands plus que la guerre. Ce sentiment la troubla. Elle chercha à° le chasser comme une mauvaise pensée. Puis, il l'effraya,° car
elle vit° tout à coup en elle une raison de consentir à son sacrifice. Elle voulut se
reprendre,° se défendre de la haine comme de la pitié. « On est en Canada,° se disait-
45 elle en brusquant° le pas ; c'est bien de valeur° ce qui se passe là-bas, mais c'est pas
de notre faute. » Elle reniait° farouchement° ce cortège° triste qui accompagnait sa
démarche.° Mais elle ne pouvait aller assez vite pour s'en dégager.° Une foule innombrable l'avait rejointe, venant mystérieusement du passé, de tous les côtés, de
très loin et aussi de très près, semblait-il, car des visages nouveaux surgissaient° à
50 chaque pas, et ils lui ressemblaient. Pourtant, c'étaient des malheurs plus grands
que les siens qu'elles supportaient, ces femmes d'ailleurs.° Elles pleuraient leur
foyer° dévasté ; elles arrivaient vers Rose-Anna, les mains vides et, en la reconnaissant, esquissaient° vers elle un geste de prière. Car, de tout temps,° les femmes se
sont reconnues dans le deuil.° Elles suppliaient° tout bas,° elles tenaient leurs bras
55 levés comme pour demander un peu d'aide. Rose-Anna allait d'un pas pressé. Et
chez° cette femme simple se livrait° un grand combat. Elle vit le désespoir° de ses
sœurs, elle le vit bien, sans faiblesse, elle le regarda en face et en comprit toute l'horreur ; puis, elle mit le sort de son enfant dans la balance, et il l'emporta.° Eugène lui
parut aussi délaissé,° aussi impuissant° que Daniel.° C'était la même chose ; elle les
60 voyait tous deux ayant besoin d'elle. Et son instinct de gardienne remontant en elle,
elle retrouva toute son énergie, elle retrouva son but° et écarta° toute autre pensée.

Gabrielle Roy, *Bonheur d'occasion* (1945)

---

le fichu small shawl / **défiler** to march off / **le soupir** sigh / **las, lasse** = *fatigué* /
le défilé parade / **sec** = *aride (sans larmes)* / **maudire** to curse / **chercher à** =
essayer de / **effrayer** = *faire peur à* / **vit** = *voir (passé simple)* / **se reprendre** =
se corriger / **en Canada** (Canadian French) = *au Canada* / **brusquer** = *accélérer,
rendre plus rapide* / **c'est bien de valeur** (Canadian French) = *c'est bien dommage* /
renier to disavow / **farouchement** = *avec violence* / **le cortège** procession / **la
démarche** walk / **se dégager** = *se séparer* / **surgir** = *se montrer soudainement* /
ailleurs elsewhere / **le foyer** home / **esquisser** = *commencer* / **de tout temps** =
depuis toujours / **le deuil** mourning / **supplier** = *implorer* / **tout bas** = *doucement, sans bruit* / **chez** = *dans l'esprit de* / **se livrer** to be waged / **le désespoir**
despair / **l'emporter** to prevail / **délaissé** = *abandonné* / **impuissant** = *faible, sans
force* / **Daniel** = *un autre enfant de Rose-Anna, plus jeune et plus maladif* / **le but** =
l'objectif / **écarter** to cast aside

Qu'en pensez-vous ?

Etes-vous d'accord ou non avec les déclarations suivantes ? Justifiez votre réponse.

1. Les dernières nouvelles de la guerre sont bonnes.
2. La nouvelle de l'invasion allemande produit un choc immédiat chez Rose-Anna.
3. Elle pense presque immédiatement à son neveu.
4. Rose-Anna connaît très bien la Norvège.
5. Rose-Anna achète tout de suite son journal quotidien, comme elle le fait chaque jour.
6. En lisant le journal Rose-Anna est remplie de haine.
7. Elle a l'impression que les femmes des autres pays sont comme elle et qu'elle les connaît.
8. En marchant Rose-Anna a l'impression d'être accompagnée d'une multitude de femmes.
9. Elle est contente de se trouver au milieu de ces femmes.
10. Rose-Anna sait que les malheurs des autres femmes sont pires que les siens.
11. Elle retrouve son énergie quand elle pense à Daniel et à Eugène.

Nouveau Contexte

Complétez le dialogue suivant en choisissant les termes appropriés (employez chaque terme une seule fois). Puis, jouez le dialogue.

Noms :   foyer *m*, malheur *m*, nouvelles *f*, visage *m*
Verbes :   se mettre en colère, paraît, pleure
Adjectifs :   impuissant, lourde

— Comme la vie est _____ [1] de contradictions !
— Tu as raison. On rit un moment et, l'instant d'après, on _____ [2].
— Il est sûr, pourtant, que les bonnes _____ [3] nous font toujours plaisir.
— Ah oui ! A ce moment-là, ce n'est pas difficile d'être heureux, d'avoir le _____ [4] gai.
— Mais quand il nous arrive un _____ [5] ...
— On se sent faible et _____ [6]. On est d'abord tenté de _____ [7] contre le mauvais sort.
— Oui, à ce moment-là, on voudrait se trouver dans son _____ [8], entouré de ceux qu'on aime.
— C'est vrai. Mais parlons d'autre chose. Cette discussion me _____ [9] trop sérieuse !

Appréciation du texte

1. L'action dans ce passage est intérieure, psychologique. Résumez les pensées et les sentiments de Rose-Anna pendant ces quelques moments. Analysez les sentiments contradictoires qu'elle éprouve.
2. Peut-on considérer Rose-Anna comme une sorte de femme universelle ?

Vocabulaire satellite

la **force**   strength
la **faiblesse**   weakness
la **capacité**   capability
l' **égalité** *f*   equality
le **droit**   right, privilege
le **devoir**   duty
   élever des enfants   to raise
    children
   partager les responsabilités
    to share responsibilities
   faire la cuisine, la lessive, le
    ménage   to do the cooking,
    the wash, the housework

   gagner sa vie   to earn one's
    living
s' **occuper de**   to take care of
   faire la queue   to get in line
s' **engager dans l'armée**   to enlist
   in the army
   être militaire de carrière   to
    be a career soldier
   doux (douce) ; dur   gentle;
    harsh
   sensible ; insensible   sensitive;
    insensitive
   égal   equal

Pratique de la langue

1. Mme Delière et Mme Michard sont voisines. Elles ont deux enfants chacune ; Mme Delière a deux fils tandis que Mme Michard a deux filles. Elles s'entendent sur presque tout sauf sur la question du service militaire. Mme Michard croit que seuls les jeunes gens devraient avoir des obligations militaires. Mme Delière, par contre, pense que les jeunes filles devraient avoir les mêmes devoirs que les jeunes gens. Ecrivez le dialogue de ces deux dames et présentez-le devant la classe.
2. Débat : « Il n'y a plus de rôle séparé pour la mère et pour le père ; il n'y a que le rôle unique de parent. » Ceux qui soutiennent qu'il y a toujours des rôles séparés devront identifier ces rôles. Ceux, au contraire, qui disent qu'il n'y a plus de distinction entre les deux devront expliquer comment la situation a changé.

Mariama Bâ

Mariama Bâ (1929–1981) belonged to that pioneering generation of francophone African women who broke a longstanding literary silence with respect to the condition of women in Africa. Senegalese women in particular were the first to speak out on women's rights, finally daring to do so in the mid-1970s. A native of Dakar, Senegal, Mariama Bâ was active in several women's organizations before being led to express herself in writing to attack prevailing social inequities, especially the fact that women had practically no voice in important marital issues.

Mariama Bâ's literary output is not sizable. Her first novel, *Une si longue lettre*, appeared in 1979. Dealing as it did with the social role of women and in particular with the problems of a polygamous society, it had a major impact in African letters and was widely translated from the original French. Bâ produced only one other novel,

Le Chant écarlate, which was published in 1981, immediately after her untimely death. This final work described the challenges posed by interracial marriage and examined the issue of mental anguish born of unbearable amounts of suffering.

Our excerpt is taken from *Une si longue lettre*, a rather unique epistolary novel in that it does not involve an actual exchange of letters. In fact the work consists of a single lengthy letter divided into twenty-seven chapters, thus giving it more the appearance of an intimate journal. Its dedication—"A toutes les femmes et aux hommes de bonne volonté"—hints at its themes of social criticism and the depiction of the struggles of women. *Une si longue lettre* has proven to be a seminal work in the women's movement in francophone Africa, as it identified early on most of the major issues relating to gender inequity.

This particular excerpt treats the topic of polygamy, a social institution originally born of economic exigency in rural communities as the acute need for more agricultural workers was met by men who married several wives in an effort to produce many children. In time, polygamy increased in importance, as men took to measuring their power and wealth according to the number of wives and children they possessed. Mariama Bâ sees polygamy as a form of oppression enabling men to exert domination over women. In this account, the narrator, Ramatoulaye, writes to her friend, Aïssatou, telling her how she learned of her husband's second marriage. She shares her thoughts and feelings with Aïssatou and reveals the attitude that she adopted in the face of these recent developments. Aïssatou had experienced the same situation in her own marriage; her solution had been to obtain a divorce.

The episode takes place on the day that Ramatoulaye's husband, Modou Fall, has taken as a second bride the young and pretty Binetou. News of the marriage is delivered by three friends of Modou: his brother, Tamsir; the Imam, a Moslem priest from the neighborhood mosque; and Mawdo Bâ, the former husband of Aïssatou.

Orientation: Narrative Perspective

Mariama Bâ's text is written in the form of a letter from the narrator, Ramatoulaye, to her friend, Aïssatou. It is thus written in the first person and offers a personal account of the events described. That is, the reader sees everything through the eyes and perspective of Ramatoulaye herself.

In this particular episode, Ramatoulaye is detailing a development that took her completely by surprise. The interest for the reader lies in an appreciation of Ramatoulaye's evolving feelings and reactions. At first she is astonished at seeing three men approach the house and is bewildered concerning their purpose in coming to her. She begins by adopting their apparent mood and returning their smiles. But she is soon puzzled by the circuitous tenor of the conversation: what is the Imam driving at? what kind of news is he trying to announce? A dreadful thought leaps into her mind: something has happened to her husband. Unwittingly, by her questioning, she gives her interlocutor the opening he was seeking and he blurts out the news that Modou Fall has taken a second wife.

It is at this point that the psychological interest heightens for the reader. It is intriguing to witness Ramatoulaye's perceptiveness, her composure, her keenness of observation, and her rapid analytic powers as she alertly races through the past to retrace the origins of this state of affairs. She comes to a swift realization of what has transpired and then, just as quickly, takes immediate command of the situation. In a determined show of inner strength, she resolves on the spot to maintain her sedateness, to remain self-possessed and stay in control of the conversation, no matter what. The resulting image is that of a strong, sensitive, intelligent, and resourceful woman.

La Femme : épouse

Et, au crépuscule° de ce même dimanche où l'on mariait° Binetou, je vis° venir dans ma maison, en tenue d'apparat° et solennels,° Tamsir, le frère de Modou, entre Mawdo Bâ et l'Imam de son quartier. D'où sortaient-ils si empruntés° dans leurs boubous° empesés° ? Ils venaient sûrement chercher Modou pour une mission im-
5 portante dont on avait chargé l'un d'eux. Je dis° l'absence de Modou depuis le matin. Ils entrèrent en riant, reniflant° avec force l'odeur sensuelle de l'encens qui émanait de partout. Je m'assis devant eux en riant aussi. L'Imam attaqua :
— Quand Allah tout puissant met côte à côte° deux êtres,° personne n'y peut rien.°
10 — Oui, oui, appuyèrent° les deux autres.
Une pause. Il reprit souffle° et continua :
— Dans ce monde, rien n'est nouveau.
— Oui, oui, renchérirent° encore Tamsir et Mawdo.
— Un fait qu'on trouve triste l'est bien moins que d'autres...
15 Je suivais la mimique° des lèvres° dédaigneuses° d'où sortaient ces axiomes qui peuvent précéder l'annonce d'un événement heureux ou malheureux. Où voulait-il donc en venir° avec ce préambule qui annonçait plutôt° un orage° ? Leur venue° n'était donc point hasard.° Annonce-t-on un malheur aussi endimanché° ? Ou, voulait-on inspirer confiance par une mise° impeccable ?

---

le crépuscule dusk / **marier** to marry off / **vis** = *voir (passé simple)* / **en tenue d'apparat** all dressed up / **solennel** solemn / **emprunté** ill-at-ease / **le boubou** = *longue tunique* / **empesé** starched / **dire** = *indiquer* / **renifler** to sniff / **côte à côte** side by side / **l'être** *m* being / **personne n'y peut rien** no one can do anything about it / **appuyer** to support, to back up / **reprendre souffle** to get one's breath back / **renchérir** to chime in / **la mimique** play, movement / **la lèvre** lip / **dédaigneux** disdainful, scornful / **où voulait-il donc en venir** so what was he driving at / **plutôt** rather / **l'orage** *m* (thunder) storm / **la venue** coming, visit / **le hasard** chance / **endimanché** in one's Sunday best / **la mise** dress, appearance

20   Je pensais à l'absent. J'interrogeai dans un cri de fauve traqué° :

— Modou ?

Et l'Imam, qui tenait enfin un fil conducteur,° ne le lâcha° plus. Il enchaîna° vite, comme si les mots étaient des braises° dans sa bouche :

— Oui, Modou Fall, mais heureusement vivant pour toi, pour nous, Dieu merci. Il
25   n'a fait qu'épouser° une deuxième femme, ce jour. Nous venons de la Mosquée du Grand-Dakar où a eu lieu le mariage.

Les épines° ainsi ôtées° de chemin par l'Imam, Tamsir osa° :

« Modou te remercie. Il dit que la fatalité° décide des êtres et des choses : Dieu lui a destiné une deuxième femme, il n'y peut rien. Il te félicite° pour votre quart de siè-
30   cle° de mariage où tu lui as donné tous les bonheurs qu'une femme doit à son mari. Sa famille, en particulier moi, son frère aîné, te remercions. Tu nous as vénérés.° Tu sais que nous sommes le sang de Modou. »

Et puis, les éternelles paroles qui doivent alléger° l'événement : « Rien que toi dans ta maison, si grande soit-elle, si chère que soit la vie. Tu es la première femme,
35   une mère pour Modou, une amie pour Modou. »

---

le fauve traqué hunted beast / **le fil conducteur** leading thread, main theme / **lâcher** to let go of / **enchaîner** to go on / **les braises** *f* coals, glowing embers / **il n'a fait qu'épouser** all he did was to marry / **l'épine** *f* thorn / **ôter** to remove / **oser** to dare, to venture / **la fatalité** fate / **féliciter** to congratulate, to praise / **le quart de siècle** quarter of a century / **vénérer** = *considérer avec respect* / **alléger** to alleviate, mitigate /

La pomme d'Adam de Tamsir dansait dans sa gorge.° Il secouait° sa jambe gauche croisée sur sa jambe droit repliée.° Ses chaussures, des babouches° blanches, portaient une légère couche° de poussière° rouge, la couleur de la terre où elles avaient marché. Cette même poussière était attachée aux chaussures de Mawdo et
40 de l'Imam.

Mawdo se taisait. Il revivait son drame. Il pensait à ta lettre,° à ta réaction, et j'étais si semblable à toi. Il se méfiait.° Il gardait la nuque° baissée,° l'attitude de ceux qui se croient vaincus° avant de combattre.

J'acquiesçais sous les gouttes° de poison qui me calcinaient° : « Quart de siècle de
45 mariage », « femme incomparable ». Je faisais un compte à rebours° pour déceler° la cassure° du fil° à partir de° laquelle tout s'est dévidé.° Les paroles de ma mère me revenaient : « Trop beau, trop parfait ». Je complétais enfin la pensée de ma mère par la fin du dicton° : « pour être honnête ». Je pensais aux deux premières incisives° supérieures° séparées largement par un espace, signe de la primauté° de
50 l'amour en l'individu. Je pensais à son absence, toute la journée. Il avait simplement dit : « Ne m'attendez pas à déjeuner ». Je pensais à d'autres absences, fréquentes ces temps-ci,° crûment° éclairées° aujourd'hui et habilement° dissimulées° hier sous la couverture de réunions syndicales.° Il suivait aussi un régime draconien° pour casser° « l'œuf du ventre » disait-il en riant, cet œuf qui annonçait la vieillesse.
55 Quand il sortait chaque soir, il dépliait° et essayait plusieurs vêtements avant d'en adopter un. Le reste, nerveusement rejeté, gisait à terre.° Il me fallait replier,° ranger ;° et ce travail supplémentaire, je découvrais que je ne l'effectuais° que pour une recherche° d'élégance destinée à la séduction d'une autre.

Je m'appliquais à endiguer° mon remous° intérieur. Surtout, ne pas donner à mes
60 visiteurs la satisfaction de raconter° mon désarroi.° Sourire, prendre l'événement à la légère, comme ils l'ont annoncé. Les remercier de la façon humaine dont ils ont accompli leur mission. Renvoyer des remerciements à Modou, « bon père et bon époux », « un mari devenu un ami ». Remercier ma belle-famille, l'Imam, Mawdo.

---

la gorge throat / **secouer** to shake / **replié** folded / **la babouche** babouche, slipper / **la couche** layer, coat / **la poussière** dust / **la lettre** = *lettre dans laquelle Aïssatou avait annoncé sa décision de divorcer de Mawdo* / **se méfier** to be on one's guard, be wary / **la nuque** nape of the neck, head / **baissé** lowered / **vaincu** defeated / **la goutte** drop / **calciner** = *brûler* / **faire un compte à rebours** to count backwards / **déceler** to discover, detect / **la cassure** break / **le fil** thread / **à partir de** from / **se dévider** to unwind / **le dicton** saying, dictum / **l'incisive** *f* incisor (tooth) / **supérieur** upper / **la primauté** primacy / **ces temps-ci** these days / **crûment** crudely / **éclairé** clarified / **habilement** skillfully, ably / **dissimulé** hidden, concealed / **la réunion syndicale** union meeting / **le régime draconien** strict diet / **casser** to break / **le ventre** stomach / **déplier** to unfold / **gisait (gésir) à terre** lay on the floor / **replier** to refold / **ranger** to put away / **effectuer** to carry out, perform / **la recherche** pursuit, search / **endiguer** to check, hold back / **le remous** = *agitation* / **raconter** to relate / **le désarroi** distress

Sourire. Leur servir à boire. Les raccompagner sous les volutes° de l'encens qu'ils
65 reniflaient encore. Serrer° leurs mains.

   Comme ils étaient contents, sauf Mawdo, qui, lui, mesurait la portée° de l'événement à sa juste valeur.

Mariama Bâ, Une si longue lettre (1979)

Qu'en pensez-vous ?

Etes-vous d'accord ou non avec les déclarations suivantes ? Justifiez votre réponse.

1. Ramatoulaye connaît les trois hommes qu'elle voit venir chez elle.
2. Ramatoulaye pense que les trois hommes sont venus lui rendre visite par hasard, parce qu'ils se trouvaient dans le quartier.
3. D'abord tout le monde est de bonne humeur et rit.
4. Ramatoulaye est impressionnée par les banalités de l'Imam.
5. L'Imam annonce tout à coup que Modou Fall est mort.
6. Le choix d'une deuxième femme a été imposé à Modou.
7. Tamsir est parfaitement à l'aise pendant qu'il parle à Ramatoulaye.
8. Mawdo Bâ, lui, n'a rien à dire.
9. Ramatoulaye pense à des signes qui avaient présagé l'infidélité de Modou.
10. Modou avait de bonnes raisons pour expliquer son absence, ce jour-là et les jours précédents.
11. Modou faisait beaucoup d'efforts pour rester en bonne forme.
12. Il s'habillait soigneusement avec l'aide de sa femme.
13. Ramatoulaye est très troublée par les nouvelles de son mari.
14. Elle se met à attaquer la famille de Modou.
15. Les trois hommes sont tous contents au moment où ils quittent Ramatoulaye.

Nouveau Contexte

Complétez le dialogue suivant en choisissant les termes appropriés (employez chaque terme une seule fois). Puis, jouez le dialogue.

Noms :   bonheur *m*, individu *m*
Verbes :   aura lieu, ne fait que, ne m'inspirent pas confiance, marier, n'y peux rien,
          reprendre souffle, serre la main

— Philippe, mon ami ! On m'a dit que tu vas _____¹ ta fille aînée l'année
  prochaine. Félicitations, mon vieux !

---

la volute swirl   /   **serrer** to shake   /   **la portée** significance

— Merci, Michel. Oui, Lucille m'a annoncé cela la semaine dernière et je suis toujours en train de _____ [2].

— Voyons, Philippe ! Il ne s'agit pas d'une catastrophe. Elle _____ [3] se marier.

— Oui, mais je crains pour son _____ [4]. Je ne connais pas très bien l' _____ [5] qu'elle va épouser. Je me méfie de lui.

— Ce n'est pas la peine de t'inquiéter, Philippe. Tu _____ [6]. Lucille est adulte et elle a fait son choix. L'événement heureux _____ [7] l'année prochaine, que tu le veuilles ou non.

— Tes paroles _____ [8], Michel. J'ai une boule dans la gorge chaque fois que je pense à cette union qui pourrait porter malheur à ma petite fille.

— Je sais que Lucille t'est très chère mais elle est intelligente et sérieuse, n'est-ce pas ? Fais-lui confiance, alors. _____ [9] de son fiancé, souhaite-leur bonne chance à tous deux, et donne ta bénédiction à leur projet de mariage !

Appréciation du texte

1. Dans ce passage, la narratrice, Ramatoulaye, parle d'un événement important dans sa vie. Non seulement elle raconte l'incident mais elle révèle ses diverses réactions à mesure que l'épisode se déroule (*unfolds*). Appréciez l'importance psychologique de cet extrait en traçant les différents changements de pensées et de sentiments chez Ramatoulaye suivant l'évolution de la narration.

2. A la fin de cet incident difficile, Ramatoulaye montre la force de son caractère en décidant de ne pas faire voir sa déception et d'agir comme si de rien n'était. Remarquez dans l'avant-dernier paragraphe comment le mode des verbes illustre la fermeté de la décision. Une longue suite d'infinitifs sert à énumérer les actions qu'elle s'est imposées pour se permettre de cacher son désarroi (*distress*). Dressez une liste de ces obligations sociales qu'elle se sent obligée de satisfaire pour pouvoir congédier (*dismiss*) ces trois hommes qui lui ont apporté cette si mauvaise nouvelle.

Vocabulaire satellite

la **fidélité**   loyalty
l' **inégalité** *f*   inequality
les **droits** *m*   rights
la **lutte**   struggle
la **femme**, le **mari**   wife, husband
l' **époux**, l'**épouse**   spouse
les **conjoints** *m*   spouses
la **femme au foyer**   housewife
la **coutume**   custom
la **question**   issue

le **rapport**   relationship
l' **amour-propre** *m*   self-esteem
la **dignité**   dignity
épouser, se **marier avec**
   to marry
divorcer (de)   to divorce
subvenir aux besoins de sa
   famille   to provide for one's
   family

gagner sa vie   to earn one's living
négliger   to neglect
préférer (à)   to favor
traiter   to treat
s' **occuper de**   to take care of

durer   to last
fidèle; infidèle   faithful; unfaithful
juste, injuste   just, unjust
dégradant   degrading
compliqué   complicated

Pratique de la langue

1. Dans *Une si longue lettre*, Mariama Bâ présente une étude de la vie dans une structure polygame. Bien qu'assez répandue en certaines régions d'Afrique, la polygamie est loin d'être un phénomène universel. Ecrivez et jouez un dialogue animé entre un(e) partisan(e) de la monogamie et un(e) partisan(e) de la polygamie.

2. Modou Fall a épousé une deuxième femme sans même en parler à sa première femme. Beaucoup diraient que cette action témoigne d'un manque de communication dans le couple, pour ne pas dire manque d'égards (*consideration*) envers son épouse. A votre avis, comment deux conjoints doivent-ils communiquer l'un avec l'autre ? Faut-il qu'ils discutent tout ou presque tout ensemble ? Y a-t-il des actions ou des pensées qu'il vaut mieux ne pas discuter ?

3. Avez-vous jamais éprouvé une grande surprise ou un énorme choc, quelque chose auquel vous ne vous attendiez pas du tout et qui vous a donc grandement étonné(e) ? Racontez ce qui s'est passé et dites votre réaction devant cet événement inattendu. Etes-vous resté(e) longtemps sans agir ou avez-vous pu maîtriser la situation assez rapidement ?

4. Dressez une liste d'actions qui pourraient créer des barrières de communication entre deux époux. Puis comparez votre liste avec celles des autres étudiants et discutez des différences.

Simone de Beauvoir

Simone de Beauvoir (1908–1986) gained universal acclaim as a champion of the feminist movement. Long before the movement achieved momentum in the 1960s, she had published her celebrated philosophical essay, *Le Deuxième Sexe* (1949), attacking the myth of woman's inferiority. She showed that many of the problems encountered by women as individuals stem from the fact that they are living in a male-dominated society which expects them to adhere to a restrictive code of behavior. She consistently maintained that there was more in life for women than the traditional roles, that there was more than one way for women to live.

Simone de Beauvoir

Simone de Beauvoir was not simply a theorist of the feminist movement. Her personal philosophy of liberation, activity, and fulfillment led to a remarkable series of accomplishments that earned her wide-ranging respect while in no way compromising her femininity. In 1929 she received the *agrégation* in philosophy, placing second behind Jean-Paul Sartre in this highly competitive postgraduate examination. From this point on, these two incisive thinkers—both of whom, in time, became eminent existentialist[L1] philosophers—cultivated a unique professional and personal relationship that lasted until Sartre's death in 1980.

Simone de Beauvoir taught philosophy until 1943, when her first novel, *L'Invitée*, was published. She then wrote several works of fiction, the best-known of which, *Les Mandarins*, received the coveted Prix Goncourt in 1954. While she also produced a steady stream of philosophical essays and criticism, much interest has been focused on her memoirs and autobiographical works, where her considerations range beyond the limits of her own personal situation to encompass the prevailing beliefs and conditions of her time.

The following excerpt is from *Mémoires d'une jeune fille rangée* (*Memoirs of a Dutiful Daughter*, 1958), the first of four autobiographical volumes, in which the author looks back on her childhood and adolescence up to the time when she became a university student.

---

[1] Words marked with the superscript L are explained in the *Index littéraire* on pp. 243–246.

Orientation: Thematic Vocabulary

In the following passage, Simone de Beauvoir recalls an incident that set her to thinking, at age fifteen, about the ideal couple. What constitutes the perfect union? What type of man would complement her physically, temperamentally, and spiritually?

Before beginning your reading, familiarize yourself with the following thematic vocabulary found in this selection:

	rêver (de) to dream (about)		**éprouver** to feel	
	proche close		s' **imposer** to impose oneself	
	rencontrer to meet		la **sensibilité** sensitivity	
le	**modèle** model		**instruit** educated	
le	**compagnon,** la **compagne** companion		**mettre en commun** to share	
	épouser to marry	se	**marier** to get married	
le	**trait** trait, feature	l'	**égal** *m* equal	

Mariage ou célibat ?

L'été de mes quinze ans, à la fin de l'année scolaire, j'allai deux ou trois fois canoter° au Bois° avec Zaza et d'autres camarades. Je remarquai° dans une allée un jeune couple qui marchait devant moi ; le garçon appuyait° légèrement sa main sur l'épaule de la femme. Emue,° soudain, je me dis qu'il devait être doux° d'avancer à tra-
5 vers la vie avec sur son épaule° une main si familière qu'à peine en sentait-on le poids,° si présente que la solitude fût° à jamais conjurée.° « Deux êtres° unis » : je rêvais sur ces mots. Ni ma sœur, trop proche, ni Zaza, trop lointaine° ne m'en avaient fait pressentir° le vrai sens. Il m'arriva souvent par la suite,° quand je lisais dans le bureau, de relever la tête et de me demander : « Rencontrerai-je un homme qui sera
10 fait pour moi ? » Mes lectures ne m'en avaient fourni aucun modèle. Je m'étais sentie assez proche d'Hellé, l'héroïne de Marcelle Tinayre.° « Les filles comme toi, Hellé, sont faites pour être les compagnes des héros » lui disait son père. Cette prophétie m'avait frappée ; mais je trouvai plutôt rebutant° l'apôtre° roux° et barbu

---

canoter to go boating / **Bois** = *le Bois de Boulogne, à Paris* / **remarquer** to notice / **appuyer** = *presser, appliquer* / **ému** = *touché* / **il devait être doux** it must have been pleasant, it was no doubt pleasant / **l'epaule** *f* shoulder / **le poids** weight / **fût** = *être (imparfait du subjonctif)* / **conjuré** = *exorcisé, banni* / **l'être** *m* being / **lointain** distant / **pressentir** to have an inkling of, suspect / **par la suite** = *après* / **Marcelle Tinayre (1872–1948)** = *écrivain français qui dans ses œuvres a traité de grandes questions religieuses et sociales, en particulier du féminisme* / **rebutant** = *déplaisant* / **l'apôtre** *m* apostle / **roux** redheaded

qu'Hellé finissait par épouser. Je ne prêtais à mon futur mari aucun trait défini. En
15 revanche,° je me faisais de nos rapports une idée précise : j'éprouverais° pour lui
une admiration passionnée. En ce domaine, comme dans tous les autres, j'avais soif
de° nécessité. Il faudrait que l'élu° s'imposât° à moi, comme s'était imposée Zaza,
par une sorte d'évidence° ; sinon je me demanderais : pourquoi lui et pas un autre ?
Ce doute était incompatible avec le véritable amour. J'aimerais, le jour où un homme
20 me subjuguerait par son intelligence, sa culture, son autorité.

Sur ce point, Zaza n'était pas de mon avis° ; pour elle aussi l'amour impliquait°
l'estime et l'entente° ; mais si un homme a de la sensibilité° et de l'imagination, si
c'est un artiste, un poète, peu m'importe,° disait-elle, qu'il soit peu instruit° et même
médiocrement intelligent. « Alors, on ne peut pas tout se dire ! » objectais-je. Un
25 peintre, un musicien ne m'aurait pas comprise tout entière, et il me serait demeuré
en partie opaque. Moi je voulais qu'entre mari et femme tout fût mis en commun ;
chacun devait remplir, en face de l'autre, ce rôle d'exact témoin° que jadis° j'avais at-
tribué à Dieu. Cela excluait qu'on aimât° quelqu'un de différent : je ne me marierais
que si je rencontrais, plus accompli que moi, mon pareil,° mon double.

30 Pourquoi réclamais°-je qu'il me fût supérieur ? Je ne crois pas du tout que j'aie
cherché en lui un succédané° de mon père ; je tenais à° mon indépendance ; j'exer-
cerais un métier, j'écrirais, j'aurais une vie personnelle ; je ne m'envisageai jamais
comme la compagne° d'un homme : nous serions deux compagnons.° Cependant,
l'idée que je me faisais de notre couple fut indirectement influencée par les senti-
35 ments que j'avais portés° à mon père. Mon éducation, ma culture, et la vision de la
société, telle qu'elle était, tout me convainquait que les femmes appartiennent à une
caste inférieure ; Zaza en doutait parce qu'elle préférait de loin° sa mère à M. Ma-
bille° ; dans mon cas au contraire, le prestige paternel avait fortifié cette opinion :
c'est en partie sur elle que je fondais mon exigence.° Membre d'une espèce privi-
40 légiée, bénéficiant au départ° d'une avance considérable, si dans l'absolu un homme
ne valait pas plus que moi, je jugerais que relativement, il valait moins : pour le reconnaître comme mon égal, il fallait qu'il me dépassât.°

Simone de Beauvoir, *Mémoires d'une jeune fille rangée* (1958)

en revanche = *en compensation* / **éprouver** = *sentir* / **j'avais soif de** = *j'avais
besoin de* / **l'élu** *m* the chosen one / **s'imposât** = *imparfait du subjonctif* /
l'évidence *f* obviousness / **l'avis** *m* = *l'opinion* / **impliquer** = *supposer* /
l'entente *f* = *l'accord, l'harmonie* / **la sensibilité** sensitivity / **peu m'importe** it
matters little to me / **peu instruit** not very educated / **le témoin** witness / **jadis** =
autrefois, dans le passé / **aimât** = *imparfait du subjonctif* / **mon pareil** = *une
personne comme moi* / **réclamer** = *insister* / **le succédané** = *le substitut* / **tenir
à** = *être très attaché à* / **la compagne** helpmate / **le compagnon** partner / **porter**
to bear / **de loin** = *de beaucoup* / **M. Mabille** = *le père de Zaza* / **l'exigence** *f*
demand / **au départ** = *depuis le commencement* / **dépassât** = *fût supérieur à (imparfait du subjonctif)*

Qu'en pensez-vous ?

Etes-vous d'accord ou non avec les déclarations suivantes ? Justifiez votre réponse.

1. La narratrice est émue lorsqu'elle voit un jeune couple dans le Bois de Boulogne.
2. Elle se demande si elle rencontrera un homme dont elle tombera amoureuse.
3. Elle imagine précisément l'homme idéal.
4. Elle ne pourra aimer qu'un homme pour lequel elle éprouve une grande admiration.
5. Pour la narratrice il n'y a pas de place pour le doute dans l'amour.
6. Zaza pourrait aimer un artiste.
7. La narratrice peut aimer un artiste aussi.
8. Elle veut trouver quelqu'un qui soit différent d'elle-même.
9. Elle veut être la compagne de l'homme qu'elle aimera.
10. Ses idées sur les hommes ont été influencées par sa famille.
11. En fin de compte, la narratrice cherche un homme supérieur à elle.

Nouveau Contexte

Complétez le dialogue suivant en choisissant les termes appropriés (employez chaque terme une seule fois). Puis, jouez le dialogue.

Noms :   couple *m*, épaule *f*
Verbes :   me demande, peu importe, rêve, me sens
Adjectifs :   doux, roux, véritable

— Christine, je _____ *1* un peu mélancolique.
— Viens, Jean-Pierre, appuie ta tête sur mon _____ *2* .
— Ah, c'est si _____ *3* d'être ici près de toi !
— Chut ! Ferme tes yeux et _____ *4* un peu. Dis-moi ce que tu vois.
— Je vois un jeune _____ *5* heureux. La jeune fille est très jolie. Elle a les yeux verts et les cheveux _____ *6* . Elle a un beau sourire. Et le jeune homme n'est plus mélancolique !
— Est-ce le _____ *7* amour ?
— _____ *8* ! Ils sont heureux pour le moment.
— Mais je _____ *9* si ça va durer.
— Chut ! Laissons les choses telles qu'elles sont !

Appréciation du texte

1. Dans son choix d'un futur mari, la narratrice semble-t-elle guidée par des considérations intellectuelles ou par des mouvements du cœur ? Citez quelques-uns de ses arguments. Lesquels semblent les plus importants ?
2. Résumez ce que la narratrice entend finalement par l'expression « deux êtres unis. »

Vocabulaire satellite

le **célibat**   celibacy
les **rapports** *m*   relationship
la **sensibilité**   sensitivity, sensibility
le **coup de foudre**   love at first sight (lit., clap of thunder)
éprouver (un sentiment)   to feel (an emotion)
sortir avec quelqu'un   to go out with someone
se **marier (avec)**   to get married, to marry
épouser   to marry
poursuivre une carrière   to pursue a career

avoir une activité professionnelle   to have a career
marié ; célibataire   married; single
raisonnable   reasonable
honnête   honest
instruit   educated
doux, douce   gentle, sweet
sensible   sensitive, sensible
passionné   passionate, fond
uni   united
intime   close, intimate

Pratique de la langue

1. Quelles sont les qualités que vous recherchez chez votre futur mari (votre future femme) ? Voulez-vous quelqu'un de semblable à vous ou de différent ? Voulez-vous quelqu'un qui vous soit supérieur, inférieur ou égal ?
2. « Si on veut vraiment poursuivre une carrière, le célibat est le seul statut social possible. » Etes-vous d'accord ou non ? Pourquoi ?
3. Organisez un débat sur le sujet suivant : lequel profite le plus de la vie, le (la) célibataire ou la personne mariée ?
4. Une femme très libérée et une femme très traditionaliste se rencontrent à une soirée. Elles commencent à parler du mariage, du rôle de la femme et du mari dans le mariage. Naturellement, elles ne s'entendent pas parfaitement. Ecrivez ce dialogue et présentez-le devant la classe.
5. Simone de Beauvoir tient à son indépendance. Peut-on être marié et indépendant à la fois ? Si oui, expliquez comment se manifeste l'indépendance à l'intérieur d'un mariage.

Sujets de discussion ou de composition

1. Quelle est la meilleure manière de choisir son futur mari (sa future femme) ? Faut-il attendre le coup de foudre ou faut-il procéder de façon plus logique ?
2. A débattre : « La fidélité dans le mariage n'est plus essentielle. »
3. « Dans notre société contemporaine, la seule différence entre une femme et un homme est la différence physique. » Etes-vous d'accord ou non ? Pourquoi ?

4. « La femme d'aujourd'hui ne s'intéresse plus à la maternité. Elle n'a pas la générosité qui caractérisait la mère d'autrefois. Son cœur est ailleurs. » Trouvez-vous cette observation juste ? Pourquoi ou pourquoi pas ?

5. La femme et l'homme modernes ont chacun une activité professionnelle. Que doivent-ils faire s'il leur devient impossible d'exercer leur métier ensemble dans la même ville ?

3

La Famille

Yves Thériault

orn in Quebec, Yves Thériault (1916–1984) was a self-made man. Having abandoned his formal education before its completion, he had two great aspirations as he thought of what he would do with his life: he wanted either to work in the broadcasting industry or become a professional athlete. He was particularly adept in two sports, tennis and boxing. In an effort to excel, however, he trained so vigorously that his health could not bear up under the strain and he contracted tuberculosis, thereby putting an end to his sporting dreams. He did finally settle into a career in broadcasting, doing some announcing early on but ultimately finding his niche as a writer. Perhaps French Canada's most prolific modern author, he wrote hundreds of scripts for both radio and television, in addition to numerous novels and short stories.

In his novels Thériault explored the theme of alienation, the great incompatibility between his characters and their social milieu. He dwelled particularly on the restrictions that society places on its members, the obligation to conform that is imposed on all, and the harsh sanctions to which recalcitrants are subjected, including eventual ostracism. Thériault introduced a great variety of central characters, some of whom had rarely been seen in major literary works. The psychological adventure

Yves Thériault

novel *Agakuk* (1958), for instance, deals with the vanishing culture of the Inuit Eskimos in Labrador. Thériault studied the conflict between society's repression and the basic natural instincts of his characters as manifested through such an outlet as violence or sexuality. This theme of primitivism recurs regularly in his writings.

Thériault's first novel, *La Fille laide* (1950), is the story of Edith, whom society cast aside because of her ugliness. She married the laborer Fabien and together the couple left the plains to go live in isolation in the mountains with their infant son, who was born deaf, blind, and mute. In this excerpt Fabien and Edith believe they have found a solution for their son's physical problems.

Orientation: The Conflict of Human Emotions

Chances are Edith and Fabien would not be viewed by society as an ideal couple. If they ever attracted anyone's attention even momentarily, it would probably be through a reproving or indifferent glance at best. This unfortunate couple have not had the advantages of interaction with society and have been forced to struggle bitterly for the precious little that they possess. To most, their future would appear downright bleak.

And yet, in their own way, they have made the best of their situation. They have survived together, relying on a basic love that has made the necessary sacrifices. It is generally acknowledged that there is no greater love than to give one's life for the beloved. In this story, however, the issue of life and death takes a bold, primitive turn. And in the course of the stark, unsettling narration, the reader is swept over the whole range of emotions, with strong positive or negative reactions that cannot remain indifferent before the couple's extraordinary gesture of love.

Un Père et son fils

Quand il se sut bien seul,° il marcha lentement vers la source,° murmurant des mots à l'oreille du petit qui bâillait° dans ses bras, inerte et sans combat, une loque.°
— Viens, disait-il, viens mon petiot.° La mort sera douce pour toi... Viens... La source apparut sous un buisson,° claire et limpide, un petit étang° où nageaient quel-
5   ques poissons° qui partaient ensuite dans le ruisseau° allant se jeter dans la Gueuse, allant rejoindre ainsi la grande vie.

---

quand il se sut bien seul when he knew that he was indeed alone   /   **la source** spring   /
bâiller to yawn   /   **la loque** rag   /   **mon petiot** = *mon petit*   /   **le buisson** bush   /
l'étang *m* pond   /   **le poisson** fish   /   **le ruisseau** stream

— Tu ne vois pas la source, dit Fabien à l'enfant aux yeux morts. Celui qui est derrière le monde, à mener° la grande machine, a oublié de te donner des yeux pour la
voir, cette source. C'est dommage. Il y a du couchant° noyé° dans l'eau. C'est rouge
10   et rose. L'eau est limpide. Elle aurait des milles de profond,° et on verrait nager la
truite.°

Ils étaient sur le bord, l'homme et l'enfant, et Fabien tenait le petit sur ses bras
étendus,° lui parlant tout contre° la bouche, essayant de lui entrer° par ce moyen les
mots dans l'esprit.

15   Mais l'effort était vain.

— C'est la mort... continua Fabien. Je dis la mort. On dit un mot qu'on a appris en
tétant° le lait. Vie, mort, plaisir, douleur. On dit les mots et on ne sait plus trop bien
ce qu'ils veulent dire. Pour toi, la mort est la vie. Edith, qui est ta mère, et qui t'a fait,
elle ne sait pas comme je souffre.

20   Il resta longtemps devant la source, debout ainsi, tenant l'enfant.

Il ne parlait plus.

Puis il se remit à murmurer, très vite :

— Alors il n'y a que sa chair° en toi, il n'y a que la chair de ta mère ? Et si c'était
ainsi, est-ce que je souffrirais moi aussi ? Est-ce que j'aurais cette hésitation du
25   geste ? Demain tu ne seras plus sur la grande chaise. Demain, la grande chaise sera
vide... Non ! non ! elle ne sera pas vide. J'y serai assis, moi. Nous serons l'un avec
l'autre sur la chaise où tu étais toujours. Te haïr, moi ? Te haïr parce que tu es ce que
tu es ? Allons donc° !

Il s'agenouilla,° posa les pieds de l'enfant sur la berge de sable° doux, près de
30   l'eau.

— Tu auras une mort douce, petit...

Il poussait sur le corps de l'enfant, poussait les pieds vers l'eau. Maintenant, les
talons° allaient rejoindre la surface, allaient se baigner dans le fluide froid.

L'enfant se roidit.°

35   — Je te dis que ce sera une mort douce, petit. Mourir comme ça serait un bonheur. Pour toi ce sera un bonheur. Avant, après. Tellement mieux que la mort sur
les pentes.° Le tronc d'arbre qui vient vous fracasser,° l'avalanche de pierres... J'ai
songé° à cette mort...

Il caressa doucement la tête du petit dont les pieds étaient dans l'eau.

40   Un hibou° fit son chant, et Fabien entendit, tout en bas,° et loin, comme des bruits
de voix.

à mener = *qui mène, qui dirige* / **le couchant** sunset / **noyé** drowned / **elle aurait
des milles de profond** it could be miles deep / **la truite** trout / **étendu** extended /
tout contre right up against / **entrer** = *forcer* / **téter** to suck / **la chair** flesh /
allons donc come now (i.e., don't be silly) / **s' agenouiller** = *se mettre à genoux* / **la
berge de sable** sand bank / **le talon** heel / **se roidir** to stiffen / **la pente** slope /
fracasser to crush / **songer** = *penser* / **le hibou** owl / **tout en bas** way down
below, at the very bottom

C'étaient les gens du hameau° qui venaient...

— Tu es blond, dit Fabien, tu as les cheveux blonds. Je n'avais jamais vu comment ils étaient blonds. Et ta bouche est large. Belle et large. Une bouche à boire
45 de la vie. Une bouche vaillante°... Tu aurais pu goûter aux bons mets° des soirs de fête.

Il eut un sanglot° et serra° fort l'enfant contre lui.

— Si seulement, gémit°-il, tu n'avais pas été ce que tu es...

Mais il se reprit° et poussa l'enfant plus avant dans l'eau. Jusqu'aux genoux.

50 — Le moment est venu, petit. Il fait presque nuit. Tu rejoindras la nuit bleue par notre nuit à nous, qui sera noire ce soir. A savoir° si tu sauras reconnaître l'une de l'autre. Je te le souhaite. Ne frémis° pas ainsi, l'enfant. Ne résiste pas. L'eau est froide, je le sais, mais il ne faut pas résister.

L'enfant avait peur de l'eau, et il essayait, de son corps sans force, de se débattre,°
55 de ne plus laisser cette eau monter, cette eau qui montait et grimpait,° qui rejoignait les genoux et ensuite les cuisses,° qui le mouillait° jusqu'au ventre, à mesure que Fabien le descendait, le poussait vers le fond,° vers la mort.

Et l'homme murmurait toujours ses paroles, en rythme doux, comme une berceuse,° comme si l'enfant l'entendait, le comprenait.

60 Il avait des sanglots dans la voix, et deux grosses larmes lui coulaient° sur les joues.

— Ton cou° rose et potelé,° martelait°-il entre ses dents tout à coup. Ton cou rose et potelé, et toute ta peau fine et duveteuse.° Il y a une fossette° dans ton cou. Je ne l'avais jamais vue... Tout le corps, et puis voilà, maintenant, la tête. C'est mon adieu,
65 petit, c'est mon adieu.

Alors, la voix lui brisa,° et il se mit à chantonner,° avec des sons qui n'étaient plus du chant, mais des pleurs...

— Fais dodo,° l'enfant do ! Fais dodo, l'enfant dormira bientôt...

La bouche du petit était sous l'eau, et il se débattait, il jetait ses bras vers le ciel,
70 et il secouait° ses jambes.

Il combattait la mort qui entrait en lui par cette bouche grande ouverte,° buvant l'eau de la source.

Et tout à coup Fabien poussa un grand cri, et il se redressa,° tenant toujours l'enfant, et il hurla,° mot après cri, à faire reculer la montagne° :

---

le hameau = *le petit village* / **vaillant** brave / **les mets** *m* = *nourriture qu'on sert à table* / **le sanglot** sob / **serrer** to squeeze / **gémir** to moan / **se reprendre** to get hold of oneself / **à savoir** it remains to be seen / **frémir** = *trembler* / **se débattre** to struggle / **grimper** to climb / **la cuisse** thigh / **mouiller** to wet / **le fond** bottom / **la berceuse** lullaby / **couler** to flow / **cou** neck / **potelé** chubby / **marteler** to hammer out / **duveteux** downy, fluffy / **la fossette** dimple / **briser** to break / **chantonner** to hum / **fais dodo** go to sleep (baby talk) / **secouer** = *agiter* / **grand ouvert** = *ouvert le plus possible* / **se redresser** to straighten up / **hurler** = *crier* / **à faire reculer la montagne** as if to push back the mountain

75   — Non !

Et il mit l'enfant par terre et enleva sa vareuse,° avec laquelle il enveloppa le corps trempé,° et en une course° folle il revint vers la maison.

Et en courant, il criait :

— Viens ! Petit ! Viens, la chaleur t'attend ! Ne souffre plus !

80   Dans la grande cuisine, il trouva Edith qui geignait,° assise par terre, se tenant la poitrine, impuissante° devant la douleur.

Et quand elle le vit qui entrait, tenant l'enfant, elle bondit,° ses yeux soudain fiévreux, et elle arracha° le petit des bras de son homme, et elle alla le porter devant le feu, à la chaleur, en l'enveloppant de ce qu'elle put trouver là qui fût chaud.

85   Elle pleurait et elle criait, et elle demandait à Fabien :

— Tu l'as ramené° ? Tu as ramené le petit ? Tu ne l'as pas tué ?

Et Fabien pleurait aussi, mais il restait devant la porte, n'osant plus approcher de la fille qui emmaillotait° le petit, qui le berçait,° et lui fredonnait° des chansons, là-bas, devant l'âtre.°

Yves Thériault, *La Fille laide* (1950)

Qu'en pensez-vous ?

Etes-vous d'accord ou non avec les déclarations suivantes ? Justifiez votre réponse.

1. Fabien marche vite vers la source.
2. L'enfant de Fabien voit très bien la source.
3. Fabien parle à son fils comme un père parle normalement à son enfant.
4. Fabien souffre parce que son enfant c'est sa propre chair.
5. La tête de l'enfant est la première partie du corps à toucher la surface de l'eau.
6. La mort de l'enfant sera une mort douce.
7. Le petit n'a pas une bouche ordinaire.
8. L'enfant ne résiste pas lorsque son père le plonge dans l'eau.
9. L'enfant comprend bien la chanson que lui chante son papa.
10. Fabien chante parce qu'il est content.
11. Finalement Fabien sauve la vie de son enfant.
12. A la fin de l'incident, Fabien revient lentement vers la maison.
13. Quand elle voit son enfant, Edith est fâchée.

Appréciation du texte

1. Il y a dans le texte de nombreuses allusions à la douleur et à la souffrance. Relevez les détails qui illustrent la vie difficile de cette petite famille.

la vareuse pea jacket / **trempé** soaked / **la course** run / **geindre** to whimper / **impuissant** powerless / **bondir** to jump up / **arracher** = *saisir de force* / **ramener** to bring back / **emmailloter** to swaddle / **bercer** to rock / **fredonner** to hum / **l'âtre** *m* hearth

2. Les parties du corps jouent un rôle important dans ce récit. Dites comment est décrit chacun des éléments suivants : les bras de Fabien ; les jambes, les yeux, la bouche, le cou, les pieds et la tête du petit.

3. Fabien dit à son fils. : « Pour toi, la mort est la vie... Pour toi, ce sera un bonheur. » Expliquez ce qu'il veut dire.

Nouveau Contexte

Complétez le dialogue suivant en choisissant les termes appropriés (employez chaque terme une seule fois). Puis, jouez le dialogue.

Noms : fond *m*, plaisir *m*, sable *m*
Verbes : enlève, mener, mouille, nager, oublier, veux dire
Adjectif : limpide

— Donne-moi la main, petit frère. Je vais te _____ ^{1} au bord de l'eau.
— Oh, comme l'eau est _____ ^{2}. Je peux voir le _____ ^{3} au _____ ^{4} du ruisseau.
— _____ ^{5} tes chaussures. _____ ^{6}-toi les pieds dans cette eau rafraîchissante.
— Avec _____ ^{7} ! J'aimerais être poisson et passer toute la journée à _____ ^{8} dans cette belle eau claire. Comme ce serait agréable !
— Attention ! Ne va pas trop loin. Il vaut mieux que je te ramène à la maison.
— Qu'est-ce que tu _____ ^{9} ? Il n'y a rien à craindre. Moi, je reste ici avec les autres poissons.
— Et moi, je te dis d' _____ ^{10} ton rêve de poisson. Allez, nous rentrons !

Vocabulaire satellite

le **foyer** home (lit., hearth)
l' **éducation** *f* upbringing
s' **occuper de** to take care of
fournir le nécessaire to provide the necessary
s' **intéresser (à)** to be interested (in)
louer to praise
récompenser to reward
critiquer to criticize
corriger to correct
battre to beat
gifler to slap in the face
fesser to spank
gâter to spoil
grandir to grow up

vieillir to grow older
obéir (à) ; désobéir (à) to obey; to disobey
doux, douce gentle
ferme firm
indulgent lenient
sévère strict
affectueux, -euse affectionate
compréhensif, -ive understanding
d'humeur égale even-tempered
bien (mal) élevé well (badly) raised
sage good, well-behaved

Pratique de la langue

1. A votre avis, qu'est-ce que Fabien essaie de faire et pourquoi agit-il ainsi ? Qu'est-ce qui le pousse à faire ce qu'il fait ? Quels sont vos sentiments envers lui ?
2. Est-ce que tout le monde est capable d'être un bon parent ? Si non, y a-t-il moyen (est-il possible) de déterminer d'avance si une personne en est capable ? Que peut-on faire pour assurer la protection des enfants ?
3. Quelles sont, à votre avis, les qualités d'un père et d'une mère idéals ?
4. Est-il possible d'être trop bon ? Ecrivez un dialogue entre un parent trop bon et son fils ou sa fille.
5. A votre avis, est-ce qu'une mère ou un père doit mériter l'amour de son enfant, ou est-ce que l'amour filial est quelque chose de tout à fait naturel auquel les parents ont droit ? Est-ce qu'un enfant doit considérer sa mère et son père comme il considère les autres personnes ?
6. « Qui aime bien châtie *(chastises)* bien. » Etes-vous d'accord ou non ? Les parents ont-ils le droit de punir leurs enfants ? Si oui, comment ? Quel est le rôle de la punition corporelle dans l'éducation des enfants ?
7. Est-il jamais permis de faire mourir une autre personne ? Si oui, dans quelles circonstances ?

Victor Hugo

The French consider Victor Hugo (1802–1885) one of their greatest poets. The non-French reader tends to know Hugo as the author of the monumental social novel, *Les Misérables* (1862), or as the creator of the famous hunchback of Notre-Dame, Quasimodo, in the historical novel, *Notre-Dame de Paris* (1831). In fact, Victor Hugo was not only a poet and novelist but a dramatist as well, who first achieved notoriety through the theater.

Still, it is through his poetry that Victor Hugo gained his greatest literary recognition. Capitalizing on the greater freedom afforded him by the new romantic[L] concepts, Hugo developed grandiose imagery and rich rhythmical effects, while displaying an extraordinary grasp of the French language. He tried his hand at every conceivable poetic genre, running the gamut of poetic expression from the lyrical through the epic to the satirical. He remains an acknowledged master of poetic technique.

In the following poem, we gain insight into the intimate feelings of Victor Hugo, the parent. While traveling through southern France in September 1843, he casually picked up a newspaper and read of the death by drowning of his own beloved

Victor Hugo

nineteen-year-old daughter, Léopoldine, and her young husband, who had been boating on the Seine. Four years later, on the anniversary of her death, he wrote "Demain, dès l'aube."

Orientation: Reading French Poetry

Poetry cannot be read in the same way as prose since the elements of verse, rhyme, and rhythm add a musical quality which must be properly rendered. For example, French verses are of various lengths and are identified by the number of pronounced syllables: e.g., an octosyllabic verse contains eight syllables. Usually all the lines in a poem have the same number of syllables. More importantly, all of the syllables have the same phonetic value and should be pronounced equally, with no tonic stress or accent on any particular one.

In a twelve-syllable verse, such as is found in Hugo's poem, the voice normally pauses in the middle, i.e., after the sixth syllable (line 3 is a good example). At times, however, instead of a 6/6 split, the verse will be divided into three parts: 4/4/4 (see line 5). Other more unusual pauses are used for special effect (see line 8, where there is a significant pause after the first syllable). Since Hugo's poem is conversational in form, the rhythm is generally dictated by the sense of the ideas expressed.

Demain, dès l'aube°

Demain, dès l'aube, à l'heure où blanchit° la campagne,
Je partirai. Vois-tu, je sais que tu m'attends.
J'irai par la forêt, j'irai par la montagne,
Je ne puis° demeurer loin de toi plus longtemps.

5   Je marcherai les yeux fixés sur mes pensées,
Sans rien voir au dehors, sans entendre aucun bruit,
Seul, inconnu, le dos courbé,° les mains croisées,
Triste, et le jour pour moi sera comme la nuit.

Je ne regarderai ni l'or° du soir qui tombe,
10   Ni les voiles° au loin° descendant vers Harfleur,°
Et quand j'arriverai, je mettrai sur ta tombe
Un bouquet de houx° vert et de bruyère° en fleur.

Victor Hugo, *Les Contemplations* (1856)

Qu'en pensez-vous ?

Etes-vous d'accord ou non avec les déclarations suivantes ? Justifiez votre réponse.

1. Le narrateur va commencer son trajet de bonne heure.
2. Le narrateur connaît très bien la personne à qui il va rendre visite.
3. Le voyage du narrateur n'est pas long.
4. Le narrateur est impatient de retrouver l'autre personne.
5. Il va méditer en marchant.
6. Pendant son voyage il admirera les beautés de la nature.
7. Le voyage le rendra heureux.
8. Il va admirer le coucher du soleil.
9. La route le mènera le long d'une rivière.
10. Quand le narrateur arrivera, il offrira un bouquet de roses à sa fille.

Nouveau Contexte

Complétez le dialogue suivant en choisissant les termes appropriés (employez chaque terme une seule fois). Puis, jouez le dialogue.

Noms :   aube *f*, bruit *m*, campagne *f*, heure *f*
Verbes :   attendait, demeurais
Adjectifs :   aucune, croisés, seule

---

dès l'aube at the very break of day / **blanchir** = *devenir blanc* / **je ne puis** = *je ne peux* / **courbé** = *incliné* / **l'or** *m* gold / **la voile** sail / **au loin** = *à une grande distance* / **Harfleur** = *petit port sur la Seine* / **le houx** holly / **la bruyère** heather

— Quelles belles vacances je viens de passer ! Je suis allée à la _____ *¹* pour quinze jours.

— Tu as l'air bien reposée. Deux semaines sans travail, sans pollution, sans le _____ *²* de la ville !

— Le meilleur moment chaque jour, c'était la première _____ *³*, l' _____ *⁴*, où, assis sur une colline paisible, j'ai vu de magnifiques levers du soleil.

— Est-ce que tu étais _____ *⁵* ?

— Absolument ! _____ *⁶* conversation, rien pour déranger le calme de ce moment idéal au bord du lac.

— Est-ce que tu _____ *⁷* là toute la matinée ?

— La plupart du temps. Je savais que personne ne m' _____ *⁸*. Alors je restais là, les bras _____ *⁹*, sans rien faire, sans même consulter ma montre.

— Eh bien, nous sommes aujourd'hui lundi. Il est huit heures. Les vacances sont finies. Bienvenue au monde du travail !

Appréciation du texte

1. Dans ce poème Victor Hugo a employé des vers de douze syllabes. Lisez le poème à haute voix en prononçant bien les douze syllabes de chaque vers. N'oubliez pas qu'en poésie les *e* muets sont prononcés sauf à la fin du vers ou devant une voyelle. Dans le poème combien de syllabes y a-t-il dans les mots suivants : *l'aube, l'heure, campagne, marcherai, pensées, dehors, entendre, triste, sera, comme, regarderai, tombe, voiles, arriverai, bruyère* ?

2. A la fin de la première strophe, quelle impression a le lecteur ? De quel genre de rendez-vous s'agit-il ? Est-ce que cette impression change dans la deuxième strophe ? Si oui, à partir de quel vers ? Quand est-ce que le lecteur reconnaît avec certitude la nature exacte du rendez-vous ?

3. Etudiez la progression de la narration dans ce poème. Quelles expressions donnent une idée de la durée du voyage ?

4. Comment l'idée du 5e vers est-elle mise en relief par les sons et le rythme du vers ?

5. Dans le 12e vers, quelle est l'importance du houx *vert* et de la bruyère *en fleur* ?

Vocabulaire satellite

les **relations amicales** *f* friendly
    relations
le **sentiment** feeling
la **tendresse** tenderness
la **caresse** caress
le **charme** charm
l' **attrait** *m* attraction, charm

le **mari** husband
la **femme** wife
le, la **bien-aimé(e)** beloved
le, la **petit(e) ami(e)** boyfriend,
    girlfriend
l' **amant(e)** lover

(mon, ma) chéri(e)   (my) darling

être amoureux, -euse (de) to be in love (with)

éprouver de l'amour pour quelqu'un   to feel love for someone

tenir à quelqu'un   to be fond of someone

être ami(e) avec quelqu'un to be friends with someone

prendre rendez-vous   to make a date

sortir avec quelqu'un   to go out with someone

offrir (des fleurs, des cadeaux)   to give (flowers, gifts)

se **marier (avec)**   to marry, to get married

être fidèle (infidèle)   to be faithful (unfaithful)

tromper quelqu'un   to cheat on someone

briser le cœur de quelqu'un to break someone's heart

Pratique de la langue

1. Dans la première strophe de *Demain, dès l'aube*, il s'agit d'un rendez-vous entre deux personnes. Racontez un rendez-vous mémorable que vous avez eu. Racontez votre anticipation de l'événement et les préparatifs que vous avez faits. Est-ce que tout s'est bien passé ou avez-vous été déçu(e) ?

2. Y a-t-il différentes sortes d'amour ? Si oui, qu'est-ce que ces amours ont en commun et comment peut-on les différencier ?

3. Est-ce que l'amour est la même chose que l'amitié ? Lequel des deux sentiments vous semble préférable ? Pourquoi ? Est-il possible d'avoir plusieurs amis intimes ?

4. Ecrivez et présentez un dialogue où deux personnes observent un couple amoureux et remarquent les signes qui révèlent l'amour du couple.

Alphonse Daudet

Alphonse Daudet (1840–1897) was born in the city of Nîmes in southern France, a region prominently featured in many of his works. Daudet is an exuberant writer with a positive outlook. His stated aim was to be a merchant of happiness. Endowed with the sensitive soul of a poet, he was at the same time a realistic observer. What dominates his work is his charm, his imagination, his humor, and his wit. Daudet does not hide behind the objectivity of the writer; he prefers to show us what he feels about the facts that he has noted. He has the ability to move the reader, to arouse emotions. In his novels, short stories, plays, and poetry, Daudet draws unforgettable sketches of ordinary people in France between 1860 and 1890. He is best known today for his short stories (*Lettres de mon moulin*, 1869, and *Contes du lundi*, 1873) and his novels (*Le Petit Chose*, 1868, and *Tartarin de Tarascon*, 1872).

The following selection is from *Lettres de mon moulin*. At one point in time, Daudet spent many idle hours in an abandoned windmill in southern France. Although most of the stories in this collection were written between 1866 and 1869 in Paris and not in the windmill, the inspiration of Provence can nevertheless be felt throughout. In *Les Vieux*, Daudet tells the story of a miller who is asked to visit the elderly grandparents of his friend, Maurice. Maurice has been working in Paris for the past ten years and has been unable to get away. The miller somewhat reluctantly shuts down his mill for the day and sets out to do his friend's bidding. He has been told by his friend that he will be well received. He need only knock on the door, walk right in, and say: "Bonjour, braves gens, je suis l'ami de Maurice."

Orientation: Life of the Elderly

In this selection, Maurice's narrator-friend is going to be struck by the way of life and the outlook of the senior citizens to whom he is paying a visit. Notice how the reader's viewpoint is directed by a sympathetic narrator, who appreciates the habits of the elderly and presents them in a positive light. In anticipation of your reading, think of some of the things that you yourself have learned about the elderly through your own observation.

1. Do they enjoy having company? When they do have company, do they get excited or remain calm? Are they happy or disgruntled? Do they do most of the talking or do they prefer to listen? Do they want many details?
2. How do they communicate among themselves? Do they need a lot of words? Why or why not?
3. What are their eating habits like? Do they have copious meals? regular meals?
4. What kinds of things do they take pride in?

Les Vieux

— Bonjour, braves° gens, je suis l'ami de Maurice.

Oh ! alors, si vous l'aviez vu, le pauvre vieux, si vous l'aviez vu venir vers moi les bras tendus,° m'embrasser, me serrer° les mains, courir égaré° dans la chambre en faisant° :

5 — Mon Dieu ! mon Dieu !...

Toutes les rides° de son visage riaient. Il était rouge. Il bégayait° :

— Ah ! monsieur... ah ! monsieur...

Puis il allait vers le fond° en appelant :

---

braves = *bonnes* / **tendu** outstretched / **serrer** to squeeze / **égaré** wild / **faisant** = *disant* / **la ride** wrinkle / **bégayer** to stammer / **le fond** back (of a room)

— Mamette !

10   Une porte qui s'ouvre, un trot de souris° dans le couloir°... C'était Mamette. Rien de joli comme° cette petite vieille avec son bonnet à coque,° sa robe carmélite,° et son mouchoir brodé° qu'elle tenait à la main pour me faire honneur, à l'ancienne mode... En entrant, Mamette avait commencé par me faire une grande révérence, mais d'un mot le vieux lui coupa sa révérence en deux :

15   — C'est l'ami de Maurice...

Aussitôt la voilà qui tremble, qui pleure, perd son mouchoir, qui devient rouge, toute rouge, encore plus rouge que lui... Ces vieux ! ça n'a qu'une goutte de sang dans les veines,° et à la moindre° émotion elle leur saute au visage...

— Vite, vite, une chaise... dit la vieille à la petite.°

20   — Ouvre les volets°... crie le vieux à la sienne.°

Et, me prenant chacun par une main, ils m'emmènent° en trottinant° jusqu'à la fenêtre qu'on a ouverte toute grande pour mieux me voir. On approche les fauteuils, je m'installe entre les deux sur un pliant,° les petites bleues° derrière nous, et l'interrogatoire commence : « Comment va-t-il ? Qu'est-ce qu'il fait ? Pourquoi ne vient-il

25   pas ? Est-ce qu'il est content ?... »

Et patati ! et patata° ! Comme cela pendant des heures.

Moi, je répondais de mon mieux à toutes leurs questions, donnant sur mon ami les détails que je savais, inventant effrontément° ceux que je ne savais pas, me gardant° surtout d'avouer° que je n'avais jamais remarqué° si ses fenêtres fermaient

30   bien ou de quelle couleur était le papier de sa chambre.

— Le papier de sa chambre !... Il est bleu, madame, bleu clair, avec des guirlandes°...

— Vraiment ? faisait la pauvre vieille attendrie° ; et elle ajoutait° en se tournant vers son mari :

35   — C'est un si brave enfant !

— Oh ! oui, c'est un brave enfant ! reprenait l'autre avec enthousiasme.

Et, tout le temps que je parlais, c'étaient entre eux des hochements de tête,° de petits rires fins, des clignements° d'yeux, des airs entendus,° ou bien encore le vieux qui se rapprochait° pour me dire :

40   — Parlez plus fort... Elle a l'oreille un peu dure.°

Et elle de son côté :

---

la souris mouse / **le couloir** hallway / **rien de joli comme** (there's) nothing as pretty as / **le bonnet à coque** frilled cap / **carmélite** light brown (color of the habit of Carmelite nuns) / **brodé** embroidered / **ces vieux ! ça... veines** these old people! all they've got is one drop of blood in their veins / **la moindre** = *la plus petite* / **la petite** = *la petite orpheline qui s'occupe de Mamette* / **le volet** shutter / **la sienne** = *sa petite* / **emmener** to lead / **trottiner** to trot / **le pliant** folding chair / **les petites bleues** the little girls in blue / **et patati ! et patata !** and so on and so forth / **effrontément** shamelessly / **se garder de** to be careful not to / **avouer** = *admettre* / **remarquer** to notice / **la guirlande** garland / **attendri** = *touché* / **ajouter** to add / **le hochement de tête** nod / **le clignement** wink / **entendu** knowing / **se rapprocher** to move closer / **elle a... dure** she's a little hard of hearing

— Un peu plus haut, je vous prie !... Il n'entend pas très bien...

Alors j'élevais la voix ; et tous deux me remerciaient d'un sourire...

Tout à coup, le vieux se dresse° sur son fauteuil :

45   — Mais j'y pense, Mamette..., il n'a peut-être pas déjeuné !

Et Mamette, effarée,° les bras au ciel :

— Pas déjeuné !... Grand Dieu !... Vite le couvert,° petites bleues ! La table au mi-lieu de la chambre, la nappe° du dimanche, les assiettes à fleurs. Et ne rions pas tant, s'il vous plaît, et dépêchons-nous...

50   Je crois bien, qu'elles se dépêchaient. A peine le temps de casser° trois assiettes, le déjeuner se trouva servi.

— Un bon petit déjeuner ! me disait Mamette en me conduisant à table, seule-ment° vous serez tout seul... Nous autres, nous avons déjà mangé ce matin...

Ces pauvres vieux ! à quelque heure qu'on les prenne,° ils ont toujours mangé le
55   matin.

Le bon petit déjeuner de Mamette, c'était deux doigts de lait, des dattes et une barquette,°... de quoi la nourrir° elle et ses canaris au moins pendant huit jours... Et

---

se dresser = *se mettre droit* / **effaré** alarmed / **le couvert** place setting / **la nappe** tablecloth / **casser** to break / **seulement** the only thing is / **à quelque heure qu'on les prenne** no matter when you catch them / **la barquette** pastry / **de quoi la nourrir** enough to nourish her

dire qu'à moi seul je vins à bout de° toutes ces provisions !... Aussi° quelle indigna-
tion autour de la table ! Comme° les petites bleues chuchotaient° en se poussant du
60 coude,° et là-bas, au fond de leur cage, comme les canaris avaient l'air de se dire :
« Oh ! ce monsieur qui mange toute la barquette ! »

    Le repas terminé, je me levai pour prendre congé° de mes hôtes. Ils auraient bien
voulu me garder encore un peu pour causer° du brave enfant, mais le jour baissait,°
le moulin° était loin, il fallait partir.

65   Le vieux s'était levé en même temps que moi.

    — Mamette, mon habit° !... Je veux le conduire jusqu'à la place.°

    Bien sûr qu'au fond d'elle-même Mamette trouvait qu'il faisait déjà un peu frais°
pour me conduire jusqu'à la place ; mais elle n'en laissa rien paraître. Seulement,
pendant qu'elle l'aidait à passer les manches° de son habit, un bel habit tabac d'Es-
70 pagne° à boutons de nacre,° j'entendais la chère créature qui lui disait doucement :

    — Tu ne rentreras pas trop tard, n'est-ce pas ? Et lui, d'un petit air malin° :

    — Hé ! Hé !... je ne sais pas... peut-être.

    ...La nuit tombait quand nous sortîmes, le grand-père et moi. La petite bleue nous
suivait de loin pour le ramener ; mais lui ne la voyait pas, et il était tout fier° de
75 marcher à mon bras, comme un homme. Mamette, rayonnante,° voyait cela du pas
de sa porte,° et elle avait en nous regardant de jolis hochements de tête qui semblaient dire : « Tout de même,° mon pauvre homme !... il marche encore. »

                                        Alphonse Daudet, *Lettres de mon moulin* (1869)

Qu'en pensez-vous ?

Etes-vous d'accord ou non avec les déclarations suivantes ? Justifiez votre réponse.

1. Le vieillard ne remarque même pas l'arrivée de l'ami de Maurice.
2. La vieille est si pâle qu'elle a l'air malade.
3. Les vieux ont beaucoup de questions à poser.
4. L'ami de Maurice a une bonne réponse pour chaque question.
5. Les vieux savent communiquer entre eux sans paroles.
6. Malgré leur âge, les vieux entendent tout ce qu'on leur dit.
7. On prépare une très belle table pour le déjeuner.
8. Le narrateur et les vieux partagent un repas abondant.
9. Le narrateur est obligé de partir tout de suite après le repas.
10. Mamette et son mari sont tous les deux très fiers.

venir à bout de to get through, polish off / **aussi** and so / **comme** how / **chuchoter**
to whisper / **le coude** elbow / **prendre congé** to take leave / **causer** to chat /
le jour baissait = *le soleil se couchait* / **le moulin** mill / **l'habit** *m* = *vêtement du*
dimanche / **la place** square / **il faisait frais** the weather was cool / **passer les**
manches to slip on the sleeves / **tabac d'Espagne** snuff-colored / **la nacre** mother-of-
pearl / **malin** cunning, sly / **fier** proud / **rayonnant** radiant, beaming / **du pas de**
sa porte from her doorway / **tout de même** still

Nouveau Contexte

Complétez le dialogue suivant en choisissant les termes appropriés (employez chaque terme une seule fois). Puis, jouez le dialogue.

Noms : assiettes *f*, couverts *m*, hôtes *m*, manches *f*, nappe *f*, repas *m*
Verbes : ai remarqué, suis rentrée
Adjectifs : fière, rayonnante

— Je viens de prendre un _____*1* délicieux. J'ai fêté mon anniversaire chez mes grands-parents.
— Tes grands-parents sont si sociables. Il n'y a pas de meilleurs _____*2*.
— Grand-maman a dressé une table très élégante : d'abord, une _____*3* blanche qu'elle avait brodée elle-même ; puis des _____*4* d'argent autour d'_____*5* de porcelaine très fine.
— Ta grand-mère est si _____*6* de sa réputation, n'est-ce pas, et elle a raison !
— Si tu l'avais vue dans sa belle robe longue sans _____*7*. Elle était _____*8* au bras de son mari.
— As-tu pris des photos ?
— Hélas, non. Je n'avais pas mon appareil. Mais pendant la soirée j'_____*9* beaucoup de choses intéressantes et, dès que je _____*10* chez moi, j'ai noté mes observations afin de ne rien oublier.
— Tu as donc passé une très belle soirée. Encore une fois, bon anniversaire, mon amie !

Appréciation du texte

1. Alphonse Daudet est bien connu pour ses facultés d'observation. Enumérez au moins trois détails révélateurs qui contribuent d'une façon importante au portrait des deux vieillards.
2. Dans ce récit fait à la première personne, nous pénétrons non seulement la pensée des grands-parents mais aussi la réaction et les sentiments du narrateur-observateur. Citez dans le texte trois endroits où le narrateur nous fait connaître sa propre pensée ou son interprétation de ce qu'il voit et entend.

Vocabulaire satellite

le **fossé entre les générations**
  generation gap
la **personne âgée** elderly person
le **vieillard,** la **vieille dame** old
  man, old lady

les **grands-parents maternels (paternels)** maternal (paternal)
  grandparents
les **arrière-grands-parents** great-
  grandparents

les **arrière-arrière-grands-parents** great-great-grandparents

le **petit-fils,** la **petite-fille** grand-son, granddaughter

sage wise

avoir l'esprit ouvert (fermé) to have an open (closed) mind

se **porter bien (mal)** to be in good (bad) health

gâter ses petits-enfants to spoil one's grandchildren

offrir des cadeaux to give gifts

garder les gosses to baby-sit the kids

rendre visite to pay a visit

asseoir un enfant sur ses genoux to sit a child on one's knee, on one's lap

bercer un enfant to rock a child

Pratique de la langue

1. Racontez aux autres membres de la classe l'histoire de votre famille. Dites d'où viennent vos ancêtres. A quelle époque commence cette histoire familiale et comment s'est-elle développée jusqu'à vous ?

2. Les vieillards ont beaucoup vécu et ils ont beaucoup vu. Aussi aiment-ils répéter certaines anecdotes favorites. Partagez avec les autres étudiants une histoire particulièrement émouvante (amusante, effrayante, intéressante, bizarre) que vos grands-parents (ou même vos parents) vous ont racontée.

3. Mettez-vous dans la peau d'une personne âgée, soit de l'époque actuelle, soit d'un autre temps, et préparez un monologue dans lequel vous parlez de vous-même et de votre situation. Comme vieillard, quels sont vos intérêts ? Qu'est-ce qui vous amuse ? Quels sont les grands plaisirs de votre vie et quelles sont les choses qui vous déplaisent ?

4. Vos grands-parents habitent un autre pays. Vous ne les avez pas vus depuis quinze ans. Ils ont maintenant tous les deux quatre-vingt-cinq ans et vous allez bientôt leur rendre visite. Vous voulez leur montrer que vous les aimez et que vous vous intéressez vraiment à eux. Imaginez et jouez cette conversation.

5. Dans certaines cultures les vieillards sont les personnes les plus honorées tandis que dans d'autres on ne les respecte pas. Dans notre société, quelle est l'attitude courante envers les personnes âgées ? Comment s'expliquent ces sentiments ? Approuvez-vous la situation actuelle ou voudriez-vous la changer ?

6. Chaque génération a sa propre perspective. Aussi y a-t-il parfois un conflit entre les jeunes et les vieux. Imaginez et jouez un dialogue où un vieil homme (ou une vieille femme) et son petit-fils (ou sa petite-fille) discutent du fossé entre les générations et essaient chacun(e) de comprendre le point de vue de l'autre.

Sujets de discussion ou de composition

1. Les enfants d'autrefois grandissaient auprès de leurs parents et passaient souvent le reste de leur vie dans le même quartier ou dans la même ville que les

autres membres de leur famille. Quels étaient les avantages et les inconvénients d'une telle situation ? Est-ce que tout cela a changé depuis ? Si oui, comment et pourquoi ?

2. Faites le portrait de votre famille actuelle. Quel est le rôle de chacun des membres ? Quelles sont les qualités qui contribuent à l'unité de la famille ?

3. Peut-on concevoir une vie de famille intime où chacun des membres conserve pourtant son indépendance ? Décrivez une telle situation.

4. Pour qu'il y ait une famille, faut-il qu'il y ait des enfants ? Expliquez.

5. Croyez-vous que de nos jours c'est au détriment des enfants que père et mère ont tous deux un travail qui les éloigne *(takes them away)* de la maison ? Est-ce que la vie de famille en souffre ?

6. A débattre : « La famille n'est plus la base de la société. »

2ème

PARTIE

Modes de vie

4

Ville et Campagne

Charles Baudelaire

Charles Baudelaire (1821–1867) is known the world over for his collection of poems, *Les Fleurs du mal* (1857), in which he examined in great detail his inner moods and torments. Baudelaire had a special name—*spleen*—for the profound anguish that plagued him: an anguish nourished by his unattainable ideals, his financial difficulties, his lack of religious faith, his acute awareness of mortality. He was haunted by the idea of time slipping away, carrying with it his unfulfilled aspirations. In alcohol and drugs he sought deliverance, however temporary, from his spleen, but realized that perhaps death alone held the answer. His poetry often expresses dreams of traveling to a distant world—the world of artistic pleasure—in yet another effort at escape.

Les Fleurs du mal does not constitute all of Baudelaire's work, though in his own time it gave him notoriety: brought into court by the authorities, he was forced to withdraw from the collection six poems that were sexually explicit in content. Even before *Les Fleurs du mal*, however, Baudelaire had earned a reputation as one of the first modern art critics. He had also translated into French most of the short stories of Edgar Allan Poe, with whom he felt a particular kinship. But what remains as one of his most important innovations is *Le Spleen de Paris*, published posthumously in 1869. This work consists of some fifty "petits poèmes en prose," an emerging genre that Baudelaire was among the first to develop. In the dedication of *Le*

Charles Baudelaire

Spleen de Paris, Baudelaire states: "Quel est celui de nous qui n'a pas, dans ses jours d'ambition, rêvé le miracle d'une prose poétique, musicale sans rythme et sans rime, assez souple et assez heurtée (*rich in contrasts*) pour s'adapter aux mouvements lyriques de l'âme, aux ondulations de la rêverie, aux soubresauts (*jolts*) de la conscience ? C'est surtout de la fréquentation des villes énormes, c'est du croisement (*meshing*) de leurs innombrables rapports que naît cet idéal obsédant." Baudelaire was thus one of the first major writers whose work was inspired by the modern city. He loved the city as a perfectly artificial creation not of nature but of man.

In "Le Mauvais Vitrier," a selection from *Le Spleen de Paris*, Baudelaire offers not only a glimpse of one of the glaziers who once walked the streets of Paris, their glass panes on their back, crying their wares, but also an insight into the character of one eccentric Parisian: Charles Baudelaire.

Orientation: Black Humor

Baudelaire's "Le Mauvais Vitrier" offers us a prime example of a very particular literary phenomenon, black humor. Black humor is that brand of humor which, rather than drawing attention typically to what is funny or amusing, focuses instead on the ludicrous or absurd and does so in a troubling, cruel, malicious, and at times even despairing tone. The artist engaging in black humor seeks to provoke laughter but without participating in it, for black humor is often a form of anger or revenge, a way of adapting to what one considers a hostile or absurd world. The writer uses grotesque and morbid situations for comic purposes in a tone of aggressive bitterness or anger.

As you read, try to recognize the examples of black humor in "Le Mauvais Vitrier" and ask yourself what this spirit of anger and revenge may be directed against. In the final analysis, how does black humor allow the poet to "adapt" to the world in which he finds himself?

Le Mauvais Vitrier°

Il y a des natures purement contemplatives et tout à fait impropres° à l'action, qui cependant, sous une impulsion mystérieuse et inconnue, agissent° quelquefois avec une rapidité dont elles se seraient crues elles-mêmes incapables.

Le moraliste et le médecin, qui prétendent° tout savoir, ne peuvent pas expliquer
5 d'où vient si subitement° une si folle énergie à ces âmes paresseuses et voluptueuses, et comment, incapables d'accomplir les choses les plus simples et les plus

---

le vitrier glazier, glassman / **impropre** unsuited / **agir** to act / **prétendre** to claim /
subitement = *soudain, tout à coup*

nécessaires, elles trouvent à une certaine minute un courage de luxe° pour exécuter les actes les plus absurdes et souvent même les plus dangereux.

Un de mes amis, le plus inoffensif rêveur qui ait existé, a mis une fois le feu à une
10 forêt pour voir, disait-il, si le feu prenait avec autant de facilité° qu'on l'affirme gé-néralement. Dix fois de suite,° l'expérience manqua° ; mais, à la onzième, elle réussit beaucoup trop bien.

Un autre allumera un cigare à côté d'un tonneau° de poudre,° pour voir, pour savoir, pour tenter° la destinée, pour se contraindre° lui-même à faire preuve°
15 d'énergie, pour faire le joueur,° pour connaître les plaisirs de l'anxiété, pour rien, par caprice,° par désœuvrement.°

J'ai été plus d'une fois victime de ces crises et de ces élans,° qui nous, autorisent à croire que des Démons malicieux se glissent° en nous et nous font accomplir, à notre insu,° leurs plus absurdes volontés.°
20 Un matin je m'étais levé maussade,° triste, fatigué d'oisiveté,° et poussé, me sem-blait-il, à faire quelque chose de grand, une action d'éclat° ; et j'ouvris la fenêtre, hélas !

La première personne que j'aperçus° dans la rue, ce fut un vitrier dont le cri perçant, discordant, monta jusqu'à moi à travers la lourde° et sale° atmosphère pari-
25 sienne. Il me serait d'ailleurs° impossible de dire pourquoi je fus pris à l'égard de° ce pauvre homme d'une haine° aussi soudaine que despotique.

« — Hé ! hé ! » et je lui criai de monter. Cependant° je réfléchissais, non sans quel-que gaieté, que, la chambre étant au sixième étage et l'escalier° fort étroit,° l'homme devait éprouver° quelque peine° à opérer° son ascension et accrocher en maint en-
30 droit° les angles° de sa fragile marchandise.

Enfin il parut : j'examinai curieusement toutes ses vitres,° et je lui dis : « — Com-ment ? vous n'avez pas de verres° de couleur ? des verres roses, rouges, bleus, des vitres magiques, des vitres de paradis ? Impudent que vous êtes ! vous osez° vous promener dans des quartiers pauvres, et vous n'avez pas même de vitres qui fassent
35 voir la vie en beau ! » Et je le poussai° vivement° vers l'escalier, où il trébucha° en grognant.°

---

de luxe = *extraordinaire* / **avec autant de facilité** as easily / **de suite** in a row /
l'expérience manqua the experiment failed / **le tonneau** keg / **la poudre** gunpowder /
tenter to tempt / **se contraindre** = *se forcer* / **faire preuve de** = *manifester* /
le joueur gambler / **par caprice** on a whim / **par désœuvrement** = *n'ayant rien à
faire* / **l'élan** *m* = *l'inclination soudaine* / **se glisser** to slip, to steal / **à notre insu** =
sans que nous le sachions / **les volontés** *f* = *les désirs* / **maussade** glum, sullen /
l'oisiveté *f* idleness / **l'action** *f* **d'éclat** = *l'action brillante* / **apercevoir** to notice /
lourd heavy / **sale** dirty / **d'ailleurs** moreover / **à l'égard de** = *envers* / **la haine**
= *aversion* / **cependant** meanwhile / **l'escalier** *m* stairway / **fort étroit** very
narrow / **éprouver** to experience / **la peine** = *difficulté* / **opérer** to accomplish /
accrocher en maint endroit to catch in many spots / **l'angle** *m* corner / **la vitre**
windowpane / **le verre** glass / **oser** to dare / **pousser** to push / **vivement**
brusquely / **trébucher** to stumble / **grogner** = *murmurer entre les dents*

Je m'approchai du balcon et je me saisis° d'un petit pot de fleurs, et quand l'homme reparut au débouché de la porte,° je laissai tomber° perpendiculairement mon engin de guerre sur le rebord° postérieur de ses crochets° ; et le choc le ren-
40 versant,° il acheva° de briser° sous son dos toute sa pauvre fortune ambulatoire qui rendit le bruit éclatant° d'un palais de cristal crevé° par la foudre.°

Et, ivre° de ma folie, je lui criai furieusement : « La vie en beau ! la vie en beau ! »

Ces plaisanteries nerveuses ne sont pas sans péril, et on peut souvent les payer cher. Mais qu'importe° l'éternité de la damnation à qui a trouvé° dans une seconde
45 l'infini de la jouissance° ?

Charles Baudelaire, *Le Spleen de Paris* (1869)

Qu'en pensez-vous ?

Etes-vous d'accord ou non avec les déclarations suivantes ? Justifez votre réponse.

1. Les gens font parfois des choses qui sont vraiment extraordinaires pour eux.
2. Les moralistes et les médecins comprennent bien ce phénomène.
3. Un ami du narrateur a fait une expérience intéressante avec le feu dans une forêt.
4. Un autre ami a décidé de tenter la destinée pour beaucoup de raisons différentes.
5. Le narrateur ne peut pas du tout comprendre les crises de ses amis.
6. Un matin, lui aussi est poussé par un ami à faire quelque chose d'extraordinaire.
7. C'est le cri sympathique du vitrier qui attire son attention.
8. Le narrateur est rempli de pitié lorsqu'il pense au vitrier qui doit monter jusqu'au sixième étage.
9. Le narrateur apprécie la variété de vitres que lui présente le vitrier.
10. Pour marquer son appréciation, il présente un pot de fleurs au vitrier au moment de son départ.
11. Le narrateur finit par regretter son grand geste.

Nouveau Contexte

Complétez le dialogue suivant en choisissant les termes appropriés (employez chaque terme une seule fois). Puis, jouez le dialogue.

se saisir de to take hold of / **au débouché de la porte** in the doorway / **laisser tomber** to drop / **le rebord** rim, edge / **le crochet** rack (for carrying panes on one's back) / **renverser** to knock over / **achever** = *finir* / **briser** to smash / **rendre un bruit éclatant** to make a loud noise / **crevé** shattered / **la foudre** lightning / **ivre** drunk / **qu'importe** what matters / **à qui a trouvé** = *à celui qui a trouvé* / **la jouissance** = *le plaisir*

Noms : bruits *m*, endroits *m*, escaliers *m*, étages *m*, paresseux *m*
Verbes : apercevoir, éprouver, faire preuve de, qu'importe, prétend
Adjectifs : ivre, sales

— Tu te rends compte, Bernard. Nous sommes à Paris ! Je suis _____ *1* de joie !
— Moi aussi, Germaine, je compte _____ *2* toutes sortes de plaisirs pendant notre séjour.
— Nous avons tellement d'_____ *3* à visiter. Il faudra _____ *4* beaucoup d'énergie.
— Tu as raison, Germaine. Ce n'est pas toujours facile de se promener dans un grand nombre de quartiers et de monter aux _____ *5* supérieurs des grands bâtiments pour _____ *6* toutes les beautés de la ville.
— On _____ *7* que ce genre de visite n'est pas pour les faibles ou les _____ *8*.
— Oui, on doit supporter les _____ *9* éclatants de la rue, les trottoirs _____ *10*, et les petits _____ *11* étroits.
— _____ *12*, mon ami ! Nous allons faire tout notre possible pour profiter pleinement de notre séjour. Nous sommes à Paris !

Appréciation du texte

1. Quelle est l'image de la ville que nous donne Baudelaire ?
2. Décrivez vos sentiments à l'égard du narrateur. Comment est-il ? Quels termes précis influencent votre attitude ?
3. « Le Mauvais Vitrier » est un des *Petits Poèmes en prose*. Qu'est-ce qu'il y a de poétique dans cette prose ?
4. Que signifie, à votre avis, l'expression « la vie en beau » ?

Vocabulaire satellite

la **souffrance d'autrui** suffering of others
la **miséricorde** mercy
la **pitié** pity
la **colère** anger
  faire souffrir to torture
  agir par impulsion to act on a whim
  agir sans réfléchir to act without thinking
  perdre la tête to go crazy
se **venger** to get one's revenge

excentrique eccentric
irraisonnable unreasonable
étrange strange
fou, folle crazy
spontané spontaneous
impulsif, -ive impulsive
instinctif, -ive instinctive
méchant malicious
agressif, -ive aggressive
désespéré despairing
sans réflexion without thinking

Pratique de la langue

1. Vous êtes un vitrier ambulant dans le Paris d'autrefois. Vous circulez dans les rues, des vitres sur le dos. Un jour un monsieur excentrique — un poète, on vous dira plus tard — vous salue de sa fenêtre tout en haut et vous dit de monter chez lui. Racontez l'histoire du « Mauvais Vitrier » du point de vue du vitrier. A la fin de l'incident, quelle est votre réaction, votre revanche ?
2. Avez-vous jamais agi par impulsion, comme le narrateur du « Mauvais Vitrier » ? Avez-vous jamais accompli une tâche dont vous ne vous croyiez pas capable ? Racontez cette action insolite (*unusual*).
3. Y a-t-il dans la nature humaine un élément sadique ? Donnez quelques exemples de cruauté humaine. Est-ce que les personnes qui font de telles choses sont normales ou exceptionnelles ?

Arthur Rimbaud

Arthur Rimbaud (1854–1891) was a child prodigy who wrote nearly all of his poetry while yet in his teens. His literary production encompasses roughly the five years from 1869 to 1874.

Arthur Rimbaud

From the very beginning, Rimbaud revolted against authority and spoke out against society and its constraints. He determined not to conform, refusing for instance to take the *baccalauréat*, the traditional entrance exam to the university. Instead he dreamed of discovering an unknown world through his own unique revolutionary vision.

In 1871, at the urging of a friend, Rimbaud wrote to the poet Paul Verlaine and, not long thereafter, was invited by Verlaine to come to Paris. For the next year and a half the two poets shared a stormy but intense relationship in Paris as well as in Brussels and London. Rimbaud embarked upon a program that consisted of a systematic attempt to become a visionary by deliberately inducing delirium in every conceivable manner, including alcohol, drugs, pain, and erotic passion. The experiment ended in Brussels when Verlaine, in a drunken stupor, wounded his traveling companion with a revolver.

Rimbaud described the bitter disappointments of this odyssey in his work, *Une Saison en enfer* (1873), in which he denounced his own nihilistic outlook and expressed disgust at the degrading abuses to which he had subjected himself. Upon completion of this work, Rimbaud's literary career came to a virtual end. In subsequent years Rimbaud pursued a variety of occupations (tutor, soldier, quarryman, coffee buyer, gun salesman) in a number of European and African countries. He died in Marseilles in 1891 at the age of thirty-seven.

Rimbaud has exerted a very important influence on French poetry, in both form and content. Taking the symbolism of Baudelaire yet a step further, he conceived a new poetic language by creating bold and very unusual imagery. At the same time, in his exploration of the subconscious he broke new ground that would be worked fruitfully by the surrealists[L] in the next century.

In the following poem, the young poet describes the delightful freedom he experiences in nature, as his fantasy rescues him from mundane limitations and opens up a world of new visions.

Orientation: The Poet and Nature

In the following sonnet, Rimbaud paints, in sometimes casual language, a portrait of the poet in tune with nature. As the poet strolls under the open skies, nature inspires his lyricism, providing the ideal setting for his creative mood. Contrasting with the wealth of inspiration is the poverty of the poet's wardrobe. The poor condition of his clothes, however, does not have the slightest negative impact on his dreams or his artistic euphoria, as he is invigorated by the pleasant coolness of the late-summer, early-autumn evening. Rimbaud's bohemian, sensation-filled fantasy ultimately brings him back to the very origins of lyric poetry when the artist used to create his rhymes to the musical accompaniment of a lyre.

Ma Bohème° (Fantaisie)

Je m'en allais,° les poings° dans mes poches° crevées° ;
Mon paletot° aussi devenait idéal ;
J'allais sous le ciel, Muse ! et j'étais ton féal° ;
Oh ! là là ! que d'amours splendides j'ai rêvées !

5 Mon unique° culotte° avait un large trou.°
— Petit Poucet° rêveur, j'égrenais° dans ma course
Des rimes. Mon auberge° était à la Grande-Ourse.°
— Mes étoiles au ciel avaient un doux° frou-frou.°

Et je les écoutais, assis au bord des routes,
10 Ces bons soirs de septembre où je sentais° des gouttes°
De rosée° à mon front,° comme un vin de vigueur ;

Où, rimant au milieu des ombres° fantastiques,
Comme des lyres, je tirais° les élastiques
De mes souliers° blessés,° un pied près de mon cœur !

Arthur Rimbaud, *Ma Bohème* (1870)

Qu'en pensez-vous ?

Etes-vous d'accord ou non avec les déclarations suivantes ? Justifiez votre réponse.

1. Le narrateur porte des vêtements de bohème.
2. Il a de bons rapports avec sa Muse.
3. Le narrateur est rêveur.
4. Il se compare au Petit Poucet.
5. Il se promène pendant qu'il écoute ses étoiles.
6. Il apprécie les soirées de fin d'été.
7. Le narrateur est non seulement poète mais musicien.

Nouveau Contexte

Complétez le dialogue suivant en choisissant les termes appropriés (employez chaque terme une seule fois). Puis, jouez le dialogue.

la bohème bohemian life / **s'en aller** to go off / **le poing** fist / **la poche** pocket / **crevé** = *percé*, full of holes / **le paletot** overcoat / **le féal** vassal / **unique** = *seul* / **la culotte** trousers / **le trou** hole / **le Petit Poucet** Tom Thumb / **égrener** to cast off one by one / **l'auberge** *f* inn / **la Grande-Ourse** the Great Bear, Ursa Major / **doux** soft / **le frou-frou** rustling / **sentir** to feel / **la goutte** drop / **la rosée** dew / **le front** forehead, brow / **l'ombre** *f* shadow / **tirer** to tug / **le soulier** shoe / **blessé** wounded

Noms :   auberge *f*, ciel *m*, étoiles *f*, pieds *m*, poches *f*, souliers *m*, trous *m*
Verbes :   rêver, sentir
Adjectif :   rêveur

— Je pars en vacances demain. C'est la liberté !
— Quinze jours sans travail ! Rien à faire sauf _____*1*.
— Plus besoin non plus de m'habiller pour aller au bureau. Peu importe que mes chaussettes *(socks)* soient pleines de _____*2*. En fait, je n' ai même pas l'intention de porter des _____*3*.
— Tu vas aller _____*4* nus *(bare)*?
— Absolument ! C'est là un des avantages d'être à la campagne. Je vais me _____*5* complètement libre de faire ce que je veux.
— Alors, des promenades sous le _____*6* tous les soirs ?
— Ah oui, je compterai les _____*7* et j'aurai l'esprit _____*8*.
— Ah, ce sera la vie de bohème. Mais attention ! Il ne faut pas avoir les _____*9* percées. Autrement tu perdras tout ton argent et tu ne pourras pas payer ta note *(bill)* à l' _____*10*.
— Alors tu viendras me rendre visite en prison, n'est-ce pas ? Ce sera un prolongement de mes vacances !

Appréciation du texte

1. Questions sur la forme du poème :
   a. Ce poème est un sonnet. Combien de vers contient-il alors ?
   b. De quelle sorte de vers s'agit-il, c'est-à-dire, combien de syllabes y a-t-il dans chaque vers (cf. « Demain, dès l'aube » de Victor Hugo, p. 53). Justifiez, par votre lecture à haute voix, le nombre de syllabes dans chaque vers.
   c. Remarquez la disposition des rimes. Illustrez cette disposition en employant les lettres de l'alphabet : *aabb* ou *abab* ou *abba*, etc.
2. Expliquez le titre du poème. En quoi consiste la bohème du poète ? Est-ce une existence triste ou gaie ? Est-ce qu'il y a des traits *(touches)* d'ironie[L] dans ce poème ?
3. Quels sont les éléments de la nature dans ce poème et quel rôle jouent-ils ensemble ?

Vocabulaire satellite

le, la **campagnard(e)**   country dweller
le **paysan**, la **paysanne**   farmer
la **ferme**   farm
le **champ**   field
la **terre**   earth

la **montagne**   mountain
la **colline**   hill
le **ciel**   sky
la **plage**   beach
l' **arbre** *m*   tree
l' **oiseau** *m*   bird

les **mœurs simples** *f* simple customs, simple way of life
la **tranquillité** peace, quiet
la **santé** health
l' **ennui** *m* boredom
le **loisir** leisure

le **train de vie** way of life,
lifestyle
se **détendre** to relax
se **baigner** to go swimming
se **promener** to stroll
se **perdre** to get lost

Pratique de la langue

1. Faites un sondage d'opinion *(opinion poll)* parmi les étudiants :
   a. Demandez-leur s'ils aiment mieux habiter la ville ou la campagne.
   b. Demandez-leur de préciser pourquoi ils préfèrent l'une ou l'autre.
   c. Ecrivez au tableau la liste de leurs raisons principales.
2. Préparez pour la classe un des dialogues suivants :
   a. un citadin et un paysan perdu en ville
   b. un fermier et son cousin venu de la ville passer ses vacances à la ferme
   c. une paysanne et une actrice dont l'auto est tombée en panne *(has broken down)* sur un chemin de campagne
3. Ecrivez un petit poème au sujet de la nature et lisez-le aux autres membres de la classe. Si vous préférez ne pas compter les syllabes ou ne pas employer de rimes, vous pouvez écrire des vers libres *(free verse)*.
4. Quel rôle la nature joue-t-elle dans votre vie ? Y pensez-vous souvent, quelque-fois, jamais ?
5. A débattre : « Malgré tout ce qu'on dit, la vie campagnarde finit par rendre les gens bornés d'esprit *(narrow-minded)*, naïfs, ignorants et abrutis *(slow-witted)*. »
6. Faites une lecture à haute voix du poème de Rimbaud, « Ma Bohème » .

Jean-Jacques Rousseau

Born in Geneva, Jean-Jacques Rousseau (1712–1778) lived during the Enlightenment, a period governed by the authority of reason. Though philosophical rationalism dominated intellectual life in eighteenth-century Europe, there emerged in the second half of the century a tendency to sensitivity that would bloom in full force in early nineteenth-century Romanticism. Jean-Jacques Rousseau, a man endowed with a logical mind and a passionate nature, was very much in tune with both rationalism and sensitivity. More than any other writer, through his firmly propounded views on liberty and equality, he directly fostered the spirit of the French Revolution. At the same time, however, his strong feelings and vivid imagination, and especially his keen appreciation for nature as a kindred spirit to man, made his work a precursor of French Romantic prose and poetry.

While in his thirties, Rousseau began his public career in Paris. He was a contemporary of Denis Diderot and was one of the contributors to Diderot's monumental

Jean-Jacques Rousseau

embodiment of Enlightenment philosophy, the *Encyclopédie*, for which he wrote articles on music and political economy. Rousseau, however, soon flew in the face of the spirit of his age, drawing major attention to himself for the first time with his essay, *Discours sur les sciences et les arts* (1750), in which he argued that man's original primitive state was superior to his eighteenth-century status. Five years later he issued a follow-up treatise, *Discours sur l'origine de l'inégalité*, in which he endeavored to show that the principle of property was at the root of social inequality. It was now abundantly clear that Rousseau believed that the so-called progress of civilization was in fact detrimental to mankind, leading instead to decadence. Consistent with his personal social views, in 1758 he condemned theater art as a bad influence on morals, with its public display of improper human conduct (*Lettre à d'Alembert sur les spectacles*).

Having put forth negative criticism of society in several regards, Rousseau was now ready to offer his own picture of an ideal society. In less than a year and a half, he published three major works: 1) *Julie ou la nouvelle Héloïse* (1761), an epistolary novel depicting ideal domestic life in the pure environment of nature, away from the ills of society; 2) *Le Contrat social* (1762), a political treatise emphasizing the will of the people as the rightful authority; 3) *L'Emile* (1762), his pedagogical ideal, in which a child is reared far from the influence of all other children, free to maintain his natural liberties and develop his moral freedom. Rousseau's views were not accepted by his contemporaries and he was forced to flee to Switzerland and later to London. He spent his later years writing autobiographical works, often with a view to self-justification (*Les Confessions*, *Les Dialogues*, and *Les Rêveries d'un promeneur solitaire*).

The following excerpt is taken from the first part of *La Nouvelle Héloïse* (Letter 23). Saint-Preux is a tutor to Julie d'Etange. The two have gradually fallen in love, much like Héloïse and her philosopher-tutor Abélard did in the twelfth century (hence *La **Nouvelle** Héloïse*). Saint-Preux is a commoner, however, and the young couple worry whether Julie's father, the baron d'Etange, will accept their union. Saint-Preux has decided to go away for a short time while Julie speaks to her father. The passage describes the positive effect of the Swiss mountain climate, in the absence of Julie, on Saint-Preux's mood. It clearly reveals nature's charms and benefits, and the value of fleeing society and its preoccupations in favor of the peace and tranquillity of the mountain.

Orientation: Nature and Psychology

In this passage the author describes the transformation in his mood brought about by a change of scenery. He has left the company of other people in favor of private communication with nature. In order to appreciate nature's calming effect and the peaceful feeling that it creates, enabling one to forget one's problems at least temporarily, the reader will need to be familiar with two types of vocabulary items: one relating to nature and its wonders, and the second defining nature's psychological impact.

Here are a few such words found in the text. Before taking up the reading, try to become familiar with them by forming groups of two or three students and using the words in sentences.

l' **esprit** *m* spirit; mind	**insensible** insensitive
l' **état** *m* state	**léger, légère** light
l' **humeur** *f* mood	**paisible** peaceful
la **paix** peace	**sensible** sensitive
la **peine** sorrow; trouble	**vif, vive** intense, vivid
le **regard** glance	
la **volupté** sensual delight	**démêler** to untangle, sort out
	durer to last
ardent passionate, intense	s' **élever** to rise
bienfaisant beneficial	**éprouver** to experience, feel
douloureux, douloureuse painful	se **perdre** to get lost
doux, douce gentle	**réjouir** to delight, thrill
étonnant amazing	**renaître** to spring up again
inattendu unexpected	**rêver (de)** to dream (about)
	se **sentir** to feel

Charmes de la nature

J'étais parti, triste de mes peines et consolé de votre joie,[1] ce qui me tenait dans un certain état de langueur° qui n'est pas sans charme pour un cœur sensible.° Je gravissais° lentement et à pied des sentiers° assez rudes,° conduit par un homme que j'avais pris pour être mon guide, et dans lequel, durant toute la route, j'ai trouvé
5 plutôt° un ami qu'un mercenaire.° Je voulais rêver, et j'en étais toujours détourné° par quelque spectacle inattendu.° Tantôt° d'immenses roches° pendaient° en ruines au-dessus de ma tête. Tantôt de hautes et bruyantes° cascades m'inondaient de leur épais° brouillard.° Tantôt un torrent éternel ouvrait à mes côtés un abîme° dont les yeux n'osaient° sonder° la profondeur.° Quelquefois je me perdais dans l'obscurité
10 d'un bois touffu.° Quelquefois, en sortant d'un gouffre,° une agréable prairie réjouis-sait° tout à coup mes regards. Un mélange° étonnant° de la nature sauvage et de la nature cultivée montrait partout la main des hommes, où l'on eût cru° qu'ils n'avaient jamais pénétré : à côté d'une caverne on trouvait des maisons ; on voyait des pampres° secs° où l'on n'eût cherché° que des ronces,° des vignes dans les
15 terres éboulées,° d'excellents fruits sur des rochers,° et des champs° dans des précipices...

J'attribuai, durant la première journée, aux agréments° de cette variété le calme que je sentais renaître° en moi : j'admirais l'empire° qu'ont sur nos passions les plus vives° les êtres° les plus insensibles,° et je méprisais° la philosophie de ne pouvoir°
20 pas même autant° sur l'âme qu'une suite° d'objets inanimés. Mais cet état paisible° ayant duré° la nuit et augmenté le lendemain, je ne tardai° pas de juger qu'il avait encore quelque autre cause qui ne m'était pas connue...

Ce fut là° que je démêlai° sensiblement° dans la pureté de l'air où je me trouvais la véritable cause du changement de mon humeur,° et du retour de cette paix

la langueur languor / **sensible** sensitive / **gravir** = *monter avec effort* / **le sentier** path / **rude** tough / **plutôt** rather / **le mercenaire** hireling / **détourné** diverted, distracted / **inattendu** unexpected / **tantôt** sometimes / **la roche** rock / **pendre** to hang (down) / **bruyant** loud / **épais** thick, heavy / **le brouillard** mist / **l'abîme** *m* abyss, chasm / **oser** to dare / **sonder** to probe / **la profondeur** depth / **touffu** dense, thick / **le gouffre** = *l'abîme* / **réjouir** to delight, charm / **le mélange** mixture, blend / **étonnant** astonishing, amazing / **eût cru** = *aurait pensé* / **le pampre** vine branch / **sec** dry / **eût cherché** = *aurait cherché* / **les ronces** *f* brambles, thorns / **les terres éboulées** landslides / **le rocher** rock, boulder / **le champ** field / **les agréments** *m* pleasures, charms / **renaître** to spring up again / **l'empire** *m* hold / **vif, vive** vivid, intense / **l'être** *m* being / **insensible** insensitive / **mépriser** to scorn, despise / **pouvoir** to be capable of / **autant** as much / **la suite** series / **paisible** peaceful / **durer** to last / **tarder de** to delay, be long in / **là** then / **démêler** to untangle, sort out / **sensiblement** = *perceptiblement* / **l'humeur** *f* mood

[1]Julie est contente de revoir son père après une absence de celui-ci.

25 intérieure que j'avais perdue depuis si longtemps. En effet, c'est une impression
générale qu'éprouvent° tous les hommes, quoiqu'ils ne l'observent pas tous, que sur
les hautes montagnes, où l'air est pur et subtil, on se sent plus de facilité° dans la
respiration, plus de légèreté° dans le corps, plus de sérénité dans l'esprit ; les plaisirs
y sont moins ardents,° les passions plus modérées. Les méditations y prennent je ne
30 sais quel caractère grand et sublime, proportionné aux objets qui nous frappent,° je
ne sais quelle volupté° tranquille qui n'a rien d'âcre° et de sensuel. Il semble qu'en
s'élevant° au-dessus du séjour° des hommes, on y laisse tous les sentiments bas° et
terrestres,° et qu'à mesure qu°'on approche des régions éthérées, l'âme contracte
quelque chose de leur inaltérable° pureté. On y est grave sans mélancolie, paisible
35 sans indolence, content d'être et de penser : tous les désirs trop vifs s'émoussent,°
ils perdent cette pointe aiguë° qui les rend douloureux ; ils ne laissent au fond du
cœur qu'une émotion légère et douce ; et c'est ainsi° qu'un heureux climat fait servir
à la félicité de l'homme les passions qui font ailleurs° son tourment. Je doute qu'aucune agitation violente, aucune maladie de vapeurs° pût° tenir° contre un pareil°
40 séjour° prolongé, et je suis surpris que des bains de l'air salutaire et bienfaisant° des
montagnes ne soient pas un des grands remèdes de la médecine et de la morale.°

Jean-Jacques Rousseau, *La Nouvelle Héloïse* (1761)

Qu'en pensez-vous ?

Etes-vous d'accord ou non avec les déclarations suivantes ? Justifiez votre réponse.

1. Le narrateur, Saint-Preux, n'aime pas la langueur qu'il ressent.
2. Il a trouvé un bon guide.
3. La nature porte Saint-Preux tout naturellement à rêver.
4. D'après les observations de Saint-Preux, la nature était complètement sauvage.
5. D'abord Saint-Preux ne sait pas d'où vient la tranquillité qu'il ressent.
6. La nature cependant est moins puissante que la philosophie.
7. La pureté de l'air dans les hautes montagnes affecte et le corps et l'esprit de l'homme.
8. La pureté des sentiments reflète celle de l'air raréfié.
9. Sur la montagne les passions de l'homme produisent un effet différent de ceux qu'il éprouve habituellement.
10. Selon Saint-Preux la montagne est un bon remède pour les problèmes humains.

éprouver to experience / **la facilité** ease / **la légèreté** lightness / **ardent** intense / **frapper** to strike / **la volupté** delight / **âcre** acrid, pungent / **s'élever** to rise / **le séjour** abode, dwelling place / **bas** base / **terrestre** earthly / **à mesure que** as / **inaltérable** unchanging, steadfast / **s'émousser** to dull / **aigu, aiguë** sharp / **ainsi** thus / **ailleurs** elsewhere / **la maladie de vapeurs** depressed spirits / **pût** = *pouvoir (imparfait du subjonctif)* / **tenir** to hold up / **pareil** such / **le séjour** stay / **bienfaisant** salutary, beneficial / **la morale** morality

Nouveau Contexte

Complétez le dialogue suivant en choisissant les termes appropriés (employez chaque terme une seule fois). Puis, jouez le dialogue.

Noms :   humeur *f*, peines *f*
Verbes :   s'élever, éprouver, méprise, me perdre
Adjectifs :   bruyante, douloureuses, inattendus, insensible

— François-Marie, mon cher ami, je te propose quelque chose de différent, de vraiment délicieux : une promenade à pied dans les montagnes.
— Ah non, Jean-Jacques, pas ça ! Je ne suis pas d'_____*1* à quitter mon fauteuil. Je n'ai pas du tout envie d'aller _____*2* dans les bois avec un fanatique de la nature.
— Oh, mon cher François-Marie, comme tu es _____*3* ! Mais je te pardonne tes remarques _____*4* puisque tu n'as jamais eu l'occasion d'_____*5* les vifs plaisirs de la montagne.
— Plaisirs ? De quels plaisirs s'agit-il ? Le plaisir de _____*6* à grands efforts au-dessus du séjour naturel des hommes ?
— Exactement ! Ces plaisirs vont t'étonner parce qu'ils te sont _____*7*. Ils sont si doux qu'ils te feront oublier toutes tes _____*8*.
— Ce n'est pas que je _____*9* la nature, mon cher ami. Je la trouve tout simplement trop _____*10* ; je lui préfère la tranquillité d'un bon livre auprès du feu.
— Tu es incorrigible, François-Marie ! Voilà une autre victime de la corruption des villes !

Appréciation du texte

1. Jean-Jacques Rousseau estime la beauté des paysages. Montrez comment, dans le premier paragraphe, le narrateur apprécie le spectacle que la nature lui présente. Enumérez les divers éléments qui contribuent à la variété de ce spectacle.
2. La nature a un effet salutaire sur Saint-Preux. La pureté de l'air dans la montagne fait renaître chez lui une paix intérieure qu'il n'avait pas connue depuis longtemps. Expliquez au juste comment l'air pur de la montagne l'affecte si favorablement.

Vocabulaire satellite

le **champ**   field
le **bois**   wood
la **plage**   beach
    au bord de la mer   at the
      seashore
la **tranquillité**   peace, quiet

avoir le cafard   to have the
    blues
**avoir des ennuis, des soucis
(familiaux, financiers, de
santé)**   to have (family,
money, health) problems

oublier ses ennuis, ses soucis
to forget one's problems

se **reposer** to rest

se **décontracter** to relax

réfléchir to reflect, think

tendu tense

détendu relaxed

à l'aise comfortable

mal à l'aise uneasy

nerveux, -euse nervous

insouciant carefree

Pratique de la langue

1. Est-ce que la nature a jamais eu sur vous une action favorable ? Racontez un incident particulier où vous avez trouvé vous-même une réaction positive devant un phénomène de la nature. Qu'est-ce qui vous est arrivé ? A quel moment du jour l'événement a-t-il eu lieu ? Où étiez-vous alors ? Est-ce que cette aventure vous a surpris(e) ou est-ce que vous étiez parti(e) ce jour-là expressément pour communiquer avec la nature ?

2. Quel est votre endroit favori hors de la ville ? Est-ce la mer, le lac, les champs, la forêt, la montagne ? Quels sont les avantages de votre endroit préféré ? Y a-t-il des inconvénients ou des choses que vous aimez moins ? Comparez vos réponses avec celles de vos camarades de classe. Essayez de leur faire apprécier votre point de vue et de les convaincre peut-être que votre sélection est meilleure que la leur.

3. Ecrivez une lettre à un(e) ami(e) révélant ce que vous pensez de Jean-Jacques Rousseau. Dans la lettre vous allez commenter l'attitude de Rousseau envers la nature, indiquant si vous trouvez cette attitude raisonnable, exagérée, réaliste, etc. Vous allez employer des citations précises dans votre lettre afin de concrétiser vos remarques.

Sujets de discussion ou de composition

1. Jean-Jacques Rousseau a longtemps conseillé le retour à la nature, la fuite des villes malsaines. Selon lui, les villes nous corrompent *(corrupt)*, tandis que la nature nous rend sains et vertueux. Etes-vous d'accord avec lui ? Croyez-vous qu'il soit plus facile d'être bon à la campagne qu'en ville ? Donnez les raisons de votre choix.

2. La vie de banlieue offre-t-elle un compromis acceptable : animation de la ville, charme de la campagne ? Ou est-ce qu'elle représente un mode de vie effroyable *(horrible)*, conformiste et bourgeois ? Commentez.

3. Est-ce que le temps qu'il fait affecte votre humeur ? Expliquez.

5

Les Classes sociales

Jacques Prévert

J acques Prévert (1900–1977) is one of the most widely known contemporary French poets. His works are savored by the general public as well as by students of literature. Prévert was nurtured in surrealism,[L] which fostered his spirit of revolt and his ability to utilize linguistic resources for maximum effect.

Prévert's style strikes the reader as unique, yet natural. The simplicity of form and the frequent touches of humor complement the poet's extraordinary fantasy. Prévert does not hesitate to fabricate new words, to play on others, to use alliteration, to exploit colloquial terms, to knowingly introduce disorder to attract attention. He often questions clichés, wondering out loud how a word and its object were ever associated in the first place. One of his most effective devices—and one that betrays a surrealist influence—is the inventory or lengthy enumeration that lists unconnected items, leaving readers free to make their own associations according to the mere juxtaposition of terms.

Prévert's themes, expressed at times violently and at times with irony, are illustrated through realistic scenes from everyday life. The following poem is an outstanding example.

Orientation: Free Verse

At first glance, Prévert's "La Grasse Matinée" is not a tightly structured poem. It does not present the fixed form, say, of a sonnet, nor are the verses even ordered in

Jacques Prévert

discernible, predictable stanzas. The rhythmic pattern, such as it is, offers many variations, and the rhyme scheme is, to say the least, loose. Prévert is expressing himself in free verse.

The main advantage of this poetic form is that it involves readers more actively in the poet's creative process. They are forced to read more carefully and elucidate the poem themselves. At times, they may perceive several possible interpretations of a single verse since they do not have the benefit of the usual punctuation signals. The poem's suggestive powers are thus significantly enhanced.

As you read "La Grasse Matinée," try to insert your own punctuation marks—periods, commas, colons, semicolons, quotation marks, exclamation points—to indicate your personal rendition of the poem.

La Grasse Matinée°

Il est terrible
le petit bruit de l'œuf dur cassé° sur un comptoir d'étain°
il est terrible ce bruit
quand il remue° dans la mémoire de l'homme qui a faim
5   elle est terrible aussi la tête de l'homme
la tête de l'homme qui a faim
quand il se regarde à six heures du matin
dans la glace° du grand magasin
un être° couleur de poussière°
10 ce n'est pas sa tête pourtant° qu'il regarde
dans la vitrine° de chez Potin°
il s'en fout° de sa tête l'homme
il n'y pense pas
il songe°
15 il imagine une autre tête
une tête de veau° par exemple
avec une sauce de vinaigre
ou une tête de n'importe quoi° qui se mange
et il remue doucement la mâchoire°
20 doucement

faire la grasse matinée to sleep late. The poet is playing on the word *gras* (fat). Is this really a "fat" morning for the protagonist? / **cassé** cracked / **le comptoir d'étain** tin countertop / **remuer** to stir / **la glace** plate glass / **l'être** *m* being / **la poussière** dust / **pourtant** however / **la vitrine** store window / **Potin** name of a chain of grocery stores (Félix Potin) / **il s'en fout** *(vulgaire)* he couldn't care less / **songer** = *rêver, penser* / **le veau** veal *(La tête de veau avec une sauce vinaigrette est un plat populaire en France.)* / **n'importe quoi** anything at all / **la mâchoire** jaw

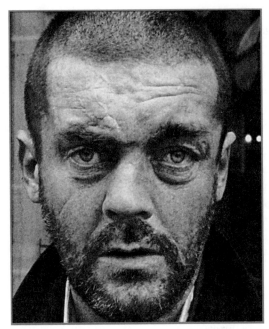

Un vagabond

et il grince des dents° doucement
car° le monde se paye sa tête°
et il ne peut rien contre ce monde
et il compte sur ses doigts un deux trois
25   un deux trois
cela fait trois jours qu'il n'a pas mangé
et il a beau se répéter° depuis trois jours
ça ne peut pas durer
ça dure
30   trois jours
trois nuits
sans manger
et derrière ces vitres°
ces pâtés° ces bouteilles ces conserves°
35   poissons morts protégés par les boîtes°
boîtes protégées par les vitres
vitres protégées par les flics°

grincer des dents to grit one's teeth / **car** = _parce que_ / **se payer la tête de quelqu'un**
= _se moquer de lui_ / **il a beau se répéter** = _il se répète en vain_ / **la vitre** pane of
glass / **le pâté** meat pie / **les conserves** _f_ canned goods / **la boîte** tin can / **le flic**
(argot) cop

flics protégés par la crainte°
que de barricades° pour six malheureuses sardines...
40 Un peu plus loin le bistro
café-crème° et croissants chauds
l'homme titube°
et dans l'intérieur de sa tête
un brouillard° de mots
45 un brouillard de mots
sardines à manger
œuf dur café-crème
café arrosé° rhum
café-crème
50 café-crème
café-crime arrosé sang° !...
Un homme très estimé dans son quartier
a été égorgé° en plein jour°
l'assassin le vagabond lui a volé°
55 deux francs
soit° un café arrosé
zéro franc soixante-dix°
deux tartines beurrées°
et vingt-cinq centimes pour le pourboire° du garçon.°
60 Il est terrible
le petit bruit de l'œuf dur cassé sur un comptoir d'étain
il est terrible ce bruit
quand il remue dans la mémoire de l'homme qui a faim.

Jacques Prévert, *Paroles* (1946)

Qu'en pensez-vous ?

Etes-vous d'accord ou non avec les déclarations suivantes ? Justifiez votre réponse.

1. L'homme qui a faim se rappelle le goût des œufs durs en entendant le bruit d'un œuf qu'on casse.
2. L'homme se regarde dans la glace de la salle de bains à six heures du matin.
3. Quand il se regarde dans la vitrine de chez Potin, il imagine quelque chose de bon à manger.

la crainte = *la peur* / **que de barricades** what a great number of barricades / **le café-crème** = *café avec de la crème ou du lait* / **tituber** to stagger / **le brouillard** mist, fog / **arrosé** laced with / **le sang** blood / **a été égorgé** had his throat cut / **en plein jour** in broad daylight / **voler** (à) to steal (from) / **soit** that is / **zéro franc soixante-dix** = *zéro franc soixante-dix centimes* / **tartines beurrées** slices of buttered bread / **le pourboire** tip / **le garçon** waiter

4. L'homme compte sur ses doigts le nombre de repas qu'il va prendre aujourd'hui.
5. Les sardines dans le magasin sont bien protégées.
6. Devant le bistro l'homme pense à son petit déjeuner.
7. Parce qu'il a faim, il se met à délirer.
8. On a tué un homme en plein jour pour le voler.
9. La somme volée était importante.
10. Il est terrible, le petit bruit de l'œuf dur cassé sur un comptoir d'étain.

Nouveau Contexte

Complétez le dialogue suivant en choisissant les termes appropriés (employez chaque terme une seule fois). Puis, jouez le dialogue.

Noms :   brouillard *m*, bruit *m*, crainte *f*, pourboire *m*
Verbes :   ai eu beau, faire la grasse matinée, n'ai pas remué
Adjectif :   arrosé

(Deux camarades de chambre)
— Ah ! Ce que j'ai bien dormi ! J'adore _____[1] le samedi.
— Je crois bien. Tu dormais encore profondément à onze heures ! J'ai essayé de faire du _____[2] pour te réveiller. J' _____[3] augmenter le volume de la radio. Rien n'a marché !
— Je pense que je n'ai pas bougé de la nuit. Je _____[4] le petit doigt !
— As-tu l'esprit clair cet après-midi ou est-ce qu'il te reste un petit _____[5] devant les yeux ?
— Non, non, je me sens bien. Sois sans _____[6]. Je me suis bien reposé.
— Et alors, tu veux un café ?
— Oui, je veux bien.
— Un café _____[7] peut-être ?
— Non, non, non ! Tu me sers un café noir, s'il te plaît.
— D'accord, mon ami. Mais n'oublie pas mon _____[8] ; le service n'est pas compris !

Appréciation du texte

1. Une fable est un récit en vers ou en prose, destiné à illustrer un précepte, une morale. Peut-on considérer ce poème comme une espèce de fable ? Où se trouve la morale dans ce poème ? Enoncez cette morale avec vos propres mots.
2. Avez-vous l'impression que le poète est pour ou contre l'homme qui apparaît dans ce récit ? Enumérez toutes les expressions dans le poème qui indiquent la sympathie de l'auteur pour son personnage ou son hostilité envers lui.
3. Expliquez l'emploi du mot *barricades* (vers 39) et montrez comment l'énumération des éléments dans les vers 34–39 et la répétition de la même structure nous préparent à cette hyperbole.[L] Contre qui ou contre quoi est-ce que tous ces

éléments sont protégés ? Pourquoi les sardines sont-elles malheureuses ? Pourquoi le poète a-t-il choisi ce poisson plutôt qu'un autre ? Quel est l'effet de tous les pluriels dans les vers 34 – 40 ?

Vocabulaire satellite

le, la **clochard(e)**   street person

la **classe ouvrière**   working class

l' **ouvrier,** l' **ouvrière**   blue-collar worker

l' **employé(e)**   white-collar worker

les **ressources** *f*   resources

le **chômeur,** la **chômeuse**   unemployed person

la **nourriture**   nourishment, food

le **logement**   lodgings, housing

nourrir   to nourish, to feed

loger   to lodge, to house

avoir faim, soif   to be hungry, thirsty

n'avoir rien à manger   to have nothing to eat

avoir une faim de loup   to be ravenously hungry (lit., to have a wolf's hunger)

manquer de   to lack

mourir de faim   to starve

améliorer son sort   to improve one's fate

chercher du travail   to look for work

être au chômage   to be unemployed

joindre les deux bouts   to make ends meet

tirer le diable par la queue   to be hard up

sans argent   penniless

affamé   famished

Pratique de la langue

1. Avec un(e) autre étudiant(e), écrivez et présentez devant la classe un dialogue entre un(e) clochard(e) et :
   a. un agent de police
   b. une petite fille
   c. un homme d'affaires
   d. un(e) étudiant(e)
   e. un(e) autre clochard(e).

2. A débattre : Ce n'est pas l'Etat qui doit s'occuper des clochards. Il vaut mieux laisser ce travail au secteur privé.

3. Faites le procès *(trial)* du vagabond dans le poème de Prévert. Un(e) étudiant(e) présentera les arguments du procureur *(prosecutor)* tandis qu'un(e) autre étudiant(e) représentera l'avocat(e) de la défense. Les autres étudiants seront les membres du jury. En annonçant le verdict de culpabilité ou d'acquittement, chacun(e) citera les raisons de son choix.

4. A débattre : Les vagabonds de nos villes ne sont pas des victimes de la société. La plupart ont décidé de leur propre sort et pourraient l'améliorer s'ils le voulaient.

5. Ecrivez votre propre poème sur une personne rejetée par la société (clochard, criminel, alcoolique, pauvre, etc.).

6. Lisez à haute voix, pour les autres membres de la classe, le poème de Prévert, *La Grasse Matinée*.

Emile Zola

E mile Zola (1840–1902), the major proponent and practitioner of naturalism[L] in France, was much impressed and much influenced by the scientific spirit of the second half of the nineteenth century. He set out to create a new literary genre, the *roman expérimental* (experimental novel), in which the writer would apply to his work the methods of clinical observation and scientific experimentation. Through his characters he wished to study "les tempéraments et les modifications profondes de l'organisme sous la pression *(pressure)* des milieux et des circonstances."

Like Balzac in *La Comédie humaine*, Zola undertook a systematic study of human nature through a lengthy series of novels entitled *Les Rougon-Macquart : Histoire naturelle et sociale d'une famille sous le Second Empire*. From 1871 to 1893, in a realistic and occasionally crude style, he pursued through five generations the destiny of the Rougon side of the family with its history of mental disorders, and the Macquart side in its struggles with alcoholism. His novel *L'Assommoir* (1877), portraying the ravages of alcohol in a working-class family, was the first to attract widespread attention. His acknowledged masterpiece in the series, *Germinal* (1885), described in a powerful, epic manner the miserable life of coal miners who are forced to strike against their employers to improve their lot.

Zola became so engrossed in social reform that he was eventually won over to socialism. The celebrated Dreyfus case allowed him to play an active role in the affairs of the nation. In support of Alfred Dreyfus, the French army captain unjustly accused of treason, Zola published his famous tract, *J'accuse* (1892), for which he was assessed a heavy fine and sentenced to a year in prison—a judgment that he escaped through a brief exile in England. His campaign on behalf of Dreyfus was successful: in the end, the officer was vindicated.

In his short story, "Les Epaules de la marquise," Zola describes a day in the life of a marquise. The story contains a strong note of social commentary, as the narrator attempts to analyze the character's motivations.

Orientation: Perceiving Tone

A work of fiction must be read differently than an essay. Novelists do not usually convey their thought as directly as essayists, who tend to introduce arguments and express themselves factually, often in a series of declarative sentences. Writers of fiction, on the other hand, generally describe settings and narrate story lines. Many deliberately remove themselves from their work, seeking to produce as objective a presentation as possible. Nevertheless, in representing characters and situations in one way rather than another, even so-called objective writers make choices, choices intended to have an effect on the reader's interpretation of the text.

In much of his work, Zola had definite aspirations to scientific objectivity. Most critics agree, however, that in "Les Epaules de la marquise," Zola is making a social statement. His ideas and sentiments are not revealed in direct affirmations but rather in the tone of his narration. The story is told from the marquise's point of view. Readers might expect then to be sympathetic to the marquise. But her actions and words are presented by Zola in such a way that they achieve the opposite effect from what the marquise intends. It is essential that readers be aware of this use of irony[L] by Zola. Otherwise, given the paradoxical nature of this figure of speech, they may come away with a characterization that is exactly the opposite of what Zola intended.

As you read "Les Epaules de la marquise," be alert to the author's description of the marquise. What elements has Zola chosen to emphasize? In what light does he present the marquise? What does she consider important? Does he contrast her to any other character? With what effect? Examine his selection of words and phrasing. Look also for any authorial intrusions in the text or any paragraphs where the narrator is interpreting the marquise's thoughts or actions. Are these to be taken at face value?

Les Epaules° de la marquise

La marquise dort dans son grand lit, sous les larges rideaux° de satin jaune. A midi, au timbre° clair de la pendule,° elle se décide à ouvrir les yeux.

La chambre est tiède.° Les tapis,° les draperies des portes et des fenêtres, en font un nid moelleux,° où le froid n'entre pas. Des chaleurs,° des parfums° traînent.° Là,
5 règne° l'éternel printemps.

Et, dès qu'elle est bien éveillée,° la marquise semble prise d'une anxiété subite.° Elle rejette les couvertures,° elle sonne° Julie.

— Madame a sonné ?

— Dites, est-ce qu'il dégèle° ?

10 Oh ! bonne marquise ! Comme elle a fait cette question d'une voix émue° ! Sa première pensée est pour ce froid terrible, ce vent du nord qu'elle ne sent pas, mais qui

---

l'épaule *f* shoulder / **le rideau** curtain / **le timbre** = *le son* / **la pendule** clock / **tiède** lukewarm / **le tapis** carpet / **un nid moelleux** a soft nest / **la chaleur** warmth / **le parfum** = *odeur agréable* / **traîner** to linger / **régner** to reign / **éveillé** awake / **subit** = *soudain* / **rejeter les couvertures** to push down the sheets / **sonner** to ring for / **dégeler** to thaw / **ému** = *plein d'émotion*

doit souffler° si cruellement dans les taudis° des pauvres gens. Et elle demande si le ciel° a fait grâce,° si elle peut avoir chaud sans remords, sans songer° à tous ceux qui grelottent.°

15   — Est-ce qu'il dégèle, Julie ?

La femme de chambre lui offre le peignoir° du matin, qu'elle vient de faire chauffer° devant un grand feu.

— Oh ! non, madame, il ne dégèle pas. Il gèle° plus fort, au contraire... On vient de trouver un homme mort de froid sur un omnibus.

20   La marquise est prise d'une joie d'enfant ; elle tape ses mains l'une contre l'autre, en criant :

— Ah ! tant mieux° ! j'irai patiner° cette après-midi.

Julie tire les rideaux, doucement, pour qu'une clarté brusque ne blesse° pas la vue° tendre de la délicieuse° marquise.

souffler to blow / **le taudis** hovel, shack / **le ciel** heaven / **faire grâce** to show mercy / **songer à** = *penser à* / **grelotter** = *trembler de froid* / **le peignoir** robe / **faire chauffer** to warm / **geler** to freeze / **tant mieux** so much the better; that's great / **patiner** to skate / **blesser** = *faire mal à, offenser* / **la vue** eyesight / **délicieux** charming, delightful

25   Le reflet bleuâtre° de la neige emplit° la chambre d'une lumière toute gaie. Le ciel est gris, mais d'un gris si joli qu'il rappelle à la marquise une robe de soie° gris-perle qu'elle portait, la veille,° au bal du ministère. Cette robe était garnie de guipures° blanches, pareilles° à ces filets° de neige qu'elle aperçoit° au bord des toits,° sur la pâleur du ciel.

30   La veille, elle était charmante, avec ses nouveaux diamants. Elle s'est couchée à cinq heures. Aussi° a-t-elle encore la tête un peu lourde.° Cependant,° elle s'est assise devant une glace,° et Julie a relevé° le flot blond de ses cheveux. Le peignoir glisse,° les épaules restent nues,° jusqu'au milieu du dos.

    Toute une génération a déjà vieilli dans le spectacle des épaules de la marquise.
35 Depuis que, grâce à° un pouvoir fort,° les dames de naturel joyeux° peuvent se décolleter° et danser aux Tuileries,° elle a promené ses épaules dans la cohue° des salons officiels, avec une assiduité° qui a fait d'elle l'enseigne° vivante des charmes du Second Empire. Il lui a bien fallu° suivre la mode,° échancrer° ses robes, tantôt° jusqu'à la chute des reins,° tantôt jusqu'aux pointes de la gorge ; si bien que° la
40 chère femme, fossette° à fossette, a livré° tous les trésors de son corsage.° Il n'y a pas grand comme ça° de son dos et de sa poitrine qui ne soit connu de la Madeleine à Saint-Thomas-d'Aquin.[1] Les épaules de la marquise, largement étalées,° sont le blason° voluptueux du règne.

    Cette après-midi, au sortir des° mains de Julie, la marquise, vêtue d'une déli-
45 cieuse toilette polonaise,° est allée patiner. Elle patine adorablement.

    Il faisait, au bois, un froid de loup,° une bise,° qui piquait° le nez et les lèvres de ces dames, comme si le vent leur eût soufflé° du sable° fin au visage. La marquise riait, cela l'amusait d'avoir froid. Elle allait, de temps à autre, chauffer ses pieds aux brasiers allumés° sur les bords du petit lac. Puis elle rentrait dans l'air glacé, filant°
50 comme une hirondelle° qui rase le sol.°

bleuâtre bluish / **emplir** to fill / **la soie** silk / **la veille** = *le soir avant* / **la guipure** lace / **pareil** = *semblable* / **le filet** edging, strip / **apercevoir** = *voir, remarquer* / **le toit** roof / **aussi** = *c'est pourquoi* / **lourd** heavy / **cependant** meanwhile / **la glace** = *le miroir* / **relever** to turn up / **glisser** to slide / **nu** naked / **grâce à** thanks to / **un pouvoir fort** a strong-arm, authoritarian regime / **de naturel joyeux** = *de disposition joyeuse* / **se décolleter** to wear a low-cut gown / **les Tuileries** *f* = *résidence de l'empereur Napoléon III (1852–70)* / **la cohue** crowd / **l'assiduité** *f* constancy / **l'enseigne** *f* = *l'emblème* / **il lui a bien fallu** = *elle a bien été obligée de* / **la mode** fashion, style / **échancrer** to cut low / **tantôt... tantôt** now . . . now / **la chute des reins** the small of the back / **la gorge** breast / **si bien que** so that / **la fossette** dimple / **livrer** = *donner, révéler* / **le corsage** bodice / **Il n'y a pas grand comme ça** There's precious little / **étalé** = *montré avec ostentation* / **le blason** coat of arms / **au sortir de** = *sortant de* / **vêtue d'une délicieuse toilette polonaise** dressed in a delightful Polish-style outfit / **un froid de loup** = *un froid très sévère* / **la bise** = *le vent du nord* / **piquer** to prick / **eût soufflé** had blown (pluperf. subj.) / **le sable** sand / **brasiers allumés** live coals / **filer** to dart / **l'hirondelle** *f* swallow / **raser le sol** to skim over the ground

[1]The area located between these two Right Bank churches coincided then—and still does—with the most fashionable section of Paris.

Ah ! quelle bonne partie,° et comme c'est heureux que le dégel ne soit pas encore venu ! La marquise pourra patiner toute la semaine.

En revenant, la marquise a vu, dans une contre-allée° des Champs-Elysées, une pauvresse° grelottant au pied d'un arbre, à demi morte de froid.

55   — La malheureuse ! a-t-elle murmuré d'une voix fâchée.°

Et comme la voiture filait° trop vite, la marquise, ne pouvant trouver sa bourse,° a jeté son bouquet à la pauvresse, un bouquet de lilas blancs qui valait bien cinq louis.°

Emile Zola, *Nouveaux Contes à Ninon* (1874)

Qu'en pensez-vous ?

Etes-vous d'accord ou non avec les déclarations suivantes ? Justifiez votre réponse.

1. La marquise fait la grasse matinée.
2. La chambre de la marquise est confortable.
3. Sa première pensée du jour semble être pour les pauvres.
4. La marquise est remplie de tristesse quand elle apprend qu'un homme est mort de froid.
5. La couleur du ciel rappelle à la marquise sa soirée de la veille.
6. Les épaules de la marquise sont le blason du règne.
7. Puisqu'il fait si froid, la marquise a décidé d'aller faire du ski.
8. Elle déteste le froid.
9. La marquise a fait un acte de générosité envers la pauvre femme qu'elle a vue dans l'allée.

Nouveau Contexte

Complétez le dialogue suivant en choisissant les termes appropriés (employez chaque terme une seule fois). Puis, jouez le dialogue.

Noms : chaleur *f*, couverture *f*, nid *m*, pendule *f*, rideaux *m*, tapis *m*
Verbe : rappelle

— Comme j'ai de la chance d'habiter ici ! C'est si confortable ! Je suis comme un oiseau dans son _____¹. Même s'il fait froid dehors, il y a toujours assez de _____² à l'intérieur. Le froid ne peut pas pénétrer dans la maison avec ces larges _____³ qui protègent les fenêtres. Et je peux aller nu-pieds d'une pièce à l'autre grâce à ces grands _____⁴ qui couvrent le plancher. S'il m'arrive d'avoir froid, j'aime monter dans ma chambre et me mettre au lit sous ma _____⁵ chauffante. Le lit est sans aucun doute l'endroit le plus

---

la partie outing / **la contre-allée** side alley / **la pauvresse** = *pauvre femme* / **fâché** distressed / **filer** to move / **la bourse** purse / **qui valait bien cinq louis** which was worth a good five gold louis

confortable de la maison. Tiens ! Voilà la _____⁶ qui sonne minuit. Elle me
_____⁷ que c'est le moment de retrouver mon confort.

— Ça va, je comprends. Tu n'as pas besoin d'insister. Je pars. Bonne nuit, Gertrude !
— A demain, mon ami !

Appréciation du texte

1. Au début du récit, le narrateur ne dit pas que la marquise « ouvre les yeux » mais qu'elle « se décide à ouvrir les yeux. » Comment ce choix de mots affecte-t-il notre impression de la marquise ? Trouvez-vous que le narrateur se contente de raconter de façon objective ou fait-il connaître son attitude envers la marquise ? Est-ce qu'il penche *(leans)* pour ou contre elle ? Citez deux ou trois endroits où sa pensée s'exprime au moyen de l'ironie.ᴸ Ses observations vous semblent-elles subtiles ?

2. Quel portrait de la marquise le narrateur trace-t-il ? Quelle sorte de personne est-elle ? Qu'est-ce qui la caractérise ? Est-ce que son portrait est suffisamment nuancé ? Enumérez les détails qui contribuent d'une manière précise à informer le lecteur. Trouvez-vous que la marquise est représentative de l'aristocratie ?

3. La marquise songe-t-elle aux malheureux qui n'ont pas les mêmes avantages qu'elle ? Citez au moins deux actions qui révèlent sa sensibilité ou son insensibilité.

Vocabulaire satellite

le **loisir**   leisure
les **distractions** *f*   recreation, diversion
le, la **millionnaire**   millionaire
la **propriété**   estate
le **luxe**   luxury
les **œuvres charitables** *f*   works of charity
s' **enrichir**   to get rich
gagner beaucoup d'argent   to earn a lot of money

avoir tout ce qu'il faut   to have everything one needs
manquer de vêtements, de nourriture, de logement   to lack clothes, food, housing
ne manquer de rien   to lack nothing
avoir du temps libre   to have free time
s' **amuser**   to enjoy oneself, to have a good time

Pratique de la langue

1. A débattre : « Les riches ont la vie facile. »
2. A discuter : « Faut-il avoir de l'argent pour vivre heureux ? » Pourquoi ou pourquoi pas ?

3. Est-ce qu'il existe en Amérique du Nord de nos jours des classes sociales bien distinctes ? Lesquelles ? Faites la description de chaque classe et dites, si possible, quel rôle elle joue dans la société contemporaine.

4. Présentez un dialogue entre :
   a. deux marquises qui parlent des pauvres
   b. la marquise et sa domestique insolente
   c. la marquise et un clochard venu lui demander l'aumône *(alms)*
   d. un conservateur et un communiste
   e. deux assistantes sociales.

5. Notre société contemporaine est-elle marquée par la philanthropie ou est-ce que les gens tendent actuellement vers l'égoïsme ? Donnez des exemples concrets pour illustrer vos opinions. Est-ce que l'aide sociale fait partie intégrante de toute société ou est-ce qu'il y aurait moyen d'en éliminer la nécessité ?

Jean de La Fontaine

In their study of human nature across the ages, writers have taken very many different approaches. The seventeenth-century moralist, Jean de La Fontaine (1621–1695), chose a unique form of expression. La Fontaine is famous for his *Fables*, stories in which, following the lead of the Greek Aesop and the Roman Phaedrus, he

Le Loup et l'Agneau

used animals to portray human virtues and faults. In a few verses, a typical fable of La Fontaine tells a story involving animals—and sometimes humans as well—in a particular situation. The narration illustrates some mode of behavior, usually with a stated moral at the beginning or end of the poem. La Fontaine's aim was not to revolutionize the society of his day but merely to depict certain human attributes. His *Fables* have proven so enjoyable that they are routinely memorized by French children. Their charm, however, does not preclude their being appreciated on a higher intellectual plane as well.

In the history of humanity, the concept of power has been evoked all too readily by those whose aim it is to lord it over others. Far too often they have sought no further justification for their ruthless aggression than to allege that "might makes right." This age-old but ever-current theme is the subject of La Fontaine's fable, "Le Loup et l'Agneau."

Orientation: Illustration of a Theme

The genre of the fable is unique. A story is told to illustrate a moral or precept, which is usually enunciated at the conclusion of the narration. In "Le Loup et l'Agneau," La Fontaine chooses to begin his fable with the one-line moral. Thus, the theme is set forth from the outset, giving our passage an immediate focus. In order to measure the success with which La Fontaine illustrates his topic, we must keep in mind certain key considerations, viz., the appropriateness of the two characters chosen for the role; the revealing nature of their actions; the tone with which each addresses the other; the litigious tenor of the proceedings; the validity of the arguments and refutations presented. All of which prepares us to answer the social justice question posed at the beginning: does might indeed make right?

Le Loup° et l'Agneau°

La raison du plus fort est toujours la meilleure :
Nous l'allons montrer° tout à l'heure.°

Un Agneau se désaltérait°
Dans le courant d'une onde° pure ;
5 Un Loup survient° à jeun,° qui cherchait aventure
Et que la faim en ces lieux° attirait.
« Qui te rend si hardi° de troubler mon breuvage° ?

---

le loup wolf / **l'agneau** *m* lamb / **nous l'allons montrer** = *nous allons le montrer* /
tout à l'heure = *tout de suite* / **se désaltérer** to quench one's thirst / **l'onde** *f* = *l'eau*
(lit., wave) / **survenir** = *arriver brusquement* / **à jeun** with an empty stomach /
le lieu place / **hardi** = *audacieux, intrépide* / **le breuvage** = *boisson*

Dit cet animal plein de rage :

Tu seras châtié° de ta témérité.

10 — Sire, répond l'Agneau, que Votre Majesté

Ne se mette pas en colère° ;

Mais plutôt° qu'elle°considère

Que je me vas désaltérant°

Dans le courant

15 Plus de vingt pas° au-dessous d'°Elle ;

Et que par conséquent, en aucune façon,

Je ne puis troubler sa boisson.

— Tu la troubles, reprit° cette bête cruelle ;

Et je sais que de moi tu médis° l'an passé.

20 — Comment l'aurais-je fait si je n'étais pas né ?

Reprit l'Agneau, je tette° encor ma mère.

— Si ce n'est toi, c'est donc ton frère.

— Je n'en ai point.

— C'est donc quelqu'un des tiens° ;

25 Car vous ne m'épargnez guère,°

Vous, vos bergers° et vos chiens.

On me l'a dit : il faut que je me venge. »

Là-dessus,° au fond des° forêts

Le Loup l'emporte,° et puis le mange,

30 Sans autre forme de procès.°

La Fontaine, *Fables*, I (1668)

Qu'en pensez-vous ?

Etes-vous d'accord ou non avec les déclarations suivantes ? Justifiez votre réponse.

1. L'agneau avait faim.
2. Le loup est arrivé pour boire dans la rivière.
3. Le loup salue l'agneau.
4. L'agneau répond très poliment au loup.
5. La réponse de l'agneau est très logique.
6. L'agneau a médit du loup l'an passé.

---

châtié = *puni* / **que... ne se mette pas en colère** may Your Majesty not get angry / **plutôt** rather / **elle** = *Votre Majesté* / **je me vas désaltérant** = *je suis en train de me désaltérer* / **le pas** pace, step / **au-dessous de** below / **reprit** = *reprendre (passé simple)* = *répliquer* / **médire de** = *dire du mal de quelqu'un, dénigrer* / **téter** to suck at one's mother's breast / **les tiens** = *tes parents* / **vous ne m'épargnez guère** you hardly spare me / **le berger** = *personne qui garde les moutons* / **là-dessus** thereupon / **au fond de** deep within / **emporter** to carry off / **le procès** trial

7. Les parents de l'agneau n'épargnent guère le loup.
8. Le loup se venge de l'agneau.
9. La raison du plus fort est toujours la meilleure.

Nouveau Contexte

Complétez le dialogue suivant en choisissant les termes appropriés (employez chaque terme une seule fois). Puis, jouez le dialogue.

Noms : façon *f*, pas *m*, procès *m*
Verbes : attire, cherches, a emporté, me suis mis en colère, a rendu, me venger
Adjectifs : aucun, fort

— Qu'est-ce que tu _____[1], Michel ?
— Le Club Passe-Temps. J'ai oublié où il se trouve. Est-ce loin ?
— C'est à deux _____[2] d'ici. Qu'est-ce qui t'_____[3] au club ?
— J'y vais pour retrouver ton ami Charles et _____[4] parce que Charles m'
  _____[5] fou la semaine dernière.
— De quelle _____[6] ? Ce n'est pas possible. Charles ? Tu te trompes, sans
  _____[7] doute.
— Non, il s'agit bien de Charles. Samedi dernier, la rage m' _____[8]. Je
  _____[9] et je suis sorti de chez lui furieux.
— Mais, pour régler cette question, n'est-il pas moins dangereux de convoquer
  Charles devant le juge et lui faire un _____[10] ?
— Ha, ha ! Tu n'as rien compris. Charles est _____[11] et puissant mais je vais
  le battre... au poker, et reprendre l'argent qu'il a gagné la dernière fois que nous
  avons joué aux cartes !

Appréciation du texte

1. Ce poème est écrit en vers libres *(free verse)*, c'est-à-dire que les vers ne sont pas
   tous de la même longueur. Il y a des vers de 12 syllabes, de 10 syllabes et de 8 syllabes. Il y a deux vers qui n'ont que 7 syllabes et un autre qui n'en a que 4. Donnez
   le nombre de syllabes de chaque vers, en faisant bien attention aux *e* muets.
   (Pour les règles de la versification, voir Chapitre 3, p. 53.)
2. Dans ce poème la force logique de l'agneau s'oppose à la puissance physique du
   loup. Résumez les arguments de l'agneau. Comment le loup y répond-il ?

Vocabulaire satellite

la **classe moyenne** middle class
l' **industriel**, l'**industrielle**
  industrialist

le **patron**, la **patronne** boss
le **cadre** executive
le **médecin** doctor

le, la **fonctionnaire** civil servant

vivre confortablement, sans inquiétude to live comfortably, without worry

manquer de générosité to lack generosity

ne penser qu'à soi to think only of oneself

sauver les apparences to keep up appearances

aisé well-off

pratique practical

ambitieux, -euse ambitious

égoïste selfish

généreux, -euse generous

honnête ; malhonnête honest; dishonest

travailleur, -euse hardworking

paresseux, -euse lazy

Pratique de la langue

1. Est-ce que, dans notre société contemporaine ou à travers l'histoire, le plus fort l'emporte *(prevails)* toujours sur le plus faible ? Est-ce que les bons sont toujours victimes des méchants ? N'y a-t-il pas de justice dans ce monde ? Racontez un fait divers qui montre le triomphe du faible, du bon ou du juste.

2. Imaginez un dialogue où il s'agit d'un conflit entre forces physiques et forces mentales. Lesquelles seront supérieures et l'emporteront ? Choisissez parmi ces personnages :
   a. un voyou *(hoodlum)* et un professeur
   b. un boxeur et un(e) artiste
   c. un voleur et une ménagère
   d. deux frères (deux sœurs, ou un frère et une sœur)
   e. deux personnages de votre choix.

3. Ecrivez et présentez un dialogue où les personnages suivants discutent de questions sociales (travail, salaire, logement, nourriture, loisirs, politique, etc.) :
   a. un chauffeur de camion *(truck driver)* et le (la) propriétaire d'un salon de coiffure *(beauty parlor)*
   b. une danseuse et un(e) sportif (sportive)
   c. un représentant de la Croix-Rouge et un vendeur de voitures d'occasion *(used cars)*
   d. un(e) gagnant(e) à la loterie nationale et un industriel.

Sujets de discussion ou de composition

1. Quelles sont les qualités que notre société estime ? Les approuvez-vous ? Expliquez.

2. Quelle est votre définition personnelle du succès ?

3. Y a-t-il dans notre société contemporaine des gens délaissés *(forsaken)* ? De quoi manquent-ils ? Comment peut-on les aider ?

4. Un mariage entre deux personnes de cultures ou de races différentes peut-il réussir ? Pourquoi ou pourquoi pas ?

Institutions et Influences

6

La France politique et économique

Antoine de Saint-Exupéry

The works of Antoine de Saint-Exupéry (1900–1944) represent the personal experience of the author and his subsequent reflections. A pilot in the early days of aviation, Saint-Exupéry faced the dangers of the pioneer penetrating unexplored territories. From the isolated perspective of his cockpit, he became acutely aware of the bonds that unite all people, particularly in times of crisis. His first work, *Courrier-Sud* (1928), recalls his adventures as a commercial pilot flying between Toulouse, France, and Dakar in Senegal. The better-known *Vol de nuit* (1931) evokes the first night flights between Europe and South America, and the perils to which the pilots were subjected. In 1939 Saint-Exupéry published his most popular work, *Terre des hommes*, in which he meditates on what the airplane has taught us about ourselves, our capacities, our limitations, our responsibilities to our fellow humans, and our noble destiny. The book abounds in tense, dramatic scenes and lyric passages as the pilot narrates his dangerous ventures and, once the risk has been run, measures the meaning of his actions, the reasons for his choices. During World War II Saint-Exupéry served as a military pilot and, while on a mission in July 1944, disappeared without a trace. The circumstances of his death were probably foreshadowed in *Pilote de guerre* (1942), the musings of an aviator on a dangerous wartime assignment. Two other works were published posthumously: *Le Petit Prince* (1945) and *Citadelle* (1948).

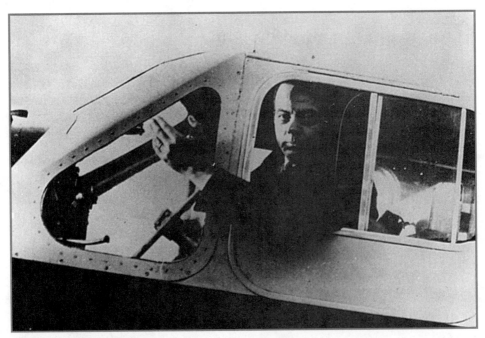

Antoine de Saint-Exupéry

In *Le Petit Prince*, a work of fantasy, the narrator tells how his plane crashed in the desert and, as he was attempting to repair it, a child wise beyond his years approached him and began to recount his adventures. Back on the planet where he was a prince, the boy had been in love with a rose that was fickle and vain, so he had decided to travel. Before landing on earth he had gone to five different planets where he had met, respectively, a king without subjects, a narcissist, a drunkard, a businessman, and a lamplighter.

The following excerpt tells of the little prince's visit to the businessman's planet.

Orientation: A Book for Children

Le Petit Prince is unique among the works of Saint-Exupéry. It is the only one of his books that ostensibly is written for children. And yet, in its deep meaning, it is no different than his previous works. The author reveals his essential thoughts through the adventures and questions of the little prince, who goes from one experience to another, learning a great deal and gradually clearing up the mysteries of the adult world. His questions are simple and direct, resulting from his constant observation of adults in their world. Like any other normal boy, he is relentless in his pursuit, producing an endless stream of "why's" and refusing to be satisfied with the usual adult "because's."

In this episode with the businessman, notice how the little prince's inquisitive mind uncovers the strange ideas and behavior of the adult, the adult's calculating mind, his inability to put aside his petty interests and awaken to a broader, more human universe. By bringing us back to childhood, the author has us reexamine life through the curiosity of a young person viewing things for the first time. The findings are not always reassuring.

L'Homme d'affaires

La quatrième planète était celle du businessman. Cet homme était si occupé qu'il ne leva même pas la tête à l'arrivée du petit prince.

— Bonjour, lui dit celui-ci. Votre cigarette est éteinte.°

— Trois et deux font cinq. Cinq et sept douze. Douze et trois quinze. Bonjour.
5 Quinze et sept vingt-deux. Vingt-deux et six vingt-huit. Pas le temps de la rallumer.° Vingt-six et cinq trente et un. Ouf ! Ça fait donc cinq cent un millions six cent vingt-deux mille sept cent trente et un.

— Cinq cents millions de quoi ?

éteint extinguished / **rallumer** to light again

L'homme d'affaires

    — Hein ? Tu es toujours là ? Cinq cent un millions de... je ne sais plus... J'ai telle-
10 ment de travail ! Je suis sérieux, moi, je ne m'amuse pas à des balivernes° ! Deux et
cinq sept...

    — Cinq cent un millions de quoi ? répéta le petit prince qui jamais de sa vie n'avait
renoncé à une question, une fois qu°'il l'avait posée.

    Le businessman leva la tête :

15   — Depuis cinquante-quatre ans que j'habite cette planète-ci, je n'ai été dérangé°
que trois fois. La première fois ç'a été, il y a vingt-deux ans, par un hanneton° qui
était tombé Dieu sait d'où. Il répandait° un bruit épouvantable,° et j'ai fait quatre erreurs dans une addition. La seconde fois ç'a été, il y a onze ans, par une crise° de
rhumatisme. Je manque d'exercice. Je n'ai pas le temps de flâner.° Je suis sérieux,
20 moi. La troisième fois... la voici ! Je disais donc cinq cent un millions...

    — Millions de quoi ?

    Le businessman comprit qu'il n'était point° d'espoir° de paix :

    — Millions de ces petites choses que l'on voit quelquefois dans le ciel.

    — Des mouches° ?

25   — Mais non, des petites choses qui brillent.°

    — Des abeilles° ?

    — Mais non. Des petites choses dorées° qui font rêvasser° les fainéants.° Mais je
suis sérieux, moi ! Je n'ai pas le temps de rêvasser.

    — Ah ! des étoiles ?

---

les balivernes *f* = *les choses frivoles* / **une fois que** once / **déranger** to disturb / **le
hanneton** May fly / **répandre** to give off / **épouvantable** = *excessif, terrible* / **une
crise** attack / **flâner** to stroll, to loaf / **il n'était point** = *il n'y avait point* / **l'espoir**
m hope / **la mouche** fly / **briller** to shine / **l'abeille** *f* bee / **doré** golden /
rêvasser = *se donner à des rêveries* / **le fainéant** idler, loafer

30   — C'est bien ça. Des étoiles.

— Et que fais-tu de cinq cents millions d'étoiles ?

— Cinq cent un millions six cent vingt-deux mille sept cent trente et un. Je suis sérieux, moi, je suis précis.

— Et que fais-tu de ces étoiles ?

35   — Ce que j'en fais ?

— Oui.

— Rien. Je les possède.

— Tu possèdes les étoiles ?

— Oui.

40   — Mais j'ai déjà vu un roi qui...

— Les rois ne possèdent pas. Ils « règnent » sur.° C'est très différent.

— Et à quoi cela te sert-il° de posséder les étoiles ?

— Ça me sert à être riche.

— Et à quoi cela te sert-il d'être riche ?

45   — A acheter d'autres étoiles, si quelqu'un en trouve.

« Celui-là, se dit en lui-même le petit prince, il raisonne un peu comme mon ivrogne.° »

Cependant il posa encore des questions :

— Comment peut-on posséder les étoiles ?

50   — A qui sont-elles ? riposta,° grincheux,° le businessman.

— Je ne sais pas. A personne.

— Alors elles sont à moi, car j'y ai pensé le premier.

— Ça suffit ?

— Bien sûr. Quand tu trouves un diamant qui n'est à personne, il est à toi. Quand
55 tu trouves une île qui n'est à personne, elle est à toi. Quand tu as une idée le premier, tu la fais breveter° : elle est à toi. Et moi je possède les étoiles, puisque jamais personne avant moi n'a songé à les posséder.

— Ça c'est vrai, dit le petit prince. Et qu'en fais-tu ?

— Je les gère.° Je les compte et je les recompte, dit le businessman. C'est difficile.
60 Mais je suis un homme sérieux !

Le petit prince n'était pas satisfait encore.

— Moi, si je possède un foulard,° je puis le mettre autour de mon cou et l'emporter.° Moi, si je possède une fleur, je puis cueillir° ma fleur et l'emporter. Mais tu ne peux pas cueillir les étoiles !

65   — Non, mais je puis les placer en banque.

— Qu'est-ce que ça veut dire ?

---

régner sur to rule over / **à quoi cela te sert-il** what good does it do you / **l'ivrogne** *m, f* drunkard (encountered in the previous chapter of *Le Petit Prince*; cf. *Ensemble : Grammaire*, pp. 16–17) / **riposter** = *répondre promptement* / **grincheux** ill-tempered, surly / **faire breveter** to have patented / **gérer** to manage / **le foulard** scarf / **emporter** to carry off / **cueillir** to pick

— Ça veut dire que j'écris sur un petit papier le nombre de mes étoiles. Et puis j'enferme à clef° ce papier-là dans un tiroir.°

— Et c'est tout ?

70 — Ça suffit !

« C'est amusant, pensa le petit prince. C'est assez poétique. Mais ce n'est pas très sérieux. »

Le petit prince avait sur les choses sérieuses des idées très différentes des idées des grandes personnes.°

75 — Moi, dit-il encore, je possède une fleur que j'arrose° tous les jours. Je possède trois volcans° que je ramone° toutes les semaines.[1] Car je ramone aussi celui qui est éteint. On ne sait jamais. C'est utile à mes volcans, et c'est utile à ma fleur, que je les possède. Mais tu n'es pas utile aux étoiles.

Le businessman ouvrit la bouche mais ne trouva rien à répondre, et le petit prince

80 s'en fut.°

« Les grandes personnes sont décidément tout à fait extraordinaires » , se disait-il simplement en lui-même durant le voyage.

Antoine de Saint-Exupéry, *Le Petit Prince* (1945)

Qu'en pensez-vous ?

Etes-vous d'accord ou non avec les déclarations suivantes ? Justifiez votre réponse.

1. Le businessman reçoit le petit prince chaleureusement.
2. Le petit prince est obstiné quand il pose une question.
3. Le businessman n'a pas l'habitude d'être dérangé.
4. La première fois qu'il a été dérangé, c'était par un hanneton.
5. Le businessman aime se promener un peu tous les jours.
6. Il passe sa journée à compter les mouches et les abeilles.
7. Il a trouvé un moyen de devenir riche un jour.
8. Il explique au petit prince comment il peut posséder ses étoiles.
9. Le petit prince possède certaines choses de la même manière.
10. C'est le petit prince qui a le dernier mot dans cette conversation.

enfermer à clef to lock up / **le tiroir** drawer / **les grandes personnes** grown-ups / **arroser** = *donner de l'eau à* / **le volcan** volcano / **ramoner** to sweep (a chimney)[1] / **s'en fut** = *s'en alla*

[1] Le petit prince habite une petite planète, l'astéroïde B 612, où il s'occupe de deux volcans en activité et d'un troisième qui est éteint. « S'ils sont bien ramonés, les volcans brûlent doucement et régulièrement, sans éruptions. Les éruptions volcaniques sont comme des feux de cheminée. Evidemment sur notre terre nous sommes beaucoup trop petits pour ramoner nos volcans. C'est pourquoi ils nous causent des tas d'ennuis *(lots of problems).* »

Nouveau Contexte

Complétez le dialogue suivant en choisissant les termes appropriés (employez chaque terme une seule fois). Puis, jouez le dialogue.

Noms : île *f*, ivrogne *m*
Verbes : s'amuse à, déranger, habite, n'a même pas levé, poser, rallumer, sert
Adjectif : éteinte

— Louise, ton oncle Hector est un original !
— A qui le dis-tu ! C'est le type même du professeur distrait *(distracted)*.
— Quand il est absorbé dans son travail, il est impossible de le _____*1*.
— Tu peux lui _____*2* n'importe quelle question, il ne t'entendra pas. Ça ne _____*3* à rien de lui parler.
— Il _____*4* un autre monde. C'est comme s'il était seul sur une _____*5* déserte.
— Je viens de frapper à sa porte. Il _____*6* la tête ! Il y avait dans son cendrier une cigarette _____*7* qu'il ne songeait pas du tout à _____*8*.
— Louise, ton oncle est une sorte d'_____*9* qui s'enivre de travail.
— Tu as raison. Il _____*10* travailler.
— Tout bien considéré, ce n'est pas un mauvais style de vie... pour lui.
— Non. Je suppose qu'il y a de pires choses dans la vie que le travail.

Appréciation du texte

1. Les deux personnages de cet épisode représentent deux mondes différents :
   a. Quel est le monde du businessman ? Qu'est-ce qui caractérise son univers à lui ? Y a-t-il une espèce de refrain qu'il répète et qui définit sa conduite ? Quel est-il ?
   b. Quel est le monde du petit prince ? Peut-on définir ce monde par la façon dont le petit prince s'exprime ? Etudiez chacune de ses paroles et dites comment elles reflètent son caractère. Quelles sortes de phrases emploie-t-il le plus souvent ? Hésite-t-il longtemps avant de tutoyer le businessman ?
2. « Le petit prince avait sur les choses sérieuses des idées très différentes des idées des grandes personnes. » L'auteur est-il pour le petit prince ou pour le businessman ? S'agit-il ici d'une satire[L] ? Si oui, qu'est-ce que l'auteur satirise ?

Vocabulaire satellite

les **affaires** *f* business
l' **homme d'affaires** *m* businessman
la **femme d'affaires** businesswoman

l' **entreprise** *f* business, firm, concern
l' **industrie** *f* industry
la **maison** firm
la **compagnie** company

le **bureau**   office

le **commerçant**   merchant, shop-
keeper

le, la **concurrent(e)**   competitor

la **concurrence**   competition

la **tension**   pressure

réussir, avoir du succès   to
succeed

faire banqueroute, faillite
to go bankrupt

énervant   nerve-racking

sans scrupules   unscrupulous

consciencieux, -euse
conscientious

honnête   honest

malhonnête   dishonest

paresseux, -euse   lazy

travailleur, -euse   hard-
working

ambitieux, -euse   ambitious

Pratique de la langue

1. Faites une lecture dramatique de cette scène du *Petit Prince.*
2. Ecrivez et présentez votre propre dialogue entre un homme (ou une femme) d'affaires et :
   a. un poète
   b. un(e) journaliste
   c. un chômeur (une chômeuse)
   d. un(e) secrétaire
   e. un président-directeur général.
3. Quelle est votre attitude personnelle vis-à-vis du monde des affaires ? Etes-vous
séduit(e) *(attracted)* ou rebuté(e) *(repulsed)* par ce monde ? Aimeriez-vous vous
lancer dans les affaires ? Présentez vos idées devant la classe.
4. Présentation orale : Faites le portrait d'un homme (ou d'une femme) d'affaires
idéal(e). En quoi consiste son travail ? Le (La) trouvez-vous admirable ? Pourquoi ?

Montesquieu

harles-Louis de Secondat, baron de la Brède et de Montesquieu (1689–1755), is
well known to students of literature as the author of *Les Lettres persanes* (1721),
a masterpiece of social, political, and religious satire.[L] In his inimitable witty
manner, the author takes a penetrating look at the French society of his day—a venture that involved certain risks for the writer. The autocratic reign of Louis XIV
(1661–1715), with its strong emphasis on censorship, had just ended, and the French
did not yet dare to criticize their institutions openly. Wisely, Montesquieu had his
book published anonymously in Amsterdam. For added protection—and in an effort, no doubt, to make his work more entertaining—he devised the central scheme
of two traveling Persians, Usbek and Rica, who spend some eight years in France
and communicate their fresh oriental impressions to the folks at home by means of
informative letters. Ostensibly, the author could in no way be held responsible for

the critical views of these foreigners. Furthermore, Montesquieu had the letters discuss mundane squabbles in the harem, which, in the absence of Usbek and Rica, had been left in charge of the head eunuch. This was another shield for the author: how could anyone take seriously any matter treated in such a frivolous book?

Among students of political science, Montesquieu's reputation rests on his authorship of *L'Esprit des lois* (1748). This work, the culmination of twenty years of research and writing, established its author as one of the most original thinkers of his age and as an advocate of social reform. It was to guarantee individual rights and liberties that Montesquieu, the first of the great *philosophes*,[L] determined to study the nature of law. In the process he developed several important theories: he was, for instance, the first to stress the effect of climate on people, and the need to adjust laws accordingly. His philosophy of the separation of powers in government influenced to no small degree the framing of the American Constitution.

In *L'Esprit des lois* Montesquieu studied various forms of government and the basic principle on which each rested. He pointed out how, in a despotic state, the despot follows his own whims and governs without laws or hindrances of any sort. In a monarchy one person—the monarch—rules, but his actions are controlled by a set of laws. In the republic, on the other hand, sovereign power resides with the people, and the stability and excellence of this form of government depend on the virtue of the citizens.

Several of Montesquieu's political theories, elaborated in *L'Esprit des lois*, were foreshadowed in his earlier work, *Les Lettres persanes*. In the following two excerpts from *Les Lettres persanes*, Montesquieu develops the political allegory[L] of the Troglodytes, a mythical people who experimented with various forms of government and ultimately chose to establish a republic. The author chronicles the development of the Troglodytes and how they became aware of the need to rely on their own moral goodness.

Orientation: Expressing Ideas through Stories

The eighteenth century in France was the age of the *philosophes*. Writers in this Age of Enlightenment sought to educate their readers by encouraging the discussion of ideas. They raised all of the important issues of the day in an effort to provoke thought and improve society's lot through the use of reason. They believed in necessary change and progress, and their literature was practical in nature, devoted to the elaboration of great concepts. Such writings could, in theory, suffer from a major drawback: they could dwell in the realm of the theoretical and thus not make very inspiring and interesting reading. An able author, however, could capture the imagination and the mind of the reader by expressing ideas in narrative form, by telling a good story to illustrate a specific thesis.

In the following passage, Montesquieu is trying to show how a republican form of government relies on the morality of its citizens. To give his abstract concepts a concrete application, Montesquieu uses the example of the Troglodytes, a people whose evolution he traces from their basically evil beginnings to an experientially acquired maturity.

Le Malheur des Troglodytes°

Il y avait en Arabie un petit peuple appelé Troglodyte, qui descendait de ces anciens Troglodytes qui, si nous en croyons les historiens, ressemblaient plus à des bêtes qu'à des hommes. Ceux-ci n'étaient point si contrefaits° : ils n'étaient point velus° comme des ours° ; ils ne sifflaient° point ; ils avaient deux yeux ; mais ils étaient si
5 méchants° et si féroces qu'il n'y avait parmi eux aucun principe d'équité ni de justice.

Ils avaient un roi d'une origine étrangère, qui, voulant corriger° la méchanceté° de leur naturel,° les traitait sévèrement. Mais ils conjurèrent° contre lui, le tuèrent et exterminèrent toute la famille royale.

Troglodyte cave dweller / **contrefait** deformed / **velu** hairy / **l'ours** *m* bear / **siffler** to hiss, to whistle / **méchant** = *enclin à faire du mal aux autres* / **corriger** to correct / **la méchanceté** = *la tendance à faire le mal* / **le naturel** = *le caractère* / **conjurer** to conspire

Le coup° étant fait, ils s'assemblèrent pour choisir un gouvernement, et, après
10 bien des° dissensions, ils créèrent des magistrats. Mais, à peine° les eurent-ils élus°
qu'ils leur devinrent° insupportables, et ils les massacrèrent encore.

Ce peuple, libre de ce nouveau joug,° ne consulta plus que° son naturel sauvage° ;
tous les particuliers° convinrent° qu'ils n'obéiraient plus à personne ; que chacun
veillerait° uniquement à ses intérêts, sans consulter ceux des autres.

15 Cette résolution unanime flattait° extrêmement tous les particuliers. Ils disaient :
« Qu'ai-je affaire° d'aller me tuer à travailler pour des gens dont je ne me soucie°
point ? Je penserai uniquement à moi ; je vivrai heureux. Que m'importe° que les
autres le soient ?° Je me procurerai tous mes besoins, et, pourvu que° je les aie, je ne
me soucie point que tous les autres Troglodytes soient misérables... »

20 Un des principaux habitants avait une femme fort° belle ; son voisin en devint
amoureux et l'enleva.° Il s'émut° une grande querelle, et, après bien des injures° et
des coups,° ils convinrent de s'en remettre à° la décision d'un Troglodyte qui, pendant que la République subsistait, avait eu quelque crédit.° Ils allèrent à lui et voulu-
rent lui dire leurs raisons. « Que m'importe, dit cet homme, que cette femme soit à
25 vous ou à vous ? J'ai mon champ à labourer° ; je n'irai peut-être pas employer mon
temps à terminer vos différends° et travailler à vos affaires, tandis que° je négligerai
les miennes. Je vous prie de me laisser en repos et de ne m'importuner° plus de vos
querelles. » Là-dessus° il les quitta et s'en alla travailler sa terre. Le ravisseur,° qui
était le plus fort, jura° qu'il mourrait plutôt que° de rendre° cette femme, et l'autre,
30 pénétré de l'injustice de son voisin et de la dureté° du juge, s'en retournait désespéré,° lorsqu'il trouva dans son chemin une femme jeune et belle, qui revenait de la
fontaine. Il n'avait plus de femme ; celle-là lui plut,° et elle lui plut bien davantage°
lorsqu'il apprit que c'était la femme de celui qu'il avait voulu prendre pour juge, et
qui avait été si peu sensible° à son malheur. Il l'enleva et l'emmena dans sa maison...
35 Cependant° une maladie cruelle ravageait la contrée. Un médecin habile y arriva
du pays voisin et donna ses remèdes si à propos° qu'il guérit° tous ceux qui se
mirent° dans ses mains. Quand la maladie eut cessé,° il alla chez tous ceux qu'il avait

le coup deed / **bien des** = *beaucoup de* / **à peine** scarcely / **eurent-ils élus** =
avaient-ils élus / **devinrent** = *devenir (passé simple)* / **le joug** yoke, bondage / **ne
consulta plus que** was now guided only by / **sauvage** wild, unsociable / **le particulier** =
l'individu / **convenir** = *se mettre d'accord* / **veiller à** to watch over / **flatter** =
plaire à / **qu'ai-je affaire** what business do I have / **se soucier de** to care about /
que m'importe what do I care / **le soient** = *soient heureux* / **pourvu que** provided
that / **fort** = *très* / **enlever** to carry off / **il s'émut** there arose / **l'injure** *f* =
l'insulte / **le coup** blow / **s'en remettre à** to rely on / **avoir crédit** = *inspirer de la
confiance* / **labourer** = *cultiver* / **le différend** difference of opinion, disagreement /
tandis que = *pendant que* / **importuner** to bother / **là-dessus** thereupon / **le
ravisseur** ravisher, kidnapper / **jurer** to swear / **plutôt que** rather than / **rendre**
to give back / **la dureté** = *la sévérité, la rigueur* / **désespéré** despondent / **plut** =
plaire (passé simple) / **bien davantage** much more / **peu sensible** insensitive /
cependant meanwhile / **à propos** judiciously / **guérir** to cure / **mirent** = *mettre
(passé simple)* / **eut cessé** = *avait cessé*

traités demander son salaire ; mais il ne trouva que des refus. Il retourna dans son
pays, et il y arriva accablé° des fatigues d'un si long voyage. Mais bientôt après il ap-
40 prit que la même maladie se faisait sentir de nouveau° et affligeait° plus que jamais
cette terre ingrate.° Ils allèrent à lui cette fois et n'attendirent pas qu'il vînt° chez
eux. « Allez, leur dit-il, hommes injustes ! Vous avez dans l'âme° un poison plus mortel que celui dont vous voulez guérir ; vous ne méritez pas d'occuper une place sur la
Terre, parce que vous n'avez point d'humanité, et que les règles de l'équité vous sont
45 inconnues. Je croirais offenser les Dieux, qui vous punissent, si je m'opposais à la
justice de leur colère.° »

Montesquieu, *Les Lettres persanes* (1721)

Qu'en pensez-vous ?

Etes-vous d'accord ou non avec les déclarations suivantes ? Justifiez votre réponse.

1. Les Troglodytes modernes sont pareils aux anciens Troglodytes.
2. Ils sont gouvernés d'abord par un roi.
3. Ils se décident à n'accepter aucune autorité.
4. Au début, tout le monde vit chacun pour soi.
5. Chacun respecte les biens de son voisin.
6. Les deux habitants sont allés trouver un juge très honorable pour régler leur dispute.
7. Le juge a été bien récompensé de sa sagesse.
8. Le médecin qui a guéri les Troglodytes est devenu riche.
9. Les Troglodytes ont été obligés de retourner chez le médecin.
10. Le médecin croit que les Troglodytes ont une maladie beaucoup plus grave que le mal physique qui les afflige.

Nouveau Contexte

Complétez le dialogue suivant en choisissant les termes appropriés (employez chaque terme une seule fois). Puis, jouez le dialogue.

Noms :   bêtes *f*, principe *m*, règles *f*
Verbes :   corriger, Que m'importe, ne pas négliger, ressemblent à
Adjectifs :   accablés, désespérés, méchant

Deux grands pédagogues, M. Sévère et M. Laissez-Faire, échangent leurs points de vue sur l'éducation des enfants.

---

accablé overburdened / **de nouveau** again / **affliger** to afflict / **ingrat** ungrateful /
vînt = *venir (imparfait du subjonctif)* / **l'âme** *f* soul / **la colère** anger

M. SEVERE	Moi, je pense que les enfants sont comme des animaux, comme de petites _____*1* qu'il faut dompter *(tame)*.
M. LAISSEZ-FAIRE	Quelle idée insupportable ! A mon avis, les enfants sont les intermédiaires entre Dieu et les hommes ; ils _____*2* des anges.
M. SEVERE	Non ! Ils sont d'un naturel _____*3*. Il faut _____*4* leurs défauts et leur faire respecter les _____*5*. La sévérité ! Voilà le _____*6* fondamental qui doit gouverner leur éducation.
M. LAISSEZ-FAIRE	Vous vous trompez horriblement, mon cher collègue. Si les enfants sont toujours _____*7* d'injures et de reproches, ils vont perdre l'espoir et seront des adultes _____*8*.
M. SEVERE	Moi, je ne m'inquiète pas du bonheur immédiat d'un enfant. _____*9* qu'il soit heureux ou non maintenant ? L'essentiel, c'est de _____*10* son éducation aujourd'hui ; comme ça demain il deviendra un citoyen idéal.
M. LAISSEZ-FAIRE	Quelqu'un comme vous, n'est-ce pas, M. Sévère ?

Orientation: Contrast of Ideas

Ideas are not static entities. They evolve and go through progressive changes as they are tested. In the first selection, Montesquieu illustrated how the Troglodytes learned a negative lesson through experience, viz., that self-interest did not work

Une famille de paysans

as the fundamental principle for their society. Now, in a more positive vein, the Troglodytes must slowly discover which truth can effectively form the basis of their daily living. Growing out of a tiny nucleus of two families, public interest will uproot the selfishness of the previous generation and become the absolute rule of conduct that will inform all decisions.

But, even when the situation appears to have developed ideally, nothing stands still. In theory, all is well and could not be better. Virtue seems to have been confirmed as the solid principle on which the government of the Troglodytes will rest. In practice, however, the demands of virtuous living begin to weigh on the Troglodytes, leading them to seek an adjustment in their form of government. They call upon a wise old man in their midst to assume a position of authority over them. In an admirable final discourse, the sage penetrates the intent of the Troglodytes and points out to them that solutions that are perfect in theory are not automatically applicable in real life. No solution is that simple. Virtue too has its complexities and must be constantly worked at. Thus, the discussion of ideas necessarily goes on!

Le Bonheur des Troglodytes

De tant de familles, il n'en resta que deux° qui échappèrent aux° malheurs de la Nation. Il y avait dans ce pays deux hommes bien singuliers° : ils avaient de l'humanité ; ils connaissaient la justice ; ils aimaient la vertu. Autant liés° par la droiture° de leur cœur que par la corruption de celui des autres, ils voyaient la désolation générale et
5   ne la ressentaient° que par la pitié ; c'était le motif° d'une union nouvelle. Ils travaillaient avec une sollicitude commune pour l'intérêt commun ; ils n'avaient de différends que° ceux qu'une douce et tendre amitié faisait naître° ; et, dans l'endroit du pays le plus écarté,° séparés de leurs compatriotes indignes° de leur présence, ils menaient° une vie heureuse et tranquille. La terre semblait produire d'elle-même,
10 cultivée par ces vertueuses mains.

Ils aimaient leurs femmes, et ils en étaient tendrement chéris.° Toute leur attention était d'élever° leurs enfants à la vertu. Ils leur représentaient° sans cesse les malheurs de leurs compatriotes et leur mettaient devant les yeux cet exemple si triste ; ils leur faisaient surtout sentir que l'intérêt des particuliers° se trouve tou-
15 jours dans l'intérêt commun ; que vouloir s'en séparer, c'est vouloir se perdre ; que la vertu n'est point une chose qui doive nous coûter° ; qu'il ne faut point la regarder comme un exercice pénible° ; et que la justice pour autrui° est une charité pour nous.

il n'en resta que deux there remained but two / **échapper à** to escape, to avoid /
singulier = *exceptionnel* / **autant liés** linked as much / **la droiture** integrity /
ressentir to feel / **le motif** motive / **ils n'avaient de différends que** their only
disagreements were / **faire naître** = *créer, produire* / **écarté** remote / **indigne**
unworthy / **mener** to lead / **chéri** = *beaucoup aimé* / **élever** to raise, to train /
représenter = *montrer* / **le particulier** the individual / **coûter** = *être difficile* /
pénible painful / **autrui** = *les autres*

Ils eurent° bientôt la consolation des pères vertueux, qui est d'avoir des enfants qui leur ressemblent. Le jeune peuple qui s'éleva° sous leurs yeux s'accrut° par
20 d'heureux mariages : le nombre augmenta ; l'union fut toujours la même, et la vertu, bien loin de s'affaiblir° dans la multitude, fut fortifiée, au contraire, par un plus grand nombre d'exemples...

Je ne saurais° assez te parler de la vertu des Troglodytes. Un d'eux disait un jour : « Mon père doit demain labourer son champ° ; je me lèverai deux heures avant lui,
25 et, quand il ira à son champ, il le trouvera tout labouré. »

Un autre disait en lui-même : « Il me semble que ma sœur a du goût° pour un jeune Troglodyte de nos parents° ; il faut que je parle à mon père, et que je le détermine à faire ce mariage... »

Ou bien : « Il y a un champ qui touche celui de mon père, et ceux qui le cultivent
30 sont tous les jours exposés aux ardeurs° du Soleil ; il faut que j'aille y planter deux arbres, afin que ces pauvres gens puissent aller quelquefois se reposer sous leur ombre°... »

Comme le Peuple grossissait° tous les jours, les Troglodytes crurent° qu'il était à propos de se choisir un roi. Ils convinrent qu'il fallait déférer° la couronne° à celui
35 qui était le plus juste, et ils jetèrent tous les yeux° sur un vieillard vénérable par son âge et par une longue vertu. Il n'avait pas voulu se trouver à cette assemblée ; il s'était retiré dans sa maison, le cœur serré de tristesse.°

Lorsqu'on lui envoya les députés pour lui apprendre le choix qu'on avait fait de lui : « A Dieu ne plaise,° dit-il, que je fasse ce tort° aux Troglodytes, que l'on puisse
40 croire qu'il n'y a personne parmi eux de plus juste que moi ! Vous me déférez la couronne, et, si vous le voulez absolument, il faudra bien que je la prenne. Mais comptez que je mourrai de douleur d'avoir vu en naissant les Troglodytes libres et de les voir aujourd'hui assujettis.° » A ces mots, il se mit à° répandre un torrent de larmes.° « Malheureux jour ! disait-il ; et pourquoi ai-je tant vécu° ? » Puis il s'écria°
45 d'une voix sévère : « Je vois bien ce que c'est, ô Troglodytes ! votre vertu commence à vous peser.° Dans l'état où vous êtes, n'ayant point de chef, il faut que vous soyez vertueux malgré vous : sans cela vous ne sauriez subsister, et vous tomberiez dans le malheur de vos premiers pères. Mais ce joug° paraît trop dur ; vous aimez mieux être soumis° à un prince et obéir à ses lois, moins rigides que vos mœurs.° Vous

---

eurent = *avoir (passé simple)* / **s'élever** to rise / **s'accroître** = *devenir plus nombreux, augmenter* / **s'affaiblir** = *devenir faible* / **je ne saurais** = *je ne pourrais pas* / **labourer son champ** to plough his field / **le goût** liking / **de nos parents** of our kin / **l'ardeur** *f* intense heat / **l'ombre** *f* shade / **grossir** = *augmenter* / **crurent** = *croire (passé simple)* / **déférer** to confer / **la couronne** crown / **ils jetèrent tous les yeux** they all cast their eyes / **le cœur serré de tristesse** his heart heavy with sadness / **à Dieu ne plaise** heaven forbid / **le tort** harm, wrong / **assujetti** = *subjugué, dominé* / **se mettre à** = *commencer à* / **répandre des larmes** to shed tears / **vécu** = *participe passé (vivre)* / **s'écrier** to cry out / **peser** to weigh, to be burdensome / **le joug** yoke, bondage / **soumis** subject / **les mœurs** *f* = *les usages, les coutumes*

50 savez que, pour lors,° vous pourrez contenter votre ambition, acquérir des richesses
et languir° dans une lâche° volupté, et que, pourvu que vous évitiez° de tomber dans
les grands crimes, vous n'aurez pas besoin de la vertu. » Il s'arrêta un moment, et ses
larmes coulèrent° plus que jamais. « Et que prétendez°-vous que je fasse ? Comment
se peut-il que je commande quelque chose à un Troglodyte ? Voulez-vous qu'il fasse
55 une action vertueuse parce que je la lui commande, lui qui la ferait tout de même°
sans moi et par le seul penchant° de la nature ? O Troglodytes ! je suis à la fin de mes
jours ; mon sang° est glacé° dans mes veines ; je vais bientôt revoir vos sacrés
aïeux.° Pourquoi voulez-vous que je les afflige,° et que je sois obligé de leur dire que
je vous ai laissés sous un autre joug que celui de la Vertu ? »

Montesquieu, *Les Lettres persanes* (1721)

Qu'en pensez-vous ?

Etes-vous d'accord ou non avec les déclarations suivantes ? Justifiez votre réponse.

1. Il y avait dans cette société deux hommes exceptionnels.
2. Ils vivaient en harmonie avec leurs compatriotes.
3. Ils travaillaient tellement qu'ils n'avaient pas le temps de s'occuper de l'éducation de leurs enfants.
4. En faisant la leçon à leurs enfants, ils insistaient surtout sur l'intérêt général.
5. La vertu de ce nouveau peuple s'affaiblissait à mesure que le nombre de personnes augmentait.
6. Il y avait dans cette nouvelle société de nombreux exemples d'actes vertueux.
7. Les Troglodytes ont eu beaucoup de peine à choisir un roi.
8. Le vieillard dit qu'il mourrait de douleur s'il devenait roi.
9. Il comprend pourquoi les Troglodytes veulent se choisir un roi.
10. Le vieillard craint d'aller rejoindre ses ancêtres.

Nouveau Contexte

Complétez le dialogue suivant en choisissant les termes appropriés (employez chaque terme une seule fois). Puis, jouez le dialogue.

Noms : larmes *f*, pitié *f*, vieillard *m*
Verbes : s'affaiblit, fais naître, ai mené, te mettre à, saurais, as vécu

---

pour lors then, thenceforth / **languir** to languish / **lâche** cowardly / **éviter** to avoid / **couler** to flow / **prétendre** = *vouloir* / **tout de même** anyhow / **le penchant** = *l'inclination, la disposition* / **le sang** blood / **glacé** frozen / **les aïeux** *m* = *les ancêtres* / **je les afflige** = *je leur fasse de la peine*

— Comment vas-tu aujourd'hui, André ?

— Quoi ? Parle plus fort ! Est-ce que ta voix _____¹ ?

— Je dis : « Ça va, André ? »

— Oui, ça va, pour un _____² de 85 ans. J'_____³ une vie très dure, tu sais.

— Oui, je sais. Tu as eu des moments pénibles sans doute, mais tu _____ bien _____⁴.

— Ah, je ne _____⁵ te faire comprendre ma situation. Tu es trop jeune, toi.

— Tu ne vas pas _____⁶ pleurer, hein ! Pas de _____⁷ de crocodile aujourd'hui, André.

— Tu ne peux pas avoir un peu de _____⁸ pour moi ?

— Ah non, je te connais trop bien. Tu _____⁹ ma compassion et après tu te moques de moi.

— Eh bien, puisqu'il n'est pas permis de pleurer, amusons-nous ! Tu viens avec moi au café ? Je t'offre à boire.

— D'accord, mais ne marche pas trop vite, hein !

Appréciation du texte

1. L'histoire des Troglodytes est une allégorie^L politique. A l'aide d'une suite d'éléments narratifs, Montesquieu explique les dangers auxquels sont exposées les sociétés à leur naissance et dans leur organisation. Quels sont les points essentiels sur lesquels il insiste dans son récit ?
2. Montesquieu n'emploie pas de raisonnements très abstraits. Pour convaincre le lecteur, il préfère raconter l'histoire des Troglodytes. Quels sont les avantages de cette méthode narrative ? L'auteur peut-il ainsi nous faire sentir aussi bien que comprendre le mérite de ses arguments ? Peut-il nous persuader aussi bien que s'il avait écrit un essai ?

Vocabulaire satellite

le **pays** country
le **gouvernement** government
le **pouvoir exécutif** executive power
le **pouvoir législatif** legislative power
le **pouvoir judiciaire** judicial power
la **démocratie** democracy
la **république** republic

la **monarchie** monarchy
l' **anarchie** ƒ anarchy
le **despotisme** despotism
la **dictature** dictatorship
le, la **citoyen, -ne** citizen
le, la **concitoyen, -ne** fellow citizen
le **peuple (français, américain)** the (French, American) people
la **politique** politics, policy
les **élections** ƒ elections

le **droit de vote** right to vote
le **mandat** mandate, term of office
la **liberté** liberty, freedom
l' **égalité** *f* equality
la **fraternité** fraternity

être, arriver au pouvoir to be in, to come to power
voter to vote
élire to elect

Pratique de la langue

1. Présentations orales :
   a. Montesquieu nous dit que la démocratie ne peut se maintenir sans la vertu des citoyens. A-t-il raison ou a-t-il tort ? Pourquoi ?
   b. Est-ce qu'une monarchie pourrait exister aux Etats-Unis ? Pourquoi ou pourquoi pas ?
   c. Tracez le portrait d'un homme (ou d'une femme) politique idéal(e).
   d. « Liberté, Egalité, Fraternité » : est-ce que ces trois mots représentent un idéal irréalisable ?
2. A débattre : Le président des Etats-Unis devrait avoir un mandat de sept ans comme le président de la France.
3. Organisez un colloque sur « la meilleure forme de gouvernement » . Parmi les conférenciers *(speakers)* du colloque il y aura un ancien marxiste russe, un républicain américain, un démocrate américain, un ancien dictateur sud-américain, un chef de tribu africain, un Troglodyte, etc.

Sujets de discussion ou de composition

1. Quelle est, à votre avis, la meilleure forme de gouvernement ? Est-ce que cette forme de gouvernement pourrait être adoptée dans le monde entier ? Pourquoi ou pourquoi pas ?
2. A débattre : Le système démocratique est stupide. Le vote d'une personne illettrée qui ne lit jamais le journal quotidien compte autant que le vote du président d'une université.
3. Est-ce que le vote est un privilège ou un devoir ? Devrait-on obliger tout le monde à voter ? Pourquoi ou pourquoi pas ?
4. Le petit prince dit que le businessman n'est pas utile aux étoiles ; il ne fait que les compter. Quelle est l'utilité de l'homme ou de la femme d'affaires dans la société ? Et quelle est l'utilité d'un petit prince ?
5. Vrai ou faux : Les hommes sont mieux adaptés au monde des affaires que les femmes.
6. Quelle situation préférez-vous : du temps libre sans argent ou de l'argent sans temps libre ? Expliquez votre choix.

7

Images de la France

CREDO DE VOLTAIRE.

On le croiroit composé. en 1701. C'est pourtant sa profession de foi, sur laquelle il fondoit son espérance en 1763. lorsqu'il bâtissoit son église à Ferney.

» Je crois en un seul Dieu et je l'aime, Je crois qu'il illumine toute âme venant au monde ainsi que le dit St Jean. J'entends par-là toute âme qui le cherche de bonne foi.

» Je crois en un seul Dieu, parce qu'il ne peut y avoir qu'une seule âme du grand tout.

» Je crois en Dieu, le père tout-puissant, parce qu'il est père commun de la nature, de tous les hommes qui sont également ses enfans. Je crois que celui qui les a fait tous naître également, leur a donné les mêmes principes de morale, et n'a mis aucune différence entre ses enfans, que celle du crime et de la vertu.

» Je crois que le Chinois juste et bien faisant, est plus précieux devant lui, qu'un docteur de Sorbonne pointilleux et arrogant.

» Je crois que Dieu. étant notre père commun, nous sommes tenus de regarder tous les hommes comme nos frères.

» Je crois que le persécuteur est abominable, et qu'il marche immédiatement après l'empoisonneur et le parricide.

Michel de Montaigne

On every comprehensive list of the world's influential books, one finds the *Essais* of Montaigne. Michel de Montaigne (1533–1592) epitomizes the concept of the Renaissance man, whose mind has been formed by substantive contact with the thought of the classical Greek and Roman writers. He spent an entire lifetime getting to know just who he was in order to develop a greater openness and receptivity to the many manifestations of life. In his *Essais* (1580, 1588), Montaigne bared his thoughts on a wide range of subjects, from friendship to the life of savages, not with the intention of putting himself forward as a model man but rather seeing himself as a representative human being whose lessons in life could serve to shed light on our human essence: "Tout homme porte en soi un exemplaire de l'humaine condition."

Michel de Montaigne

To read the *Essais* of Montaigne is to appreciate the formation of a mind, the evolution of a philosophy. Montaigne showed us how he came to be who he was, continually stressing the fact that he, like all of reality, was in a constant state of flux and could not therefore be definitively described. Montaigne repeatedly warned of the danger of making universal judgments, of proclaiming permanent universal truths, especially if such verities emanated from our own limited experience. Since it is extremely difficult, if not impossible, to possess a certain and total knowledge of life's great truths, Montaigne addressed the one area where he could legitimately claim some degree of expertise: he resolved to devote his life to studying himself, a topic about which presumably no one could be more knowledgeable than he. The resulting work was the three books of his *Essais*, a compendium of sage reflections that have been inspiring readers for more than four hundred years.

In measuring his thoughts against the accumulated wisdom of the Ancients, Montaigne gradually evolved his own notable art of living. He reflected a great deal on life and death, believing initially that the purpose of living was to prepare for a good death. He quickly came to value life itself, however, as he defined and refined a remarkable savoir-faire. Montaigne ultimately turned to nature as the most reliable of guides and rejected such unnatural things as cruelty, injustice, war, and intolerance. He resolved to enjoy the many good things that life sent his way, foremost among which were friendship, books, and conversation. Montaigne wrote pointed essays on all three of these topics that were so dear to him. The following excerpt is taken from his essay on the art of conversation and discussion (*Essais*, Book 3, Chapter 8).

Orientation: The Essay as a Literary Genre

The word *essay* has become a well-known literary term designating a short composition that examines a subject by offering a usually personal and not necessarily exhaustive treatment. Montaigne's subject matter was in fact Michel de Montaigne himself, considered as a typical human being. The term *essay*, in his case, brings us back to the etymology of the word (cf. the French verb *essayer*), as he uses his writing to "try" himself, to test and assess his own judgment and natural qualities.

An essay is by nature expository, setting forth facts, ideas, and personal opinions. It is normally straightforward and declarative in its approach, with an orderly, methodical presentation. To fully appreciate an essayist's thesis, it is important to follow the logical progression of thought in the work. As you read Montaigne's essay on the art of conversation, pause after each paragraph and summarize in one sentence the topic of the paragraph. This practice will allow you to recognize the many aspects of the subject that Montaigne has considered, as well as the value of the statement with which he concludes this essay.

L'Art de la discussion

Le plus fructueux° et naturel exercice de notre esprit, c'est à mon gré° la discussion. J'en trouve l'usage plus doux° que d'aucune autre action de notre vie ; et c'est la raison pour laquelle, si j'étais forcé de choisir, je consentirais plutôt,° ce crois-je, de perdre la vue° que l'ouïr° ou le parler°... L'étude des livres, c'est un mouvement
5   languissant° et faible qui n'échauffe° point, tandis que° la discussion apprend° et exerce° en un coup.° Si je discute avec une âme° forte et un roide jouteur,° il me presse les flancs, me pique° à gauche et à droite ; ses imaginations élancent° les miennes ; la jalousie, la gloire, la contention me poussent et rehaussent° au-dessus de moi-même, et l'unisson est qualité tout à fait ennuyeuse° dans la discussion.
10   Comme notre esprit se fortifie par la communication des esprits vigoureux et réglés,° il ne se peut dire° combien il perd et s'abâtardit° par le continuel commerce° et fréquentation que nous avons avec les esprits bas° et maladifs.° Il n'est° contagion qui s'épande° comme celle-là. J'aime à contester et à discourir,° mais c'est avec peu d'hommes et pour moi. Car de servir de spectacle aux grands° et faire, à l'envi,° pa-
15   rade de° son esprit et de son caquet,° je trouve que c'est un métier° très malséant° à un homme d'honneur...

J'entre en discussion et en dispute° avec grande liberté et facilité, d'autant que° l'opinion trouve en moi le terrain malpropre° à y pénétrer et y pousser° de hautes racines.° Nulles° propositions ne m'étonnent, nulle croyance° ne me blesse,° quel-
20   que° contrariété° qu'elle ait à la mienne. Il n'est si frivole et si extravagante fantaisie qui ne me semble bien convenable° à la production de l'esprit humain...

Les contradictions donc des jugements ne m'offensent, ni ne m'altèrent° ; elles m'éveillent° seulement et m'exercent.° Nous fuyons° la correction ; il s'y faudrait présenter,° notamment° quand elle vient par forme de discussion, non ex cathedra.°

---

fructueux = *profitable* / **à mon gré** to my taste / **doux** sweet / **plutôt** rather / **la vue** eyesight / **l'ouïr** (archaic) hearing / **le parler** = *la parole* / **languissant** languid, sluggish / **échauffer** to give heat, excite / **tandis que** whereas / **apprendre** to teach / **exercer** to exercise, train / **en un coup** at one and the same time / **l'âme** *f* mind / **le roide jouteur** stiff jouster / **piquer** to prod / **élancer** to launch / **rehausser** to lift / **ennuyeux** boring / **réglé** orderly / **il ne se peut dire** it cannot be said / **s'abâtardir** to degenerate / **le commerce** association / **bas** base, low / **maladif** unhealthy / **il n'est** = *il n'y a pas* / **s'épandre** to spread / **discourir** to discuss / **les grands** = *les personnes importantes* / **à l'envi** competitively / **faire parade de** to display / **le caquet** chatter / **le métier** occupation / **malséant** unbecoming / **la dispute** argument / **d'autant que** inasmuch as / **malpropre** improper, unsuitable / **pousser** = *produire* / **la racine** root / **nul, nulle** no / **la croyance** belief / **blesser** to offend / **quelque... que** whatever / **la contrariété** (archaic) opposition / **convenable** suitable / **altérer** to affect / **éveiller** to arouse / **exercer** to challenge / **fuir** to flee (from) / **il s'y faudrait présenter** we should go to meet it / **notamment** especially / **ex cathedra** (Latin) in a dogmatic way

25 A chaque opposition, on ne regarde pas si elle est juste, mais à tort ou à raison,° comment on s'en défera.° Au lieu d'y tendre les bras,° nous y tendons les griffes.° Je souffrirais° être rudement heurté° par mes amis : Tu es un sot,° tu rêves. J'aime, entre les galants hommes, qu'on s'exprime courageusement, que les mots aillent où va la pensée. Il nous faut fortifier l'ouïe et la durcir° contre cette mollesse° du son céré-

30 monieux° des paroles... Quand on me contrarie,° on éveille mon attention, non pas ma colère ; je m'avance vers celui qui me contredit, qui m'instruit. La cause de la vérité devrait être la cause commune à l'un et à l'autre... Je festoie° et caresse la vérité en quelque° main que je la trouve, et m'y rends° allégrement,° et lui tends mes armes vaincues,° d'aussi loin que° je la vois approcher...

35 Je cherche, à la vérité,° plus la fréquentation de ceux qui me réprimandent que de ceux qui me craignent. C'est un plaisir fade° et nuisible° d'avoir affaire à° des gens qui nous admirent et fassent place.° Antisthène[1] commanda à ses enfants de ne savoir jamais gré° ni grâce° à homme qui les louât.° Je me sens bien plus fier° de la victoire que je gagne sur moi quand, en l'ardeur même du combat, je me fais plier° sous

40 la force de la raison de mon adversaire, que je ne me sens gré de° la victoire que je gagne sur lui par sa faiblesse...

Tout un jour je contesterai paisiblement,° si la conduite du débat se suit° avec ordre. Ce n'est pas tant la force et la subtilité que je demande, que l'ordre... Mais quand la dispute est trouble° et déréglée,° je quitte la chose et m'attache à la forme avec

45 dépit° et indiscrétion, et me jette à une façon de débattre têtue,° malicieuse et impérieuse, de quoi j'ai à rougir° après.

Nos disputes devraient être défendues° et punies comme d'autres crimes verbaux. Quel vice n'éveillent-elles et n'amoncellent°-elles pas, toujours régies° et commandées par la colère. Nous entrons en inimitié,° premièrement contre les raisons,

50 et puis contre les hommes. Nous n'apprenons à disputer que pour contredire ; et chacun contredisant et étant contredit, il en advient° que le fruit du disputer,° c'est

---

à tort ou à raison rightly or wrongly / **se défaire de** to get rid of / **tendre les bras** to stretch out one's arms (to) / **la griffe** claw / **je souffrirais** I could stand / **heurté** jarred / **le sot** fool / **durcir** to toughen / **la mollesse** softness, tenderness / **cérémonieux** ceremonious, formal / **contrarier** (archaic) to oppose / **festoyer** to celebrate / **quelque** whatever / **se rendre** to surrender / **allégrement** cheerfully / **vaincu** vanquished / **d'aussi loin que** as soon as / **à la vérité** in truth / **fade** insipid / **nuisible** harmful / **avoir affaire à** to have to deal with / **faire place** to give way / **savoir gré** to recognize / **savoir grâce** to be grateful / **louer** to praise / **fier** proud / **je me fais plier** I make myself bow / **se sentir gré de** to feel gratified / **paisiblement** peaceably / **se suit** proceeds / **trouble** unclear / **déréglé** disorderly / **le dépit** spite / **têtu** stubborn, obstinate, headstrong / **rougir** to blush / **défendu** prohibited / **amonceler** to heap up / **régi** governed / **l'inimitié** *f* hostility, enmity / **il en advient** it turns out / **le disputer** (archaic) = *la dispute*

---

[1] Philosophe grec (434–362 av. J.-C.), disciple de Socrate, fondateur de l'école cynique et maître de Diogène.

perdre et anéantir° la vérité. Ainsi Platon, en sa *République*, prohibe cet exercice aux esprits ineptes et mal nés.°

Tout homme peut dire° véritablement° ; mais dire ordonnément,° prudemment°
55 et suffisamment,° peu d'hommes le peuvent.

Michel de Montaigne, Essais (1588)

Qu'en pensez-vous ?

Etes-vous d'accord ou non avec les déclarations suivantes ? Justifiez votre réponse.

1. D'après Montaigne, la vue est le plus important des cinq sens.
2. Montaigne apprécie l'exercice que lui donne une bonne discussion.
3. Il est prêt à discuter avec n'importe qui.
4. Il a cependant certains partis pris (préjugés) qui lui sont chers.
5. Dans une bonne discussion, les deux partis devraient poursuivre le même but.
6. Montaigne recherche les gens qui partagent son point de vue.
7. Il est fier d'accepter la victoire de son adversaire.
8. Le bon ordre est essentiel dans une bonne discussion.
9. Une bonne dispute mène souvent à une bonne discussion.
10. Tout le monde est capable de participer à une bonne discussion.

Nouveau Contexte

Complétez le dialogue suivant en choisissant les termes appropriés (employez chaque terme une seule fois). Puis, jouez le dialogue.

Verbes : étonne, a éveillé, s'exprime, s'instruire, n'a pas perdu, rêver, se sent
Adjectifs : fière, fructueuse, têtue

— Comment est ta camarade de chambre, Sylvie ?
— Superbe, Simone. Nous passons de très bonnes heures ensemble. Elle m'_____*¹* presque tous les jours par ses observations pénétrantes.
— Est-ce qu'elle _____*²* bien en français ?
— Oh oui. Elle a passé une année _____*³* en France il y a deux ans et c'est là qu'elle a appris la langue.
— Et elle _____*⁴* sa facilité ? Elle doit être _____*⁵* du progrès qu'elle a fait.
— Tu sais, c'est un cours de culture française qui _____*⁶* sa curiosité. Dès la fin de ce cours, elle s'est mise à _____*⁷* d'un stage en France.
— Et maintenant elle n'a pas à rougir de son expression orale.

---

anéantir to annihilate / **mal né** ill-born / **dire** = *parler* / **véritablement** truthfully /
ordonnément = *d'une façon ordonnée* / **prudemment** wisely / **suffisamment** (archaic)
sufficiently, competently

— Au contraire. Elle _____ [8] bien à l'aise. Et elle continue à _____ [9].

— Ah, c'est dommage que je n'aie pas pu trouver une camarade de chambre semblable. La mienne est _____ [10] ; elle refuse de parler français.

— Courage, Simone ! Sois gentille, ne la contrarie pas, et tu finiras peut-être par la gagner à ta cause.

— Penses-tu !

Appréciation du texte

1. Dans le style de l'essayiste il y a souvent un mélange de l'objectif et du subjectif. L'auteur énonce certaines vérités générales, puis essaie de voir comment elles s'appliquent à lui. Dans les premiers essais de Montaigne, il y avait une large part d'objectif : Montaigne a commencé par préparer une compilation des grandes pensées des Anciens. Petit à petit, la pensée des Anciens a cédé la place à la pensée de Montaigne : les opinions personnelles de celui-ci ont remplacé les axiomes universels. En choisissant plusieurs exemples de l'essai de Montaigne, faites voir comment l'auteur présente une idée générale suivie d'une observation personnelle.

2. Tracez le plan de l'extrait que vous venez de lire. Quel est le thème de cet essai ? Quels sont les aspects de la question que Montaigne a choisi de développer ? Résumez la présentation de l'auteur et dites ce que vous pensez de son idée centrale et de ses arguments.

Vocabulaire satellite

l' **échange** *m* **de vues** exchange of views

l' **argument** *m* **frappant** convincing argument

la **dispute** argument, quarrel

le **débat** debate

l' **exercice** *m* **de l'esprit** exercise of the mind

le **parti pris** bias, prejudice

apprendre quelque chose de nouveau to learn something new

élargir ses horizons to broaden one's horizons

vaincre l'adversaire to conquer the opponent

discuter le pour et le contre to discuss the pros and cons

prendre part à la discussion to take part in the discussion

soutenir un point de vue to support a point of view

s' **animer** to become animated

s' **échauffer** to get heated

éveiller to awaken

se **mettre en colère** to become angry

contredire to contradict

avoir l'esprit ouvert, fermé to have an open, closed mind

parler à son tour, tous à la fois to speak in turn, all at once

couper la parole à quelqu'un to cut somebody short

laisser parler l'autre personne to let the other person speak

Pratique de la langue

1. A votre avis, quel est le but d'une discussion ? Quelles sont les qualités essentielles d'une bonne discussion ? Quelles sont les choses qui gênent *(hinder)* la discussion ?

2. Aimez-vous mieux une bonne discussion ou une bonne lecture ? Dressez une liste des avantages et des inconvénients des deux activités. Comparez vos réponses avec celles des autres étudiants. Puis essayez de gagner à votre cause ceux qui ne sont pas d'accord avec vous.

3. Avec un(e) autre étudiant(e), choisissez un sujet de discussion. Puis, écrivez deux dialogues différents, un qui illustre une bonne discussion du sujet et l'autre une mauvaise. Puis jouez ces dialogues devant la classe de sorte que les autres étudiants puissent apprécier ce qui contribue et ce qui fait obstacle à une bonne discussion.

4. D'après votre expérience personnelle, est-ce que les gens d'aujourd'hui savent discuter ? Sont-ils conscients de l'art d'une bonne conversation ? Racontez une bonne ou une mauvaise conversation que vous avez eue récemment, et dites pourquoi elle a réussi ou a échoué.

5. Un groupe d'amis échangent leurs impressions après un repas qu'ils ont pris ensemble (après un film qu'ils ont vu, après un spectacle auquel ils ont assisté). Il s'agit de gens qui ont l'esprit critique, qui aiment la discussion et les nuances, et qui n'hésitent pas à se contredire les uns les autres. Reproduisez leur conversation.

Voltaire

Many look upon Voltaire (1694–1778) as *the* representative Frenchman. The French have long prided themselves on being a rational people. Along with his contemporaries, Montesquieu and Diderot, among others, Voltaire has become representative of France's eighteenth-century Age of Reason. Like his fellow *philosophes*,[L] Voltaire considered reason the sole authority in determining opinion or course of action. He refused to accept what, in his judgment, did not make good sense. Indeed, displaying characteristic wit, he took delight in ridiculing what he considered an act or attitude of injustice, intolerance, or superstition.

One of the most effective vehicles of Voltairian satire was the philosophical tale, a genre of which Voltaire is the acknowledged master. Recounting apparently innocuous stories, usually set in some exotic locale, he makes use of the narration to illustrate his philosophical precepts, sprinkling the text liberally with jibes and witticisms. The typical Voltairian philosophical tales center on one central theme each: destiny (*Zadig*, 1747); relativity (*Micromégas*, 1752); optimism (*Candide*, 1759); social hypocrisy (*L'Ingénu*, 1767).

Candide remains the best known and most read of Voltaire's tales. It deals with the eternal question of the coexistence of good and evil in the world. Voltaire is

Voltaire

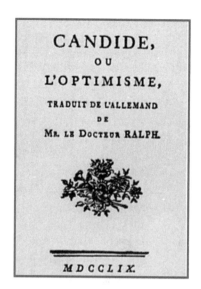

particularly anxious to show the folly of blind optimism: nothing is gained by denying the presence of evil, or stating that all is well and couldn't be better. In fact the world abounds in catastrophes, some of which are unavoidable. Voltaire prefers to concentrate on the man-made disasters, about which something can be done, if we all put our shoulder to the wheel. First he sets out to disillusion the foolish optimists by having his protagonist, Candide, personally experience a seemingly endless series of natural and human calamities. Having made his point, and seeing no potential benefit in mere speculation, the author turns to a practical solution. The oft-quoted conclusion of the story—"Il faut cultiver notre jardin"—hints at a way to make the best of this bad situation: a collective effort is required, with each person contributing according to his or her individual talents.

The narration in Voltaire's tales is never bogged down in heavy philosophical considerations. On the contrary, the stories are kept lively with all sorts of adventures and are constantly sparked by the author's verve, wit, irony, and humor. Voltaire is forever present in the telling of the tale, seeming to wink at us as he entices us to become his accomplices.

The following episode is the very first chapter of *Candide*. It shows how our hero was raised in a beautiful castle, in the bosom of a beautiful German family, in the comfort of a beautiful philosophy. By chapter's end, Candide's perfect world is topsy-turvy and his eye-opening odyssey has begun.

Orientation: Irony as a Literary Tool

In this philosophical tale, Voltaire studies the problem of evil in the world and what to make of it. He first concludes that, as bad as reality shows itself to be, nothing is to be gained by denying its existence. He thus sets out to disillusion the foolish optimists who cling to the belief that this is "the best of all possible worlds."[1]

To this end, Voltaire's favorite tool in *Candide* is the use of irony.[L] Thanks to his presentation, "facts" initially cast in an optimistic light are revealed to mean the opposite of what they affirm. Our selection—the opening chapter of *Candide*—illustrates the author's irony repeatedly. As you read this first part of *Candide*, try to gauge your personal reaction as the inhabitants of Westphalia boast with pride of the most positive attributes of what they believe to be their Garden of Eden. Their dogmatic assertions—naively and confidently expressed in unrestrained superlatives—tend to diminish rather than aggrandize their province. Pangloss' philosophical affirmations create nothing but a vacuous impression in their "irrefutable" logic. By the time Voltaire concludes the chapter with his sarcastically humorous treatment of Candide and Cunégonde's first love tryst with the anything-but-happy ending, the best of all possible worlds has already suffered a jarring setback in what is to be only the first of many disastrous adventures.

Candide ou L'Optimisme

Il y avait en Vestphalie,[2] dans le château de monsieur le baron de Thunder-ten-tronckh,[3] un jeune garçon à qui la nature avait donné les mœurs° les plus douces.° Sa physionomie° annonçait son âme. Il avait le jugement assez droit, avec l'esprit le plus simple ; c'est, je crois, pour cette raison qu'on le nommait Candide. Les anciens
5 domestiques de la maison soupçonnaient° qu'il était fils de la sœur de monsieur le baron, et d'un bon et honnête gentilhomme du voisinage, que cette demoiselle ne voulut jamais épouser parce qu'il n'avait pu prouver que soixante et onze quartiers,[4] et que le reste de son arbre généalogique avait été perdu par l'injure° du temps.
Monsieur le baron était un des plus puissants° seigneurs° de la Vestphalie, car
10 son château avait une porte et des fenêtres. Sa grande salle même était ornée° d'une tapisserie.° Tous les chiens de ses basses-cours° composaient une meute° dans le

---

les mœurs *f* manners, ways / **doux, douce** gentle / **la physionomie** facial appearance / **soupçonner** to suspect / **l'injure** *f* abuse / **puissant** powerful / **le seigneur** lord / **orné** adorned / **la tapisserie** tapestry / **les basses-cours** *f* farmyards / **la meute** pack

---

[1] His readers realized that Voltaire was satirizing the philosophy of the eighteenth-century German philosopher Leibnitz, whose system held that "everything was for the best in the best of all possible worlds."
[2] Vestphalie: a province of Prussia
[3] Voltaire gave this castle an almost unpronounceable name, satirizing the harshness of the German language.
[4] A quarter represents one generation of nobility. Seventy-one quarters would add up to more than 2000 years of nobility.

besoin ; ses palefreniers° étaient ses piqueurs° ; le vicaire° du village était son grand aumônier.° Ils l'appelaient tous Monseigneur, et ils riaient quand il faisait des contes.°

15 Madame la baronne, qui pesait° environ trois cent cinquante livres, s'attirait° par là une très grande considération, et faisait les honneurs de la maison avec une dignité qui la rendait encore plus respectable. Sa fille Cunégonde, âgée de dix-sept ans, était haute en couleur,° fraîche, grasse,° appétissante. Le fils du baron paraissait en tout digne de son père. Le précepteur Pangloss[1] était l'oracle de la maison, et le petit Candide écoutait ses leçons avec toute la bonne foi de son âge et de son caractère.

20 Pangloss enseignait la métaphysico-théologo-cosmolonigologie.[2] Il prouvait admirablement qu'il n'y a point d'effet sans cause,[3] et que, dans ce meilleur des mondes possibles, le château de monseigneur le baron était le plus beau des châteaux, et madame la meilleure des baronnes possibles.

« Il est démontré,° disait-il, que les choses ne peuvent être autrement° : car° tout 25 étant fait pour une fin, tout est nécessairement pour la meilleure fin. Remarquez bien que les nez ont été faits pour porter des lunettes ; aussi° avons-nous des lunettes.[4] Les jambes sont visiblement instituées pour être chaussées,° et nous avons les chausses.° Les pierres° ont été formées pour être taillées° et pour en faire des châteaux ; aussi monseigneur a un très beau château : le plus grand baron de la 30 province doit être le mieux logé° ; et les cochons étant faits pour être mangés, nous mangeons du porc toute l'année. Par conséquent, ceux qui ont avancé que tout est bien ont dit une sottise° : il fallait dire° que tout est au mieux. »

Candide écoutait attentivement, et croyait innocemment : car il trouvait mademoiselle Cunégonde extrêmement belle, quoiqu'il ne prît° jamais la hardiesse° de le 35 lui dire. Il concluait qu'après le bonheur d'être né baron de Thunder-ten-tronckh, le second degré de bonheur était d'être mademoiselle Cunégonde ; le troisième, de la voir tous les jours ; et le quatrième, d'entendre maître Pangloss, le plus grand philosophe de la province, et par conséquent de toute la terre.

Un jour, Cunégonde, en se promenant auprès du° château, dans le petit bois 40 qu'on appelait parc, vit° entre des broussailles° le docteur Pangloss qui donnait une

le palefrenier groom / **le piqueur** whip (huntsman) / **le vicaire** curate / **l'aumônier** *m* chaplain / **le conte** tale, story / **peser** to weigh / **attirer** to attract, draw / **était haute en couleur** had a ruddy complexion / **gras, grasse** pudgy / **démontré** = *prouvé* / **autrement** otherwise / **car** for / **aussi** and so / **chaussé** clothed, covered / **les chausses** *f* chausses (trousers) / **la pierre** stone / **tailler** to cut / **logé** housed / **la sottise** a foolish thing / **il fallait dire** they should have said / **prît** = *prendre (imparfait du subjonctif)* / **prendre la hardiesse** to be so bold as to / **auprès de** = *près de* / **vit** = *voir (passé simple)* / **les broussailles** *f* brushwood

[1]Pangloss: lit., "all tongue"
[2]Voltaire makes fun of philosophical pedantry. The syllables "nigo" suggest "nigaud" (simpleton).
[3]This is the principle of "sufficient reason," the basis of the determinism of the German philosopher Leibnitz.
[4]Voltaire is here parodying a method of logical argumentation.

leçon de physique expérimentale à la femme de chambre de sa mère, petite brune très docile. Comme mademoiselle Cunégonde avait beaucoup de disposition° pour les sciences, elle observa, sans souffler,° les expériences réitérées° dont elle fut témoin° ; elle vit clairement la raison suffisante du docteur, les effets et les causes, et

45 s'en retourna° toute agitée, toute pensive, toute remplie du désir d'être savante,° songeant° qu'elle pourrait bien être la raison suffisante du jeune Candide, qui pouvait aussi être la sienne.

   Elle rencontra Candide en revenant au château, et rougit° ; Candide rougit aussi ; elle lui dit bonjour d'une voix entrecoupée,° et Candide lui parla sans savoir ce qu'il

50 disait. Le lendemain, après le dîner, comme on sortait de table, Cunégonde et Candide se trouvèrent derrière un paravent° ; Cunégonde laissa tomber son mouchoir,° Candide le ramassa° ; elle lui prit innocemment la main ; le jeune homme baisa° innocemment la main de la jeune demoiselle avec une vivacité, une sensibilité, une grâce toute particulière ; leurs bouches se rencontrèrent, leurs yeux s'enflam-

55 mèrent, leurs genoux° tremblèrent, leurs mains s'égarèrent.° Monsieur le baron de Thunder-ten-tronckh passa auprès du paravent, et, voyant cette cause et cet effet, chassa Candide du château à grands coups de pied° dans le derrière ; Cunégonde s'évanouit° : elle fut souffletée° par madame la baronne dès qu'elle fut revenue à elle-même° ; et tout fut consterné° dans le plus beau et le plus agréable des châteaux

60 possibles.

Voltaire, *Candide* (1759)

Qu'en pensez-vous ?

Etes-vous d'accord ou non avec les déclarations suivantes ? Justifiez votre réponse.

1. Candide est né de parents nobles.
2. Monsieur le baron et madame la baronne sont tous les deux considérables.
3. Pangloss est philosophe.
4. Il prouve effectivement que tout est au mieux.
5. Candide reconnaît divers degrés de bonheur.
6. Cunégonde montre qu'elle a beaucoup de disposition pour les sciences.
7. Candide et Cunégonde sont gênés (*embarrassed*) lorsqu'ils se rencontrent.
8. Cunégonde a perdu son mouchoir.
9. Monsieur le baron aussi s'intéresse à la science.
10. La consternation règne dans le château de monsieur le baron.

---

la disposition natural aptitude / **souffler** = *respirer* / **réitéré** repeated / **être témoin de** to witness / **s'en retourner** to come back / **savant** learned / **songer** = *rêver* / **rougir** to blush / **entrecoupé** broken / **le paravent** screen, partition / **le mouchoir** handkerchief / **ramasser** to pick up / **baiser** to kiss / **le genou** knee / **s'égarer** to wander / **coup de pied** kick / **s'évanouir** to faint / **souffleter** to slap (in the face) / **dès qu'elle... elle-même** as soon as she regained consciousness / **consterné** = *horrible*

Nouveau Contexte

Complétez le dialogue suivant en choisissant les termes appropriés (employez chaque terme une seule fois). Puis, jouez le dialogue.

Noms :   coup de pied *m*, fin *f*, mœurs *f*, sottises *f*
Verbes :   attirer, m'évanouir, ai laissé tomber, ai ramassé, songeais
Adjectifs :   digne, savant

— Pauvre Jacques. Tu es si naïf. Tu me rappelles Candide.
— Comment ça, Catherine ?
— Tu es tout à fait inconscient *(unaware)* de ce qui se passe autour de toi.
— Qu'est-ce que tu veux dire ?
— Tu te souviens hier soir, au clair de la lune, j' _____[1] mon mouchoir ?
— Oui, oui, et je l'_____[2] tout de suite !
— Et c'est tout ce que tu as fait !
— Qu'est-ce qu'il fallait faire de plus ?
— Oh, Jacques, je _____[3] au moins à un petit baiser rapide.
— Mais, Catherine, je ne voulais pas faire de _____[4]. Je veux toujours rester _____[5] de toi.
— Tu as des _____[6] trop douces, mon ami. N'aie pas peur. Je ne vais pas _____[7].
— Je pense que je ne serai jamais _____[8] en matière d'amour, Catherine.
— Mais qu'est-ce qu'il faut faire pour _____[9] ton attention ? Te donner un bon _____[10] au derrière ?
— Alors là, ça serait la _____[11] de notre amitié. Je serais complètement humilié.
— Mon pauvre Jacques, ta sensibilité te sauve. Donne-moi la main, et promenons-nous !

Appréciation du texte

1. La raillerie *(mockery)* est une des caractéristiques du style de Voltaire. Citez dans ce texte les endroits où l'auteur réussit à tourner quelque chose en ridicule par des moqueries ou des plaisanteries.
2. Appréciez l'humour de la dernière partie du texte. Faites voir le mélange de tragique et de comique dans les deux derniers paragraphes : qu'est-ce qui est tragique, et en quoi consiste le comique ? Soyez aussi précis que possible dans vos réponses.

Vocabulaire satellite

la **responsabilité** responsibility
le **droit** right
les **sentiments** *m*   feelings

les **paroles** *f* **d'amour**   words of love

chéri(e)   sweetheart, darling, honey

discuter (de)   to discuss

se **disputer**   to argue, quarrel

contredire   to contradict

approuver quelqu'un   to approve of someone

désapprouver quelqu'un   to disapprove of someone

surveiller   to oversee

se **mêler des affaires des autres**   to meddle in other people's business

se **mêler de ses affaires**   to mind one's own business

imposer sa volonté à quelqu'un   to dictate to somebody

aimer à la folie   to be crazy about, to adore

donner la chair de poule   to give goosebumps

exciter quelqu'un   to turn someone on

ennuyer quelqu'un   to bore someone to death

ravi   delighted

mûr   mature

à l'aise   comfortable

mal à l'aise   uncomfortable

Pratique de la langue

1. Candide trouvait Cunégonde extrêmement belle. Mais il ne prit jamais la hardiesse de le lui dire, comme beaucoup de jeunes gens avant et après lui. Ecrivez un dialogue inspiré de celui du Nouveau Contexte (p. 135) où une des deux personnes dans un couple déclare son amour à l'autre. Puis, jouez ce dialogue.

2. Monsieur le baron et madame la baronne ne trouvent pas que Candide est un beau parti (*a good match*) pour leur fille Cunégonde, et ils le chassent du château. A votre avis, dans notre société contemporaine est-ce que les parents ont un rôle à jouer dans le choix d'un bon parti pour leurs enfants ou est-ce que les enfants sont complètement libres de choisir comme ils veulent ? Divisez la classe en deux groupes, l'un qui représente le point de vue des parents et l'autre celui des enfants. Puis discutez pour voir s'il y a une réponse juste à cette question.

3. Voltaire dans *Candide* a parodié les romans d'aventure de son époque. Ecrivez et présentez une parodie de la scène où Candide perd sa chère Cunégonde. Si vous préférez, inspirez-vous de cette scène pour créer un dialogue original.

Charles de Gaulle

Leader of the Free French movement (*la France libre*) during World War II and then chief architect of the current form of government in France, the Fifth Republic, Charles de Gaulle (1890–1970) was born in Lille. Destined for a career in the military, he graduated in 1912 from l'Ecole Militaire de Saint-Cyr and served in an infantry regiment under then colonel Pétain. During World War I he was wounded and taken prisoner in 1916, attempting no fewer than five escapes during

Charles de Gaulle

his confinement. It was while he was a prisoner that he wrote his first book, *La Discorde chez l'ennemi*, published in 1924. After the war he taught military history at Saint-Cyr. In the 1930s, he published a series of works which showed him to be one of the most remarkable thinkers in the French army, reflecting on military and political leadership, and making innovative recommendations for the army of the future.

In 1940 de Gaulle was appointed Undersecretary of State for War. His policy was to never yield to the enemy. However, on June 16 of that year, Marshal Pétain signed an armistice with Germany. De Gaulle resolved to follow his original plan and organize resistance, even if it had to be done from outside of France. On June 18, 1940, he issued his famous appeal to the French people, broadcast over the BBC from London, asking his compatriots to continue the war alongside the British. Little by little he rallied French African colonies to his point of view. He found an ally in Winston Churchill but failed to win over Franklin Roosevelt, who chose to work with the Vichy government of Marshal Pétain. At war's end, de Gaulle became head of the provisional government, but only for a brief time as, in his efforts to strengthen the executive branch, he found himself on a collision course with French politicians. He decided to retire and start work on his memoirs.

His *Mémoires de guerre* were published in three volumes: *L'Appel* (1954), *L'Unité* (1956), and *Le Salut* (1959). Meanwhile, the French people had turned to him in 1958, seeking some stability in their government. He answered their call and was elected President of the new Fifth Republic, which featured a strong chief of state elected for seven years. De Gaulle's goal was to reestablish France's prestige in the world community. During his presidency, he insisted on independence for France from all outside control. Accordingly, he forced NATO forces to leave French soil. He formed France's own nuclear strike force, detonating an atomic bomb in 1960. He settled the bitter Algerian problem by granting independence to France's former North African colony. He spoke out on international issues as well, condemning the American war in Vietnam, and supporting independence for the province of Quebec in Canada ("Vive le Québec libre !", he proclaimed in a speech in Canada in 1968). De Gaulle was reelected for a second term in 1965. But following a series of disastrous strikes in 1968, unable to resolve the problems of inflation, and having stirred up much resentment at his excessive nationalism, he decided to resign the presidency in 1969.

No one in the history of France had a more grandiose image of his country than Charles de Gaulle. The very first paragraph of his *Mémoires de guerre* reads in part: "Toute ma vie, je me suis fait une certaine idée de la France... A mon sens, la France ne peut être la France sans la grandeur." De Gaulle toiled uncompromisingly up to the moment of his death to answer this call to greatness.

The following texts are two radio broadcasts in which General de Gaulle, speaking from London over the BBC airwaves, asks the French people to continue the fight against Nazi Germany. The first speech was delivered on June 18, 1940, almost immediately after Marshal Pétain had signed an armistice with Germany. The second was broadcast a day later.

Orientation: The Political Speech

The following passages are two of the early speeches given by Charles de Gaulle during his public career. They were not delivered in person but were broadcast instead over the radio across the English Channel to the people of France. Articulated at a particular moment in history and addressing very specific issues, they were meant to convince de Gaulle's fellow countrymen of the need to persevere in battle and resist the enemy. Words were the only resource that the speaker had at his disposal to accomplish this task.

As you read, try to imagine the impact of the General's words on his audience. Analyze his powers of persuasion. How does he in fact appeal to his fellow Frenchmen? What type of message is he delivering and what elements does he use to touch and persuade his people?

Notice how he uses repetition for effect, repetition which in a written text might be judged excessive but which in an oral delivery becomes an asset enhancing the clarity and forcefulness of expression. Notice also the way that paragraphs—some consisting of a single sentence—produce a kind of dramatic effect. In short, although de Gaulle's style is carefully wrought, one can appreciate the stylistic differences that exist between a written passage and one destined for oral delivery.

Appel° du général de Gaulle aux Français

Les chefs° qui, depuis de nombreuses années, sont à la tête des armées françaises, ont formé un gouvernement.

Ce gouvernement, alléguant° la défaite de nos armées, s'est mis en rapport avec° l'ennemi pour cesser le combat.

5   Certes, nous avons été, nous sommes, submergés par la force mécanique, terrestre et aérienne,° de l'ennemi.

Infiniment plus que leur nombre, ce sont les chars,° les avions, la tactique des Allemands qui nous font reculer.° Ce sont les chars, les avions, la tactique des Allemands qui ont surpris nos chefs au point de les amener° là où ils en sont aujourd'hui.

10   Mais le dernier mot est-il dit ? L'espérance° doit-elle disparaître ? La défaite est-elle définitive ? Non !

Croyez-moi, moi qui vous parle en connaissance de cause° et vous dis que rien n'est perdu pour la France. Les mêmes moyens° qui nous ont vaincus° peuvent faire venir° un jour la victoire.

15   Car la France n'est pas seule ! Elle n'est pas seule ! Elle n'est pas seule ! Elle a un vaste Empire derrière elle. Elle peut faire bloc° avec l'Empire britannique qui tient la mer et continue la lutte.° Elle peut, comme l'Angleterre, utiliser sans limites l'immense industrie des Etats-Unis.

Cette guerre n'est pas limitée au territoire malheureux de notre pays. Cette guerre
20   n'est pas tranchée° par la bataille de France. Cette guerre est une guerre mondiale.° Toutes les fautes,° tous les retards,° toutes les souffrances, n'empêchent° pas qu'il y a, dans l'univers, tous les moyens pour écraser° un jour nos ennemis. Foudroyés° aujourd'hui par la force mécanique, nous pourrons vaincre dans l'avenir° par une force mécanique supérieure. Le destin du monde est là.

25   Moi, général de Gaulle, actuellement° à Londres, j'invite les officiers et les soldats français qui se trouvent° en territoire britannique ou qui viendraient à s'y trouver,

---

l'appel *m* appeal / **le chef** leader / **alléguer** to allege / **se mettre en rapport avec** to contact / **terrestre et aérienne** land and air / **le char** tank / **reculer** to retreat / **amener** to bring, to lead / **l'espérance** *f* hope / **en connaissance de cause** with full knowledge of the facts / **le moyen** means / **vaincre** to defeat, to vanquish / **faire venir** to bring about / **faire bloc** to unite / **la lutte** = *la bataille* / **tranché** settled / **mondial** world / **la faute** mistake / **le retard** delay / **empêcher** to prevent / **écraser** to crush / **foudroyé** struck down / **l'avenir** *m* = *le futur* / **actuellement** = *maintenant* / **se trouver** = *être*

avec leurs armes ou sans leurs armes, j'invite les ingénieurs et les ouvriers° spécialistes des industries d'armement qui se trouvent en territoire britannique ou qui
viendraient à s'y trouver, à se mettre en rapport avec moi.

30   Quoi qu'il arrive,° la flamme de la résistance française ne doit pas s'éteindre° et
ne s'éteindra pas.

Demain, comme aujourd'hui, je parlerai à la radio de Londres.

Appel radiodiffusé° de Londres
par le général de Gaulle

A l'heure où nous sommes, tous les Français comprennent que les formes ordinaires
du pouvoir° ont disparu.°

Devant la confusion des âmes° françaises, devant la liquéfaction d'un gouvernement tombé sous la servitude ennemie, devant l'impossibilité de faire jouer° nos in-
5 stitutions, moi, général de Gaulle, soldat et chef français, j'ai conscience de parler°
au nom de la France.

Au nom de la France, je déclare formellement ce qui suit° :

Tout Français qui porte° encore° des armes a le devoir° absolu de continuer la
résistance.

10   Déposer les armes, évacuer une position militaire, accepter de soumettre° n'importe quel morceau° de terre française au contrôle de l'ennemi, ce serait un crime
contre la patrie.

A l'heure qu'il est, je parle avant tout pour l'Afrique du Nord française, pour
l'Afrique du Nord intacte...

15   Dans l'Afrique de Clauzel, de Bugeaud, de Lyautey, de Noguès,[1] tout ce qui a de
l'honneur a le strict devoir de refuser l'exécution des conditions ennemies.

Il ne serait pas tolérable que la panique de Bordeaux[2] ait pu traverser la mer.

Soldats de France, où que vous soyez,° debout° !

---

l'ouvrier *m* = *le travailleur* / **quoi qu'il arrive** no matter what happens / **s'éteindre**
to be extinguished / **radiodiffusé** broadcast / **le pouvoir** power / **disparaître**
to disappear / **les âmes** *f* souls, people / **faire jouer** = *mettre en action* / **j'ai**
conscience de parler I feel that I am speaking / **suivre** to follow / **porter** to bear /
encore still / **le devoir** = *l'obligation* / **soumettre** to subject / **n'importe quel**
morceau any piece / **où que vous soyez** wherever you may be / **debout** stand up

[1]Clauzel, Bugeaud, Lyautey, Noguès: French military leaders who played major roles in
North Africa in the 19th and 20th centuries. Ironically, shortly after this speech, Noguès, a
contemporary of de Gaulle, withdrew his support for resistance and switched his allegiance
to Pétain.

[2]La panique de Bordeaux: As German troops invaded France, French officials took refuge
in Bordeaux. It was from there that Marshal Pétain announced the armistice and the formation of the government that would be centered in Vichy.

Qu'en pensez-vous ?

Etes-vous d'accord ou non avec les déclarations suivantes ? Justifiez votre réponse.

1. Les chefs français veulent continuer à combattre l'ennemi.
2. C'est le nombre des troupes ennemies qui a influencé les chefs français dans leur décision.
3. Selon de Gaulle, la guerre est perdue pour la France.
4. La France n'a plus d'alliés.
5. La défaite de la France marque la fin de la guerre.
6. Pour gagner la guerre, la France aura besoin de troupes plus nombreuses que les troupes allemandes.
7. De Gaulle cherche des combattants et des spécialistes pour l'aider à fonder la résistance française.
8. Ce sont des circonstances spéciales qui autorisent le général de Gaulle à parler au nom de la France.
9. Il déclare que la résistance est un crime contre la patrie.
10. La résistance va se concentrer à Bordeaux.

Nouveau Contexte

Complétez le dialogue suivant en choisissant les termes appropriés (employez chaque terme une seule fois). Puis, jouez le dialogue.

Noms :   avenir m, chefs m, moyens m, ouvriers m, pouvoir m
Verbes :   amène, empêchera, reculer
Adjectif :   n'importe quelle

— Les _____[1] de notre gouvernement ont besoin de se mettre en rapport avec le peuple.

— Qu'est-ce qui t'_____[2] à dire ça, Joseph ?

— Ils ne pensent qu'à la politique étrangère. Et cependant, ici dans notre pays, le peuple cherche les _____[3] de vivre.

— Tu as raison. Les employés et les _____[4] font _____[5] sorte de travail pour gagner leur vie. Et pourtant, au lieu d'avancer, ils ont l'impression de _____[6].

— Il y a cependant une bonne chose. C'est bientôt le moment des élections, et là les gens ont le _____[7].

— Oui, rien ne les _____[8] alors de surprendre les politiciens et de les mettre à la porte !

— On ne peut jamais prédire l'_____[9], hein ?

— Oui. Voilà ce que les politiciens oublient !

Appréciation du texte

1. Le texte du général de Gaulle est un discours prononcé à la radio. C'est donc oralement que le général doit arriver à persuader ses auditeurs. Lorsqu'il veut insister sur un point en particulier, il a souvent recours à la répétition. Lisez le discours à haute voix et notez les endroits dans le texte où la répétition accentue la pensée ou augmente l'intensité des émotions.

2. Dans ces deux discours, le général de Gaulle lance un appel extraordinaire à ses compatriotes, les exhortant à ne pas abandonner le combat et à se joindre à lui dans la résistance. Qu'est-ce qui fait la force de ces discours, d'après vous ? Quel a dû en être l'effet ? Le général a-t-il été persuasif ?

Vocabulaire satellite

le **pays**   country, land
la **patrie**   homeland
la **puissance**   power
le **chauvinisme**   chauvinism
la **xénophobie**   xenophobia
l' **isolement** *m*   isolation
le **citoyen**, la **citoyenne**   citizen
les **impôts** *m*   taxes
le, la **contribuable**   taxpayer
le, la **fonctionnaire**   public servant
l' **homme**, la **femme politique**
      politician

appartenir   to belong
avoir honte   to be ashamed
trahir   to betray
défendre   to defend
se battre   to fight
fier, fière   proud
fidèle   loyal
respectueux, -euse des lois
      law-abiding
bien renseigné   well informed

Pratique de la langue

1. Voici une occasion unique ! Vous disposez de trois minutes pour présenter aux autres membres de la classe une idée qui vous est chère. Préparez un petit discours (sérieux ? amusant ? satirique ?) et faites une présentation frappante.

2. Quelle idée vous faites-vous de votre pays ? Lui attribuez-vous, comme le faisait le général de Gaulle pour la France, « une destinée éminente et exceptionnelle » ? Dressez son bilan *(draw up its balance sheet)* : quelles sont ses réussites remarquables, qu'est-ce que l'avenir promet, et quels problèmes l'empêchent pour le moment de réaliser toutes ses possibilités ? Comparez vos conclusions avec celles de vos camarades de classe.

3. Table ronde : Le général de Gaulle savait qu'un jour il allait rendre un service exceptionnel à la France. Quels rapports avez-vous actuellement avec votre pays ? Quel rôle jouez-vous à présent et quel rôle comptez-vous jouer un jour ?

4. « Dans le monde actuel, le nationalisme est un sentiment démodé. Il faut être citoyen du monde. » Traitez cette question sous forme de débat ou de dialogue.

Sujets de discussion ou de composition

1. Le sous-titre de *Candide* est *L'Optimisme.* Etant donné la situation actuelle dans le monde, quelle est votre attitude philosophique fondamentale ? Etes-vous optimiste ou pessimiste ?

2. Quelle image vous faites-vous de la France et des Français ? Dressez une liste de caractéristiques prépondérantes et comparez votre liste à celles des autres étudiants. Sur quels points tombez-vous d'accord ? Y a-t-il des contradictions ? Discutez de ces désaccords et tâchez *(try)* de faire prévaloir votre point de vue.

3. Comment se forme-t-on une image d'un pays et de ses habitants ? Quelles sont les sources d'information ? Est-ce que toutes ces sources ont la même valeur ? Comment avez-vous formé votre image de la France et des Français ? Y a-t-il une part de stéréotype dans votre conception ?

4. Ecrivez une petite scène qui illustre (de façon comique ?) un ou plusieurs aspects de l'esprit français. Pour donner plus de relief à votre personnage principal, introduisez un ou deux autres personnages qui sont juste le contraire de votre héros (héroïne) français(e).

8

La Francophonie

Un panneau en arabe et en français

La Francophonie

The term *francophonie* designates the countries of the world where French is spoken regularly. Through the centuries, the expansion of French influence beyond the immediate territorial limits of France has not been confined by any means to the political arena. In an effort to develop lasting ties with their colonies, the French introduced their language and culture wherever they settled. As a result, French is spoken today on five continents, and literary works written in French appear outside of France not only in Belgium, Switzerland, and Luxembourg, but also in Canada (Quebec), the West Indies (Martinique, Guadeloupe, Haiti), Africa (Algeria, Morocco, Tunisia, and many sub-Saharan countries), and Asia (Lebanon, Vietnam). While many francophone writers may have been nurtured in Paris, they evolved and established an identity separate from other French writers by elaborating their own themes in their own chosen artistic manner. It is apparent that, henceforth, important developments in literature of French expression will no longer emanate exclusively from France.

François Sengat-Kuo

The life of François Sengat-Kuo[1] (1931–1997) was intricately linked with developments in his native country of Cameroon. Sengat-Kuo was born in Douala, Cameroon's main port on the Atlantic in the Gulf of Guinea. Cameroon's discoverers (the fifteenth-century Portuguese) as well as its colonizers in more modern times (the Germans, French, and British) had all entered the country through this major gateway, which became the geographic center for colonial interests. Sengat-Kuo belonged to a generation of intellectual militants, determined early on to fight colonialist oppression. Educated in Cameroon and then France, he returned to Cameroon to join the struggle, which led to independence for his country and for most African francophone countries in the first half of the 1960s.

Many of Sengat-Kuo's ideals are poignantly expressed in the two collections of poems which he produced in his early revolutionary years. Having survived the slave trade of the seventeenth century, Africans found themselves two centuries later besieged once again by the colonial empires of Germany, France, and Great Britain, who paid little heed to native cultures and imposed their own. Sengat-Kuo gave forceful voice to the resentment of his people in the face of these developments in his poem, *Ils sont venus:*

---

[1] sẽgakwo/

Ils sont venus
au clair de lune°
au rythme du tam-tam°
ce soir-là
comme toujours
l'on dansait
l'on riait
brillant avenir°
ils sont venus
civilisation
bibles sous le bras
fusils° en mains
les morts se sont entassés°
l'on a pleuré
et le tam-tam s'est tu°
silence profond comme la mort

le clair de lune moonlight / **le tam-tam** tom-tom / **l'avenir** *m* future / **le fusil**
gun / **s'entasser** to pile up / **s'est tu** went silent *(se taire)*

Eventually Sengat-Kuo determined to work for essential reforms within the existing framework of the government of Cameroon's first president, Ahmadou Ahidjo (1960–1982), and his successor, Paul Biya (1982–), both of whom fancied themselves natural heirs to the colonial power. In his career as a civil servant, Sengat-Kuo held a series of ministerial posts, which enabled him to exert a certain degree of influence on government policy. He was, for instance, the major speechwriter in the Ahidjo administration and, more importantly, was widely recognized as the principal author of President Biya's ideological manifesto, *Pour le libéralisme communautaire.*

Sengat-Kuo was a man of ideas, conviction, commitment, and faith in his country. "Nous préférons une liberté pleine de périls à un esclavage tranquille," he once proclaimed. Unfortunately the lofty precepts contained in the documents that he fashioned did not lead to political implementation. Finally Sengat-Kuo decided to link himself with more progressive elements within his party, with the result that he was gradually marginalized and rendered ineffective. He died without ever seeing the realization of the ideals that he had hoped to achieve by working effectively within the system.

Sengat-Kuo's poems belong to his earlier years (1970, 1971). They were written before he was consumed by political activity. The following poem expresses two of the major themes of African poetry: the spirit of revolt and the dogged determination to outlast colonialist oppression and ultimately prevail.

Orientation: Economy of Means in Poetry

The methods of poetry differ greatly from those used by writers of prose. Whereas the latter often engage in lengthy developments elaborating the full extent of their thoughts, poets usually achieve maximum effect through more sparing expression. The manner of presentation—the form—lends weight to the substance. Similarities and parallels carried over from one stanza to the next intensify the forcefulness of the ideas and maximize reader reaction.

As you read François Sengat-Kuo's poem, *Ils m'ont dit,* try to appreciate the progression in the narration. Be sensitive to the repetitions and the elements that are exactly alike in several stanzas and that thus become fixed in the mind. What meanings and emotions do these identical expressions convey? How then is the reader affected by what is different in each stanza, carrying the narration forward?

Notice the understated tenor of the poem, the restrained, factually objective tone, almost devoid of feeling, barely hinting at an underlying resentment throughout the first several stanzas. Take note of the nearly total absence of adjectives until the climax of the final stanza.

When the poem's ultimate eruption is indeed allowed to take place, try to gauge your own reaction. Does the poet move you with an accumulation of realistic details, or is the speaker's defiance expressed in terms that are consonant with the tone maintained throughout? Is the reader's response heightened or diminished by poetry's economy of expression?

Ils m'ont dit...

Ils m'ont dit
tu n'es qu'un nègre
juste bon° à trimer° pour nous
j'ai travaillé pour eux
5 et ils ont ri

Ils m'ont dit
tu n'es qu'un enfant
danse pour nous
j'ai dansé pour eux
10 et ils ont ri

Ils m'ont dit
tu n'es qu'un sauvage
laisse-là° tes totems[1]
laisse-là tes sorciers°
15 va à l'église
je suis allé à l'église
et ils ont ri

Ils m'ont dit
tu n'es bon à rien
20 va mourir pour nous
sur les neiges de l'Europe
pour eux j'ai versé° mon sang°
l'on m'a maudit°
et ils ont ri

juste bon good only / **trimer** to slave away / **laisse-là** put aside / **le sorcier** sorcerer **verser** to shed / **le sang** blood / **maudire** to curse

[1] *totem:* animal or natural object considered as being related by blood to a given family or clan and taken as its symbol

25 Alors ma patience excédée°
   brisant° les nœuds° de ma lâche° résignation
   j'ai donné la main aux parias° de l'Univers
   et ils m'ont dit
   désemparés°

30 cachant° mal leur terreur panique°
   meurs° tu n'es qu'un traître
   meurs...
   pourtant° je suis une hydre[1] à mille têtes.

François Sengat-Kuo, Fleur de latérite (1971)

Qu'en pensez-vous ?

Etes-vous d'accord ou non avec les déclarations suivantes ? Justifiez votre réponse.

1. Le narrateur a été apprécié pour son travail.
2. Il a bien amusé les gens en dansant.
3. Ses croyances religieuses ont été scrupuleusement respectées.
4. Il a joué un rôle militaire important.
5. Il a fini par se résigner à son destin.
6. Malheureusement sa révolte a été unilatérale.
7. Cette révolte n'a eu aucun effet sur ses oppresseurs.
8. La situation a été résolue finalement par la mort.

Nouveau Contexte

Complétez le dialogue suivant en choisissant les termes appropriés (employez chaque terme une seule fois). Puis, jouez le dialogue.

Verbes : n'as eu que, cacher, donne-moi la main, laisse-là, mourir, verser ton sang
Autres mots : bonne à rien, mal, pourtant

— Germaine, c'est demain que je commence mon nouvel emploi et je dois dire que j'ai un peu peur.
— Mais non, Danielle ; _____[1] tes petits soucis et vas-y avec confiance.
— Ce n'est pas si facile que ça ! Je ne vois pas comment je pourrai _____[2] mon appréhension.

---

excédé wearied / **briser** to break / **le nœud** knot; chain / **lâche** cowardly / **le paria** social outcast / **désemparé** helpless, distraught / **cacher** to hide / **la terreur panique** panic fear / **meurs** = *mourir (impératif)* / **pourtant** and yet

[1]*hydra:* mythological serpent whose head, when it is cut off, is replaced by several others

— Tu n'oublies pas, j'espère, tous tes succès à l'université. Tu _____³ d'excellentes notes dans tous tes cours.

— Et _____⁴, en ce moment je ne me sens _____⁵.

— Tu n'as rien à craindre, Danielle.

— Je comprends _____⁶ pourquoi j'ai voulu obtenir ce poste. Je vais _____⁷ d'angoisse !

— On ne te demande pas de _____⁸. Il s'agit tout simplement de faire ton travail. _____⁹ et promets-moi d'avoir un peu plus de courage, s'il te plaît !

— Tu es une bonne amie, Germaine !

Appréciation du texte

1. Les quatre premières strophes débutent par le même vers (« Ils m'ont dit ») et se terminent par le même vers (« et ils ont ri »), ce qui constitue ainsi une sorte de refrain. Appréciez la valeur de ces deux vers dans la narration ; faites voir comment les quatre premières strophes ont une construction parallèle et comment ce refrain forme la base du récit. Est-ce que ces deux vers se retrouvent de la même façon dans les deux dernières strophes ? Si non, expliquez comment et pourquoi la construction des deux dernières strophes est différente. Quel est l'effet final ?

2. Quels sont, d'après vous, les sentiments qui caractérisent les oppresseurs et les opprimés dans ce poème ? Quelle attitude est révélée par l'emploi répété de « ne... que » (vers 2, 7, 12, 31) ? Qui sont ceux qui manifestent leur pensée par des impératifs (vers 8, 13, 14, 15, 20, 31, 32) ? Et qui est-ce qui semble s'exprimer presque sans émotion au moyen de l'indicatif présent ou du passé composé (vers 1, 4, 5, 6, 9, 10, 11, 16, 17, 18, 22, 23, 24, 27, 28, 33) ? Comment le lecteur réagit-il finalement à la présentation du poète ?

Vocabulaire satellite

l' **abus** *m* abuse
l' **autorité** *f* authority
le **droit** right
l' **oppresseur** *m* oppressor
le **tyran** tyrant
l' **opprimé(e)** oppressed
la **mesure** measure
le **peuple** people, nation
la **compréhension** understanding
la **lutte** struggle
le **but** goal

l' **individu** *m* individual
opprimer to oppress
dominer to dominate
exercer sa tyrannie (sur) to wield one's tyrannical powers (over)
persécuter to persecute
écraser to crush
libérer to liberate
empêcher (de) to prevent (from)
s' **exprimer** to express oneself

subir to undergo, suffer, be subjected to	**résoudre** to resolve
défendre to defend	**faible** weak
avoir raison, tort to be right, wrong	**fort** strong
	oppressif, -ive oppressive
	injuste unjust

Pratique de la langue

1. Vous êtes-vous jamais trouvé(e) dans une situation où vous étiez persuadé(e) d'avoir raison mais où personne d'autre ne reconnaissait le mérite de votre position ? Racontez la nature de votre problème et comment il a été résolu. Avez-vous fait preuve de *(show)* persévérance et fini par l'emporter *(prevail)* ? Ou avez-vous dû accepter un compromis ?

2. Dans l'histoire du monde, il y a, ou il y a eu, de nombreux exemples de pays qui ont adopté, à un moment donné, une politique de colonialisme. Choisissez l'exemple qui vous semble le plus frappant ou que vous connaissez plus particulièrement. Préparez une présentation détaillée désignant l'oppresseur et l'opprimé et expliquant ce qui motive l'expansionnisme d'un parti et la résistance de l'autre. N'oubliez pas de parler de solutions éventuelles *(possible)*.

3. Imaginez une situation oppressive entre deux individus. Ecrivez et jouez un dialogue qui illustre clairement le point de vue de chaque personne et qui met en relief le cœur du conflit. Votre petit drame peut avoir un dénouement heureux ou non, selon votre perspective.

4. Avez-vous jamais été témoin d'une situation oppressive ? Décrivez-la et dites comment elle vous a frappé(e).

Michel Tremblay

Canadian literature of French expression emerged very slowly after the English army under Wolfe had defeated the French under Montcalm in 1759. The first French Canadian novel worthy of the name did not appear until nearly a century later. It naturally took many more years for able writers to begin expressing a collective consciousness through purely Canadian themes.

The initial masterpiece of the French Canadian novel, *Maria Chapdelaine*, was written by Louis Hémon, who had come to Canada from France in 1911. Published in Montreal in 1916 and in Paris in 1922, it told the story of a people eking out a primitive living in the wilderness. The first major generation of French Canadian novelists appeared in the 1940s. Gabrielle Roy's *Bonheur d'occasion* (1945) marked the emancipation of the novel, henceforth free of the limited traditional themes of the past and able to concentrate on an objective depiction of modern life (cf. Chapter 2, pp. 26–31). As the French Canadian novel continues to grow, it is reflecting more

Michel Tremblay

and more the moral crises of a pluralistic society and is thus proving its own viability independent of the novel in France. Today in French Canada the novel and poetry constitute the most vital forms, while the theater, which came into its own only after 1945, is gaining an increasing audience.

One of the most prominent of contemporary French Canadian playwrights is Michel Tremblay, who was born in 1942 in a working-class neighborhood on Montreal's east side. Even as a young boy he dabbled in poetry and the theater. In 1966 he produced a collection of short stories entitled *Contes pour buveurs attardés*. Two years later, in Montreal, he achieved his first important theatrical success with *Les Belles-sœurs*, a play that received subsequent high acclaim in Paris. From that point on, he continued to create original works on a regular basis while occasionally adapting the works of other writers such as Aristophanes, Tennessee Williams, and Paul Zindel. Perhaps his best-known play, in addition to *Les Belles-sœurs*, remains *A toi, pour toujours, ta Marie-Lou* (1971).

Michel Tremblay's theater focuses sharply on the working-class neighborhoods of Montreal, which he knows so well. It depicts the feelings of helplessness and frustration weighing heavily upon the people, nearly breaking their spirit as they find themselves unable even to communicate their plight effectively. The playwright assumes this task for them, aided in great part by the common, coarse quality of the everyday vernacular. Michel Tremblay, in fact, is a very controversial writer because of the language of his characters. In seeking to assure the linguistic authenticity of these characters, he has them speak the French Canadian dialect known as "le joual" rather than conventional French. This technique lends a particular poignancy to their expression but, at the same time, tends to alienate audiences or critics who approach the works with conditioned, standard expectations.

The following selection, in conventional French, is one of the short stories in the collection *Contes pour buveurs attardés*. It illustrates the extent to which French Canadian literature has embraced universal themes and has gained a broad appeal by dealing with recurring human problems.

Orientation: The Theme of War

In this excerpt, the devil has come to introduce and promote war to a naive, sheltered people who know nothing about it. In reading, notice the progression in the state of belligerence, the rapid escalation from an isolated incident that had to be provoked initially, all the way up to the ultimate in destruction and annihilation. The devil shows his true spirit: he is dead serious as he unleashes the mighty forces of evil that gradually build up to a point where they multiply uncontrollably in a geometric progression, culminating in the explosive demolishment of humankind.

Le Diable° et le Champignon°

Le diable s'approcha du foyer,° prit le tisonnier° et en soufflant dessus° en fit le plus beau fusil° qu'on avait jamais vu. Le garçon dit au diable : « Je peux le toucher ? »
— Mais comment donc,° répondit le diable. Il est à toi. Je te le donne ! » Le garçon le remercia. « Ne me remercie pas, cela me déçoit° toujours ! »

5   Le garçon serrait° le fusil contre lui, et l'embrassait. Il se mit à° danser en le tenant dans ses bras comme s'il se fût agi d'une femme.° « Tu l'aimes bien, le fusil, hein ? » fit le diable. « Oh ! oui, » répondit le garçon en dansant. Le diable l'arrêta d'un geste et le fit reculer° jusqu'au banc.° « Comment appelle-t-on le pays voisin ? Le pays qui touche au tien ? » demanda-t-il au garçon. Ce dernier parut° fort° surpris.

10   « Le pays voisin ? Mais il n'y a pas de pays voisin ! Il n'y a qu'un pays, le monde. Le

---

le diable devil / **le champignon** mushroom / **le foyer** fireplace / **le tisonnier** poker / **souffler dessus** to blow on it / **le fusil** gun, rifle / **comment donc** = *bien sûr* / **décevoir** = *désappointer* / **serrer** = *presser* / **se mettre à** = *commencer à* / **comme s'il se fût agi d'une femme** = *comme si c'était une femme* / **reculer** to move back / **le banc** bench / **parut** = *paraître (passé simple)* / **fort** = *très*

monde est un pays. Le mien. » Le diable flanqua deux gifles au garçon° qui tourna deux fois sur lui-même.

— A-t-on déjà vu gens aussi ignorants ! rugit° le diable. Le monde, un pays ? Mais vous êtes tous fous ! Voyons... pour faire une guerre, il faut au moins deux pays. Di-
15 sons que le village qui se trouve de l'autre côté de la rivière est un autre pays. Un pays ennemi. Surtout, ne me dis pas que tu ignores ce que signifie le mot ennemi ou je te flanque deux autres claques° ! Tu hais° les gens de l'autre village... tu les hais de tout ton cœur, tu entends ?

— Mais ma fiancée...
20 — Et ta fiancée aussi ! Elle, plus que les autres ! Tu les hais tous et tu veux les tuer ! »

Le garçon bondit° sur ses pieds. « Avec mon fusil ? cria-t-il. Mais c'est impossible ! Nous ne nous servons de° nos fusils que pour tuer les oiseaux ou les animaux...

— Tu veux les tuer avec ton fusil parce que c'est comme ça que doit commencer
25 la première guerre ! Tu seras le premier soldat !

— Il faut donc tuer des gens pour faire la guerre ? dit le garçon en regardant le champignon.[1]

— Oui, c'est ça. Faire la guerre, c'est tuer des gens. Des tas° de gens ! Tu verras comme c'est amusant !
30 — Et le champignon ? demanda le garçon.

— Le champignon ? Il viendra plus tard. Beaucoup plus tard. Tu seras peut-être mort, alors.

— Tué ?

— Probablement.
35 — Dans la guerre ?

— Oui.

— Alors, je ne veux pas être soldat. Ni faire la guerre.

Le diable monta sur la table et poussa un terrible hurlement° de diable. « Tu feras ce que je te dirai de faire ! » cria-t-il ensuite au garçon.
40 L'aubergiste° sortit de sa cuisine. Il tirait° derrière lui un immense chaudron.° « Je voudrais que vous me disiez où je pourrais trouver un champignon aussi gros que celui-là qui est sur le mur » dit-il en montrant le champignon. « Retourne à ta cuisine, homme ignorant ! hurla le diable. Ce n'est pas toi qui mangeras ce champignon, c'est lui qui te dévorera ! »
45 Le diable descendit de la table, prit le garçon par les épaules,° le fit asseoir et lui dit : « Tu es un homme, je suppose que tu aimes te battre°... Non, ne m'interromps

---

flanqua deux gifles au garçon boxed the boy's ears twice / **rugir** to roar / **la claque** slap / **haïr** = *détester* / **bondir** to bounce / **se servir de** = *employer* / **des tas** = *une quantité, une multitude* / **le hurlement** shriek / **l'aubergiste** innkeeper / **tirer** to pull / **le chaudron** cauldron, kettle / **l'épaule** *f* shoulder / **se battre** to fight

[1]The devil had drawn a huge mushroom on the wall of the inn, mystifying his audience with its symbolism.

pas, j'ai compris. Tu ne t'es jamais battu, n'est-ce pas ? Si je ne l'étais pas déjà, tu me ferais sûrement damner... Ecoute... Tu n'aimerais pas voir surgir° devant toi quelqu'un qui t'est antipathique depuis toujours... Il doit bien y avoir° quelqu'un que tu

50 n'aimes pas particulièrement... quelqu'un que tu pourrais haïr franchement° et avec qui tu pourrais te battre... Il ne t'est jamais arrivé° de sentir le besoin de haïr ? Le besoin de te battre ? » Le garçon répondit tout bas° : « Oui, j'ai déjà ressenti° ce besoin et j'aimerais me battre avec...

— Oui, qui ? cria le diable.

55 — Le frère de ma fiancée qui s'oppose à notre mariage.

La porte de l'auberge s'ouvrit aussitôt et le frère de la fiancée parut. « Vas-y,° souffla° le diable à l'oreille du garçon, profite de l'occasion° ! Personne ne vous verra ni ne vous entendra. Provoque-le... dis-lui des choses désagréables... la bataille viendra toute seule. »

60 Le garçon se leva, s'approcha du frère de sa fiancée et lui dit quelque chose à l'oreille. Le frère sursauta° et regarda le garçon avec de grands yeux interrogateurs. Alors le garçon lui cracha° à la figure.° Les deux hommes sortirent de l'auberge pendant que le diable s'installait à la fenêtre.

Au bout de° deux minutes à peine,° le garçon rentra dans l'auberge. Il était cou-

65 vert de poussière° et ses vêtements étaient éclaboussés de sang.° Il avait une lueur° au fond des yeux° et il souriait. « Je l'ai tué, cria-t-il, je l'ai tué et j'ai joui° de le voir mourir ! »

Une fanfare° envahit° la cour° de l'auberge. Une fanfare de diables qui jouait des airs que les soldats aiment.

70 — Suivons la fanfare, dit le diable au garçon. Allons au village voisin apprendre° aux paysans que tu as tué leur fils... Ils sortiront leurs fusils... voudront t'attaquer... les tiens viendront te défendre... Allons-y,° soldat, la guerre nous attend !

La fanfare, le diable et le soldat partirent dans la direction du village d'à côté. Et la fanfare jouait de beaux airs, et le diable dansait, et le garçon riait... Alors le soldat

75 se multiplia : deux soldats, puis quatre soldats, puis huit, puis seize, puis trentedeux, puis soixante-quatre, puis cent vingt-huit, puis deux cent cinquante-six, puis cinq cent douze, puis mille vingt-quatre, puis deux mille quarante-huit, puis quatre mille quatre-vingt-seize... Il y eut des injures,° des insultes, puis des coups,° puis des coups de fusil ; on courait, on se cachait,° on attaquait, on se défendait, on se tuait,

80 on tombait, on se relevait, on retombait... Arrivèrent les fusils ; toutes sortes de fusils, des petits, des moyens,° des gros, des moins petits et des plus gros, des plus

---

surgir to rise up, to appear / **il doit bien y avoir** there must indeed be / **franchement** = *sans hésitation* / **arriver** to happen / **tout bas** in a low voice / **ressentir** to feel / **Vas-y** Go ahead / **souffler** to whisper / **profite de l'occasion** make the most of the opportunity / **sursauter** to start up, to give a start / **cracher** to spit / **la figure** face / **au bout de** = *après* / **à peine** scarcely / **la poussière** dust / **éclaboussé de sang** spattered with blood / **la lueur** glimmer, gleam / **au fond des yeux** deep in his eyes / **jouir de** = *prendre plaisir à* / **la fanfare** band / **envahir** to invade / **la cour** yard / **apprendre** = *informer* / **allons-y** let's go / **des injures** *f* insults / **le coup** blow (*coup de fusil* = shot) / **se cacher** to hide / **moyen** medium-sized

petits et des moins gros ; puis des canons, des mitraillettes,° des avions munis°
d'armes, des navires° munis d'armes, des autos, des trains, des tracteurs, des autobus, des voitures de pompier,° des bicyclettes, des trottinettes,° des voitures de
85 bébés munis d'armes... La lutte° augmentait toujours, toujours, sans jamais s'arrêter.
Cela durait,° et durait, et durait, et durait...

Puis, un jour où le ciel était clair, le diable fit un petit signe de la main et le champignon parut.

Michel Tremblay, *Contes pour buveurs attardés* (1966)

Qu'en pensez-vous ?

Etes-vous d'accord ou non avec les déclarations suivantes ? Justifiez votre réponse.

1. Le diable fabrique un fusil pour le garçon.
2. Le garçon adore son nouveau fusil.
3. Le garçon ne sait pas le nom du pays voisin.
4. Le diable explique au garçon comment doit commencer la première guerre.
5. L'aubergiste comprend parfaitement le symbolisme du champignon.
6. Le garçon finit par trouver un ennemi.
7. La bataille entre le garçon et le frère de sa fiancée commence sans provocation.
8. Après que le garçon tue son adversaire, on entend de la musique.

la mitraillette submachine gun / **muni** equipped / **le navire** ship / **la voiture de**
pompier fire engine / **la trottinette** scooter / **la lutte** = *la bataille* / **durer** to last

9. Le nombre de soldats augmente, les armes augmentent, la lutte augmente.
10. Un jour la paix arrive et tout le monde cueille et mange des champignons ensemble.

Nouveau Contexte

Complétez le dialogue suivant en choisissant les termes appropriés (employez chaque terme une seule fois). Puis, jouez le dialogue.

Verbes : s'agit-il, est arrivé, me battre, il doit y avoir, il faut, prends, as profité, sens
Adjectif : toute seule

— Georges, _____¹ que je te parle tout de suite.
— De quoi _____², mon vieux ?
— J'ai envie de _____³ avec toi. Je _____⁴ le besoin de me venger.
— Te venger de quoi, mon ami ?
— Tu sais bien de quoi je parle. Est-ce que tu me _____⁵ pour un idiot, Georges ?
— Ecoute, Marc. J'ignore tout de cette affaire. Je vois que tu es fâché contre moi et _____⁶ une bonne raison. Dis-moi ce qui _____⁷.
— Tu _____⁸ de notre amitié pour me voler ma petite amie !
— Qui, Suzanne ?
— Oui, je l'ai vue hier soir au café et elle n'était pas _____⁹ !
— C'est vrai, Marc, c'est moi qui étais avec elle. Nous nous sommes réunis pour organiser une surprise-partie pour fêter ton anniversaire le mois prochain.
— Oh !

Appréciation du texte

1. D'après vous, quel thème est illustré dans ce petit récit ? Résumez, en trois ou quatre phrases, ce dont il s'agit dans « Le Diable et le Champignon. »
2. Etudiez le symbolisme du champignon. Qu'est-ce qu'il représente pour l'aubergiste ? et pour vous ? Est-ce que ce symbolisme est évident dès le début du récit ou est-ce qu'il frappe le lecteur seulement à la fin ? Citez les endroits dans le texte où l'auteur mentionne le champignon, préparant ainsi le dénouement de son histoire.
3. A votre avis, pourquoi l'auteur a-t-il introduit une fanfare dans le récit ? Est-ce que cette introduction vous a étonné(e) ? Pourquoi ou pourquoi pas ? Quel lien y a-t-il entre la musique et la guerre ?

Vocabulaire satellite

le **conflit** conflict	le **pistolet** handgun
la **défaite** defeat	le **couteau** knife
le **militaire** military man, soldier	le **désarmement** disarmament

la **dispute,** la **querelle**   quarrel
s' **entendre (avec)**   to get along (with)
se **disputer**   to quarrel
se **fâcher (contre)**   to get angry (with)
se **battre (avec)**   to fight, to come to blows (with)
empêcher la guerre   to prevent war

menacer   to threaten
faire mal à   to hurt
blesser   to wound
gagner; perdre   to win; to lose
vaincre   to conquer
résoudre un problème, une difficulté   to solve a problem, to resolve a difficulty
se **réconcilier**   to make up, to become friends again

Pratique de la langue

1. Présentations orales :
   a. « Il n'y a pas de pays voisin. Il n'y a qu'un pays, le monde. » Est-ce vrai ? Si oui, jusqu'à quel point ? Si non, pourquoi pas ?
   b. La guerre est-elle une invention du diable ? Expliquez.
   c. Racontez un incident où vous vous êtes disputé(e) avec quelqu'un. Dites comment vous et l'autre personne êtes entré(e)s en conflit et comment vous avez pu résoudre la difficulté.
2. A débattre :
   a. Le seul moyen d'empêcher la guerre, c'est d'être bien préparé à se défendre. Il faut donc développer des armes de plus en plus puissantes.
   b. Chacun devrait garder chez soi une arme quelle qu'elle soit pour défendre sa maison et sa famille.
   c. Tout le monde devrait faire son service militaire.
3. Ecrivez et présentez un dialogue (amusant ? sérieux ? étrange ?) entre vous et le diable.

Francis Bebey

Africa is a land of many languages. There are said to be over four hundred different local vernaculars in use today, the vast majority of which are primarily oral. One can speak legitimately of an oral literature transmitted by troubadour[L]-historians called *griots*. A *griot* sings, tells stories, hands down myths and legends, and generally preserves historical and literary oral traditions. He serves as a chronicler and genealogist, and plays a prominent artistic and cultural role in community events. The *griot* commands the respect of everyone and, in West Africa, is commissioned by governments to teach and conserve the artistic heritage of the people.

Francis Bebey is an author who belongs to the great tradition of African story-tellers. Born in the west central African country of Cameroon in 1929, he received his formal training first in his native country and then in France, majoring in musicology.

Francis Bebey

He quickly became interested in journalism and began his career as a radio journalist and program producer in Africa. In 1961 he joined UNESCO in Paris as a specialist in charge of music development. In 1967 and 1969 he wrote two works dealing with music in Africa, excellent introductions to the world of traditional African music.

His first novel, *Le Fils d'Agatha Moudio*, was published in 1967 and so charmed its readers with its mixture of humor and direct narrative tone that it won for its author the Grand Prix Littéraire de l'Afrique Noire. Francis Bebey has since continued to write (poetry, fiction, and music) and to give recitals as a guitarist in Africa, Europe, and the United States. His great interest in communications has led him to investigate many forms of artistic expression.

The following excerpt from *Le Fils d'Agatha Moudio* describes a meeting of the village elders at the home of the tribal chief, Mbaka. They have come together to choose a wife for the young Mbenda, whose father has died. The selection process brings to light the conflict between hallowed tribal customs and the ways of other cultures, the dichotomy between the civilizations of Africa and Europe.

Orientation: Local Color

Francis Bebey is a native African who has traveled all over the world and, in the process, encountered a good number of different cultures. In *Le Fils d'Agatha*

Moudio, he offers us a portrait of the customs of his own ancient civilization and the tests to which some of these practices are put by the younger generation exposed to other influences. Many readers are unfamiliar with some of the mores of African life. Attention to detail therefore will be all the more important. In literary terms, this expression of cultural difference is termed local color.

Young Mbenda is of the age to take a wife. Longstanding tribal tradition dictates that the village elders, meeting in formal council, choose a suitable mate for the young man. But these are times of transition. Mbenda knows two different cultures and he finds himself caught between the two. Chief Mbaka spells out the issue for Mbenda, informing him that the choice is his to make freely. We then go through Mbenda's thought process with him as he considers the cogent arguments and experiences a range of emotions. Throughout his deliberations, Mbenda is conscious of another important presence in the room, his father's spirit, which has no small bearing on the outcome. Will he have acquired enough wisdom in his young life to make the right decision? What are the factors that weigh most heavily in his determination?

Un Grand Conseil de mariage

Lorsque j'y arrivai, je le trouvai assis, parmi les autres. Tous les anciens° étaient là : il y avait Moudiki, Bilé, Ekoko, Mpondo-les-deux-bouts, le roi Salomon, et même Eya. Avec le chef Mbaka, cela faisait sept personnes... sept anciens du village, pour me parler de mon cas. J'avoue° que leur mine° et leur attitude ne laissèrent pas de°
5 m'impressionner vivement.

    Les sept visages noirs prirent leur air des grandes occasions, renforcé par la pénombre° de la pièce° où se tenait° la réunion.° On me fit asseoir au milieu du groupe, et l'on me parla. Ce fut, comme il se devait,° le chef lui-même qui parla le premier.

    — Ecoute, fils, me dit-il, je dois t'annoncer tout d'abord° que l'esprit de ton père
10 est présent ici, avec nous, en ce moment même. Sache donc que nous ne faisons rien qui aille contre sa volonté. D'ailleurs,° même s'il était encore vivant, il nous laisserait faire, car il avait confiance aux anciens, et il les respectait beaucoup...

    Mbaka prit un temps, puis continua :

    — Nous allons te marier.° C'est notre devoir de te marier, comme cela a toujours
15 été le devoir de la communauté de marier ses enfants. Mais, si, à l'exemple de certains jeunes gens d'aujourd'hui, tu crois que tu peux mener à bien,° tout seul, les affaires de ton propre mariage, nous sommes prêts à te laisser les mains libres, et à ne plus nous occuper de toi dans ce domaine-là. La seule chose que nous allons te

---

les anciens elders / **avouer** to admit / **la mine** = *l'apparence du visage* / **ne pas laisser de** = *ne pas manquer de* / **la pénombre** semi-darkness / **la pièce** room / **se tenir** = *avoir lieu* / **la réunion** meeting / **comme il se devait** as was fitting / **tout d'abord** at the outset / **d'ailleurs** besides, moreover / **marier** to marry off / **mener à bien** to manage successfully

20 demander, c'est si tu consens à ce que ton mariage soit pris en mains par les anciens
du village, ou si, au contraire, tu estimes que c'est une affaire qui ne regarde° que toi,
et dont nous aurions tort de nous occuper. Réponds-nous, fils, sans peur ; réponds
franchement° : tu es libre de choisir ton propre chemin.

Je compris : j'étais au carrefour° des temps anciens et modernes. Je devais choisir en toute liberté ce que je voulais faire, ou laisser faire. Liberté toute théorique,
25 d'ailleurs,° car les anciens savaient que je ne pouvais pas choisir de me passer
d'°eux, à moins de° décider ipso facto d'aller vivre ailleurs,° hors de ce village où
tout marchait° selon des règles séculaires,° malgré l'entrée d'une autre forme de
civilisation qui s'était manifestée, notamment,° par l'installation de cette borne-
fontaine[1] que vous connaissez. Et puis, comment oser° dire à ces gens graves et dé-
30 cidés,° que je voulais me passer d'eux ? Je vous dis qu'il y avait là, entre autres
personnes, Eya, le terrible sorcier,° le mari de la mère Mauvais-Regard. Dire à tout le

regarder = *concerner* / **franchement** frankly, honestly / **le carrefour** crossroads /
d'ailleurs anyhow / **se passer de** = *vivre sans* / **à moins de** unless / **ailleurs** elsewhere / **marcher** to run, to work / **séculaire** = *qui existe depuis des siècles* / **notamment** = *particulièrement* / **oser** to dare / **décidé** determined / **sorcier** sorcerer

[1]On avait installé une fontaine dans le village du narrateur, ce qui le distinguait des villages
voisins (borne : *landmark*).

monde présent que je refusais leur médiation, c'était presque sûrement signer mon arrêt° de mort. Tout le monde, chez nous, avait une peur terrible d'Eya, cet homme aux yeux rouges comme des piments mûrs,° dont on disait qu'il avait déjà supprimé°

35 un certain nombre de personnes. Et malgré ma force qui entrait peu à peu dans la légende des lutteurs° doualas,[1] moi aussi j'avais peur d'Eya. Il était là, il me regardait d'un air qu'il essayait de rendre indifférent et paternel à la fois.° Ses petits yeux brillaient au fond° d'orbites profondes, en harmonie avec les joues° maigres.° Il n'avait pas dû° manger beaucoup quand il était jeune. Il était là, devant moi, véritable

40 allégorie de la mort habillée d'un pagne° immense, et d'une chemise de popeline° moisie.° Je n'osai pas le regarder en face. Je pensai, dans mon for intérieur,° que de tous ces hommes groupés autour de moi, seul le roi Salomon pouvait m'inspirer une certaine confiance. Lui au moins, était un homme sincère. A part° les moments où il désirait vraiment inventer des histoires, ce qu'il réussissait d'ailleurs fort bien, à

45 part ces moments-là, il disait les choses qu'il pensait, avec des pointes de sagesse° dignes° du nom célèbre qu'il portait. C'était, du reste,° à cause de cette sagesse que notre village l'avait sacré° roi, bien que de toute sa vie, Salomon n'eût connu° que son métier° de maçon. Je tournai les yeux vers lui, comme pour lui demander conseil. Il secoua° affirmativement la tête, assez légèrement pour que les autres ne

50 voient pas, assez cependant pour que je comprenne. Oui, le roi Salomon était de l'avis° du groupe, et moi je devais me ranger à son avis,° à leur avis à tous.

   — Chef Mbaka, et vous autres, mes pères, dis-je, je ne puis vous désobéir. Je suis l'enfant de ce village-ci, et je suivrai la tradition jusqu'au bout.° Je vous déclare que je laisse à votre expérience et à votre sagesse le soin° de me guider dans la vie,

55 jusqu'au jour lointain° où moi-même je serai appelé à guider d'autres enfants de chez nous.

   Chacun des hommes manifesta sa satisfaction à sa manière, qui° toussotant,° qui souriant, qui reprenant un peu de poudre° de tabac à priser.°

   — C'est bien, fils, dit le chef Mbaka. Voilà la réponse que nous attendions de notre

60 fils le plus digne, et nous te remercions de la confiance que tu nous accordes, de ton plein gré.° Maintenant, tu vas tout savoir : dès° demain, nous irons « frapper à la

---

un arrêt warrant / **les piments mûrs** ripe pimentos / **supprimer** = *éliminer* / **le lutteur** wrestler / **à la fois** = *en même temps* / **le fond** bottom / **la joue** cheek / **maigre** thin / **il n'avait pas dû** he mustn't have / **le pagne** loincloth / **la popeline** poplin (cloth) / **moisi** musty, moldy / **dans mon for intérieur** = *au fond de moi-même* / **à part** other than / **la sagesse** wisdom / **digne** worthy / **du reste** = *d'ailleurs* / **sacrer** to crown / **eût connu** = *avait connu* / **le métier** = *travail, profession* / **secouer** to shake / **l'avis** *m* = *opinion* / **se ranger à l'avis de quelqu'un** = *se déclarer de son avis* / **le bout** = *fin* / **le soin** care / **lointain** = *distant* / **qui... qui** the one . . . the other / **toussoter** to cough mildly / **la poudre** powder / **le tabac à priser** snuff / **de ton plein gré** of your own free will / **dès** from, starting

---

[1]The Douala are a coastal people after whom the modern city of Douala (Bebey's birthplace) is named.

porte » de Tanga, pour sa fille Fanny... Esprit, toi qui nous vois et qui nous écoutes, entends-tu ce que je dis ? Je répète que nous irons demain frapper à la porte de Tanga, pour lui demander la main de sa fille pour notre fils La Loi,° comme tu l'as or-
65 donné toi-même avant de nous quitter. Si tu n'es pas d'accord avec nous, manifeste-toi d'une manière ou d'une autre, et nous modifierons aussitôt° nos plans...

Il parla ainsi à l'esprit de mon père, qui était présent dans cette pièce, et nous attendîmes une manifestation éventuelle,° pendant quelques secondes. Elle ne vint° point ; rien ne bougea° dans la pièce, ni le battant° de la porte, ni l'unique fenêtre
70 avare° de lumière, et qui s'ouvrait par une petite natte° rectangulaire de raphia tressé° ; nous n'entendîmes rien, même pas de pas° sur le sol° frais de terre battue.° Rien : mon père nous donnait carte blanche.°

Francis Bebey, Le Fils d'Agatha Moudio (1967)

Qu'en pensez-vous ?

Etes-vous d'accord ou non avec les déclarations suivantes ? Justifiez votre réponse.

1. Le narrateur, Mbenda, est impressionné par cette réunion des anciens.
2. C'est le père de Mbenda qui prendra la décision définitive dans le cas de son fils.
3. Les anciens du village ont une seule question fondamentale à poser à Mbenda.
4. Mbenda comprend qu'il est parfaitement libre de prendre la décision qu'il veut.
5. Mbenda, excellent lutteur, n'a pas peur d'Eya, le sorcier.
6. Le roi Salomon inspire confiance à Mbenda, même s'il invente des histoires.
7. Dans un long discours, comme une de ses histoires, le roi Salomon donne son conseil à Mbenda.
8. Mbenda, enfant de la nouvelle civilisation, décide de se passer de l'opinion des anciens et de choisir son propre chemin.
9. Les anciens approuvent la décision de Mbenda.
10. Avant d'annoncer le nom de la femme qu'ils ont choisie pour Mbenda, les anciens consultent une dernière fois l'esprit de son père.
11. La volonté de l'esprit se manifeste par une forte lumière qui éclaire tout à coup la pièce.

Nouveau Contexte

Complétez le dialogue suivant en choisissant les termes appropriés (employez chaque terme une seule fois). Puis, jouez le dialogue.

La Loi = *traduction en français du nom du narrateur (Mbenda)* / **aussitôt** = *immédiatement* / **éventuel** = *possible* / **vint** = *venir (passé simple)* / **bouger** = *faire un mouvement* / **le battant** leaf / **avare** sparing / **la natte** mat / **le raphia tressé** braided raffia (a type of palm) / **le pas** step / **le sol** ground, soil / **battu** beaten / **donner carte blanche** = *laisser quelqu'un libre de choisir*

Noms :   confiance *f*, tout le monde
Verbes :   marchera, me passer de, regarde, sache
Adjectifs :   digne, prête

— Papa, Jean-Luc m'a demandé de l'épouser. Qu'est-ce que je dois faire ?
— Es-tu _____*¹* à te marier ?
— Oui, papa.
— Es-tu amoureuse de Jean-Luc ?
— Oh oui, papa. Je veux passer le reste de ma vie avec lui. Je ne peux pas _____*²* lui.
— As-tu _____*³* en lui ? Est-il _____*⁴* de toi ?
— Oui et oui, papa. _____*⁵* me dit que notre mariage _____*⁶* à merveille.
— Eh bien, ayant entendu tous ces oui spontanés, _____*⁷* que moi aussi j'approuve.
— C'est parfait, papa. Et quand est-ce que je dois me marier ?
— Ah ça alors, ça ne me _____*⁸* pas. C'est toi et Jean-Luc qui devez choisir la meilleure date.
— Nous aurons des noces exceptionnelles, papa, avec beaucoup d'invités.
— Dieu merci, tu es ma fille unique !

Appréciation du texte

1. Résumez, à votre manière, le conflit principal dans ce texte. S'agit-il du fossé entre les générations ? S'agit-il d'un autre conflit ?
2. Le narrateur dit qu'il est au carrefour des temps anciens et modernes. Quels sont les éléments dans le texte qui représentent ces deux époques ?
3. Ce récit est écrit à la première personne, ce qui permet au lecteur de mieux connaître la pensée du narrateur. Retracez la manière de penser de celui-ci. Quels sont les arguments qu'il considère avant de prendre sa décision ? Est-ce que tous les arguments sont d'ordre intellectuel ? Expliquez.

Vocabulaire satellite

le **célibat**   celibacy
le, la **célibataire**   single person
le **vieux garçon**   older bachelor
la **vieille fille**   old maid
les **fiançailles** *f*   engagement
les **noces** *f*   wedding
le **mari**   husband
la **femme**   wife

l' **époux**, l' **épouse**   spouse
la **lune de miel**   honeymoon
les **noces d'argent, d'or**   silver, golden wedding anniversary
le **veuf**, la **veuve**   widower, widow
les **goûts (intérêts) communs**   tastes (interests) in common

se **fiancer**   to become engaged
se **marier (avec)**   to get married,
    to marry
    épouser   to marry

l' **union libre** cohabitation
se **séparer**   to separate
    divorcer (d'avec)   to get a divorce, to divorce

Pratique de la langue

1. Préparez un colloque sur le mariage. Parmi les participants il y aura :
   a. un partisan de la monogamie
   b. un partisan de la bigamie
   c. un partisan de la polygamie
   d. un partisan du célibat
   e. un partisan de l'union libre.
   Les autres membres de la classe donneront leur opinion personnelle après avoir entendu les arguments des conférenciers.
2. Préparez un dialogue entre un parent traditionaliste qui croit en la sagesse de l'âge adulte et son enfant qui tient à vivre sa vie à sa manière, quitte à *(at the risk of)* répéter les mêmes erreurs que ses parents.
3. Présentations orales :
   a. Les parents ont-ils le droit de choisir la personne que leur enfant va épouser ? Pourquoi ou pourquoi pas ?
   b. Quelles sont les considérations les plus importantes dans le choix d'un époux ou d'une épouse ?
   c. Le mariage est-il pour la vie ou devrait-on se marier plus d'une fois ?
   d. Citez des exemples de bons mariages. Qu'est-ce qui en fait le succès ?

Sujets de discussion ou de composition

1. « Le mariage ne regarde que les deux époux, qui sont libres de vivre comme ils veulent. » Etes-vous d'accord ou non ? Pourquoi ?
2. Le mariage doit-il se baser sur l'amour ? Si oui, pourquoi ? Si non, quelle doit en être la base ?
3. Y a-t-il un âge idéal pour se marier ? Quel est-il ?
4. « La guerre est inévitable ; elle existe depuis que l'homme est sur la terre et elle continuera d'exister tant qu'il y aura des hommes. » Etes-vous d'accord ou non ? Pourquoi ?
5. Est-ce que le pacifisme est une attitude raisonnable ? Comment pourrait-on se défendre si tout le monde était pacifiste ?
6. Vrai ou faux : « Pour supprimer la guerre pour toujours, on n'a qu'à détruire *(destroy)* toutes les armées du monde. »

4ème PARTIE

Vie culturelle

9

Interactions

Eugène Ionesco :
Le théâtre de l'absurde

The difficulty of meaningful communication is illustrated nowhere better than in the twentieth-century phenomenon known as the theater of the absurd, and particularly in the plays of Eugène Ionesco.

The theater of the absurd is the work of an avant-garde group of playwrights who came into prominence in the 1950s. They did not constitute a formal, unified school; they shared no common goals. Writers like Eugène Ionesco, Samuel Beckett, Jean Genet, and Arthur Adamov were all preoccupied, however, with the fundamental problems of the human race and were struck by the absurdity of the human condition. In their view contemporary life made no sense, was devoid of meaning, could not be examined rationally. The basic assumptions and eternal truths of previous generations no longer related to humanity's unique plight and thus offered nothing by way of explanation and solace. Nor did this new generation of authors propose any solutions of their own. Their plays contained no moral, no esoteric message, but instead asked the questions and formulated the problems as they perceived them.

Eugène Ionesco

The playwrights of the absurd are not terribly avant-garde with respect to their subject matter. The human condition has served as the subject of many a literary investigation in the past, and in its rich potential will undoubtedly inspire many a future consideration. Even the notion of the absurd had been previously explored by Albert Camus in his novel *L'Etranger* in 1942. The originality of the theater of the absurd lies in its use of nonconventional means, in its creation of new dramatic forms. The audience may no longer complacently rely on ordinary formats. It cannot "expect" anything. It will find no traditional plot line to follow, no extensive character development to appreciate, no realistic portrayal of everyday life. The goal of the theater of the absurd is to convey the senselessness of the human condition by keeping the audience off balance, disoriented, uneasy. The spectators must never be allowed inside the play, must never be able to identify with the characters. They must be made to feel the discomfort of absurdity.

Eugène Ionesco (1912–1994), the Romanian-born immigrant who writes in French, is the best known of the playwrights of the absurd. The recognition he enjoys today did not come instantaneously. The premiere of *La Cantatrice chauve* (*The Bald Soprano*) in Paris in 1950 was less than a roaring success: the actors played to small houses until eventually, after six weeks, the play folded. The same fate befell *La Leçon* (1950) and *Les Chaises* (1952). It was not until the mid-1950s that the public accepted Ionesco's theater. By the time *Rhinocéros* was performed in 1960, however, Ionesco had achieved an international reputation.

The following excerpt is from Ionesco's *La Cantatrice chauve*, which at first glance appears to portray a typical English middle-class family, the Smiths, spending a quiet evening in their living room. Ionesco describes the setting thus:

Intérieur bourgeois anglais, avec des fauteuils° anglais. Soirée anglaise. M. Smith, Anglais, dans son fauteuil anglais et ses pantoufles° anglaises, fume° sa pipe anglaise et lit un journal anglais, près d'un feu anglais. Il a des lunettes anglaises, une petite moustache grise, anglaise. A côté de lui, dans un autre fauteuil anglais, Mme Smith, Anglaise, raccommode° des chaussettes° anglaises. Un long moment de silence anglais. La pendule° anglaise frappe dix-sept coups° anglais.

The play's zany tone is established from the outset as Mrs. Smith reacts to the clock's striking seventeen by saying: "Tiens, il est neuf heures." *La Cantatrice chauve* demonstrates the absurdity of an everyday life which is dominated by thoughtless routine. The characters don't really say anything when they speak

---

le fauteuil armchair / **la pantoufle** slipper / **fumer** to smoke / **raccommoder** to darn, mend / **la chaussette** sock / **la pendule** clock / **frapper dix-sept coups** to strike seventeen times

because they are no longer capable of genuine thought or feeling. There is no inner vitality to give meaning to their existence. This lack of personal expression, this failure to communicate leads to an eventual identity crisis. In fact, the play ends as the power of speech disintegrates and another couple, the Martins, begin the play all over again by assuming the Smiths' role and repeating the same lines which the Smiths had uttered in the first scene. The theater of the absurd is sometimes referred to as the theater of language, to stress the barrenness of meaning in the characters' utterances.

Orientation: Theater of the Absurd

A play by Eugène Ionesco takes some getting used to. As a matter of fact, one of Ionesco's aims is precisely to prevent our getting used to it. The real world is not a comfortable place; things do not readily fall into place. The whole of our existence, according to the theory of the absurd, makes absolutely no sense. So we must expect no solace from this dramatic experience. The leitmotif in *La Cantatrice chauve* says it all: "Comme c'est curieux !"

You will note that the style is informal and conversational, the characters' utterances are simple and direct, and the vocabulary is taken from everyday situations. Really, what can be more banal than the opening query: "Haven't I seen you somewhere before?" There is much repetition as Mrs. Martin confirms every one of her husband's assumptions, echoing his very words each time. We, the audience, are puzzled initially as Mr. and Mrs. Martin act like pure strangers toward one another. Then their conversation reveals an impressive string of happy coincidences that seem to cement their relationship. My goodness, they even share the same bed and both have a two-year old daughter named Alice! Could it be that the Martins have found one another? But wait! This is a Ionesco play and you, dear spectator, are not going to get off that easy. The playwright will see to it that you leave the theater at the very least bemused if not thoroughly confused, disoriented, and downright troubled. Read on!

M. et Mme Martin ont été invités à dîner chez les Smith. Mais ceux-ci ne sont pas prêts à les recevoir. Au moment où les Martin arrivent, les Smith sortent pour aller s'habiller.

Les Martin

Mme et M. Martin s'assoient l'un en face de l'autre, sans se parler. Ils se sourient, avec timidité.

M. MARTIN   *(le dialogue qui suit doit être dit d'une voix traînante,° monotone, un peu chantante, nullement° nuancée)* : Mes excuses, Madame, mais il me semble, si je ne me trompe,° que je vous ai déjà rencontrée quelque part.°

5   MME MARTIN   A moi aussi, Monsieur, il me semble que je vous ai déjà rencontré quelque part.

M. MARTIN   Ne vous aurais-je pas déjà aperçue, Madame, à Manchester, par hasard ?

MME MARTIN   C'est très possible. Moi, je suis originaire de° la ville de Manchester !
10   Mais je ne me souviens pas très bien, Monsieur, je ne pourrais pas dire si je vous y ai aperçu ou non !

M. MARTIN   Mon Dieu, comme c'est curieux ! Moi aussi je suis originaire de la ville de Manchester, Madame !

MME MARTIN   Comme c'est curieux !

15   M. MARTIN   Comme c'est curieux ! ...Seulement, moi, Madame, j'ai quitté la ville de Manchester, il y a cinq semaines, environ.

MME MARTIN   Comme c'est curieux ! quelle bizarre coïncidence ! Moi aussi, Monsieur, j'ai quitté la ville de Manchester, il y a cinq semaines environ.

M. MARTIN   J'ai pris le train d'une demie après huit° le matin, qui arrive à Londres
20   à un quart avant cinq,° Madame.

MME MARTIN   Comme c'est curieux ! comme c'est bizarre ! et quelle coïncidence ! J'ai pris le même train, Monsieur, moi aussi !

M. MARTIN   Mon Dieu, comme c'est curieux ! Peut-être bien alors, Madame, que je vous ai vue dans le train ?

25   MME MARTIN   C'est bien possible, ce n'est pas exclu,° c'est plausible et après tout, pourquoi pas ! ...Mais je n'en ai aucun souvenir, Monsieur !

M. MARTIN   Je voyageais en deuxième classe, Madame. Il n'y a pas de deuxième classe en Angleterre, mais je voyage quand même° en deuxième classe.

30   MME MARTIN   Comme c'est bizarre, que c'est curieux, et quelle coïncidence ! moi aussi, Monsieur, je voyageais en deuxième classe !

M. MARTIN   Comme c'est curieux ! Nous nous sommes peut-être bien rencontrés en deuxième classe, chère Madame !

MME MARTIN   La chose est bien possible et ce n'est pas du tout exclu. Mais je ne
35   m'en souviens pas très bien, cher Monsieur !

M. MARTIN   Ma place était dans le wagon° n° 8, sixième compartiment, Madame !

---

traînant droning / **nullement** = *pas du tout* / **si je ne me trompe** if I'm not mistaken / **quelque part** = *en quelque lieu* / **être originaire de** = *être né à* / **d'une demie après huit... à un quart avant cinq** These expressions are literal translations from English and are, of course, incorrect in French. / **exclu** excluded *(participe passé du verbe **exclure**)* / **quand même** still, nevertheless / **le wagon** car

	MME MARTIN	Comme c'est curieux ! ma place aussi était dans le wagon n° 8, sixième compartiment, cher Monsieur !
	M. MARTIN	Comme c'est curieux et quelle coïncidence bizarre ! Peut-être nous sommes-nous rencontrés dans le sixième compartiment, chère Madame ?
40		
	MME MARTIN	C'est bien possible, après tout ! Mais je ne m'en souviens pas, cher Monsieur !
	M. MARTIN	A vrai dire, chère Madame, moi non plus je ne m'en souviens pas, mais il est possible que nous nous soyons aperçus là, et, si j'y pense bien, la chose me semble même très possible !
45		
	MME MARTIN	Oh ! vraiment, bien sûr, vraiment, Monsieur !
	M. MARTIN	Comme c'est curieux ! ...J'avais la place n° 3, près de la fenêtre, chère Madame.
50	MME MARTIN	Oh, mon Dieu, comme c'est curieux et comme c'est bizarre, j'avais la place n° 6, près de la fenêtre, en face de vous, cher Monsieur.
	M. MARTIN	Oh, mon Dieu, comme c'est curieux et quelle coïncidence ! ...Nous étions donc vis-à-vis,° chère Madame ! C'est là que nous avons dû nous voir !
55	MME MARTIN	Comme c'est curieux ! C'est possible mais je ne m'en souviens pas, Monsieur !

vis-à-vis = *en face l'un de l'autre*

M. MARTIN A vrai dire, chère Madame, moi non plus je ne m'en souviens pas. Cependant, il est très possible que nous nous soyons vus à cette occasion.

60 MME MARTIN C'est vrai, mais je n'en suis pas sûre du tout, Monsieur.

M. MARTIN Ce n'était pas vous, chère Madame, la dame qui m'avait prié de mettre sa valise dans le filet° et qui ensuite m'a remercié et m'a permis de fumer ?

M. MARTIN Mais si, ça devait être moi, Monsieur ! Comme c'est curieux, comme
65 c'est curieux, et quelle coïncidence !

M. MARTIN Comme c'est curieux, comme c'est bizarre, quelle coïncidence ! Eh bien alors, alors nous nous sommes peut-être connus à ce moment-là, Madame ?

MME MARTIN Comme c'est curieux et quelle coïncidence ! c'est bien possible, cher
70 Monsieur ! Cependant, je ne crois pas m'en souvenir.

M. MARTIN Moi non plus, Madame.

(Un moment de silence. La pendule sonne 2, 1.)

M. MARTIN Depuis que je suis arrivé à Londres j'habite rue Bromfield, chère Madame.

75 MME MARTIN Comme c'est curieux, comme c'est bizarre ! moi aussi, depuis mon arrivée à Londres j'habite rue Bromfield, cher Monsieur.

M. MARTIN Comme c'est curieux, mais alors, mais alors, nous nous sommes peut-être rencontrés rue Bromfield, chère Madame.

MME MARTIN Comme c'est curieux ; comme c'est bizarre ! c'est bien possible,
80 après tout ! Mais je ne m'en souviens pas, cher Monsieur.

M. MARTIN Je demeure au n° 19, chère Madame.

MME MARTIN Comme c'est curieux, moi aussi j'habite au n° 19, cher Monsieur.

M. MARTIN Mais alors, mais alors, mais alors, mais alors, mais alors, nous nous sommes peut-être vus dans cette maison, chère Madame ?

85 MME MARTIN C'est bien possible, mais je ne m'en souviens pas, cher Monsieur.

M. MARTIN Mon appartement est au cinquième étage, c'est le n° 8, chère Madame.

MME MARTIN Comme c'est curieux, mon Dieu, comme c'est bizarre ! et quelle coïncidence ! moi aussi j'habite au cinquième étage, dans l'appartement n° 8, cher Monsieur !

90 M. MARTIN *(songeur)* Comme c'est curieux, comme c'est curieux, comme c'est curieux et quelle coïncidence ! vous savez, dans ma chambre à coucher j'ai un lit. Mon lit est couvert d'un édredon° vert. Cette chambre, avec ce lit et son édredon vert, se trouve au fond du corridor, entre les waters° et la bibliothèque, chère Madame !

le filet luggage net / **l'édredon** *m* quilt (lit., an eiderdown quilt) / **les waters** *m* = *les water-closets (les toilettes)*

95	MME MARTIN	Quelle coïncidence, ah mon Dieu, quelle coïncidence ! Ma chambre à coucher a, elle aussi, un lit avec un édredon vert et se trouve au fond du corridor, entre les waters, cher Monsieur, et la bibliothèque !
100	M. MARTIN	Comme c'est bizarre, curieux, étrange ! alors, Madame, nous habitons dans la même chambre et nous dormons dans le même lit, chère Madame. C'est peut-être là que nous nous sommes rencontrés !
	MME MARTIN	Comme c'est curieux et quelle coïncidence ! C'est bien possible que nous nous y soyons rencontrés, et peut-être même la nuit dernière. Mais je ne m'en souviens pas, cher Monsieur !
105	M. MARTIN	J'ai une petite fille, ma petite fille, elle habite avec moi, chère Madame. Elle a deux ans, elle est blonde, elle a un œil blanc et un œil rouge, elle est très jolie et s'appelle aussi Alice, chère Madame.
	MME MARTIN	Quelle bizarre coïncidence ! moi aussi j'ai une petite fille, elle a deux ans, un œil blanc et un œil rouge, elle est très jolie et s'appelle aussi Alice, cher Monsieur !
110	M. MARTIN	*(même voix traînante, monotone)* Comme c'est curieux et quelle coïncidence ! et bizarre ! c'est peut-être la même, chère Madame !
	MME MARTIN	Comme c'est curieux ! c'est bien possible, cher Monsieur.

(Un assez long moment de silence... La pendule sonne vingt-neuf fois.)

115	M. MARTIN	*(après avoir longuement réfléchi, se lève lentement et, sans se presser,° se dirige vers Mme Martin qui, surprise par l'air solennel de M. Martin, s'est levée, elle aussi, tout doucement ; M. Martin a la même voix rare, monotone, vaguement chantante)* : Alors, chère Madame, je crois qu'il n'y a pas de doute, nous nous sommes déjà vus et vous êtes ma propre° épouse... Elisabeth, je t'ai retrouvée !

(Mme Martin s'approche de M. Martin sans se presser. Ils s'embrassent sans ex-
120 *pression. La pendule sonne une fois, très fort. Le coup de la pendule doit être si fort qu'il doit faire sursauter° les spectateurs. Les époux Martin ne l'entendent pas.)*

	MME MARTIN	Donald, c'est toi, darling !

(Ils s'assoient dans le même fauteuil, se tiennent embrassés et s'endorment. La pendule sonne encore plusieurs fois. Mary,¹ sur la pointe des pieds, un doigt sur
125 *ses lèvres,° entre doucement en scène et s'adresse au public.)*

	MARY	Elisabeth et Donald sont, maintenant, trop heureux pour pouvoir m'entendre. Je puis donc vous révéler un secret. Elisabeth n'est pas Elisabeth, Donald n'est pas Donald. En voici la preuve° : l'enfant dont parle Donald n'est pas la fille d'Elisabeth, ce n'est pas la même
130		

---

se presser = *se dépêcher* / **propre** own / **sursauter** to start, to jump / **la lèvre** lip / **la preuve** proof

---

¹ Mary est la bonne de la famille Smith.

personne. La fillette de Donald a un œil blanc et un autre rouge tout comme la fillette d'Elisabeth. Mais tandis que° l'enfant de Donald a l'œil blanc à droite et l'œil rouge à gauche, l'enfant d'Elisabeth, lui, a l'œil rouge à droite et le blanc à gauche ! Ainsi tout le système

135 d'argumentation de Donald s'écroule° en se heurtant à° ce dernier obstacle qui anéantit° toute sa théorie. Malgré les coïncidences extraordinaires qui semblent être des preuves définitives, Donald et Elisabeth, n'étant pas les parents du même enfant, ne sont pas Donald et Elisabeth. Il a beau croire° qu'il est Donald, elle a beau se

140 croire Elisabeth. Il a beau croire qu'elle est Elisabeth. Elle a beau croire qu'il est Donald : ils se trompent° amèrement.° Mais qui est le véritable Donald ? Quelle est la véritable Elisabeth ? Qui donc a intérêt° à faire durer cette confusion ? Je n'en sais rien. Ne tâchons° pas de le savoir. Laissons les choses comme elles sont. *(Elle fait*

145 *quelques pas vers la porte, puis revient et s'adresse au public.)* Mon vrai nom est Sherlock Holmès.

Eugène Ionesco, *La Cantatrice chauve* (1950)

Qu'en pensez-vous ?

Etes-vous d'accord ou non avec les déclarations suivantes ? Justifiez votre réponse.

1. M. et Mme Martin pensent qu'ils se sont rencontrés quelque part.
2. Il est possible qu'ils se soient rencontrés à Manchester.
3. Tous deux ont quitté Manchester à la même époque.
4. Mme Martin se souvient d'avoir vu M. Martin dans le train.
5. Les Martin se sont vus dans le train dans un wagon de première classe.
6. Ils ont occupé le même compartiment dans le même wagon.
7. Ils avaient tous deux une place près de la fenêtre.
8. Mme Martin n'a pas permis à son mari de fumer.
9. Les Martin ont leur propre maison dans la rue Bromfield à Londres.
10. Leur chambre à coucher se trouve entre la bibliothèque et les toilettes.
11. M. et Mme Martin donnent tous deux la même description d'Alice.
12. Dès qu'ils se reconnaissent, Donald et Elisabeth Martin s'embrassent tendrement.
13. Mary prouve que les Martin se trompent en identifiant leur fille.
14. En fait, Donald n'est pas Donald et Elisabeth n'est pas Elisabeth.
15. Pendant toute cette scène, il est très facile de tenir compte de l'heure.

tandis que whereas / **s'écrouler** to crumble / **se heurter à** = *rencontrer (un obstacle)* / **anéantir** = *abolir, détruire* / **il a beau croire** = *il croit en vain* / **se tromper** to be mistaken / **amèrement** = *cruellement* / **qui donc a intérêt** so to whose interest is it / **tâcher** = *essayer*

Nouveau Contexte

Complétez le dialogue suivant en choisissant les termes appropriés (employez chaque terme une seule fois). Puis, jouez le dialogue.

Verbes : ai aperçus, ai beau, s'appellent, s'approcher d', habitent, n'en sais rien, te souviens-tu de, me trompe, se trouvent

Adjectif : originaires

— Patricia, as-tu vu les jumeaux séduisants qui viennent d'emménager *(move in)* dans notre immeuble ?

— Je les _____¹ de loin, Isabelle, mais je n'ai pas eu l'occasion de leur parler. Où est-ce qu'ils demeurent ?

— Ils _____² l'appartement juste au-dessus du nôtre.

— Sans blague *(You're kidding)* ! Comment _____³-ils ? _____⁴ leur nom ?

— Jean-Paul et Jean-Pierre.

— D'où viennent-ils ? de Paris ?

— On dit qu'ils sont _____⁵ de Strasbourg.

— Et est-ce qu'ils se ressemblent absolument ?

— J' _____⁶ les regarder fixement, je n'arrive pas à les distinguer. Je _____⁷ chaque fois.

— Il faudra _____⁸ eux et les examiner de près *(up close)*, n'est-ce pas ? Où sont-ils actuellement ?

— Ah ça, Isabelle, je _____⁹. Je ne les ai pas encore vus aujourd'hui. Je ne sais pas où ils _____¹⁰ en ce moment.

— Eh bien, cherchons, mon amie, cherchons. Ce n'est pas tous les jours qu'on peut trouver deux objets d'art à la fois !

Appréciation du texte

1. Répondez à la dernière question de Mary : « Qui donc a intérêt à faire durer cette confusion ? ».

2. Dites comment chacun des éléments suivants contribue à développer le thème essentiel de la pièce :
   a. la répétition, les formules, les refrains dans les propos *(remarks)* des Martin (quels sont-ils ?)
   b. le fait que, selon les indications scéniques, le dialogue doit être dit d'une voix traînante, monotone, etc.
   c. le monologue de Mary après le dialogue des Martin

3. A la première représentation de sa pièce, Ionesco fut presque étonné d'entendre rire les spectateurs. A votre avis, *La Cantatrice chauve* est-elle une comédie ou une tragédie ? Expliquez.

4. Jouez cette scène de *La Cantatrice chauve*. Répétez bien votre rôle pour que le dialogue semble aussi spontané que possible.

Vocabulaire satellite

l' **impression** *f* impression
l' **opinion** *f* opinion
l' **apparence** *f* appearance
la **caractéristique** characteristic
faire la connaissance de to make the acquaintance of
trouver quelqu'un (+ adj.) to find someone (+ adj.)
donner l'impression to give the impression
sembler, paraître, avoir l'air to seem, to appear
habiter, vivre (ensemble ; seul) to live (together; alone)
n'avoir besoin de personne to need no one
être dépendant, indépendant de to be dependent on, independent of

être libre to be free
dépendre de ses parents to depend on one's parents
mener sa propre vie to lead one's own life
faire partie d'une famille to be part of a family
appartenir à to belong to
prendre part à to take part in
garder un secret to keep a secret
révéler un secret to reveal a secret
ne rien cacher to hide nothing
faire une confession complète to make a complete confession
faire une confidence à quelqu'un to take someone into one's confidence

Pratique de la langue

1. Jusqu'à quel point faut-il que deux époux se révèlent l'un à l'autre ? Faut-il tout savoir pour bien se connaître ?
2. Ecrivez et jouez une scène (comique ? tragique ?) qui dépeint la vie familiale chez les Dubé, famille où il n'y a pas de communication, où on habite ensemble mais où chacun mène sa propre vie, presque à l'insu des *(unbeknown to)* autres membres de la famille. Parmi les personnages il y aura les parents, les enfants, le vieux grand-père et une vieille tante.
3. Racontez un incident où une personne que vous pensiez connaître très bien a fait quelque chose qui vous a étonné(e). Dites quelle a été votre première impression de cette personne et pourquoi son action vous a tellement surpris(e). Que pensez-vous de cette personne maintenant ?
4. « Pour bien connaître quelqu'un, il faut vivre avec lui ou elle. » Etes-vous d'accord ou non ? Pourquoi ?
5. Pouvez-vous vous fier à la première impression que vous avez d'une personne ? Sur quoi basez-vous cette impression le plus souvent ? Quels sont les autres éléments qui, plus tard, vous aident à mieux connaître cette personne ?

Marie de France

arie de France is the earliest known female French poet. Our knowledge of her is very limited, gleaned almost exclusively from references in her works. We know that she was born in France, lived in the second half of the twelfth century, and spent a major portion of her life at the court of Henry II of England. In addition to her native French, she knew Latin and English. Most of her works date from the years 1160 to 1170.

Marie de France is remembered for her *Lais*, which have been described as "short stories in verse." These narrative poems were written in octosyllabic couplets and ranged in length from 118 to 1184 verses. Marie de France is credited with creating the genre, as she captured the essence of orally transmitted Breton legends, several of which deal with Arthurian themes and personages. She is known to have authored at least twelve *Lais* and probably more.

The *Lais* of Marie de France are all love poems dealing with a single sentimental adventure or episode. The setting often mingles the enchantment of the land of fairies with realistic, human elements. The poet is more interested in emotions than in externals. The adventure that she describes in each story is a device enabling her to portray and analyze psychological motives. Love is presented as a tender, mutual passion demanding equal sacrifice and devotion from man and woman. *Le Laüstic*, one of Marie de France's shortest *Lais* (160 verses), is given here in its entirety in a modern French prose translation.

Orientation: The Communication of Love

In the majority of her *Lais*, Marie de France celebrates tenderness, loyalty, and devotion. In *Le Laüstic*, she presents the situation of the eternal triangle: a man falls in love with his neighbor's wife. What is interesting is to see how the reader feels about the circumstances as they develop. Do our sympathies vacillate from one character to the other in the story? Do we ultimately side with the husband or with the lovers? Are we dealing with true love in this story or are the characters deceiving themselves and us?

The love situation described here has a uniqueness about it. Communication is always a key element in matters such as these but, in this instance, it takes on added importance, as it is the very essence of the relationship. Notice how Marie de France has us focus first on the relationship of the two lovers, then on the husband and wife, and finally on the lovers again. As you read, be attentive to the various means of communications employed by the characters and try to measure how effectively or ineffectively they convey what each one feels.

Le Laüstic

Je vais vous dire une aventure dont les anciens Bretons firent un lai. Son nom est Laüstic : ainsi l'appellent-ils en leur pays. C'est « rossignol » en français et « nightingale » en anglais.

Dans le pays de Saint-Malo° était une ville fameuse. Deux chevaliers° y demeu-
5 raient et y avaient deux fortes° maisons. Telle° était l'excellence de ces deux barons que la ville en avait bonne renommée.° L'un avait épousé une femme sage, courtoise° et toujours bien parée° : c'est merveille d'ouïr° les soins° qu'elle prenait d'elle

---

Saint-Malo French seaport on the English Channel / **le chevalier** knight / **fort** = *fortifié* / **telle** such / **la renommée** reputation / **courtoise** courteous, polite / **bien paré** = *élégant* / **ouïr** *(archaïque)* = *entendre* / **le soin** care

selon les meilleurs usages du temps. L'autre était un bachelier° bien connu parmi
ses pairs° pour sa prouesse,° sa grande valeur° et son accueil° généreux. Il était de°
10 tous les tournois,° dépensait° et donnait volontiers° ce qu'il avait.

Il aima la femme de son voisin.° Il lui fit si grandes requêtes,° si grandes prières, il
y avait si grand bien en lui, qu'elle l'aima plus que toute chose, tant° pour le bien
qu'elle en ouït dire que parce qu'il habitait près d'elle. Ils s'entraimèrent° sagement
et bien. Ils tinrent° leur amour très secret et prirent garde° qu'ils ne fussent aperçus,°
15 ni surpris, ni soupçonnés.° Et ils le pouvaient facilement faire, car leurs demeures°
étaient proches.° Voisines étaient leurs maisons, leurs donjons° et leurs salles ; il
n'y avait ni barrière ni séparation, fors° une haute muraille° de pierre° brune.° De la
chambre où la dame couchait, quand elle se tenait° à la fenêtre, elle pouvait parler à
son ami, et lui à elle de l'autre côté ; ils entréchangeaient leurs gages° d'amour en les
20 jetant et en les lançant.° Rien ne les troublait. Ils étaient tous deux bien aises,° fors
qu'il ne pouvaient du tout venir ensemble à leur volonté,° car la dame était étroite-
ment° gardée quand son ami était dans la ville. Mais ils en avaient dédommagement°
soit° de jour, soit de nuit, dans les paroles qu'ils se disaient : car nul ne les pouvait
empêcher° de venir à leurs fenêtres et là, de se voir.

25 Longtemps ils s'entraimèrent, tant que° l'été arriva : les bois et les prés° reverdi-
rent,° les vergers° fleurirent.° Les oiselets° menèrent,° à voix très douce, leur joie au
sommet des fleurs. Ce n'est pas merveille si celui qui aime s'y adonne° alors davantage.° Et le chevalier et la dame s'y adonnèrent de tout leur cœur, par paroles et par
regards. Les nuits, quand la lune luisait° et que son seigneur était couché, souvent
30 elle quittait son côté, se levait, s'enveloppait de son manteau. Elle venait s'appuyer
à° la fenêtre pour son ami qu'elle savait là ; lui faisait de même° et veillait° la plus
grande partie de la nuit. Ils avaient grande joie à se regarder, puisqu'ils ne pouvaient
avoir plus.

Tant et tant° elle se leva, tant et tant elle s'accouda° que son sire en fut irrité.
35 Maintes° fois il voulut savoir pourquoi elle se levait et où elle allait.

---

le bachelier (*archaïque*) bachelor / **le pair** peer / **la prouesse** = *courage* / **la valeur** = *vaillance* / **l'accueil** *m* = *hospitalité* / **être de** = *participer à* / **le tournoi** tournament / **dépenser** to spend / **volontiers** willingly / **le voisin** neighbor / **la requête** = *demande* / **tant** as much / **s'entraimer** = *s'aimer mutuellement* / **tinrent** = *tenir (passé simple)* / **prendre garde** = *faire attention de ne pas...* / **aperçu** noticed / **soupçonné** suspected / **la demeure** = *maison* / **proche** = *voisin, contigu* / **le donjon** tower / **fors** (*archaïque*) = *excepté* / **la muraille** high, thick wall / **la pierre** stone / **brun** dark / **se tenir** to stand / **le gage** token / **lancer** to toss / **aise** = *content* / **à leur volonté** = *comme ils voulaient* / **étroitement** closely / **le dédommagement** = *compensation* / **soit... soit** whether...whether / **empêcher** to prevent / **tant que** = *jusqu'à ce que* / **le pré** meadow / **reverdir** = *redevenir vert* / **le verger** orchard / **fleurir** to bloom / **l'oiselet** *m* = *petit oiseau* / **mener** = *porter, exprimer* / **s'adonner à** to give oneself over to / **davantage** = *plus* / **luire** = *briller* / **s'appuyer à** to lean against / **de même** the same / **veiller** to stay awake / **tant et tant** so much / **s'accouder** = *s'appuyer* / **maintes** = *beaucoup de*

« Sire, lui répondait la dame, celui-là° ignore° la joie en ce monde, qui n'écoute pas le laüstic chanter : c'est pour l'entendre que je viens m'accouder ici. Si douce est sa voix dans la nuit que l'ouïr m'est un grand délice° : et j'ai tel désir de cette jouissance° que je ne peux fermer les yeux et dormir. »

40   Quand le sire entendait ce qu'elle disait, il jetait° un ris° courroucé° et méchant. Il réfléchit tant° qu'il trouve ceci : il prendra le laüstic au piège.° Il n'a valet en sa maison qui ne fasse° engin,° rêts° ou lacet° : puis ils vont les mettre dans le verger. Pas de coudrier° ni de châtaignier° où ils n'aient disposé lacs° et glu.° Tant qu'ils prennent le laüstic. Alors ils l'apportent tout vif° au seigneur. Quand il le tient, il en est 45   très joyeux. Il vient dans la chambre de la dame.

« Dame, fait-il,° où êtes-vous ? Venez ici, que je vous parle ! J'ai pris dans un piège le laüstic, à cause duquel vous avez tant veillé. Désormais° vous pouvez reposer en paix ; il ne vous éveillera° plus ! »

Quand la dame l'entend, elle est dolente° et courroucée. Elle le° demande à son 50   seigneur. Et lui occit° l'oiselet avec emportement° ; il lui rompt° le cou° avec ses deux mains ; puis il fait une chose trop vilaine° à conter° ; il jette le corps sur la dame, si qu'il lui ensanglante° sa robe un peu au-dessus de la poitrine.° Et il sort de la chambre.

La dame prend le corps, tout petit. Elle pleure durement,° elle maudit° ceux qui 55   firent les engins et les lacs et prirent traîtreusement° le laüstic ; car ils lui ont retiré° une grande joie.

« Lasse,° dit-elle, le malheur est sur moi ! Je ne pourrai plus me lever la nuit ni m'accouder à la fenêtre d'où j'avais coutume° de voir mon ami. Il croira que je l'aime moins ; c'est chose dont je suis assurée. Aussi° faut-il que j'avise° ; je lui ferai tenir le 60   laüstic, je lui manderai° l'aventure. »

En une pièce de samit,° brodée° d'or,° où elle raconte tout par écrit, elle enveloppe le petit oiseau. Elle appelle un sien valet.° Elle le charge de le porter à son ami. Il vient au chevalier. De la part de la dame, il lui fait un salut, lui conte tout son message et lui présente le laüstic.

---

celui-làqui he who / **ignorer** = *ne pas connaître* / **le délice** = *plaisir* / **la jouissance** enjoyment / **jeter** to let out / **le ris** *(archaïque)* = *rire* / **courroucé** wrathful, incensed / **tant** so much / **prendre au piège** to trap / **il n'a valet... fasse** every servant in his house makes / **l'engin** *m* trap / **les rêts** *m pl* nets / **le lacet** snare / **le coudrier** hazel tree / **le châtaignier** chestnut tree / **les lacs** *m pl* snare / **la glu** birdlime / **tout vif** still alive / **fait-il** = *dit-il* / **désormais** from now on / **éveiller** to awaken / **dolent** sad / **le** = *le laüstic* / **occire** *(archaïque)* = *tuer* / **avec emportement** = *avec colère* / **rompre** to break / **le cou** neck / **vilain** vile / **conter** = *raconter* / **ensanglanter** to soak with blood / **la poitrine** chest, breast / **durement** harshly / **maudire** to curse / **traîtreusement** treacherously / **retirer** = *prendre* / **lasse** = *hélas* / **avoir coutume** = *avoir l'habitude* / **aussi** = *par conséquent* / **aviser** to take stock, to see where one stands / **mander** = *raconter* / **le samit** samite (heavy silk) / **brodé** embroidered / **l'or** *m* gold / **un sien valet** = *un de ses valets*

65   Quand il lui eut tout dit° et montré, le chevalier, qui l'avait bien écouté, fut dolent
de l'aventure ; mais il n'agit point en vilain° ni en homme lent.° Il fit forger un vaisselet.° Il n'y entra ni fer ni acier° : tout entier il fut en or° fin, avec de bonnes pierres
très chères° et très précieuses ; on y mit un couvercle° qui fermait très bien. Il y déposa le laüstic ; puis il fit sceller la châsse° et toujours la porta avec lui.

70   Cette aventure fut contée : on ne put la celer° longtemps. Les Bretons en firent un
lai. On l'appelle le Laüstic.

Marie de France, Lais (1160?)

Qu'en pensez-vous ?

Etes-vous d'accord ou non avec les déclarations suivantes ? Justifiez votre réponse.

1. Les deux chevaliers de Saint-Malo sont mariés.
2. La jeune femme est tombée amoureuse du chevalier pour plusieurs raisons.
3. Il est très difficile pour la dame de communiquer avec le chevalier.
4. Leur amour s'exprime plus facilement pendant l'hiver.
5. La dame et le chevalier se retrouvent chaque nuit.
6. Le mari dort bien pendant que sa femme s'entretient avec le chevalier.
7. La femme dit à son mari qu'elle se lève chaque nuit pour aller admirer la lune.
8. Le mari donne le rossignol à sa femme comme cadeau.
9. La dame envoie l'oiseau à son ami.
10. L'oiseau accompagne le chevalier partout où il va.

Nouveau Contexte

Complétez le dialogue suivant en choisissant les termes appropriés (employez chaque terme une seule fois). Puis, jouez le dialogue.

Noms :   dame *f*, pierre *f*, voisins *m*
Verbes :   appelle, apporter, ont dépensé, ignore
Adjectifs :   cher, joyeuses, proche, surpris

— Est-ce que tu connais nos _____¹, les Mercier ?
— Est-ce la famille qui habite la grande maison en _____² ?
— Oui, juste à côté de chez nous. C'est la maison la plus _____³ de la nôtre.
— Il y a un monsieur, une _____⁴ et deux petits enfants dans cette famille,
n'est-ce pas ? Ils sont là depuis longtemps ?
— J' _____⁵ depuis combien de temps ils y habitent. Ils sont arrivés
avant nous.

---

eut dit = *avait dit* / **agir en vilain** to act like a mean person / **en homme lent**
hesitantly / **le vaisselet** small vessel / **il n'y entra... acier** there was no iron or steel
in it / **l'or** gold / **cher** expensive, costly / **le couvercle** lid / **il fit sceller la châsse**
he had the reliquary sealed / **celer** to conceal

— Ils ont l'air très heureux. On entend souvent leurs paroles _____ ⁶ et leurs rires.

— Tu sais qu'on les _____ ⁷ les bons vivants du quartier.

— Ça ne m'étonne pas !

— Hier soir, figure-toi *(imagine)*, j'ai été _____ ⁸ par toute la famille. C'était mon anniversaire et ils sont tous venus m' _____ ⁹ un cadeau.

— Un cadeau pour toi ?

— Oui, et c'était un cadeau très _____ ¹⁰. Je suis sûr qu'ils _____ ¹¹ beaucoup d'argent.

— C'est très gentil à eux d'avoir fait ça.

— Avec des gens comme ça, on s'entend bien dans le quartier !

Appréciation du texte

1. Etudiez le rôle de la communication dans cet épisode :
   a. entre le mari et sa femme. Quel rapport existe-t-il entre le mari et la femme ? Comment font-ils connaître leurs pensées et leurs sentiments ? Est-ce que leurs actions sont révélatrices ?
   b. entre le chevalier et la femme de son voisin. Comment est née leur liaison ? Comment s'est-elle maintenue ? Avec quels gestes expriment-ils leur passion ?
2. Quelle est votre réaction personnelle devant chacun des trois personnages ? Lequel (laquelle ? lesquels ?) trouvez-vous sympathique(s) ? Est-ce que vos sentiments sont les mêmes à travers tout le récit ?
3. Expliquez le symbolisme du laüstic. Qu'est-ce que l'oiseau représente, à votre avis ? Est-ce que le symbolisme change, une fois qu'il est mort ?

Vocabulaire satellite

la **pensée**   thought
le **sentiment**   feeling
le **tempérament**   temperament
le **caractère**   character
la **personnalité**   personality
l' **état** *m* **d'esprit**   state of mind
communiquer   to communicate, to impart
éprouver   to feel, to experience
exprimer   to express
être de bonne (mauvaise) humeur   to be in a good (bad) mood

avoir le cafard   to have the blues
compréhensif, -ive understanding, sympathetic
incompréhensif, -ive unsympathetic
introverti   introvert
extraverti, extroverti extravert, extrovert
communicatif, -ive, expansif, -ive, ouvert   communicative, expansive, open
renfermé, taciturne   closed, taciturn

Pratique de la langue

1. Est-il important de communiquer ses pensées et ses sentiments à une autre personne ? Ou vaut-il mieux les garder pour soi-même ? Expliquez votre réponse.

2. De quelle façon communiquez-vous le plus efficacement : face à face ? au téléphone ? par correspondance ? par l'Internet ? etc. Expliquez vos préférences.

3. « Si vous aimez quelqu'un, dites-le-lui ! » Est-ce que tous les sentiments qu'on éprouve sont bons à exprimer ? Si oui, de quelle manière doit-on exprimer son ressentiment, son antipathie, son désaccord avec quelqu'un ?

4. Décrivez votre tempérament. Etes-vous d'humeur égale ? Etes-vous généralement de bonne ou de mauvaise humeur ? Avez-vous souvent le cafard ? Que faites-vous lorsque vous êtes déprimé(e) ?

5. Créez et présentez un dialogue illustrant un exemple de bonne ou de mauvaise communication entre les personnes suivantes :

    a. une jeune fille et son petit ami
    b. deux jeunes mariés
    c. un(e) étudiant(e) et un professeur
    d. deux camarades de chambre
    e. des parents (compréhensifs ? incompréhensifs ?) et leur enfant (sage ? désobéissant ?)
    f. n'importe quels autres personnages

Guy de Maupassant

Upon discovering Guy de Maupassant (1850–1893) and his work, most English-language readers are immediately reminded of the American Edgar Allen Poe, who died the year before his French counterpart was born. Like Poe, Maupassant is a master of the short story. His impressive literary production is encompassed in a fruitful period corresponding to the decade of his thirties. Between 1880 and 1891, Maupassant wrote, among other things, some three hundred short stories and six novels. During that time he achieved not only fame but a fortune such that he was able to own his own yacht and cruise the Mediterranean. Late in 1891, however, he began to experience serious nervous disorders, hallucination, and delirium. Haunted by the specter of death, he spent the last year and a half of his life in an asylum.

Maupassant served his literary apprenticeship under no less a writer than Flaubert, a very demanding taskmaster who insisted that his protégé observe his surroundings very carefully, identify essential details, and consistently express himself in clear, concise French. Flaubert also introduced Maupassant to other influential writers such as Daudet and Zola.

Guy de Maupassant

Maupassant's subject matter is nearly always taken from his own experiences and observations. He tells us of people and places that he knows through direct frequentation: the peasants of his native Normandy, the civil servants with whom he worked in Paris, the miserable soldiers of the 1870 Franco-Prussian War in which he served, and the aristocracy with whom he associated at a later time. Moreover, he excels at describing inner states of mind: crises of fear, flights of hallucination, ravages of dementia. Many of his stories are inspired by current events, everyday occurrences on which he focuses in a special way. A good number of these tales, in fact, have been successfully adapted for cinema.

The following passage is taken from the short story entitled *En voyage*. It is told by a doctor who is one of several passengers in the compartment of a train that is making its way through southern France. Passing through Tarascon, the group is reminded of a murderer who for the past two years has been taking the lives of travelers in the region. Each passenger has a traveler's tale relating to the topic. In his turn, the doctor tells of a former patient of his, a Russian countess who, for medical reasons, had to leave Russia for the warmer climate of southern France. She was traveling alone in her train compartment, the servants being in another car, when she decided to count the money that she was taking with her. Suddenly the door blew open, a man burst in, and, out of breath, sat down next to her. He was dressed in formal attire and was bleeding from the wrist. The countess immediately took him for a robber. He reassured her, however, and in fact begged her for her help. He had never done anything wrong in his life and he had no intention of harming her. He needed to get out of Russia and, without her assistance, he would be a dead man. The train was one hour and twenty minutes from the Russian border when it came to a halt. There was a knock at the door of the compartment. It was Ivan, the countess' servant, who had come to see if his mistress needed anything.

Orientation: Showing vs. Telling

This tale shows the literary influence of Maupassant's mentor, Flaubert. It is striking in its objectivity, as it presents the facts to the reader without authorial intrusion. Maupassant chooses merely to show what is taking place, leaving the interpretation of the events to the reader.

As you read Maupassant's narrative, try to follow the step-by-step development of the couple's love. How did it begin? What did each person contribute to its growth? How did each become aware of the other's feelings? How was their love communicated? And what is so unique about their particular involvement? Gauge your personal reaction as the plot unfolds: are you filled with admiration for the couple? do you value what they have? should they have done something differently? What elements in the story led you to react as you did?

Un Silence d'amour

Ivan parut° à la portière° afin de prendre les ordres.

La comtesse Marie, la voix tremblante, considéra une dernière fois son étrange compagnon, puis elle dit à son serviteur, d'une voix brusque :

— Ivan, tu vas retourner près du comte,° je n'ai plus besoin de toi.

5   L'homme, interdit,° ouvrait des yeux énormes. Il balbutia° :

— Mais... barine.°

Elle reprit° :

— Non, tu ne viendras pas, j'ai changé d'avis.° Je veux que tu restes en Russie. Tiens,° voici de l'argent pour retourner. Donne-moi ton bonnet° et ton manteau.°

---

paraître = *se présenter* / **la portière** = *porte d'une voiture ou d'un train* / **le comte** the count (who had stayed behind in Russia) / **interdit** = *très étonné* / **balbutier** to stammer / **la barine** lady, mistress / **reprendre** = *continuer* / **changer d'avis** to change one's mind / **tiens** here! / **le bonnet** cap / **le manteau** cloak

10   Le vieux domestique, effaré,° se décoiffa° et tendit° son manteau, obéissant toujours sans répondre, habitué aux volontés soudaines et aux irrésistibles caprices des maîtres. Et il s'éloigna,° les larmes aux yeux.

    Le train repartit, courant à la frontière.

    Alors la comtesse Marie dit à son voisin :

15   — Ces choses sont pour vous, monsieur, vous êtes Ivan, mon serviteur. Je ne mets qu'une condition à ce que je fais : c'est que vous ne me parlerez jamais, que vous ne me direz pas un mot, ni pour me remercier, ni pour quoi que ce soit.°

    L'inconnu s'inclina° sans prononcer une parole.

    Bientôt on s'arrêta de nouveau° et des fonctionnaires° en uniforme visitèrent le
20 train. La comtesse leur tendit les papiers et, montrant l'homme assis au fond de° son wagon :

    — C'est mon domestique, Ivan, dont voici le passeport.

    Le train se remit en route.°

    Pendant toute la nuit, ils restèrent en tête-à-tête,° muets tous deux.

25   Le matin venu, comme on s'arrêtait dans une gare allemande, l'inconnu descendit° ; puis, debout° à la portière :

    — Pardonnez-moi, madame, de rompre° ma promesse ; mais je vous ai privée° de votre domestique, il est juste que je le remplace. N'avez-vous besoin de rien ?

    Elle répondit froidement :

30   — Allez chercher ma femme de chambre.°

    Il y alla. Puis disparut.

    Quand elle descendait à quelque buffet,° elle l'apercevait° de loin qui la regardait. Ils arrivèrent à Menton.°

    Le docteur se tut° une seconde, puis reprit :

35   — Un jour, comme je recevais mes clients dans mon cabinet,° je vis° entrer un grand garçon qui me dit :

    — Docteur, je viens vous demander des nouvelles de° la comtesse Marie Baranow. Je suis, bien qu'elle ne me connaisse point, un ami de son mari.

    Je répondis :

40   — Elle est perdue.° Elle ne retournera pas en Russie.

---

effaré bewildered / **se décoiffer** to take off one's cap / **tendre** to hand over / **s'éloigner** = *s'en aller* / **quoi que ce soit** whatever reason / **s'incliner** to bow / **de nouveau** = *encore* / **le fonctionnaire** official / **au fond de** at the back of / **se remettre en route** to set out again / **en tête-à-tête** = *seuls ensemble* / **descendre** = *sortir* / **debout** standing / **rompre** to break / **priver** to deprive / **la femme de chambre** maid / **le buffet** = *café-restaurant* / **apercevoir** to notice / **Menton** = *près de Nice* / **se tut** = *se taire (passé simple)* / **le cabinet** = *bureau d'un médecin ou d'un avocat* / **vis** = *voir (passé simple)* / **demander des nouvelles de** to inquire about / **perdu** doomed (i.e., terminally ill)

Et cet homme brusquement se mit à° sangloter,° puis il se leva et sortit en tré-
buchant° comme un ivrogne.°

Je prévins,° le soir même,° la comtesse qu'un étranger était venu m'interroger sur
sa santé.° Elle parut° émue° et me raconta toute l'histoire que je viens de vous dire.
45 Elle ajouta° :

— Cet homme que je ne connais point me suit° maintenant comme mon ombre,°
je le rencontre chaque fois que je sors ; il me regarde d'une étrange façon,° mais il ne
m'a jamais parlé.

Elle réfléchit, puis ajouta :

50 — Tenez,° je parie° qu'il est sous mes fenêtres.

Elle quitta sa chaise longue,° alla écarter° les rideaux° et me montra en effet
l'homme qui était venu me trouver, assis sur un banc° de la promenade, les yeux
levés vers l'hôtel.° Il nous aperçut, se leva et s'éloigna sans retourner la tête.

Alors, j'assistai à° une chose surprenante° et douloureuse,° à l'amour muet° de
55 ces deux êtres° qui ne se connaissaient point.

Il l'aimait, lui, avec le dévouement° d'une bête° sauvée,° reconnaissante° et dé-
vouée à la mort. Il venait chaque jour me dire : « Comment va-t-elle ? » comprenant
que je l'avais deviné.° Et il pleurait affreusement° quand il l'avait vue passer, plus
faible° et plus pâle chaque jour.

60 Elle me disait :

— Je ne lui ai parlé qu'une fois, à ce singulier homme, et il me semble que je le
connais depuis vingt ans.

Et quand ils se rencontraient, elle lui rendait° son salut° avec un sourire grave et
charmant. Je la sentais heureuse, elle si abandonnée et qui se savait perdue, je la
65 sentais heureuse d'être aimée ainsi, avec ce respect et cette constance, avec cette
poésie exagérée, avec ce dévouement prêt° à tout. Et pourtant,° fidèle à son obstination d'exaltée,° elle refusait désespérément° de le recevoir, de connaître son nom,
de lui parler. Elle disait : « Non, non, cela me gâterait° cette étrange amitié. Il faut
que nous demeurions étrangers l'un à l'autre. »

---

se mettre à = *commencer à* / **sangloter** to sob / **trébucher** to stagger / **l'ivrogne**
m drunken man / **prévenir** to inform / **même** very / **la santé** health / **paraître** =
sembler / **ému** moved / **ajouter** to add / **suivre** to follow / **l'ombre** *f* shadow /
d'une étrange façon in a strange way / **tenez** look here / **parier** to wager / **la
chaise longue** reclining chair / **écarter** to push aside / **le rideau** curtain / **le banc**
bench / **l'hôtel** *m* townhouse / **assister à** to witness / **surprenant** surprising /
douloureux painful, distressing / **muet** mute / **l'être** *m* being / **le dévouement**
devotion / **la bête** beast, creature / **sauvé** rescued / **reconnaissant** grateful /
deviner to guess, to see into someone / **affreusement** frightfully / **faible** weak /
rendre to return / **le salut** greeting, bow / **prêt** ready / **pourtant** yet / **d'exalté**
of a fanatic, fanatical / **désespérément** desperately / **gâter** to spoil

70   Quant à° lui, il était certes° également une sorte de Don Quichotte,° car il ne fit rien pour se rapprocher d°'elle. Il voulait tenir jusqu'au bout° l'absurde promesse de ne lui jamais parler qu'il avait faite dans le wagon.

    Souvent, pendant ses longues heures de faiblesse, elle se levait de sa chaise longue et allait entr'ouvrir° son rideau pour regarder s'il était là, sous sa fenêtre. Et 75 quand elle l'avait vu, toujours immobile sur son banc, elle revenait se coucher avec un sourire aux lèvres.

    Elle mourut un matin, vers dix heures. Comme je sortais de l'hôtel, il vint à moi, le visage bouleversé° ; il savait déjà la nouvelle.°

    — Je voudrais la voir une seconde, devant vous,° dit-il.

80   Je lui pris le bras et rentrai dans la maison.

    Quand il fut devant le lit de la morte, il lui saisit la main et la baisa° d'un interminable baiser, puis il se sauva° comme un insensé.°

Guy de Maupassant, En voyage (1885)

---

quant à as for / **certes** = *certainement* / **Don Quichotte** Don Quixote, chivalrous hero of Cervantes' novel / **se rapprocher de** to draw closer to / **le bout** = *la fin* / **entr'ouvrir** to half-open / **bouleversé** distraught / **la nouvelle** news / **devant vous** = *en votre présence* / **baiser** to kiss / **se sauver** to run off / **insensé** = *fou*

Qu'en pensez-vous ?

Etes-vous d'accord ou non avec les déclarations suivantes ? Justifiez votre réponse.

1. Ivan obéit sans hésiter aux désirs de la comtesse.
2. La comtesse impose une seule condition à sa générosité.
3. A la frontière, l'inconnu passe pour le mari de la comtesse.
4. L'étranger ne tient pas longtemps sa promesse.
5. L'inconnu est ivre lorsqu'il quitte le cabinet du médecin.
6. Il devient le compagnon fidèle de la comtesse.
7. L'amour de l'inconnu et de la comtesse ne peut pas se manifester.
8. La comtesse voudrait savoir le nom de cet étranger.
9. La comtesse est consciente de la présence de l'inconnu.
10. L'inconnu finit par donner un baiser à la comtesse.

Nouveau Contexte

Complétez le dialogue suivant en choisissant les termes appropriés (employez chaque terme une seule fois). Puis, jouez le dialogue.

Nom : bout *m*
Verbes : apparais, m'arrête, change d'avis, disparais, t'éloigner, restes, me sauve, tiens
Adjectifs et adverbe : assis, debout, étrange, surprenante

— Patrick, tu es une véritable énigme. Je ne sais que penser de toi. Je _____¹ chaque fois que je te vois.
— Voyons, Monique, je ne suis pas si _____² que ça !
— Si, si, Patrick. Tu ne _____³ là jamais assez longtemps pour que je puisse te parler. Tu _____⁴, et puis tu _____⁵ aussi vite.
— _____⁶, regarde. Je _____⁷ exprès pour bavarder avec toi. Tu veux que je me tienne _____⁸ ou _____⁹ ?
— Tu ne vas pas _____¹⁰ ? Tu vas poursuivre cette conversation jusqu'au _____¹¹ ?
— Mon Dieu ! Il est déjà cinq heures ! Oh là là ! Il faut que je _____¹² !
— Quelle nouvelle _____¹³ ! A plus tard, Patrick !

Appréciation du texte

1. Le narrateur parle de « l'amour muet de ces deux êtres qui ne se connaissaient point. » L'amour est-il vraiment possible sans la connaissance ? A-t-on raison de dire que ces deux personnes ne se connaissaient pas ? S'il y a connaissance entre les deux, comment s'est-elle produite ?

2. Etudiez la nature de cet amour muet. Comment décrivez-vous les rapports qui existent entre les deux personnages ? Est-ce que ces rapports s'expriment de façon égale pour l'un et l'autre ? Etes-vous d'accord avec la comtesse qui croit que, pour soutenir leur amitié, l'inconnu et elle doivent rester étrangers ?

Vocabulaire satellite

le **rapport**   relationship
le **dévouement**   devotion
se **mettre en contact, prendre contact**   to get in touch
se **rencontrer**   to meet (each other)
se **réunir**   to reunite, to meet
se **quitter,** se **séparer**   to separate, to part company
se **consacrer à**   to dedicate oneself to

avouer   to admit, to confess to something
ignorer   to not know
renseigner   to give information to
se **renseigner**   to ask for information, to find out
mettre au courant   to bring up to date

Pratique de la langue

1. Vous êtes dans un aéroport où, avec quelques autres voyageurs, vous attendez le départ de votre vol. Comme il arrive souvent, on se met à raconter des anecdotes de voyage. Rapportez un récit que vous avez entendu ou, encore mieux, retracez un incident qui vous est arrivé à vous ou à quelqu'un de votre connaissance.
2. Si vous aviez été à la place de la comtesse, auriez-vous agi de même ? Imaginez une situation semblable. Vous êtes seul(e) dans un compartiment de l'Orient-Express, la portière s'ouvre brusquement, et voilà un(e) étranger (étrangère) qui se présente devant vous. Ecrivez et jouez le dialogue qui s'ensuit.
3. Connaissez-vous des exemples de dévouement tel que celui de l'inconnu ? Si oui, partagez vos connaissances avec les autres membres de la classe. Si non, créez une petite histoire ou une courte scène qui illustre le dévouement extraordinaire d'une personne pour une autre.
4. « Parfois il vaut mieux ne pas savoir. » Est-ce que l'ignorance peut être une bonne chose ? Pensez à une situation qui illustrerait la vérité de cette hypothèse. Discutez le pour et le contre d'un aveu *(confession)* complet dans un cas particulier.

Sujets de discussion ou de composition

1. Pour que la communication soit bonne entre deux personnes, que faut-il qu'elles fassent ? Que ne faut-il pas qu'elles fassent ?

2. Discutez le rôle de la communication
   a. au cœur de la famille
   b. entre les deux sexes
   c. entre les classes sociales
   d. à l'égard des étrangers.

   Connaissez-vous quelques petits trucs *(tricks, gimmicks)* qui facilitent la communication dans un groupe ?

3. Outre *(besides)* la communication verbale, est-ce que deux personnes qui s'aiment ont d'autres manières de manifester leurs sentiments ? Lesquelles ? Est-ce que la communication verbale est indispensable ?

4. Est-il vrai de dire que la plupart des problèmes qui existent entre personnes sont des problèmes de communication ? Racontez un incident qui vous est arrivé, ou qui est arrivé à quelqu'un de votre connaissance, et qui illustre un manque de communication.

5. Pour avoir de bons rapports avec un peuple étranger, est-il important de bien connaître la langue de l'autre peuple ? Pourquoi ?

10

La Scène et les Lettres

La Farce de Maître Pathelin

French theater, like the theater of ancient Greece, evolved from the people's worship. As early as the tenth century, dramatic presentations in church illustrated scenes from major liturgical celebrations such as Easter and Christmas. As the scope of these presentations was extended to include more characters and to illustrate not only biblical scenes but also segments from the lives of saints, the church setting eventually became too confining, so that by the mid-twelfth century the productions had shifted to the open space outside, in front of the church. By this time the liturgical dramas were no longer written in Latin but in French. Moreover, comic scenes began to alternate regularly with religious scenes, leading ultimately—by the mid-thirteenth century—to the birth of an independent French comic theater.

The heyday of French comedy in the Middle Ages was the fifteenth century. While the religious theater was flourishing with presentations of miracle plays and mystery plays, comic theater took many different forms. One comic genre that quickly gained preeminence was also the only one to survive, the farce.[L] The most famous farce and the best-known comic work of the Middle Ages is *La Farce de Maître Pathelin*, written around 1464. Among the play's salient qualities are its complex but well-defined plot, its great comic quality, and its realistic portrayal of everyday life. There are but five characters in the play, all of whom are deceitful in their own way: the lawyer Pierre Pathelin, his wife, a cloth merchant, a shepherd, and a judge.

As the play opens, Pathelin and his wife are quarreling. She complains that he has lost all his clients and, by his laziness, has forced her to live in an intolerable state of poverty. Spurred by her taunting, Pathelin determines to show his wife that he is still quite capable of providing for her. The first thing he will do is obtain some fabric for new clothes for the two of them, even though he has no money. He goes to the cloth merchant's.

La Farce de Maître Pathelin was written originally in eight-syllable verse in Old French. The following is a modern translation based on "archaic" French prose.

Orientation: The Farce

The medieval farce was originally intended as an interlude to provide comic relief during lengthy religious presentations known as mystery plays. It had no moral or didactic goal, its sole purpose being to make the audience laugh. To achieve this end, the farce depicted easily recognizable, realistic scenes from everyday life.

The following scene, for instance, between the lawyer Pathelin and the cloth merchant Guillaume illustrates the bargaining and haggling that were part and parcel of an ordinary business transaction in the fifteenth century. Vendor and customer each try to gain the upper hand in these tricky negotiations. Mental superiority is at stake, as each is fair game for the other in their mutual maneuvering to outwit one another. Notice how lawyer and merchant hide their true colors until the very end of the scene. In the meantime, they feign concern for one another's well-being; they shower each other with flattery; the merchant complains about the high cost of doing business and the poor return on his investment; the customer puts on an air of *naïveté*, faking an inability to grasp the complexities of the business world. All of this is done to conceal each man's real intent in this transaction. The result is not only a realistic portrayal of the business climate in the late Middle Ages but an interesting psychological study in motivation and resourcefulness that remains valid to this day. The realization at the end of the scene that both men are deceitful frees us as spectators from emotional involvement and enhances our enjoyment of the action through a detached perspective.

La Farce de Maître° Pathelin

(La boutique du drapier°)

	PATHELIN	*(Saluant le drapier)* Dieu soit avec vous !
	GUILLAUME JOCEAULME	*(drapier)* Et Dieu vous donne joie !
	PATHELIN	Dieu m'en soit témoin,° j'avais grand désir de vous voir. Comment se porte° la santé° ? Etes-vous bien portant°
5		et gaillard,° Guillaume ?
	LE DRAPIER	Oui, par Dieu !
	PATHELIN	Alors, la main° ! Comment allez-vous ?
	LE DRAPIER	Eh ! bien, vraiment, tout à votre service. Et vous ?
	PATHELIN	Par saint Pierre l'apôtre,° comme un homme qui est tout
10		vôtre. Ainsi vous êtes heureux ?
	LE DRAPIER	Eh oui ! mais les marchands,° vous devez m'en croire, n'agissent° pas toujours à leur guise.°
	PATHELIN	Comment marche° le commerce ? Peut-on s'en tirer° ? Y trouve-t-on de quoi vivre° ?
15	LE DRAPIER	Eh ! Dieu m'aide ! mon doux maître, je ne sais. C'est toujours : hue ! en avant° !

---

le maître term of address given to lawyers / **le drapier** cloth merchant / **le témoin** witness / **se porte** = *est* / **la santé** health / **bien portant** in good health / **gaillard** strong / **la main** let's shake hands / **l'apôtre** *m* apostle / **le marchand** merchant / **agir** to act / **à leur guise** *f* as they wish / **marcher** to go / **s'en tirer** to manage / **de quoi vivre** enough to live on / **hue ! en avant !** giddyap! forward, march!

PATHELIN   Ah ! que c'était un homme intelligent, votre père. Je prie Dieu qu'il en
ait l'âme.° Douce Dame° ! Il me semble tout simplement que vous,
c'est lui, absolument. Que c'était un bon, un habile° marchand ! Vous

20   lui ressemblez de visage, par Dieu, comme son vrai portrait ! Si Dieu
a jamais eu pitié d'une de ses créatures, qu'il lui pardonne vraiment,
à son âme...

LE DRAPIER   Amen ! par sa grâce ; et de nous° quand il lui plaira. Asseyez-vous,
cher monsieur : il est bien temps° de vous le dire, mais voilà ma façon°

25   d'être poli.

PATHELIN   Je suis bien. Par le corps précieux° ! il avait...

LE DRAPIER   Vraiment, asseyez-vous donc !

PATHELIN   Volontiers.° *(Il s'assied.)* « Ah ! que vous verrez, me disait-il, des
choses extraordinaires ! » Par Dieu ! Je vous assure que des oreilles,

30   du nez, de la bouche et des yeux, jamais enfant ne ressembla mieux
à son père. Quel menton fourchu° ! C'est vraiment vous tout croqué° !
Pour dire à votre mère que vous n'êtes pas le fils de votre père, il

---

l'âme soul / **Dame** = *Sainte Vierge* / **habile** = *capable* / **de nous** i.e., *qu'il ait pitié
de nous* / **il est bien temps** it's about time / **la façon** way / **par le corps précieux** =
par le corps précieux de Jésus ! / **volontiers** gladly / **le menton fourchu** cleft chin /
c'est vraiment vous tout croqué ! You're the very picture of your father!

faudrait avoir grande envie de° quereller. Sans mentir,° je ne puis comprendre comment la Nature, en ses ouvrages, forma deux visages si pareils, et marqués l'un comme l'autre. Quoi ! si l'on vous avait crachés° tous deux contre le mur,° absolument de la même façon, vous seriez ainsi, sans différence. En ce pays, il n'y a, ce me semble, de famille où la ressemblance soit plus frappante.° Plus je vous vois... Par Dieu le père, vous voilà : voilà votre père. Vous lui ressemblez mieux qu'une goutte° d'eau, je n'en fais aucun doute. Quel garçon de valeur c'était ! Le bon brave° homme, et aussi il vendait à crédit ses marchandises à qui les voulait. Dieu lui pardonne ! Avec moi — c'était son habitude — il riait toujours de si bon cœur. Plût à° Jésus-Christ que le pire° de ce monde lui ressemblât ! On ne se volerait° pas, on ne se déroberait° pas l'un l'autre comme l'on fait. *(Il se lève et touche une pièce d'étoffe.°)* Que ce drap°-ci est bien fait ! Qu'il est souple, doux° et joli !

LE DRAPIER Je l'ai fait faire tout exprès° ainsi, de la laine° de mes bêtes.

PATHELIN Ah ! Ah ! Comme vous savez diriger votre maison° ! Autrement° vous ne seriez pas le fils de votre père. Vous ne cessez jamais, jamais, de travailler.

LE DRAPIER Que voulez-vous° ? Il faut faire effort si l'on veut vivre, et se donner de la peine.°

PATHELIN *(touchant une autre pièce)* : Mais vraiment j'en suis séduit,° car je n'avais pas l'intention d'acheter du drap, par la Passion de Notre Seigneur, quand je suis venu. Quel drap est-ce là ? Vraiment, plus je le vois et plus j'en raffole.° Il faut que j'en aie une cotte,° et vite, et ma femme de même.°

LE DRAPIER Certes, le drap est cher comme crème. Vous en aurez, si vous voulez : dix ou vingt francs y ont bien vite filé° !

PATHELIN Peu m'importe° ; bon prix, mais de la qualité. Bref, j'ai une envie° folle° de cette pièce, il faut que j'en aie.

LE DRAPIER Eh bien, il faut d'abord voir combien vous en voulez. Tout est à votre service, autant qu°'il y en a dans la pile, et n'eussiez-vous pas° un sou.°

PATHELIN Je le sais bien, et vous en remercie.

---

avoir envie de to feel like / **mentir** to lie / **cracher** to spit / **le mur** wall / **frappant** striking / **la goutte** drop / **brave** decent / **plût à Jésus-Christ** would to Jesus Christ *(plaire, imparfait du subjonctif)* / **le pire** = *le plus mauvais* / **voler** to rob, to steal / **dérober** = *voler* / **l'étoffe** *f* material, fabric / **le drap** cloth / **doux** soft / **exprès** = *avec intention* / **la laine** wool / **diriger la maison** to run the business / **autrement** otherwise / **que voulez-vous ?** what can you do? / **se donner de la peine** = *faire un effort* / **séduit** = *charmé* / **raffoler de** to be crazy about / **la cotte** = *robe* / **de même** = *également* / **filer** to slip away / **peu m'importe** what does it matter ? / **l'envie** *f* = *désir* / **fou, folle** tremendous / **autant que** as much as / **n'eussiez-vous pas** = *même si vous n'aviez pas* / **le sou** penny

65	LE DRAPIER	Voulez-vous de ce bleu clair° ?
	PATHELIN	Auparavant,° combien me coûtera la première aune° ? Dieu sera payé le premier, c'est juste. Voici un denier,° ne faisons rien sans invoquer Dieu.
	LE DRAPIER	Par Dieu, vous parlez en brave homme, et vous m'avez bien fait plaisir.
70		Voulez-vous mon dernier prix ?
	PATHELIN	Oui.
	LE DRAPIER	Chaque aune vous coûtera vingt-quatre sous.
	PATHELIN	Jamais de la vie ! Vingt-quatre sous ? Sainte Dame !
	LE DRAPIER	C'est ce qu'il m'a coûté, sur mon âme ! Il faut que j'en retire° autant,°
75		si vous l'achetez.
	PATHELIN	Diable ! c'est trop.
	LE DRAPIER	Ah ! vous ne savez pas comment le drap est enchéri.° Tout le bétail° a péri, cet hiver, à cause du grand froid.
	PATHELIN	Vingt sous ! vingt sous !
80	LE DRAPIER	Et je vous jure° que j'en aurai ce que je dis.
	PATHELIN	Par le sang° bieu,° sans discuter davantage,° puisqu'il en va ainsi,° j'achète. Allons ! aunez.°
	LE DRAPIER	Et, je vous demande, combien vous en faut-il° ?
	PATHELIN	C'est bien facile à savoir : quelle largeur° a-t-il ?
85	LE DRAPIER	Largeur de Bruxelles.°
	PATHELIN	Trois aunes pour moi, et pour elle (elle est grande) deux et demie. Cela fait six aunes. N'est-ce pas ? Eh ! non, que je suis bête !
	LE DRAPIER	Il ne manque° qu'une demi-aune pour faire juste les six.
	PATHELIN	J'en prendrai six, cela fera un compte rond° ; il me faut aussi le
90		chaperon.°
	LE DRAPIER	Prenez là, nous allons les mesurer. *(Ils mesurent ensemble.)* Une, et deux, et trois, et quatre, et cinq, et six.
	PATHELIN	Ventre° saint Pierre, tout juste° ! A combien monte le tout° ?
	LE DRAPIER	Nous allons le savoir : à vingt-quatre sous l'une, les six aunes, neuf
95		francs.
	PATHELIN	Cela fait six écus° ?
	LE DRAPIER	Mon Dieu ! oui.

clair light / **auparavant** first of all / **l'aune** *f* ell (a former measure of length) / **le denier (à Dieu)** coin usually offered at the conclusion of a deal as a charitable contribution / **retirer** = *obtenir* / **autant** as much / **enchérir** = *devenir plus cher* / **le bétail** livestock / **jurer** to swear / **le sang** blood / **bieu** = *Dieu (euphémisme)* / **davantage** further / **puisqu'il en va ainsi** since that's the way it is / **auner** = *mesurer* / **combien vous en faut-il ?** how much do you need? / **la largeur** width / **Bruxelles** Brussels (i.e., the width used by Brussels weavers) / **manquer** to be lacking / **le compte rond** round sum / **le chaperon** hood / **le ventre** belly / **tout juste** just right / **à combien monte le tout ?** what does the whole thing come to? / **l'écu** *m* old French coin

PATHELIN   Alors, monsieur, voulez-vous me les donner à crédit jusqu'à tout-à-l'heure,° quand vous viendrez ? Donner à crédit, non ; vous les prendrez à ma porte, en or° ou en monnaie.

LE DRAPIER   Notre Dame ! Je ferai un grand détour, à aller par là.

PATHELIN   C'est fort bien dit : vous feriez un détour ! C'est cela : vous ne voudriez jamais trouver une occasion de venir boire chez moi : eh bien, vous y boirez cette fois. Et ainsi vous mangerez de mon oie,° par Dieu, que ma femme est en train de rôtir.°

LE DRAPIER   Vraiment, cet homme m'abrutit.° Allez devant, marchez ! j'irai donc et je le porterai.

PATHELIN   Pas du tout ! En quoi me gênera-t-il° ? En rien, sous le bras.

LE DRAPIER   Ne vous dérangez pas ; il vaut mieux, pour les convenances,° que je le porte.

PATHELIN   Malchance m'envoie sainte Madeleine, si vous en prenez jamais la peine ! C'est très bien dit : sous le bras. Cela me fera une belle bosse° ! Ah ! Cela va très bien. On aura bien bu et bien fait bombance° chez moi avant que vous vous en alliez.

LE DRAPIER   Je vous prie de me donner mon argent dès que j'y serai.

PATHELIN   Mais oui. Ou plutôt° non. Par Dieu ! pas avant que vous n'ayez confortablement mangé. Je voudrais, je vous assure, ne pas avoir sur moi de quoi payer : au moins, vous viendriez goûter° mon vin. Feu votre père,° quand il passait, appelait bien : « Compère° ! » ou « Que dis-tu ? » ou « Que fais-tu ? » Mais vous n'avez pas la moindre° estime, vous autres riches,° pour les pauvres.

LE DRAPIER   Eh ! par le saint Sang, nous sommes encore plus pauvres.

PATHELIN   Ouais° ! Adieu ! adieu ! Rendez-vous tout-à-l'heure à l'endroit convenu,° et nous boirons bien, je m'en vante.°

LE DRAPIER   Entendu. Allez devant, et payez-moi en or.

PATHELIN   En or ? Comment donc° ! En or ? diable ! je n'y ai jamais manqué.° *(A part)*° Non, en or ! qu'il soit pendu° ! Hum ! diable ! il ne m'a pas vendu à mon prix ; ç'a été au sien,° mais il sera payé au mien. Plût à Dieu qu'il n'arrêtât pas de courir, jusqu'à paiement complet ! Saint Jean ! Il ferait plus de chemin° qu'il n'y a jusqu'à Pampelune.[1]

---

tout-à-l'heure later, in a short while / **l'or** *m* gold / **l'oie** *f* goose / **rôtir** to roast / **abrutir** to exhaust, wear down / **en quoi me gênera-t-il** it's no bother at all / **pour les convenances** for the sake of propriety / **la bosse** hump / **faire bombance** *f* to feast, to revel / **plutôt** rather / **goûter** to taste / **feu votre père** your late father / **le compère** fellow, friend / **moindre** slightest / **vous autres riches** you rich people / **ouais** sure! (ironic or skeptical) / **convenu** agreed upon / **se vanter (de)** to boast, to pride oneself on / **comment donc !** = *bien sûr !* / **manquer à** to fail / **à part** as an aside / **pendu** hanged / **ç'a été au sien** it (= the sale) was at his (price) / **il ferait plus de chemin** he would cover more ground

[1] Pamplona, a major stop on the pilgrimage road to the shrine at Compostela in Spain

LE DRAPIER   *(seul)* Ils ne verront soleil ni lune, de toute l'année, les écus qu'il me donnera, à moins qu'on ne me les rafle.° Il n'est pas° de si gros malin° qui ne trouve vendeur plus malin. Ce filou°-là n'est qu'un blanc-bec,° lui qui, à vingt-quatre sous l'aune, achète du drap qui n'en vaut pas vingt !

La Farce de Maître Pathelin (c. 1464)

Qu'en pensez-vous ?

Etes-vous d'accord ou non avec les déclarations suivantes ? Justifiez votre réponse.

1. Le drapier et son père travaillent ensemble dans la boutique.
2. Pathelin est frappé par la ressemblance entre le drapier et son père.
3. Le père du drapier avait l'habitude de vendre à crédit.
4. Pathelin dit qu'il est venu exprès chez le drapier pour acheter du drap.
5. Ce qui compte pour Pathelin, c'est la qualité du drap.
6. Avant d'acheter le drap, Pathelin fait la charité.
7. Pathelin accepte tout de suite le prix du drapier.
8. Le drapier explique pourquoi son drap coûte si cher.
9. Pathelin en achète six aunes.
10. Pathelin paye le drap immédiatement.
11. Le drapier porte le drap chez Pathelin.
12. Si le drapier vient chercher son argent chez Pathelin, il recevra plus que son argent.
13. Selon Pathelin, le drapier a vendu au prix du drapier mais il sera payé au prix de Pathelin.
14. Le drapier pense que Pathelin a été un client très malin.

Nouveau Contexte

Complétez le dialogue suivant en choisissant les termes appropriés (employez chaque terme une seule fois). Puis, jouez le dialogue.

Nom :   boutique *f*
Verbes :   dérangera, faire faire, il m'en faut, gêne, vous portez-vous, ressembler à, me vanter, que voulez-vous
Adjectifs :   bleu clair, chères

— Nous sommes devant le magasin d'un grand couturier, devant la _____¹ de Monsieur Raoul.
— Bonjour, Monsieur. Comment _____² aujourd'hui ? Est-ce que je peux vous aider ?

---

rafler to carry off   /   **il n'est pas** = *il n'y a pas*   /   **le malin** sly, shrewd person   /   **le filou** crook, swindler   /   **le blanc-bec** greenhorn, novice

— Je cherche des chemises de luxe, quelque chose de vraiment bien, mais je n'ai rien vu dans la vitrine. Est-ce que je pourrais m'en _____ *3* ?

— Bien sûr, Monsieur. Vous savez sans doute que les chemises faites sur mesure sont plus _____ *4*.

— Peu m'importe le prix. C'est la qualité qui m'intéresse.

— Combien de chemises désirez-vous ?

— _____ *5* une douzaine.

— Y a-t-il une couleur qui vous plaît davantage ?

— J'adore les chemises _____ *6*.

— Les voulez-vous en coton ou en soie ?

— Pas de soie, s'il vous plaît. La soie me _____ *7* ; elle me fait frissonner.

— D'accord, Monsieur. Du coton, mais un coton distingué. Vous allez avoir l'air chic, vous allez voir. Vous allez _____ *8* un millionnaire.

— _____ *9*, Mademoiselle ! Quand on est millionnaire, on doit agir comme un millionnaire.

— Oh, pardon, Monsieur. Je ne savais pas que vous aviez tant d'argent.

— Eh bien, je voudrais vous montrer ma reconnaissance. Je n'aime pas _____ *10* de mes richesses mais j'espère que ça ne vous _____ *11* pas d'accepter un petit cadeau de ma part pour votre gentillesse.

— Merci beaucoup, Monsieur. Maintenant, pouvez-vous me donner votre nom et votre adresse... pour les chemises, bien entendu.

Appréciation du texte

1. Etudiez la tromperie des deux hommes. Indiquez les endroits où ils feignent la sincérité et l'amitié et où ils essaient de cacher leur ruse. Que pensez-vous, par exemple, des sentiments religieux auxquels tous deux font appel ? En quoi consiste la satisfaction qu'ils expriment tous les deux à la fin de la scène ?

2. Appréciez comment Pathelin utilise la flatterie et l'exagération. Dites précisément quels aspects du caractère de Guillaume sont flattés par Pathelin.

3. Faites voir le réalisme de cette scène à travers les éléments suivants :
   a. le langage des personnages
   b. le marchandage : le client qui trouve le prix excessif et le marchand qui vend au prix coûtant (*cost price*) et qui prétend (*claims*) être pauvre.

Vocabulaire satellite

le **billet** bill (currency)
la **pièce** coin
le, la **propriétaire** owner
le **vendeur** salesman
la **vendeuse** saleslady
le, la **client(e)** customer, client
la **vente** sale (of an item)

les **soldes** *m* sale items, bargains
la **carte de crédit** credit card
le **reçu** receipt
marchander to dicker, to haggle over
acheter à crédit, au comptant to buy on credit, with cash

payer comptant   to pay cash
toucher un chèque   to cash a check
avoir la monnaie de   to have the change for
mettre sur le compte de   to charge (a purchase)
dépenser une grosse somme d'argent   to spend a large amount of money
faire une bonne (mauvaise) affaire   to make a good (bad) deal
économiser (faire une économie de) 300 francs   to save 300 francs

faire des achats, des courses   to go shopping
payer quelque chose cher   to pay a lot for something
emprunter de l'argent (à)   to borrow money (from)
prêter de l'argent (à)   to lend money (to)
acheter en solde   to buy on sale
vendre bon marché   to sell cheap
commander quelque chose   to order something

Pratique de la langue

1. Préparez et présentez un des dialogues suivants, où une personne essaie de persuader l'autre (par la flatterie, peut-être).
   a. un vendeur d'automobiles et un(e) client(e)
   b. une femme et son mari qui fume trop
   c. un(e) étudiant(e) universitaire et un de ses parents qui ne s'intéresse plus à la politique et refuse de voter
   d. un jeune homme qui veut sortir ce soir et sa petite amie qui préfère rester à la maison
   e. un(e) étudiant(e) qui compte passer la soirée à la bibliothèque et son (sa) camarade de chambre qui a deux billets pour un concert
   f. une vendeuse dans un grand magasin et une femme qui, accompagnée de son mari, essaie des robes
   g. un jeune homme qui veut acheter un ordinateur à crédit et son ami(e) qui a une carte de crédit

2. Avez-vous jamais acheté quelque chose sur un coup de tête *(sudden impulse)* ? Dites ce que vous avez acheté ainsi et dans quelles circonstances.

3. La vente à crédit est devenue une pratique courante. Quels sont les avantages et les inconvénients de cette pratique ? Personnellement êtes-vous plutôt porté(e) à acheter à crédit ou au comptant ? Pourquoi ?

4. Aimez-vous marchander lorsque vous faites un achat ou est-ce que ce procédé vous gêne ? Donnez un exemple de marchandage.

5. Préférez-vous payer cher et acheter quelque chose qui durera longtemps ou payer moins cher et être obligé(e) de renouveler votre achat ? Citez des exemples concrets.

6. Vous est-il jamais arrivé de prêter ou d'emprunter de l'argent ? A qui et pour quelle raison ? Avez-vous fait une bonne affaire ? Seriez-vous prêt(e) à prêter ou à emprunter de nouveau *(again)* à la même personne ?

Molière

Jean-Baptiste Poquelin (1622–1673), known by his pseudonym Molière, is one of the great names in the history of comedy. The director of his own theater company at an early age, and one of its leading actors as well, he spent a twelve-year apprenticeship in the provinces, and had begun to stage some of his own plays as early as 1653. Once his troupe was firmly established in Paris in 1658, Molière began to write regularly. The first in an imposing series of successes was his one-act comedy, *Les Précieuses ridicules* (1659). Among the many plays that followed were *L'Ecole des femmes* (1662), *Don Juan* (1665), *Le Misanthrope* (1666), *L'Avare* (1668), *Le Tartuffe* (1669), *Le Bourgeois gentilhomme* (1670), *Les Femmes savantes* (1672), and *Le Malade imaginaire* (1673). Ironically, it was while playing the title role in this last play that Molière was stricken and died.

Molière revolutionized French comic theater, freeing it from restricting conventions and giving it a stature hitherto reserved for tragedy alone. In his plays the characters on stage ceased to be the stereotypes of slapstick farce[L] and were instead drawn from real-life studies. Molière was a penetrating observer of human nature who, true to the tenets of classicism,[L] depicted the mores of his time with emphasis on the universal traits common to all people everywhere. He never neglected humor but knew

Molière

that comedy, to have lasting value, must do more than simply induce laughter. Molière utilized comedy for the meaningful study of human nature, bringing full light to bear on human foibles, on ridiculous characters who act contrary to reason and common sense.

Le Bourgeois gentilhomme, commissioned by Louis XIV to entertain his court, illustrates the inane conduct of a rich bourgeois of Paris who aspires to be other than what he is. In the rigid society of his time, M. Jourdain's obsession with becoming a gentleman—that is, a nobleman—isolates him completely from reality. In the following scene the would-be gentleman has hired a philosophy teacher who, given his student's academic level, is forced to set aside philosophical considerations and concentrate on more basic principles.

Orientation: A Comic Light on Human Nature

In *Le Bourgeois gentilhomme*, Molière portrays a seventeenth-century social climber, M. Jourdain, a wealthy member of the emerging middle-class, who aspires to rise in the social order and enjoy the privileges of nobility. Molière's study is presented in a comic vein as we see for ourselves the ineptitude of a man who believes that his wealth is sufficient to gain him the advantages of the upper class. The inadequacy of his upbringing is apparent in several candid observations that M. Jourdain naively shares with his tutor, as he makes what for him are startling discoveries. The obvious incongruities of this social situation provoke an instinctive comic reaction from the audience. And yet, when all is said and done, theatergoers come to realize that, through the medium of laughter, Molière has left us something of permanent value: a well-rounded portrait of the society of his time with a particular focus on the bourgeoisie of Paris, and a penetrating study of a human type, viz., the person who tries to be something that he/she is not.

As you read the following scene from *Le Bourgeois gentilhomme*, try to appreciate these two outstanding qualities in the text: humor and human truth.

L'instruction° d'un parvenu°

LE MAITRE DE PHILOSOPHIE	Que voulez-vous donc que je vous apprenne° ?
M. JOURDAIN	Apprenez-moi l'orthographe.°
LE MAITRE DE PHILOSOPHIE	Très volontiers.
M. JOURDAIN	Après, vous m'apprendrez l'almanach, pour savoir quand il y a de la lune, et quand il n'y en a point.°

5

---

l'instruction *f* = *éducation* / **le parvenu** = *nouveau-riche* / **apprendre** to teach / **l'orthographe** *f* spelling / **point** = *pas*

LE MAITRE DE PHILOSOPHIE	Soit.° Pour bien suivre votre pensée, et traiter cette matière en philosophe,° il faut commencer, selon l'ordre des choses, par une exacte connaissance de la nature des lettres et de la différente manière de les pro-
10	noncer toutes. Et là-dessus° j'ai à vous dire que les let- tres sont divisées en voyelles parce qu'elles expriment les voix° ; et en consonnes, ainsi appelées consonnes parce qu'elles sonnent° avec les voyelles et ne font que marquer° les diverses articulations des voix. Il y a cinq
15	voyelles ou voix, A, E, I, O, U.
M. JOURDAIN	J'entends° tout cela.
LE MAITRE DE PHILOSOPHIE	La voix A se forme en ouvrant fort° la bouche : A.
M. JOURDAIN	A, A. Oui.
LE MAITRE DE PHILOSOPHIE	La voix E se forme en rapprochant° la mâchoire d'en
20	bas° de celle d'en haut : A, E.
M. JOURDAIN	A, E, A, E. Ma foi ! oui. Ah ! que cela est beau !
LE MAITRE DE PHILOSOPHIE	Et la voix I, en rapprochant encore davantage° les mâchoires l'une de l'autre, et écartant° les deux coins° de la bouche vers les oreilles : A, E, I.
25 M. JOURDAIN	A, E, I, I, I, I. Cela est vrai. Vive la science !
LE MAITRE DE PHILOSOPHIE	La voix O se forme en rouvrant les mâchoires et rap- prochant les lèvres par les deux coins, le haut et le bas : O.
M. JOURDAIN	O, O. Il n'y a rien de plus juste.° A, E, I, O, I, O. Cela est
30	admirable ! I, O, I, O.
LE MAITRE DE PHILOSOPHIE	L'ouverture de la bouche fait justement° comme un pe- tit rond qui représente un O.
M. JOURDAIN	O, O, O. Vous avez raison, O. Ah ! La belle chose que de savoir quelque chose !
35 LE MAITRE DE PHILOSOPHIE	La voix U se forme en rapprochant les dents sans les joindre entièrement, et allongeant les deux lèvres en dehors,° les approchant aussi l'une de l'autre, sans les joindre tout à fait° : U.
M. JOURDAIN	U, U. Il n'y a rien de plus véritable,° U.
40 LE MAITRE DE PHILOSOPHIE	Vos deux lèvres s'allongent comme si vous faisiez la moue° ; d'où vient que, si vous la voulez faire° à

---

soit so be it / **en philosophe** = *comme un philosophe* / **là-dessus** = *à ce sujet* / **la voix** = *le son* / **sonner** to sound / **ne font que marquer** serve only to indicate / **entendre** = *comprendre* / **fort** = *beaucoup* / **rapprocher** to bring together / **la mâchoire d'en bas** the lower jaw / **encore davantage** still more / **écarter** to spread apart / **le coin** corner / **juste** = *correct, exact* / **justement** precisely / **allonger...en dehors** to extend outward, to protrude / **tout à fait** = *complètement* / **véritable** true / **faire la moue** to pout / **si vous la voulez faire** = *si vous voulez la faire*

	quelqu'un et vous moquer de° lui, vous ne sauriez lui dire que U.°
M. JOURDAIN	U, U. Cela est vrai. Ah ! que n'ai-je étudié° plus tôt pour savoir tout cela !
45	
LE MAITRE DE PHILOSOPHIE	Sans doute. La consonne D, par exemple, se prononce en donnant du bout de la langue° au-dessus des dents d'en haut : DA.
M. JOURDAIN	DA, DA. Oui. Ah ! les belles choses ! les belles choses !
50 LE MAITRE DE PHILOSOPHIE	L'F, en appuyant° les dents d'en haut sur la lèvre de dessous : FA.
M. JOURDAIN	FA, FA. C'est la vérité. Ah, mon père et ma mère, que je vous veux de mal° !
LE MAITRE DE PHILOSOPHIE	Et l'R, en portant le bout de la langue jusqu'au haut du palais° ; de sorte qu'étant frôlée° par l'air qui sort avec force, elle lui cède° et revient toujours au même endroit, faisant une manière de tremblement : R, RA.
55	
M. JOURDAIN	R, R, RA ; R, R, R, R, R, RA. Cella est vrai. Ah ! l'habile° homme que vous êtes ! et que j'ai perdu de temps ! R, R, R, Ra.[1]
60	
LE MAITRE DE PHILOSOPHIE	Je vous expliquerai à fond° toutes ces curiosités.
M. JOURDAIN	Je vous en prie.° Au reste,° il faut que je vous fasse une confidence. Je suis amoureux d'une personne de grande qualité ; et je souhaiterais° que vous m'aidassiez° à lui écrire quelque chose dans un petit billet° que je veux laisser tomber à ses pieds.
65	
LE MAITRE DE PHILOSOPHIE	Fort bien.°
M. JOURDAIN	Cela sera galant, oui.
LE MAITRE DE PHILOSOPHIE	Sans doute. Sont-ce des vers° que vous lui voulez écrire ?
70	
M. JOURDAIN	Non, non, point de vers.
LE MAITRE DE PHILOSOPHIE	Vous ne voulez que de la prose ?

se moquer de to make fun of / **vous ne sauriez lui dire que U** the only thing you need say to him is "U" / **que n'ai-je étudié** = *pourquoi n'ai-je pas étudié* / **en donnant du bout de la langue** by striking with the tip of the tongue / **appuyer** = *presser* / **que je vous veux de mal** = *je ne vous pardonnerai jamais* / **le palais** palate, roof of the mouth / **frôler** to graze, to touch slightly / **elle lui cède** it gives way to it / **habile** = *adroit, intelligent* / **à fond** = *complètement* / **je vous en prie** please do / **au reste** more-over / **souhaiter** to hope / **que vous m'aidaissiez** = *que vous m'aidiez* / **le billet** note / **fort bien** = *très bien* / **le vers** verse

[1]This passage describes the pronunciation of the "rolled R" which now survives only in some rural districts. The modern French R is pronounced at the back rather than at the front of the mouth.

M. JOURDAIN	Non, je ne veux ni prose ni vers.
LE MAITRE DE PHILOSOPHIE	Il faut bien que ce soit l'un ou l'autre.
75 M. JOURDAIN	Pourquoi ?
LE MAITRE DE PHILOSOPHIE	Par la raison, monsieur, qu'il n'y a pour s'exprimer que la prose ou les vers.
M. JOURDAIN	Il n'y a que la prose ou les vers ?
LE MAITRE DE PHILOSOPHIE	Non, monsieur. Tout ce qui n'est point prose est vers, et
80	tout ce qui n'est point vers est prose.
M. JOURDAIN	Et comme l'on parle, qu'est-ce qu c'est donc que cela ?
LE MAITRE DE PHILOSOPHIE	De la prose.
M. JOURDAIN	Quoi ! quand je dis, « Nicole, apportez-moi mes pan-
	toufles° et me donnez° mon bonnet de nuit » , c'est de
85	la prose ?
LE MAITRE DE PHILOSOPHIE	Oui, monsieur.
M. JOURDAIN	Par ma foi, il y a plus de quarante ans que je dis de la
	prose sans que j'en susse rien° ; et je vous suis le plus
	obligé du monde de m'avoir appris cela. Je voudrais
90	donc lui mettre dans un billet : Belle marquise, vos
	beaux yeux me font mourir d'amour ; mais je voudrais
	que cela fût mis d'une manière galante, que cela fût
	tourné gentiment.
LE MAITRE DE PHILOSOPHIE	Mettre que° les feux de ses yeux réduisent° votre cœur
95	en cendres,° que vous souffrez nuit et jour pour elle les
	violences d'un...
M. JOURDAIN	Non, non, non ; je ne veux point tout cela. Je ne veux
	que ce que je vous ai dit : Belle marquise, vos beaux
	yeux me font mourir d'amour.
100 LE MAITRE DE PHILOSOPHIE	Il faut bien étendre° un peu la chose.
M. JOURDAIN	Non, vous dis-je ; je ne veux que ces seules paroles-là
	dans le billet, mais tournées à la mode, bien arrangées
	comme il faut. Je vous prie de me dire un peu, pour
	voir, les diverses manières dont on les peut mettre.
105 LE MAITRE DE PHILOSOPHIE	On les peut mettre, premièrement, comme vous avez
	dit : Belle marquise, vos beaux yeux me font mourir
	d'amour. Ou bien : D'amour mourir me font, belle mar-
	quise, vos beaux yeux. Ou bien : Mourir vos beaux
	yeux, belle marquise, d'amour me font. Ou bien : Me
110	font vos yeux beaux mourir, belle marquise, d'amour.
M. JOURDAIN	Mais, de toutes ces façons-là, laquelle est la meilleure ?

---

la pantoufle slipper / **me donnez** = *donnez-moi* / **sans que j'en susse rien** without my knowing anything about it / **mettre que** = *écrire* / **réduire** reduce / **la cendre** ash / **étendre** = *rendre plus long, développer*

LE MAITRE DE PHILOSOPHIE	Celle que vous avez dite : Belle marquise, vos beaux yeux me font mourir d'amour.
M. JOURDAIN	Cependant° je n'ai point étudié, et j'ai fait cela tout du premier coup.° Je vous remercie de tout mon cœur, et vous prie de venir demain de bonne heure.
LE MAITRE DE PHILOSOPHIE	Je n'y manquerai pas.°

115

Molière, *Le Bourgeois gentilhomme* (1670)

Qu'en pensez-vous ?

Etes-vous d'accord ou non avec les déclarations suivantes ? Justifiez votre réponse.

1. Les lettres de l'alphabet sont divisées en deux grandes catégories.
2. La voix I se forme en ouvrant la bouche autant que possible.
3. Si on veut faire la moue à quelqu'un, on n'a qu'à lui dire U.
4. Pour prononcer un D, on appuie les dents d'en haut sur la lèvre inférieure.
5. M. Jourdain est très content de la formation que lui ont donnée ses parents.
6. M. Jourdain a besoin de l'aide du maître de philosophie pour une affaire importante.
7. Il demande un message en vers.
8. Il y a longtemps qu'il est expert en prose.
9. M. Jourdain admire les belles jambes d'une dame de qualité.
10. M. Jourdain est finalement fier de lui.

Appréciation du texte

1. Indiquez dans le texte tous les endroits où Molière semble ridiculiser les prétentions de M. Jourdain. Notez la diversité des moyens employés.
2. De toutes les façons d'exprimer le message d'amour de M. Jourdain, laquelle est la meilleure ? Pourquoi ?
3. Jouez la leçon de phonétique du *Bourgeois gentilhomme*.
4. Faites le portrait de M. Jourdain d'après cette scène. Comment est-il ? Quels sont ses défauts, ses qualités ? Selon vous, est-il ridicule ? Pourquoi ou pourquoi pas ?

Nouveau Contexte

Complétez le passage suivant en choisissant les termes appropriés (employez chaque terme une seule fois). Puis jouez le dialogue.

Noms :   bout *m*, coup *m*, façon *f*, haut *m*
Verbes :   apprendre, exprime, perdre, prie, se prononce
Adjectifs :   juste, véritable

---

cependant and yet   /   **tout du premier coup** on the very first attempt   /   **je n'y manquerai pas** = *je serai certainement là*

— Professeur Langlois, quelle consonne allez-vous m' _____[1] à prononcer aujourd'hui ? Enseignez-moi quelque chose d'utile, je vous en _____[2].

— Je sais, Mademoiselle Burns, que vous désirez avoir une prononciation française exacte et _____[3]. Un jour vous parlerez français comme une Française parce que vous étudiez beaucoup et que vous êtes très habile. Aujourd'hui je voudrais vous faire entendre que le L français ne _____[4] pas comme le L anglais.

— Très bien, professeur. Il est vrai que je souhaite m'exprimer un jour comme une Française. Commençons tout de suite ! Il y a tellement de choses à savoir et je n'ai pas de temps à _____[5].

— Eh bien, sachez, Mademoiselle, que le L français se forme un peu comme le L anglais. La grande différence, c'est la place de la langue. Pour prononcer le L anglais, il faut appuyer la langue contre le _____[6] de la bouche, c'est-à-dire, contre le palais.

— Comme ça ?

— Oui. En français, cependant, chaque fois qu'on veut dire « L » , il faut que le _____[7] de la langue touche la partie postérieure des dents d'en haut. Essayez !

— L ! L ! Vous avez raison, professeur ! Comme c'est facile ! Grâce à votre conseil pratique, j'ai pu prononcer un L français authentiquement du premier _____[8]. Petit à petit je suis en train d'acquérir une connaissance solide de la langue française.

— La seule _____[9] d'apprendre à parler français, c'est de parler français, n'est-ce pas ?

— C'est vrai, professeur, et quand je m' _____[10] correctement, cela devient un _____[11] plaisir !

Vocabulaire satellite

la **classe moyenne** middle class
l' **industriel(le)** industrialist
le **patron,** la **patronne** boss
le **cadre** executive
l' **employé(e)** white-collar worker
les **professions** *f* **libérales** the professions
le **médecin** doctor
le, la **fonctionnaire** civil servant
avoir une belle situation to have a good job
exercer une profession to practice a profession
travailler dur to work hard

vivre confortablement, sans inquiétude to live comfortably, without worry
manquer de générosité to lack generosity
ne penser qu'à soi to think only of oneself
sauver les apparences to keep up appearances
aisé well-off
pratique practical
ambitieux, -euse ambitious
égoïste selfish
prétentieux, -euse pretentious

Pratique de la langue

1. Dites à la classe ce que vous aimeriez faire plus tard. Quel rôle comptez-vous jouer dans la société ?

2. Le mot « bourgeois » est employé souvent dans un sens péjoratif par certains groupes : e.g., les nobles d'autrefois, les ouvriers, les intellectuels, les artistes. Dites, à votre avis, ce que chacun de ces groupes reproche à la bourgeoisie.

3. Y a-t-il dans notre société contemporaine des parvenus *(upstarts)* ? Qui sont-ils ? Qu'est-ce qui caractérise leur style de vie ?

4. Ecrivez et présentez un dialogue où les personnages suivants discutent de questions sociales (travail, salaire, logement, nourriture, loisirs, politique, etc.) :
   a. un chauffeur de camion *(truck driver)* et le (la) propriétaire d'un salon de coiffure *(beauty parlor)*
   b. une danseuse et un(e) sportif (sportive)
   c. un représentant de la Croix-Rouge et un vendeur de voitures d'occasion *(used cars)*
   d. un(e) gagnant(e) à la loterie nationale et un industriel.

5. Imaginez que vous êtes M. Jourdain et que vous racontez à Mme Jourdain l'expérience que vous venez d'avoir avec le maître de philosophie. Imaginez également la réaction de Mme Jourdain.

Jean Anouilh

Jean Anouilh[1] (1910–   ) is one of the foremost figures in twentieth-century theater. He is well-known not only in France but throughout the world: several of his plays have been produced in the United States (*Le Voyageur sans bagages, Antigone, Pauvre Bitos, Becket,* among others) and several have been adapted as motion pictures.

In his theater Anouilh has developed several themes rather consistently, but the one which summarizes all the others is man's loyalty to his mission in life. Anouilh's heroes are uncompromising in their decisions: they do their duty in whatever circumstance, however absurd that duty may be since in most cases it cannot bring them happiness. Anouilh's view of the world is basically pessimistic: the hero struggles alone in opposition to the vast majority who pursue happiness frantically and pay whatever price they must to achieve it, often compromising their values in the process. The Anouilh hero is absolutely above corruption, refusing even life's legitimate pleasures in his determination to stay pure and not accept mediocrity. He is a thoroughly committed individual, *engagé* in the true existentialist[L] sense of the word. He knows that the battle is futile and will probably end in his death, yet what matters is

[1]/anuj/

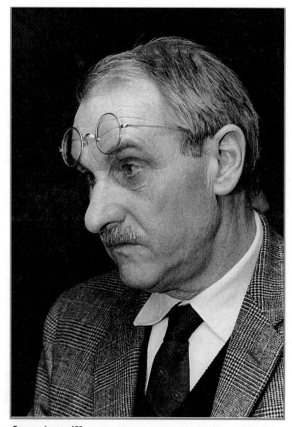

Jean Anouilh

the way he plays the role which destiny has assigned him. This course of action constitutes the sole value of his existence.

These concepts are nowhere better illustrated than in Anouilh's 1959 play, *Becket*,[1] the story of the friendship between Thomas à Becket, who was Archbishop of Canterbury from 1162 to 1170, and Henry Plantagenet, King of England. Close friends at first, the two young men share life's pleasures, working and playing together. Then one day Henry has Becket named archbishop, hoping thus to curb the power of the clergy. Almost at once a conflict arises between Church and State. Becket has taken on a new duty to which he devotes himself tirelessly and wholeheartedly: to defend the honor of God and His Church (the subtitle of the play is *L'Honneur de Dieu*). In order not to compromise this new duty, he even forsakes his allegiance to the King of England and so is forced into exile in France.

[1] *Becket* was produced in New York in 1960, with Laurence Olivier as Thomas à Becket and Anthony Quinn as Henry Plantagenet. The subsequent film featured Richard Burton and Peter O'Toole.

In the following scene Henry and Becket, recalling the depth of their friendship and hoping to use it for the reconciliation of Church and State, meet alone one winter's night on an icy plain in France.

Orientation: A Momentous Occasion

In its dramatic impact, the scene that you are about to witness is the essence of theater: the King of England, Henry II, and the Archbishop of Canterbury, Thomas à Becket, friends from childhood and now opposing standard-bearers for the State and for the Church respectively, meet in a lonely encounter in a cold wintry setting in France. On this day, the two are firm in opposition to one another, fully aware of the positions that they have consciously embraced and must now sternly defend. The weighty responsibility for decisions that must be made rests solely on their shoulders. Against the backdrop of the icy plain, the two figures stand out prominently in their solitude. There is nothing to make the moment easier for them: not the weather, not the advice of sage counselors, not even the remnants of their earlier friendship. There is not much room for the compromise that, on a personal level, the two men would very dearly like to work out.

As you advance in your reading, take note of the individual elements that contribute to the grandeur and solemnity of the scene: the initial awkwardness of the situation as reflected in periods of silence; the question of protocol as each of the participants is aware of the dignity of the other's office; the attitude of each man toward the other and the tone of the discourse; the history of the two men's relationship and the key incidents that have altered that relationship; the moment of ultimate realization when the king and the prelate both know that they have reached the limit of their deliberations and have nowhere to go; and finally, the actual act of separation and the lingering sentiments of the two leaders in this, their last encounter.

L'Eglise et l'Etat

LE ROI   Je m'ennuie,° Becket !

BECKET   *(grave)*   Mon prince. Je voudrais tant° pouvoir vous aider.

LE ROI   Qu'est-ce que tu attends ? Tu vois que je suis en train d'en crever° !

BECKET   *(doucement)*   Que l'honneur de Dieu et l'honneur du roi se confondent.°

5   LE ROI   Cela risque d'être long° !

BECKET   Oui. Cela risque d'être long.

   (Il y a un silence. On n'entend plus que le vent.)

---

s'ennuyer to be bored / **tant** so much / **crever** = *mourir* / **se confondre** = *coïncider, devenir indistinct l'un de l'autre* / **cela risque d'être long !** = *cela pourrait prendre du temps !*

	LE ROI	*(soudain)* Si on n'a plus rien à se dire, il vaut autant° aller se réchauffer !°
	BECKET	On a tout à se dire, mon prince. L'occasion ne se présentera peut-être pas
10		deux fois.
	LE ROI	Alors, fais vite. Sinon, c'est deux statues de glace° qui se réconcilieront
		dans un froid définitif. Je suis ton roi, Becket ! Et tant que° nous sommes
		sur cette terre, tu me dois le premier pas.° Je suis prêt à oublier bien des°
		choses, mais pas que je suis roi. C'est toi qui me l'as appris.°
15	BECKET	*(grave)* Ne l'oubliez jamais, mon prince. Fût-ce° contre Dieu ! Vous,
		vous avez autre chose à faire. Tenir la barre° du bateau.
	LE ROI	Et toi, qu'est-ce que tu as à faire ?
	BECKET	J'ai à vous résister de toutes mes forces,° quand vous barrez° contre
		le vent.
20	LE ROI	Vent en poupe,° Becket ? Ce serait trop beau ! C'est de la navigation pour
		petites filles. Dieu avec le roi ? Ça n'arrive° jamais. Une fois par siècle,° au
		moment des croisades, quand toute la chrétienté° crie : « Dieu le veut ! »

il vaut autant we may as well / **se réchauffer** get warm / **la glace** ice / **tant que** =
aussi longtemps que / **le pas** step / **bien des** = *beaucoup de* / **apprendre** to teach /
fût-ce = *même si c'était* / **la barre** helm / **de toutes mes forces** with all my might /
barrer = *naviguer* / **le vent en poupe** wind in the sails / **arriver** to happen / **le
siècle** century / **la chrétienté** Christendom

		Et encore° ! Tu sais comme moi quelle cuisine° cela cache,° une fois sur deux, les croisades. Le reste du temps, c'est vent debout.° Et il faut bien qu'il y en ait un qui se charge° des bordées° !
25		
	BECKET	Et un autre qui se charge du vent absurde — et de Dieu. La besogne° a été, une fois pour toutes, partagée.° Le malheur est qu'elle l'ait été entre nous deux, mon prince, qui étions amis.
	LE ROI	*(crie, avec humeur°)* Le roi de France — je ne sais pas encore ce qu'il y gagne° — m'a sermonné pendant trois jours pour que nous fassions notre paix. A quoi te servirait° de me pousser à bout° ?
30		
	BECKET	A rien.
	LE ROI	Tu sais que je suis le roi et que je dois agir comme un roi. Qu'espères-tu ? Ma faiblesse ?
35	BECKET	Non. Elle m'atterrerait.°
	LE ROI	Me vaincre° par force ?
	BECKET	C'est vous qui êtes la force.
	LE ROI	Me convaincre ?
	BECKET	Non plus. Je n'ai pas à vous convaincre. J'ai seulement à vous dire non.
40	LE ROI	Il faut pourtant° être logique, Becket !
	BECKET	Non. Cela n'est pas nécessaire, mon roi ! Il faut seulement faire, absurdement, ce dont on a été chargé — jusqu'au bout.°
	LE ROI	Je t'ai bien connu tout de même° ! Dix ans, petit Saxon ! A la chasse,° au bordel,° à la guerre ; tous les deux des nuits entières derrière des pots de vin ; dans le lit de la même fille quelquefois — et même au conseil° devant la besogne. Absurdement. Voilà un mot qui ne te ressemble pas.
45		
	BECKET	Peut-être. Je ne me ressemble plus.
	LE ROI	*(ricane°)* Tu as été touché par la grâce ?
	BECKET	*(grave)* Pas par celle que vous croyez. J'en suis indigne.°
50	LE ROI	Alors ?
	BECKET	Je me suis senti chargé de quelque chose tout simplement, pour la première fois, dans cette cathédrale vide,° quelque part en France, où vous m'avez ordonné de prendre ce fardeau.° J'étais un homme sans honneur. Et, tout d'un coup,° j'en ai eu un, celui que je n'aurais jamais imaginé

---

et encore ! and even then! / **la cuisine** = *l'intrigue (f), le subterfuge* / **cacher** to hide / **le vent debout** head wind / **se charger de** to take charge of / **la bordée** tack, course / **la besogne** = *le travail* / **partager** = *diviser* / **avec humeur** = *irrité* / **gagner** to gain / **à quoi te servirait** what good would it do you / **pousser à bout** = *exaspérer* / **atterrer** = *jeter à terre, faire tomber* / **vaincre** = *conquérir* / **pourtant** however / **le bout** end / **tout de même** = *après tout* / **la chasse** hunt / **le bordel** bordello / **le conseil** = *l'assemblée (f) des ministres* / **ricaner** = *rire avec malice* / **indigne** unworthy / **vide** empty / **le fardeau** burden / **tout d'un coup** = *soudain, brusquement*

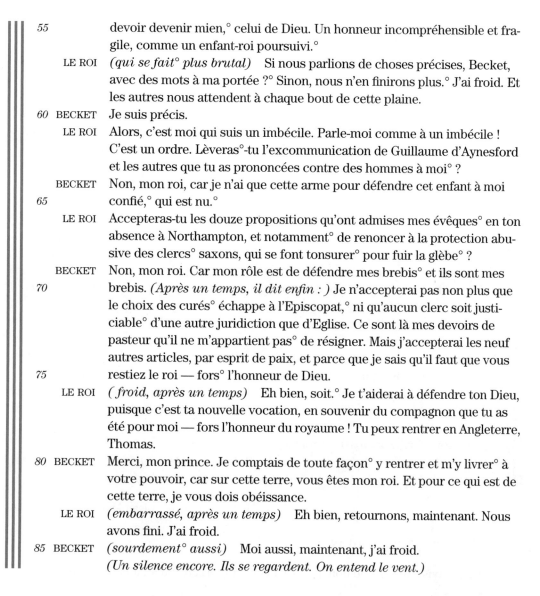

55 devoir devenir mien,° celui de Dieu. Un honneur incompréhensible et fragile, comme un enfant-roi poursuivi.°

LE ROI *(qui se fait° plus brutal)* Si nous parlions de choses précises, Becket,
avec des mots à ma portée ?° Sinon, nous n'en finirons plus.° J'ai froid. Et
les autres nous attendent à chaque bout de cette plaine.

60 BECKET Je suis précis.

LE ROI Alors, c'est moi qui suis un imbécile. Parle-moi comme à un imbécile !
C'est un ordre. Lèveras°-tu l'excommunication de Guillaume d'Aynesford
et les autres que tu as prononcées contre des hommes à moi° ?

BECKET Non, mon roi, car je n'ai que cette arme pour défendre cet enfant à moi
65 confié,° qui est nu.°

LE ROI Accepteras-tu les douze propositions qu'ont admises mes évêques° en ton
absence à Northampton, et notamment° de renoncer à la protection abu-
sive des clercs° saxons, qui se font tonsurer° pour fuir la glèbe° ?

BECKET Non, mon roi. Car mon rôle est de défendre mes brebis° et ils sont mes
70 brebis. *(Après un temps, il dit enfin :)* Je n'accepterai pas non plus que
le choix des curés° échappe à l'Episcopat,° ni qu'aucun clerc soit justi-
ciable° d'une autre juridiction que d'Eglise. Ce sont là mes devoirs de
pasteur qu'il ne m'appartient pas° de résigner. Mais j'accepterai les neuf
autres articles, par esprit de paix, et parce que je sais qu'il faut que vous
75 restiez le roi — fors° l'honneur de Dieu.

LE ROI *(froid, après un temps)* Eh bien, soit.° Je t'aiderai à défendre ton Dieu,
puisque c'est ta nouvelle vocation, en souvenir du compagnon que tu as
été pour moi — fors l'honneur du royaume ! Tu peux rentrer en Angleterre,
Thomas.

80 BECKET Merci, mon prince. Je comptais de toute façon° y rentrer et m'y livrer° à
votre pouvoir, car sur cette terre, vous êtes mon roi. Et pour ce qui est de
cette terre, je vous dois obéissance.

LE ROI *(embarrassé, après un temps)* Eh bien, retournons, maintenant. Nous
avons fini. J'ai froid.

85 BECKET *(sourdement° aussi)* Moi aussi, maintenant, j'ai froid.
(Un silence encore. Ils se regardent. On entend le vent.)

celui que je n'aurais jamais imaginé devoir devenir mien the one that I never would have
imagined was to become mine / **poursuivi** = *persécuté* / **se faire** = *devenir* / **à ma
portée** = *que je suis capable de comprendre* / **nous n'en finirons plus** = *nous ne finirons
jamais* / **lever** to lift / **des hommes à moi** my men / **à moi confié** = *donné à mes
soins* / **nu** naked / **l'évêque** *m* bishop / **notamment** = *particulièrement* / **le
clerc** = *le religieux* / **se faire tonsurer** = *se faire raser la tête pour devenir religieux* /
fuir la glèbe = *quitter l'état d'être serf* / **la brebis** sheep / **le curé** pastor / **échapper
à l'épiscopat** = *sortir de la juridiction des évêques* / **justiciable** = *sujet à* / **qu'il ne
m'appartient pas** = *que je n'ai pas le droit* / **fors** = *excepté* / **soit** so be it / **de
toute façon** = *en tout cas* / **se livrer** = *se soumettre* / **sourdement** = *indistinctement*

LE ROI	*(demandant soudain)*	Tu ne m'aimais pas, n'est-ce pas, Becket ?
BECKET		Dans la mesure où j'étais capable d'amour, si, mon prince.
LE ROI		Tu t'es mis° à aimer Dieu ? *(Il crie :)* Tu es donc resté le même, sale

90   tête,° à ne pas répondre quand on te pose une question ?

BECKET   *(doucement)*   Je me suis mis à aimer l'honneur de Dieu.

LE ROI   *(sombre)*   Rentre en Angleterre. Je te donne ma paix royale. Puisses-tu
avoir la tienne. Et ne pas t'être trompé° sur toi-même. Je ne te supplierai°
jamais plus. *(Il crie, soudain :)* Je n'aurais pas dû te revoir ! Cela m'a

95   fait mal !
           (Il est soudain secoué° d'un sanglot° qui le casse° sur son cheval.)

BECKET   *(ému,° s'approche et murmure)*   Mon prince.

LE ROI   *(hurlant°)*   Ah ! non, pas de pitié ! C'est sale. Arrière° ! Rentre en Angleterre ! Rentre en Angleterre ! On a trop froid ici !

100 BECKET   *(grave, faisant tourner son cheval et se rapprochant du roi)*   Adieu,
mon prince. Me donnez-vous le baiser° de paix ?

LE ROI   Non. Je ne puis plus t'approcher. Je ne puis plus te voir. Plus tard ! Plus
tard ! Quand je n'aurai plus mal !

BECKET   Je m'embarquerai demain. Adieu, mon prince. Je sais que je ne vous

105   reverrai plus.

LE ROI   *(lui crie, défiguré,° haineux°)*   Pourquoi oses°-tu me dire cela après ma
parole royale ? Me prends-tu pour un traître ?
           *(Becket le regarde encore un instant, grave, avec une sorte de pitié dans
son regard. Puis, il détourne° lentement son cheval et s'éloigne.° Le vent*

110   *redouble.)*

LE ROI   *(crie soudain)*   Thomas !
           *(Mais Becket n'a pas entendu. Il s'éloigne et le roi ne crie pas une seconde
fois. Il cabre° son cheval et part au galop dans la direction opposée.)*

Jean Anouilh, *Becket* (1959)

Qu'en pensez-vous ?

Etes-vous d'accord ou non avec les déclarations suivantes ? Justifiez votre réponse.

1. Becket et le roi pensent tous deux que la réconciliation entre l'Eglise et l'Etat se
fera facilement.
2. Le roi veut rentrer parce qu'il a froid.
3. C'est Becket qui doit faire le premier pas.
4. Becket et le roi emploient l'image d'un bateau pour décrire leur situation.

se mettre à = *commencer à* / **sale tête** = *personne obstinée* / **se tromper** to be
mistaken / **supplier** = *implorer* / **secoué** = *agité fortement* / **le sanglot** sob /
casser to break / **emu** moved / **hurler** = *crier* / **arrière !** stand back! / **le baiser**
kiss / **défiguré** disfigured / **haineux** heinous, full of hate / **oser** to dare /
détourner to divert, turn away / **s'éloigner** to move away / **cabrer** to rear (a horse)

5. Il y a parfois des moments historiques où l'honneur de Dieu et celui du roi se confondent.
6. Dans la dispute Becket espère profiter de la faiblesse du roi.
7. Le roi et Becket ont partagé de nombreuses expériences ensemble.
8. Becket a senti une transformation radicale le jour où le roi l'a nommé évêque.
9. Becket accepte de lever l'excommunication des hommes du roi.
10. Dans leur réconciliation Becket et le roi sont prêts à tout faire sauf compromettre l'honneur particulier qu'ils ont accepté de défendre.
11. Becket reconnaît le pouvoir du roi.
12. Becket est ému par son prince.
13. Les deux se séparent après s'être donné le baiser de paix.

Appréciation du texte

1. Cette scène illustre le conflit essentiel entre la bonne volonté de l'amitié et l'exigence du devoir. Relevez les paroles et les situations qui se rapportent à l'un et à l'autre côté de ce dilemme. Est-ce qu'un des deux personnages semble plus prêt à trouver un accommodement que l'autre ? Si oui, quelle est l'attitude de l'autre ?
2. Est-ce que le cadre de cette scène est important ? Qu'est-ce qu'il contribue ? Met-il en valeur *(enhance)* le thème principal ? Quelle importance attachez-vous au fait que pendant toute cette scène les deux personnages restent montés sur leur cheval ? Quel rôle le vent et le froid jouent-ils ? Quelle métaphore Anouilh développe-t-il en se servant du vent ?

Nouveau Contexte

Complétez le dialogue suivant en choisissant les termes appropriés (employez chaque terme une seule fois). Puis jouez le dialogue.

Nom : bout *m*
Verbes : agir, est arrivé, me charger, convaincre, t'éloignes, fais, pose, sert, te trompes, vaincre
Adjectif : prêt

— Suzanne, je ne sais pas ce qui _____*¹* à notre mariage. Ce n'est plus la même chose. Ce n'est plus le bonheur.
— Je suis tout aussi confuse, Jacques. Je me _____*²* toutes sortes de questions et je n'arrive pas à trouver les réponses.
— Est-ce que nous pouvons continuer comme ça ?
— Je ne sais pas, Jacques. Il faut _____*³* ; il faut faire quelque chose. J'ai l'impression que chaque jour tu _____*⁴* de moi de plus en plus.
— Tu _____*⁵*, Suzanne. Je t'aime toujours autant. Mais à quoi _____*⁶* cet amour s'il n'est pas évident ?
— Mon cher Jacques, je vais _____*⁷* d'améliorer la situation.

— _____[8] vite, chérie. Il faut essayer de retrouver l'amour de nos premières années !

— Je vais te _____[9] de ma dévotion. Tu verras.

— Et moi aussi je suis _____[10] à tout faire pour te prouver mes sentiments.

— Ensemble nous allons _____[11] les difficultés d'aujourd'hui et vivre heureux jusqu'au _____[12], n'est-ce pas ?

— Commençons donc !

— Oui, commençons !

Vocabulaire satellite

l' **auteur** *m* **dramatique** playwright

le **dramaturge** dramatist

la **pièce (de théâtre)** play

le **chef-d'œuvre** masterpiece

le **personnage** character (in a play, a novel)

l' **intrigue** *f* plot

le **dénouement** ending, outcome

les **indications** *f* **scéniques** stage directions

la **mise en scène** staging, production

le **metteur en scène** director

monter une pièce de théâtre to stage a play

l' **interprète** *m, f* player, actor

le **comédien** stage actor

la **scène** stage, scene

le **décor** scenery

la **représentation** performance

le **bureau de location** ticket office

la **place** seat

l' **entracte** *m* intermission

le **public** audience

le **spectateur** spectator

le **critique** critic

la **critique** criticism

le **succès** hit

le **four** flop

les **applaudissements** *m* applause

applaudir to applaud

siffler to boo, to hiss

louer to praise

critiquer to criticize

l' **éditeur** *m* publisher

la **maison d'édition** publishing house

la **librairie** bookstore

la **bibliothèque** library

l' **exemplaire** *m* copy (of a book)

la **lecture** reading

le **livre de poche** pocket book

le **livre de chevet** bedside book

Pratique de la langue

1. Aimez-vous connaître la pensée d'un auteur sur son œuvre ? Voudriez-vous voir, devant chaque œuvre, une préface d'auteur qui en révèle le thème central ?

2. Préférez-vous la lecture à la conversation ? Pourquoi ou pourquoi pas ?

3. Les propos gaillards *(spicy talk)* qui sont permis dans une pièce de théâtre se trouvent interdits à la télévision. Comment expliquez-vous cette différence dans la censure ? Est-ce qu'on a raison de faire cette distinction ? Pourquoi ou pourquoi pas ?

4. Avez-vous lu un roman récemment que vous avez beaucoup aimé ou beaucoup détesté ? Expliquez votre réaction.

5. A débattre : « Ce n'est pas la peine de s'éreinter *(work oneself to death)* pour apprendre à lire le français : tous les bons livres français ont été traduits en anglais. »

6. Si vous viviez dans un pays où chaque citoyen n'avait droit qu'à trois livres, quels livres garderiez-vous ? Pourquoi ?

Sujets de discussion ou de composition

1. Imaginez que vous êtes critique pour une revue littéraire. Faites la critique soit d'une des pièces que vous avez lues dans ce chapitre, soit de la dernière pièce de théâtre que vous avez vue.

2. Le livre et la scène se voient concurrencés *(competed with)* aujourd'hui par la télévision. Divisez la classe en trois groupes de partisans qui, dans un débat, se chargeront de démontrer les avantages de leur choix ainsi que les inconvénients des deux autres.

3. Si vous aviez le loisir d'écrire le livre de votre choix, quel genre de livre écririez-vous et pourquoi ? Voudriez-vous, par exemple, écrire des livres qui ont de vraies qualités littéraires ou accepteriez-vous de vous compromettre ignoblement (faire des livres de mauvais goût, même choquants et obscènes) pour gagner beaucoup d'argent ? Expliquez votre grandeur ou votre bassesse littéraire.

11

Chanson et Cinéma

François Truffaut

rançois Truffaut (1932–1984) was destined for the cinema seemingly from birth. He himself estimated that, as an adolescent, he viewed two thousand films in the space of six or seven years. While still in his mid-teens he founded his own ciné-club, which went bankrupt, landing the young entrepreneur in jail for debt. At this point fate intervened in the person of film critic André Bazin, who probably saw in Truffaut a reincarnation of his own enthusiastic youth. Bazin took a personal interest in Truffaut, serving as both his surrogate father and mentor.

Sponsored by Bazin, Truffaut became affiliated with the *Cahiers du Cinéma*, an important critical review founded in 1951. In January 1954 Truffaut contributed the review's most important article, "Une certaine tendance du cinéma français." This article, which became the manifesto of the *Nouvelle Vague* (New Wave), assailed the classic French cinema and argued for a *cinéma d'auteur* in which the film director was an author in his own right, creating visually through images just as the writer uses words. Truffaut deplored the then current practice in filmmaking of assembling teams of specialists, each one working in his own narrow area. He likewise opposed the use of studio sets and advocated filming on location. As for scripts, he rejected dialogue supplied by a *littérateur* in favor of natural conversation. The New Wave

François Truffaut

director was to be an artist totally responsible for every facet of his work. All the critical creative decisions were to be his; no longer was he merely to oversee a team of experts.

Truffaut's criticism was elaborated in very specific terms in the many articles that he wrote over the next five or six years. He left no doubt as to which directors he admired and which he disliked, and why. Finally, in the late 1950s, Truffaut took the big step from theory and criticism to film making. His first public film, *Les Mistons* (The Mischief Makers) appeared in 1957. A great career was thus launched, one that would create such films as *Les Quatre Cents Coups, Tirez sur le pianiste, Jules et Jim, Fahrenheit 451, L'Enfant sauvage, La Nuit américaine, Adèle H.,* and *Le Dernier Métro.*

In the course of his career, one of Truffaut's consistent fascinations was with youth. He always enjoyed filming children because "tout ce que fait un enfant sur l'écran, il semble le faire pour la première fois." He at first conceived of *L'Argent de poche* (1976) as a collection of short stories, but then decided instead to use the material as a scenario for a film on the transition from childhood to adolescence.

The following episode exemplifies the type of painful discovery that young people must make during this difficult developmental stage. Yet they always recover from such distressing incidents because, as Truffaut's film illustrates, "l'enfance est souvent en danger... mais elle a la grâce et... elle a aussi la peau dure *(tough skin)*."

Orientation: The Eye of the Camera

In this selection François Truffaut takes us through the various phases of an adolescent's infatuation with an older woman. He depicts how the young boy Patrick crosses the threshold from thought to action. With his secret passion about to burst forth, Patrick is no longer able to conceal his emotions and is unwittingly betrayed by telltale signs. He is filled with anxiety at the prospect of having to act. He has no choice, however, but to throw caution to the wind and make his move, impulsively, boldly—like a man! And yet, even as Patrick executes his plan, Truffaut focuses on several significant details that expose the boy masquerading as a man. Patrick is anything but confident as he makes his tortuous way ever so cautiously to Mme Riffle's boudoir. He enters the room, his heart pounding at the prospect of declaring his feelings. The biggest moment of his young life has arrived. He steps forward, makes his presentation, and . . .

As you read this passage, notice the powers of observation, the attention to detail that enable the film maker/author to highlight the revealing aspects of his character's personality. The reader can thus "see" the movements as through the eye of a camera.

Patrick pousse° son pion°

Ce soir, comme souvent, Patrick est venu chez les Riffle° pour faire travailler le petit Laurent : aujourd'hui mathématiques modernes.

Mais, pour une fois, Patrick ne semble pas avoir toute sa tête, ou tout son cœur à l'ouvrage.° Et Laurent doit souvent rappeler° à la réalité son jeune maître qui rêve en
5 regardant une photo de la belle Mme Riffle.

Dans l'heure qui suit,° Patrick passe à l'action. A un carrefour° de la ville, il n'hésite qu'un instant avant de se diriger° d'un pas° ferme vers la boutique de fleurs située de l'autre côté de la rue.

Une fois dans la boutique, il précise° qu'il veut des fleurs pour offrir,° mais ne sait
10 pas vraiment ce qu'il doit choisir.

La fleuriste vient à son secours° :

— C'est pour offrir ? Eh bien, écoutez, prenez des roses.

Patrick lève la tête pour lire le panneau° que lui indique la fleuriste et lit :

« Rose blanche... amour fragile. »
15 « Rose rose... amour caché.° »

« Rose rouge... amour ardent. »

Sa décision est vite prise :

— Je crois que je vais prendre des roses rouges. Il dépose alors sur la caisse° deux grosses poignées° de pièces de monnaie° qui témoignent de° la patience et du
20 temps qu'il a fallu pour réunir° la somme.

Patrick se hâte° dans la rue. Il n'est plus très loin du salon de coiffure° des Riffle. Il presse le pas,° jette un regard° vers l'intérieur du salon, et recule° précipitamment pour se dissimuler° dans le couloir° d'une maison voisine. De qui peut-il bien se cacher ainsi ? Eh bien, c'est de son camarade Laurent qui sort presque aussitôt° du
25 magasin. Patrick surveille° le départ de Laurent et, dès que celui-ci s'est éloigné,° il sort de sa cachette° et avance vers le salon de coiffure. Sa conduite ressemble à celle d'un malfaiteur° : voilà que, au lieu d'entrer dans le salon de coiffure, il emprunte° la porte voisine, celle qui donne sur° le couloir qui permet de se rendre° directement à l'appartement. Dans le couloir, Patrick s'arrête une seconde : le temps

---

pousser to push, move / **le pion** pawn (in chess) / **les Riffle** the family whose son, Laurent, is being tutored by Patrick / **l'ouvrage** *m* work / **rappeler** to recall / **suivre** to follow / **le carrefour** intersection / **se diriger** to head for / **le pas** step / **préciser** to specify / **offrir** = *donner comme un cadeau* / **le secours** assistance / **le panneau** sign / **caché** hidden, secret / **la caisse** cash register / **la poignée** handful / **la pièce de monnaie** coin / **témoigner de** to attest / **réunir** to gather / **se hâter** to hasten, to hurry / **le salon de coiffure** hairdressing salon / **presser le pas** = *aller plus vite* / **jeter un regard** to cast a glance / **reculer** to step back / **se dissimuler** = *se cacher* / **le couloir** corridor, hallway / **aussitôt** = *au moment même* / **surveiller** to watch / **s'éloigner** to go away / **la cachette** = *lieu où on se cache* / **le malfaiteur** = *le criminel* / **emprunter** = *faire usage de* / **donner sur** = *avoir accès sur* / **se rendre à** to go to

30 de jeter un coup d'œil° dans le salon et de vérifier que M. Riffle s'y trouve° ainsi que°
les deux employées et quelques clientes.

A présent, il commence à monter l'escalier° en colimaçon° qui mène° à l'appartement. A mi-hauteur,° il stoppe un moment, comme quelqu'un qui hésiterait au bout
d'un plongeoir,° il surmonte cette dernière hésitation et reprend° son ascension.

35 Dans l'appartement, assise devant une glace,° la belle Mme Riffle est en train de
se passer de la laque° rouge sur les ongles.° Elle est tellement absorbée par cette occupation que Patrick doit se gratter la gorge° avant qu'elle s'aperçoive de° sa présence. Lorsque, enfin, elle tourne son visage vers lui, elle l'accueille° d'un grand
sourire :

40 — Ah, c'est toi, Patrick ? Bonjour. Dépêche-toi si tu veux rattraper° Laurent, il
vient de partir.

---

jeter un coup d'œil to glance / **se trouver** = *être* / **ainsi que** as well as / **l'escalier**
m staircase / **en colimaçon** = *en spirale* / **mener** to lead / **à mi-hauteur** halfway
up / **le plongeoir** diving board / **reprendre** to resume / **la glace** = *le miroir* /
se passer de la laque to apply lacquer / **l'ongle** *m* fingernail / **se gratter la gorge** to
clear one's throat / **s'apercevoir de** to notice / **accueillir** = *recevoir* / **rattraper** =
rejoindre

Patrick se jette à l'eau° et, regardant Nadine Riffle bien en face, il répond :

— C'est pas Laurent que je veux voir, madame, c'est vous.

— Moi ? s'étonne Mme Riffle.

45   Patrick perd un peu de sa belle assurance et, bafouillant° un peu :

— Oui, j'ai pensé... je veux... enfin voilà (il lui tend° le bouquet), c'est pour vous.

— C'est pour moi ! Oh, ce que c'est gentil° ! Oh, elles sont superbes ! Ça me fait très plaisir !

Mme Riffle a pris les roses et les regarde, les respire,° avec un réel plaisir. Tout
50   ému,° Patrick attend tout,° sauf la phrase qui vient :

— Tu remercieras bien ton papa !

François Truffaut, *L'Argent de poche* (1976)

Qu'en pensez-vous ?

Etes-vous d'accord ou non avec les déclarations suivantes ? Justifiez votre réponse.

1. Patrick est complètement absorbé dans son travail.
2. Il quitte Laurent pour aller à la parfumerie.
3. Pour exprimer son amour il y a trois sortes de roses à offrir.
4. Patrick paye les roses par chèque.
5. Il entre tout de suite dans le salon de coiffure, les roses à la main.
6. Il agit comme un malfaiteur.
7. Patrick se précipite dans l'escalier.
8. Mme Riffle attend avec impatience l'arrivée de Patrick.
9. Elle apprécie beaucoup le cadeau de Patrick.

Nouveau Contexte

Complétez le dialogue suivant en choisissant les termes appropriés (employez chaque terme une seule fois). Puis, jouez le dialogue.

Noms :   boutique *f* de fleurs, de l'autre côté *m*
Verbes :   me suis aperçu, a étonné, a fallu, ferait plaisir, jettes un coup d'œil, as offert, se rendent

— Claudine, te rappelles-tu le jour où je _____*1* que tu étais devenue une jolie femme ?

— Si je me le rappelle ! J'habitais _____*2* de la rue depuis dix ans avant que tu y _____*3*.

---

se jeter à l'eau = *se précipiter (à l'aventure)* / **bafouiller** to stammer / **tendre** = *présenter en avançant* / **ce que c'est gentil !** how nice! / **respirer** to inhale, to breathe in / **ému** moved / **attend tout** is ready for anything

— Oui, il m'_____*4* beaucoup de temps pour que je me réveille. Mais maintenant, nous voilà mariés !

— Te souviens-tu du cadeau que tu m' _____*5* alors ?

— Je ne l'oublierai jamais ! C'était une rose, une rose rouge ! Et je t'ai demandé si je pouvais me promener avec toi.

— Et je t'ai répondu que ça me _____*6*.

— Réponse qui m'a plu et m' _____*7* à la fois.

— Cette rose était très importante. Elle m'a beaucoup émue et est devenue le symbole de notre amour.

— Et aujourd'hui nous avons notre propre _____*8* !

— Quel plaisir, n'est-ce pas, de voir les jeunes amoureux qui _____*9* « Chez Albert et Claudine » pour acheter les fleurs qui témoignent de leur amour.

— C'est un grand service que nous rendons à l'humanité. Vive l'amour !

— Et vive « Chez Albert et Claudine » !

Appréciation du texte

1. Imaginez que vous êtes la personne derrière la caméra. Sur quels éléments visuels de ce scénario tourneriez-vous l'œil de la caméra ?
2. Relevez dans le texte les endroits où Truffaut révèle son appréciation du monde des enfants.
3. Soulignez l'emploi de l'allitération[L] dans le dernier paragraphe du texte. Remarquez la richesse des *r* dans la phrase qui se rapporte à Mme Riffle et la prépondérance des *t* qui indique l'attente incertaine du timide Patrick.

Vocabulaire satellite

le **cinéma**   movies, cinema; movie theater
le **film policier**   detective film
le **film d'aventures**   adventure film
le **film de guerre**   war film
le **film de science-fiction**   science-fiction film
le **film d'épouvante**   horror film
le **film comique**   comic film
le **documentaire**   documentary
le **western**   western
le **dessin animé**   cartoon
la **comédie musicale**   musical comedy

la **caméra**   movie camera
le **scénario**   script
le **réalisateur**, le **metteur en scène**   director
la **vedette**   star
l' **écran** *m*   screen
le **critique**   critic
la **critique**   criticism
le **titre**   title
le **sous-titre**   subtitle
tourner un film   to make a film
sous-titrer   to subtitle
doubler   to dub
passer un film   to show a film

Pratique de la langue

1. Vous est-il jamais arrivé ou est-il jamais arrivé à un(e) de vos ami(e)s d'avoir le béguin *(a crush)* pour quelqu'un ? Recréez la scène et présentez-la devant la classe comme une scène de cinéma. Faites voir les sentiments des personnages et préparez bien le dénouement (heureux ? malheureux ?) de l'épisode.

2. A débattre : « Le cinéma a eu une influence funeste *(disastrous)* sur les mœurs américaines, surtout sur celles de la jeunesse. »

3. Pour quelles raisons allez-vous voir un film ? Qu'est-ce que vous désirez y trouver ?

4. Que pensez-vous de la classification des films ? Devrait-on les classer ? Si oui, approuvez-vous le système actuel (G, PG, PG-13, R, X) ?

5. Vous fiez-vous aux critiques ? Lisez-vous la critique d'un film avant d'aller au cinéma ? Est-ce que cette critique détermine si vous allez voir le film ou non ? Etes-vous souvent d'accord avec les critiques ?

6. Aimez-vous les dessins animés ? Ce genre n'est-il destiné qu'aux enfants ? Si non, comment expliquez-vous que les adultes s'y intéressent ?

Paul Verlaine

The nineteenth-century poet Paul Verlaine (1844–1896) saw music as an integral part of poetry. In his work he sought to describe his state of mind, not through the usual literary or rhetorical devices but directly and simply, utilizing the suggestive musical qualities of the language of poetry. He set out to evoke nuances of moods and feelings subtly, much like the Impressionists in their paintings or like Debussy or Ravel in their music. He wanted suggestion rather than statement. In his view, sound and sense were bound together in the achievement of this goal. So he concentrated on rhythms and sound patterns, allowing himself the highest degree of flexibility. Noted musicians were quick to appreciate the musical richness of his poetry: the work of Gabriel Fauré was inspired by some of his *Chansons,* and Claude Debussy, who took his first piano lessons from Verlaine's mother-in-law, set to music several of Verlaine's poems.

The two poems presented here illustrate the salient characteristics of his art. The first, *Il pleure dans mon cœur,* is a mood piece that owes most of its effects to the suggestive sounds and rhythms employed by Verlaine. The second, *Le Ciel est, par-dessus le toit...,* strikes us by its simplicity and sincerity. It was written from a prison cell in 1873, while Verlaine was serving a two-year sentence for having shot and wounded his erstwhile friend and travel companion, the poet Arthur Rimbaud (see Chapter 4, p. 74). While in prison, Verlaine experienced a religious conversion, which however was of short duration as he succumbed once again to his alcoholism and returned to a life of dissipation, degradation, and ultimate death in obscurity.

Paul Verlaine

Orientation: Creating Moods and Feelings

From its very beginning, French poetry was linked inextricably with song. The first poems, back in the Middle Ages, were labeled *chansons* and were to be recited to the accompaniment of a small stringed instrument known as a lyre (whence the term "lyric" poetry). It is only later that lyric poetry came to designate verse that expressed the poet's personal emotion or sentiment.

In poetic expression, words have a double value. Not only do they denote ideas, but they also have a life of their own, a suggestive power based on their phonetic quality. Words are meant to be vocalized. In unison with other words or sounds, they evoke impressions of harshness, softness, solemnity, gaiety, languor, explosiveness, etc., in much the same way as music is able to create various moods.

Paul Verlaine was acutely aware of this particular aspect of poetry. In his *Art poétique* he insists on "De la musique avant toute chose," reiterating "De la musique encore et toujours !" In order to fully appreciate the two poems that follow, you must read them aloud and respect the rhythm of each stanza. Notice especially the nature of the vowels and consonants that make up each syllable, particularly in the rhyme scheme. Listen to the specific sounds that prevail in a given stanza and try to gauge their effect on you, the reader. Assess the role played by individual words: why did the poet choose this one word and not another? Why are certain words repeated in the poem? What words are emphasized by their place in the verse? See how these two poems are truly lyrical, expressing the artist's moods and innermost feelings.

Il pleure° dans mon cœur

Il pleure dans mon cœur
Comme il pleut sur la ville :
Quelle est cette langueur°
Qui pénètre mon cœur ?

5   O bruit° doux de la pluie
Par terre° et sur les toits° !
Pour un cœur qui s'ennuie°
O le chant de la pluie !

Il pleure sans raison
10 Dans ce cœur qui s'écœure.°
Quoi ! nulle° trahison° ?
Ce deuil° est sans raison.

C'est bien la pire° peine°
De ne savoir pourquoi
15 Sans amour et sans haine°
Mon cœur a tant de peine !

Paul Verlaine, *Romances sans paroles* (1874)

Le Ciel est, par-dessus° le toit...

Le ciel est, par-dessus le toit,
    Si bleu, si calme !
Un arbre, par-dessus le toit,
    Berce° sa palme.

---

il pleure there is weeping (lit., it is crying) ; exceptional use of *pleurer* as an impersonal verb, by analogy with *il pleut* / **la langueur** languidness, listlessness / **le bruit** sound / **par terre** on the ground / **le toit** roof / **s'ennuyer** to be weary, bored / **s'écœurer** to be disgusted, nauseated / **nul** = *aucun* / **la trahison** betrayal / **le deuil** grief / **la pire** = *la plus mauvaise* / **la peine** = *la souffrance, douleur (avoir de la peine : être triste)* / **la haine** hatred / **par-dessus** over, above / **bercer** to rock

5   La cloche, dans le ciel qu'on voit,
      Doucement tinte.°
  Un oiseau sur l'arbre qu'on voit
      Chante sa plainte.°

  Mon Dieu, mon Dieu, la vie est là,
10   Simple et tranquille.
  Cette paisible° rumeur°-là
      Vient de la ville.

  — Qu'as-tu fait, ô toi que voilà°
      Pleurant sans cesse,
15 Dis, qu'as-tu fait, toi que voilà,
      De ta jeunesse ?

Paul Verlaine, *Sagesse* (1881)

tinter to ring, chime / **la plainte** complaint / **paisible** peaceful / **la rumeur** = *bruit de voix, de sons, etc.* / **toi que voilà** you there

Qu'en pensez-vous ?

Etes-vous d'accord ou non avec les déclarations suivantes ? Justifiez votre réponse.

Il pleure dans mon cœur

1. La première strophe exprime la gaieté du poète.
2. Son cœur est plein de vigueur.
3. Le poète aime le son de la pluie.
4. Le poète est triste et il connaît la cause de sa tristesse.
5. C'est l'amour qui lui fait tant de peine.

Le Ciel est, par-dessus le toit...

1. Le poète observe une tempête dans le ciel.
2. Dans la deuxième strophe, il entend des sons agréables et gais.
3. Le poète apprécie la complexité de la vie.
4. Dans la dernière strophe, le poète s'adresse à son ami.
5. Il est content de sa jeunesse.

Nouveau Contexte

Complétez le dialogue suivant en choisissant les termes appropriés (employez chaque terme une seule fois). Puis, jouez le dialogue.

Noms :   cesse *f*, oiseaux *m*, peine *f*, pluie *f*
Verbes :   pleurerais, pleut
Adjectifs :   bleu, douce, pire, tranquille

— Ah, Didier, que ta présence m'est _____ *¹* ! Quand tu es près de moi, le ciel est parfaitement _____ *²* ; il ne _____ *³* jamais !
— Valérie, tu es mon soleil ! Moi aussi, il n'y a plus de _____ *⁴* dans ma vie depuis que je te connais ; il n'y a même pas de nuages.
— Tous les jours j'entends chanter les _____ *⁵* dans les arbres.
— Et je t'assure qu'ils vont chanter sans _____ *⁶* pour toi !
— Oh, Didier, ne me quitte pas ; tu me ferais beaucoup de _____ *⁷*. Je _____ *⁸* à chaudes larmes.
— Ce serait la _____ *⁹* chose qui pourrait nous arriver. Sois _____ *¹⁰*, chérie. Je ne te quitterai jamais ! (Le téléphone sonne. Valérie y répond.)
— Didier, c'est ta mère.
— Zut ! Je suis en retard pour le dîner. Il faut que je parte tout de suite !

Appréciation du texte

1. Le premier poème exprime la tristesse. Comment le poète nous fait-il partager ses sentiments ?
   a. Quels sont les mots significatifs ?

    b. Quels mots sont répétés à la fin des premier et dernier vers de chaque strophe ?

    c. Quel mot revient dans les quatre strophes ?

    d. Quels sons (voyelles et consonnes) créent l'atmosphère du poème ?

2. Expliquez, dans le premier poème, l'alternance des tons. Montrez comment les interrogations et les exclamations mènent aux observations de la dernière strophe. A votre avis, le ton dominant du poème est-il intellectuel ou émotionnel ?

3. Remarquez comment, dans le second poème, les tons alternent dans un sens qui est l'inverse de celui du premier poème. Sur quel ton se termine ce poème-ci ? Quel sentiment le poète exprime-t-il finalement ?

4. Dans le second poème, appréciez comment la sincérité du poète est accentuée par l'extrême simplicité d'expression : mots ordinaires, syntaxe non compliquée. Faites voir comment la musicalité des vers est simple elle aussi.

    a. Remarquez l'alternance régulière de vers octosyllabiques et de vers de quatre syllabes.

    b. Quel son revient à la rime de chaque octosyllabe ?

    c. Entend-on des refrains dans le poème ?

La Chanson de Roland

As a fitting conclusion to the present volume—and particularly to this chapter on song—we turn to an early *Chanson*, the first masterpiece of French literature, *La Chanson de Roland*. This national epic dates back to the end of the eleventh century or the very beginning of the twelfth. It is generally considered to be contemporary with the First Crusade (1096–1099). French literature thus begins around 1100 with the great work of an anonymous author, a 4000-verse epic, called a *chanson* because it was meant to be recited to the accompaniment of a one-stringed instrument.

La Chanson de Roland revolves around the exploits of Count Roland, the nephew and right arm of the emperor Charlemagne (742–814). In 788 Charlemagne had campaigned in Spain, laying siege unsuccessfully to the city of Zaragoza. As his army was retreating, the rear guard was ambushed in a mountain pass by a contingent of Basques. It is in this skirmish that Roland met his death. Some three centuries later, the author of the *Chanson de Roland* took these same events and recast them in the context of his own time. The incident involving Roland became an episode of the Crusades, the Basques were transformed into Saracen infidels, and Charlemagne became the defender of Christianity in a titanic struggle of Truth versus Error. The French national epic was thus born as an expression of a young nation's patriotic ardor. *La Chanson de Roland* exalted the mystique of feudalism and extolled the lofty principles of honor and religion embodied in the ideal of service to one's God and one's earthly lord.

La Chanson de Roland was written in ten-syllable verses in stanzas of unequal length. The following excerpts in modern French prose highlight two important scenes. The first features Roland and his closest friend and peer, Olivier. They have just caught sight of the enemy troops approaching in huge numbers. Olivier immediately suggests that Roland sound his horn and summon reinforcements for the rear guard from the main body of Charlemagne's army. In a series of nearly identical stanzas, the author focuses on the debate between these two equally valiant knights as each embodies a different form of valor.

Orientation: The *Chanson de geste*

La Chanson de Roland is labeled a *chanson de geste*, a song of deeds. The style is almost exclusively narrative, with very few descriptions and but one outright comparison in the entire work. Characters are known primarily through their actions and occasionally through the words of others. There were, of course, no printed copies of *La Chanson de Roland* in the Middle Ages; scarce manuscripts did exist, but the printing press was still some four centuries away. The story became widely known through the work of wandering minstrels known as *jongleurs* who propagated it from region to region. Passages that the author meant to stress were simply repeated with slight variants in several consecutive stanzas to assure that they would be noticed (see the first of the two following selections).

As the oldest masterpiece of French literature, *La Chanson de Roland* takes us back eight hundred years. One of its immediate challenges, then, is that, in order to appreciate the work and do it justice, the reader must recapture the spirit of medieval society. Such efforts are greatly rewarded, however, as one comes to a better understanding of that epoch and is better able to gauge the ideas and emotions in the work. As you read the following excerpts, ask yourself what values are held in high esteem by Roland and Olivier and the people of the time. What motivates their actions? On what beliefs are their thoughts predicated? What kind of world do they live in? And who are the central characters in that world? As a person of the twentieth century, what are your feelings toward Roland? Do they change as you go from the first reading to the second? Would the average person in the late eleventh or early twelfth century have had the same reactions as you? Finally, how do you explain the success of *La Chanson de Roland?*

Roland et Olivier

Olivier dit : « Les païens° sont très forts ; et nos Français, ce me semble, sont bien peu. Roland, mon compagnon, sonnez° donc votre cor° : Charles l'entendra, et l'armée reviendra. » Roland répond : « Ce serait faire comme un fou. En douce France

---

le païen = *l'infidèle* / **sonner** to sound / **le cor** horn

j'y perdrais mon renom.° Sur l'heure je frapperai° de Durendal,° de grands coups.°
5 Sa lame° saignera° jusqu'à l'or de la garde.° Les félons païens sont venus aux ports°
pour leur malheur.° Je vous le jure,° tous sont marqués pour la mort. »

« Roland, mon compagnon, sonnez l'olifant° ! Charles l'entendra, ramènera° l'armée ; il nous secourra° avec tous ses barons. » Roland répond : « Ne plaise à Dieu°
que pour moi mes parents° soient blâmés et que douce France tombe dans le mépris° !
10 Mais je frapperai de Durendal à force, ma bonne épée que j'ai ceinte° au côté ! Vous
en verrez la lame tout ensanglantée.° Les félons païens se sont assemblés pour leur
malheur. Je vous le jure, ils sont tous livrés° à la mort. »

« Roland, mon compagnon, sonnez votre olifant ! Charles l'entendra, qui est au
passage des ports. Je vous le jure,° les Français reviendront. — Ne plaise à Dieu » ,
15 lui répond Roland, « qu'il soit jamais dit par nul° homme vivant que pour des païens
j'aie sonné mon cor ! Jamais mes parents n'en auront le reproche.° Quand je serai en
la grande bataille, je frapperai mille coups et sept cents, et vous verrez l'acier° de
Durendal sanglant. Les Français sont hardis et frapperont vaillamment° ; ceux d'Espagne n'échapperont pas à° la mort. »

le renom = *la réputation* / **frapper** to strike / **Durendal** = *le nom de l'épée* (sword)
de Roland / **le coup** blow / **la lame** blade / **saigner** to bleed / **la garde** hilt /
le port (mountain) pass / **le malheur** misfortune / **jurer** to swear / **l'olifant** *m* = *le*
cor / **ramener** to bring back / **secourir** = *aider* / **Ne plaise à Dieu** Heaven forbid /
le parent relative / **le mépris** contempt, scorn / **ceindre** = *mettre* / **ensanglanté**
bloodied / **livrer** to hand over / **jurer** to swear / **nul** = *aucun* / **le reproche**
reproach / **l'acier** *m* steel / **vaillamment** = *avec vaillance* / **échapper à** to escape

20   Olivier dit : « Pourquoi vous blâmerait-on ? J'ai vu les Sarrasins° d'Espagne : les vaux° et les monts en sont couverts et les collines° et toutes les plaines. Grandes sont les armées de cette engeance° étrangère et bien petite notre troupe ! » Roland répond : « Mon ardeur s'en accroît.° Ne plaise au Seigneur Dieu° ni à ses anges qu'à cause de moi France perde son prix ! J'aime mieux mourir que choir° dans la honte° !
25   Mieux nous frappons, mieux l'empereur nous aime. »

Qu'en pensez-vous ?

Etes-vous d'accord ou non avec les déclarations suivantes ? Justifiez votre réponse.

1. Olivier veut faire venir Charles.
2. Roland est d'accord.
3. Roland n'a besoin que de Durendal.
4. Il pense cependant que les païens vont gagner la bataille.
5. Olivier pense que personne ne pourra blâmer Roland s'il sonne son cor.
6. Roland combat pour lui-même.

The rear guard has fought valiantly against truly insurmountable odds. One by one Charlemagne's courageous peers have succumbed, leaving only the mightiest, Roland, the last to die as befits his rank and valor. He is determined that his cherished sword will not fall into the hands of the enemy. Summoning all of his remaining energy, he strikes it as hard as he can against a rock, hoping to shatter it into pieces.

La Mort de Roland

Roland frappa contre une pierre° bise.° Il en abat° plus que je ne sais vous dire. L'épée grince,° elle n'éclate° ni ne se rompt.° Vers le ciel elle rebondit.° Quand le comte° voit qu'il ne la brisera° point, il la plaint° en lui-même, très doucement : « Ah ! Durendal, que tu es belle et sainte ! Ton pommeau° d'or est plein de reliques :
5   une dent de saint Pierre, du sang de saint Basile, et des cheveux de monseigneur saint Denis, et du vêtement de sainte Marie. Il n'est pas juste que des païens te possèdent : des chrétiens doivent faire votre service. Puissiez-vous ne jamais tomber aux mains d'un couard° ! Par vous j'aurai conquis° tant de° larges terres,° que tient Charles, qui a la barbe fleurie° ! L'empereur en est puissant et riche. »

les Sarrasins = *les païens* / **le val** = *la vallée* / **la colline** hill / **l'engeance** *f* breed / **accroître** = *augmenter* / **le Seigneur Dieu** Lord God / **choir** = *tomber* / **la honte** = *le déshonneur* / **la pierre** stone / **bis** greyish brown / **abattre** to break off / **grincer** = *crier* / **éclater** to split / **se rompre** to break / **rebondir** to rebound / **le comte** = *Roland* / **briser** to break / **plaindre** = *avoir pitié de* / **le pommeau** pommel (of a sword) / **le couard** coward / **conquérir** to conquer / **tant de** so many / **la terre** land / **la barbe fleurie** flowing white beard

10   Roland sent° que la mort le prend tout° : de sa tête elle descend vers son cœur. Jusque sous un pin° il va courant ; il s'est couché sur l'herbe° verte, face contre terre. Sous lui il met son épée et l'olifant. Il a tourné sa tête du côté de la gent° païenne : il a fait ainsi, voulant que Charles dise, et tous les siens,° qu'il est mort en vainqueur,° le gentil comte. A faibles coups et souvent, il bat sa coulpe.° Pour ses péchés° il tend

15   vers Dieu son gant.°

Roland sent que son temps est fini. Il est couché sur un tertre escarpé,° le visage tourné vers l'Espagne. De l'une de ses mains il frappe sa poitrine° : « Dieu, par ta grâce, mea culpa,° pour mes péchés, les grands et les menus,° que j'ai faits depuis l'heure où je naquis° jusqu'à ce jour où me voici abattu° ! » Il a tendu vers Dieu son

20   gant droit. Les anges du ciel descendent à lui.

Le comte Roland est couché sous un pin. Vers l'Espagne il a tourné son visage. De maintes° choses il lui vient souvenance° : de tant de terres qu'il a conquises, le vaillant, de douce France, des hommes de son lignage,° de Charlemagne, son seigneur, qui l'a nourri. Il en pleure et soupire,° il ne peut s'en empêcher.° Mais il ne veut pas

25   se mettre lui-même en oubli° ; il bat sa coulpe et implore la merci de Dieu : « Vrai Père, qui jamais ne mentis, toi qui rappelas° saint Lazare d'entre les morts, toi qui sauvas° Daniel des lions, sauve mon âme° de tous périls, pour les péchés que j'ai faits dans ma vie ! » Il a offert à Dieu son gant droit : saint Gabriel l'a pris de sa main. Sur son bras il a laissé retomber sa tête ; il est allé, les mains jointes, à sa fin. Dieu lui

30   envoie son ange Chérubin° et saint Michel du Péril ; avec eux y vint saint Gabriel. Ils portent l'âme du comte en paradis.

La Chanson de Roland (c. 1100)

Qu'en pensez-vous ?

Etes-vous d'accord ou non avec les déclarations suivantes ? Justifiez votre réponse.

1. Roland brise son épée sur une pierre.
2. Il veut la protéger contre les païens.
3. Cette épée lui est très précieuse.
4. Roland essaie de protéger son olifant aussi.
5. Roland se tourne vers la France en mourant.

sentir to feel / **tout** = *complètement* / **le pin** pine (tree) / **l'herbe** *f* grass / **la gent** = *le peuple* / **les siens** = *ses gens* / **le vainqueur** = *celui qui a gagné la bataille* / **battre sa coulpe** to beat one's breast / **le péché** = *offense contre Dieu* / **le gant** glove (symbol of Roland's vassalage to God) / **un tertre escarpé** a steep hill / **la poitrine** breast / **mea culpa** *(latin)* = *par ma faute* / **menu** = *petit* / **naquis** = *naître (passé simple)* / **abattu** = *sans force* / **maint** = *beaucoup de* / **la souvenance** = *le souvenir* / **le lignage** lineage / **soupirer** to sigh / **s'empêcher de** to refrain from / **se mettre en oubli** to forget himself, to leave himself out / **rappeler** to recall / **sauver** to save / **l'âme** *f* soul / **son ange Chérubin** = *saint Raphaël*

6. Il confesse ses péchés avant de mourir.
7. Dieu accepte la confession de Roland.
8. Roland a plusieurs souvenirs tendres au moment de mourir.
9. Il adresse une dernière prière à Dieu.
10. Roland est reçu au paradis.

Nouveau Contexte

Complétez le dialogue suivant en choisissant les termes appropriés (employez chaque terme une seule fois). Puis, jouez le dialogue.

Noms :   coups *m*, épée *f*, faibles *m*, fin *f*, poitrine *f*, sang *m*, vainqueur *m*
Verbes :   aurait échappé, plaindre, sauver
Adjectif :   hardie

— J'ai vu un film inquiétant à la télé hier soir.

— Ah oui ? De quoi s'agissait-il ?

— C'était l'histoire de deux gladiateurs qui se battaient à l' _____ *1* dans un amphithéâtre romain.

— Devant une foule énorme, je suppose.

— Oui. Et les spectateurs n'étaient pas passifs. Ils encourageaient les combattants à frapper les _____ *2* les plus forts possibles.

— Et les gladiateurs réagissaient à ces encouragements ?

— Ah oui ! Chacun essayait de transpercer la _____ *3* de l'autre et ainsi de mettre _____ *4* au combat.

— Ce n'est pas un spectacle pour les _____ *5* !

— Bien au contraire ! La foule s'est montrée aussi _____ *6* que les combattants. Lorsqu'un des gladiateurs était abattu, les spectateurs demandaient au _____ *7* de lui donner le coup de grâce.

— Et ils auraient pu lui _____ *8* la vie ?

— Oui, s'ils avaient fait un simple signe du pouce, il _____ *9* à la mort.

— Evidemment la foule n'était pas venue pour _____ *10* un gladiateur désarmé.

— Elle était là pour voir couler le _____ *11*.

— Et on parle de la violence dans la société contemporaine !

Appréciation du texte

1. Décrivez le caractère de Roland. Qu'est-ce qui motive sa décision de ne pas sonner le cor ?
2. L'auteur de *La Chanson de Roland* caractérise Roland et Olivier ainsi : « Roland est preux *(brave)* et Olivier sage. » Etes-vous d'accord ? Pourquoi ou pourquoi pas ?
3. Quels sont les sentiments de Roland envers son épée ? Quelle figure de rhétorique est employée pour accentuer ses sentiments ? Est-ce que Roland tutoie ou vouvoie son épée ? Comment expliquez-vous ces deux façons de s'exprimer ?

4. Religion et patriotisme sont deux grands thèmes dans *La Chanson de Roland*. Comment se manifestent-ils dans le second extrait ?

Vocabulaire satellite

la **musique classique (sérieuse)** classical music

l' **opéra** *m* opera

le **jazz** jazz

la **musique folklorique** folk music

la **musique populaire (légère)** popular music

le **rock** rock music

le **compositeur,** la **compositrice** composer

l' **interprète** *m, f* artist

l' **artiste** *m, f* artist

le **chanteur,** la **chanteuse** singer

l' **air** *m,* la **mélodie** tune, melody

les **paroles** *f* song lyrics

l' **enregistrement** *m* recording

le **disque** phonograph record

la **chaîne stéréo** stereo system

le **tourne-disque** record player

le **haut-parleur** speaker (equipment)

le **magnétophone** tape recorder

Pratique de la langue

1. Préparez et présentez un dialogue dans lequel une famille se dispute à propos du volume sonore de la chaîne stéréo. Imaginez les arguments des personnes suivantes :
   a. papa (adore les valses de Strauss)
   b. maman (toute musique l'énerve)
   c. Richard, le fils (pour apprécier le rock, il faut le jouer très fort)
   d. grand-papa (n'entend pas très bien)
   e. Lucille, sœur de Richard (travaille la nuit, doit dormir le jour)
   f. Georges, ami et voisin de Richard (adore le rock, n'a pas de chaîne stéréo chez lui)
2. Quel rôle la musique joue-t-elle dans votre vie ? Influence-t-elle votre humeur ? Si oui, vous met-elle de bonne ou de mauvaise humeur ?
3. Quelle partie d'une chanson trouvez-vous la plus importante, la mélodie ou les paroles ? Expliquez.
4. Quel genre de musique préférez-vous ? Pourquoi ?
5. Que pensez-vous de l'opéra ? Quels sont les mérites de ce genre de musique ?

Sujets de discussion ou de composition

1. « La jeunesse actuelle est esclave de la musique. Elle ne peut rien faire sans musique. » Etes-vous d'accord ou non ? Pourquoi ?
2. A débattre : « La musique classique est la seule qui mérite notre attention parce qu'elle est internationale et dure d'une époque à l'autre. »

3. Les Français ont tendance à attribuer le mérite d'un film au réalisateur (c'est un film de Resnais, de Godard, de Truffaut, etc.). Aux Etats-Unis, on est porté à parler plutôt des vedettes du film (c'est un film de Bogart, de Hanks, de Streep, etc.). A votre avis, lequel est le plus important : le réalisateur ou la vedette ?

4. Comparez le cinéma au théâtre en appréciant les avantages et les inconvénients de chaque genre.

5. Préparez le compte rendu d'un film que vous avez vu. N'en mentionnez pas le titre mais essayez de le faire deviner aux autres étudiants qui liront votre critique.

Index Littéraire

Allegory An extended story—usually employing personification—in which people, things, and events have a second level of meaning beneath the immediate narrative surface (as, for instance, in a fable or a parable).

Alliteration The repetition of consonants in proximity to each other, especially at the beginning of words, in order to produce a certain effect. The repetition of the sound /s/, for example, in the following verse from Jean Racine's tragedy *Phèdre* imitates the hissing sound of snakes: *Pour qui sont ces serpents qui sifflent sur vos têtes ?*

Classicism The French classical period covered the reigns of Louis XIII (1610–1643) and Louis XIV (1643–1715), but the term *classicism* is normally used more narrowly to designate the literature produced between 1660 and 1690. Inspired by the writers of antiquity, who were taken as models of perfection, the seventeenth-century French writers studied universal man in an impersonal manner. They remained very attentive to form, ever aware of the literary laws regulating each genre as well as the unwritten tenets of propriety and good taste. The major writers of this period were Molière, Racine, La Fontaine, La Bruyère, La Rochefoucauld, and Pascal.

Comédie-Française Also known as *Le Théâtre Français*, it was France's first state theater. Some still refer to it as *La Maison de Molière* because it was created after his death by a merger of his old troupe with two others in 1680. Today its repertoire remains essentially classical and it continues to be state-supported. The repertoire is by no means confined to comedy: the *comédie* of its name retains the word's older meaning of "theater"; still today the term *comédien* is synonymous with "actor," although it can be used in a narrower sense to designate the opposite of a tragedian, or actor of tragedies.

Comedy A play whose purpose is to amuse and that has a happy ending. Whereas farce relies on gross buffoonery and physical action, comedy presents fully developed characters and derives its action from them. The greatest of all French comedy writers was Molière (1622–1673), who brought to its peak both comedy of character *(comédie de caractère)*, with its emphasis on the leading character's psychology (usually, some particular vice or folly), and comedy of manners *(comédie de mœurs)*, which satirizes contemporary society.

Engagement This term, which came into wide usage at the conclusion of World War II, denotes the attitude of artists or writers who are conscious of their social role and commit their talents to serve a particular cause. Philosophically, this outlook is in direct opposition to art for art's sake *(l'art pour l'art)*. Jean-Paul Sartre and Simone de Beauvoir are *écrivains engagés*, although such committed writers existed long before 1945, as witness Voltaire and Zola.

Existentialism A philosophical system asserting that existence precedes essence: people have no predetermined essence, but rather define themselves through their actions (their *engagement*) in a meaningless world. People are completely free to act—there are no preestablished value systems—but they are also responsible for what they do, whence their anxiety in this absurd world. This philosophy gained popular recognition in France in the 1940s due to its literary expression in the works of Jean-Paul Sartre and Albert Camus.

Fabliau A popular genre of the Middle Ages. A short tale in verse calculated to provoke laughter, it was sometimes serious, often bawdy, and usually told a mocking story of human beings in a realistic setting. Not to be confused with the *fable*, a short moralizing tale whose characters are usually animals.

Farce A light humorous play that provokes laughter through situation, caricature, gestures, and clowning, rather than through character. In France it was especially popular in the late Middle Ages. It influenced Molière and has continued as a genre to the present day. The most famous and best of medieval farces was *La Farce de Maître Pathelin.*

Humour noir The use of grotesque and morbid situations for comic purposes, characterized by a tone of aggressive bitterness or anger. Black humor can be found in the works of Charles Baudelaire and in the Theater of the Absurd.

Hyperbole A figure of speech in which the words go beyond the thought; conscious exaggeration. To call a large man "a giant" or to say that someone is "as strong as an ox" are examples of hyperbole.

Irony Figure of speech whereby an effect is obtained by stating the opposite of the intended meaning, as for instance when one refers to "the joys of winter" while thinking about boots and shoveling and the flu. The use of irony usually implies a certain emotional detachment.

Metaphor An implied comparison in which only one of the two terms is stated and the qualities of one are ascribed to the other by analogous substitution: e.g., the root of the problem; a storm of protest; "All the world's a stage." The metaphor differs from the simile *(comparaison)*, which makes its comparison explicit: "My love is like a red, red rose."

Moralistes Writers who observe and comment on *les mœurs*, the mores of their time. This term is not to be confused with "moralist" in English: a *moraliste* may simply observe, without any attempt to moralize or to correct the behavior of others.

Le mot juste A French stylistic tradition that dates back to the formal preoccupations of the classical writers, who sought to say the most with the least. This obsession for finding the one word that will adequately convey one's meaning characterized the works of many writers, but perhaps most particularly the novelist Gustave Flaubert (1821–1880).

Naturalism A literary doctrine, prevalent in the last third of the nineteenth century, defined and illustrated in their novels by the Goncourt brothers and Emile Zola (1840–1902). Naturalism took a deterministic view of nature, describing man and his environment as the products of specific biological, social, and economic laws. In the *roman expérimental*, a new genre of fiction that he set out to create, Zola sought to apply to the novel the empirical methods of clinical observation and scientific experimentation by studying the behavior of his characters in varying circumstances.

Ode   A lyric poem, usually of symmetrical stanzas, lofty in style and inspiration. It was first introduced in France in the sixteenth century as the poets of the Pléiade sought to imitate the Greek Pindar and the Roman Horace. The original Greek ode was meant to be sung or recited in choral parts.

Parody   The satirical imitation of a work.

Les philosophes   Writers of the eighteenth-century Age of Enlightenment, and thinkers who were interested in any and all questions—economic, moral, political, religious, or social—affecting mankind's earthly happiness. They had great faith in human progress through the use of reason. The prominent *philosophes* expressed their beliefs through various literary genres: Montesquieu wrote *L'Esprit des lois*, a study of law and government, and the satirical *Lettres persanes;* Diderot directed the publication of the *Encyclopédie*, a vast collective enterprise; and Voltaire wrote *contes philosophiques* like *Candide.*

Poème en prose   A work incorporating the essential features of poetry but written in prose. The genre was best illustrated by Charles Baudelaire (1821–1867).

Realism   A literary outlook born in the mid-nineteenth century, partly in reaction to the excessive fancy and lyricism of romanticism. It advocated the minute and objective description of life, presenting an accurate portrait of reality that was neither idealized nor exaggerated. The foremost name in realism is that of Gustave Flaubert, although the works of Balzac and Stendhal also in many ways display strong realistic traits.

Renaissance   Intellectual and cultural movement which had its origins in the fifteenth century in Italy and overspread Europe in the sixteenth century. It was marked by a rejection of medieval values in favor of a rebirth *(renaissance)* of the ideas and the art of the ancient Greeks and Latins. The most prominent Renaissance writers in France were Rabelais, Montaigne, and the poets of the Pléiade school of poetry led by Ronsard and Du Bellay.

Roman   A term used originally to designate the popular language of the early Middle Ages, intermediate between Latin and Old French (cf. the term "romance language"). In the twelfth century, it referred to tales told in such a romance dialect: heroic tales in verse depicting marvelous adventures, extraordinary experiences, the loves of imaginary or idealized heroes (for instance, the Arthurian romances). By the later Middle Ages such tales were also told in prose and became the forerunner of the modern *roman,* the novel.

Romanticism   A literary movement that prevailed in the first half of the nineteenth century, partly in reaction to classicism and eighteenth-century rationalism. Romanticism *(romantisme)* stressed the freedom of individual expression, and the primacy of emotion, sensitivity, and imagination over cold reason. It delighted in mystery, fantasy, exoticism, dream, and the past. Among the best-known Romantic writers in France were the poets Lamartine, Hugo, Vigny, Musset, and the novelist George Sand.

Satire A literary work, in verse or prose, in which an author exposes, denounces, and holds up to derision the vices, abuses, and follies of his contemporaries; also, more broadly, this kind of derision itself. The mocking criticism of satire is generally not meant to destroy human institutions, but rather to amend them in a positive way. Satirists censure public mores with the full realization that they are the manifestation of human frailty; characteristically, they employ humor, irony, and wit. Montesquieu's *Lettres persanes* and Voltaire's *Candide* are good examples of satire. The comedies of Molière are also satirical in nature.

Sonnet A fourteen-line poem consisting of two quatrains (usually rhymed *abba*) followed by two tercets. Created by the Italian poet Petrarch, it was introduced in France in the sixteenth century.

Surrealism A literary and artistic movement that flourished between the two World Wars. As defined by André Breton, whose *Manifeste du surréalisme* appeared in 1924, surrealism endeavored to express the "real" workings of the human mind by liberating it from the influence of conventional value systems, whether aesthetic, moral, or logical. The surrealists determined not to laboriously pursue *le mot juste*, but to achieve instead an automatic expression of the mind by exploring dreams, the subconscious, and/or hypnotic trances. Jacques Prévert proved particularly adept at working with freely associated images.

Théâtre de l'absurde An avant-garde theater that came into prominence in the 1950s. As the name implies, such productions focused on the absurdity of the human condition. Their most interesting aspect, from the literary standpoint, was the nonconventional means used to formulate the problems of mankind. This revolutionary theater deprived the spectators of their usual points of reference in order to have them experience the absurdity of life. Well-constructed plot lines, careful character development, realistic portrayal of everyday life—all were discarded in favor of disconcerting scenes calculated to keep the audience off balance and uneasy. Eugène Ionesco's *La Cantatrice chauve* (1950) marked the first success of the Theater of the Absurd. Other prominent absurdist playwrights are Jean Genet, Arthur Adamov, and Samuel Beckett, whose *En attendant Godot* (1953) has perhaps proven the most popular of all absurdist plays.

Théâtre de boulevard Light, escapist theater fare, roughly comparable to America's Broadway stage. It derives its name from the location of many of the theater houses on or near the great boulevards of Paris.

Tragedy A dramatic work of serious character, evoking pity or terror, and having an unhappy ending. In France the genre reached its height in the classical tragedies of Pierre Corneille and Jean Racine, contemporaries of Molière.

Troubadours Medieval poets of southern France who composed in the *langue d'oc* as opposed to the *trouvères* of the North who composed in the *langue d'oïl*. Some of these poets were also *jongleurs:* wandering minstrels who recited or sang their verses to the accompaniment of a stringed instrument. Twentieth-century *chansonniers* like Georges Brassens and Jacques Brel were often referred to as modern-day troubadours.

Réponses au Nouveau Contexte

CHAPITRE 1

Camara Laye, « Départ pour l'école », p. 9
1. bouteille   2. breuvage   3. gorgée   4. larmes   5. pleurerais   6. as quitté   7. veille
8. sangloter   9. m'éloignais   10. enlever

Marcel Pagnol, « La Vie au lycée », p. 15
1. tour   2. fait peur   3. moindre   4. devinait   5. se doute de   6. punira   7. éclater de
rire   8. rougirai   9. droite   10. gauche   11. pareil

Julien Green, « Chez le conseiller », p. 22
1. malgré   2. dès   3. vaut mieux   4. me tenir debout   5. suivre   6. intéresse   7. avez
raison   8. faites semblant d'

CHAPITRE 2

Gabrielle Roy, « La Femme : mère », p. 30
1. lourde   2. pleure   3. nouvelles   4. visage   5. malheur   6. impuissant   7. se mettre
en colère   8. foyer   9. paraît

Mariama Bâ, « La Femme : épouse », p. 36
1. marier   2. reprendre souffle   3. ne fait que   4. bonheur   5. individu   6. n'y peux
rien   7. aura lieu   8. ne m'inspirent pas confiance   9. serre la main

Simone de Beauvoir, « Mariage ou célibat ? », p. 42
1. me sens   2. épaule   3. doux   4. rêve   5. couple   6. roux   7. véritable   8. peu
importe   9. me demande

CHAPITRE 3

Yves Thériault, « Un Père et son fils », p. 51
1. mener   2. limpide   3. sable   4. fond   5. enlève   6. mouille   7. plaisir   8. nager
9. veux dire   10. oublier

Victor Hugo, « Demain, dès l'aube »,   p. 54
1. campagne   2. bruit   3. heure   4. aube   5. seule   6. aucune   7. demeurais
8. attendait   9. croisés

Alphonse Daudet, « Les Vieux »,   p. 61
1. repas   2. hôtes   3. nappe   4. couverts   5. assiettes   6. fière   7. manches
8. rayonnante   9. ai remarqué   10. suis rentrée

CHAPITRE 4

Charles Baudelaire, « Le Mauvais Vitrier », p. 71
1. ivre   2. éprouver   3. endroits   4. faire preuve de   5. étages   6. apercevoir
7. prétend   8. paresseux   9. bruits   10. sales   11. escaliers   12. qu'importe

Arthur Rimbaud, « Ma Bohème », p. 75
1. rêver   2. trous   3. souliers   4. pieds   5. sentir   6. ciel   7. étoiles   8. rêveur
9. poches   10. auberge

Jean-Jacques Rousseau, « Charmes de la nature », p. 82
1. humeur   2. me perdre   3. insensible   4. douloureuses   5. éprouver   6. s'élever
7. inattendus   8. peines   9. méprise   10. bruyante

CHAPITRE 5

Jacques Prévert, « La Grasse Matinée »,   p. 90
1. faire la grasse matinée   2. bruit   3. ai eu beau   4. n'ai pas remué   5. brouillard
6. crainte   7. arrosé   8. pourboire

Emile Zola, « Les Epaules de la marquise »,   p. 96
1. nid   2. chaleur   3. rideaux   4. tapis   5. couverture   6. pendule   7. rappelle

Jean de La Fontaine, « Le Loup et l'Agneau »,   p. 101
1. cherches   2. pas   3. attire   4. me venger   5. a rendu   6. façon   7. aucun
8. a emporté   9. me suis mis en colère   10. procès   11. fort

CHAPITRE 6

Antoine de Saint-Exupéry, « L'Homme d'affaires »,   p. 111
1. déranger   2. poser   3. sert   4. habite   5. île   6. n'a même pas levé   7. éteinte
8. rallumer   9. ivrogne   10. s'amuse à

Montesquieu, « Le Malheur des Troglodytes », p. 116
1. bêtes   2. ressemblent à   3. méchant   4. corriger   5. règles   6. principe
7. accablés   8. désespérés   9. que m'importe   10. ne pas négliger

Montesquieu, « Le Bonheur des Troglodytes », p. 120
1. s'affaiblit   2. vieillard   3. ai mené   4. as... vécu   5. saurais   6. te mettre à
7. larmes   8. pitié   9. fais naître

CHAPITRE 7

Michel de Montaigne, « Essais », p. 128
1. étonne   2. s'exprime   3. fructueuse   4. n'a pas perdu   5. fière   6. a éveillé
7. rêver   8. se sent   9. s'instruire   10. têtue

Voltaire, « Candide », p. 135
1. ai laissé tomber   2. ai ramassé   3. songeais   4. sottises   5. digne   6. mœurs
7. m'évanouir   8. savant   9. attirer   10. coup de pied   11. fin

Charles de Gaulle, « Appel du général de Gaulle aux Français », p. 141
1. chefs   2. amène   3. moyens   4. ouvriers   5. n'importe quelle   6. reculer   7. pouvoir   8. empêchera   9. avenir

CHAPITRE 8

François Sengat-Kuo, « Ils m'ont dit... », p. 150
1. laisse-là   2. cacher   3. n'as eu que   4. pourtant   5. bonne à rien   6. mal   7. mourir
8. verser ton sang   9. donne-moi la main

Michel Tremblay, « Le Diable et le champignon », p. 158
1. il faut   2. s'agit-il   3. me battre   4. sens   5. prends   6. il doit y avoir   7. est arrivé
8. as profité   9. toute seule

Francis Bebey, « Un Grand Conseil de mariage », p. 164
1. prête   2. me passer de   3. confiance   4. digne   5. tout le monde   6. marchera
7. sache   8. regarde

CHAPITRE 9

Eugène Ionesco, « Les Martin », p. 178
1. ai aperçus   2. habitent   3. s'appellent   4. te souviens-tu de   5. originaires   6. ai beau   7. me trompe   8. s'approcher d'   9. n'en sais rien   10. se trouvent

Marie de France, « Le Laüstic », p. 184
1. voisins 2. pierre 3. proche 4. dame 5. ignore 6. joyeuses 7. appelle 8. surpris 9. apporter 10. cher 11. ont dépensé

Guy de Maupassant, « Un Silence d'amour », p. 192
1. change d'avis 2. étrange 3. restes 4. apparais 5. disparais 6. tiens 7. m'arrête 8. debout 9. assis 10. t'éloigner 11. bout 12. me sauve 13. surprenante

CHAPITRE 10

« La Farce de Maître Pathelin », p. 202
1. boutique 2. vous portez-vous 3. faire faire 4. chères 5. il m'en faut 6. bleu clair 7. gêne 8. ressembler à 9. que voulez-vous 10. me vanter 11. dérangera

Molière, « Le Bourgeois gentilhomme », p. 210
1. apprendre 2. prie 3. juste 4. se prononce 5. perdre 6. haut 7. bout 8. coup 9. façon 10. exprime 11. véritable

Jean Anouilh, « Becket », p. 219
1. est arrivé 2. pose 3. agir 4. t'éloignes 5. te trompes 6. sert 7. me charger 8. fais 9. convaincre 10. prêt 11. vaincre 12. bout

CHAPITRE 11

François Truffaut, « Patrick pousse son pion », p. 228
1. me suis aperçu 2. de l'autre côté 3. jettes un coup d'œil 4. a fallu 5. as offert 6. ferait plaisir 7. a étonné 8. boutique de fleurs 9. se rendent

Paul Verlaine, « Il pleure dans mon cœur », p. 234
1. douce 2. bleu 3. pleut 4. pluie 5. oiseaux 6. cesse 7. peine 8. pleurerais 9. pire 10. tranquille

« La Chanson de Roland », p. 240
1. épée 2. coups 3. poitrine 4. fin 5. faibles 6. hardie 7. vainqueur 8. sauver 9. aurait échappé 10. plaindre 11. sang

Vocabulaire

This vocabulary contains all words and expressions that appear in the text except articles and identical cognates. Irregular verbs are included, as are feminine forms of adjectives.

Abbreviations

adj	adjective	*m*	masculine	*pron*	pronoun
adv	adverb	*pp*	past participle	*ps*	passé simple
con	conditional	*pres part*	present participle	*v*	verb
f	feminine	*pl*	plural	*vulg*	vulgarity
fig	figurative	*prep*	preposition		
fam	familiar	*pres*	present		

A

abaisser   to lower, bring down
l' **abandon** *m*   **à l'_____** in a state of neglect
abandonner   to abandon
abasourdi(e)   taken aback, stunned
s' **abâtardir**   to degenerate
abattre   to fell, knock down
abattu(e)   weak
l' **abbé** *m*   secular priest
l' **abécédaire** *m*   primer
l' **abeille** *f*   bee
l' **abîme**   m abyss, chasm
abîmer   to damage, ruin
l' **ablatif** *m*   ablative
abolir   to abolish
abondant(e)   abundant
abonder   to abound
s' **abonner**   to subscribe
abord: d'_____   first of all, at first
aborder   to approach; to tackle
l' **abri** *m*   shelter; **se mettre à l'_____** to take cover
abriter   to shelter

abruti(e)   slow-witted
abrutir   to stupefy
abrutissant(e)   stupefying, degrading
absolu(e)   absolute
absolument   absolutely
abstrait(e)   abstract
absurde   absurd
l' **abus** *m*   abuse
abuser de   to misuse
l' **académie** *f*   academy
l' **acajou** *m*   mahogany
accablé(e)   overburdened
accabler   to overwhelm
accéder à   to reach, get to
accélérer   to go faster
accentuer   to accentuate
accepter   to accept
l' **acception** *f*   acceptance
l' **accès** *m*   fit
accessoire   incidental
accommodant(e)   accommodating, courteous
l' **accommodement** *m*   accommodation
s' **accommoder de**   to make the best of
l' **accompagnement** *m*   accompaniment

251

accompagner to accompany
accompli(e) accomplished
accomplir to accomplish
l' **accomplissement** *m* accomplishment
l' **accord** *m* agreement; **être d'____** to concur; **se mettre d'____** to agree
accorder to grant; **s'____** to agree
s' **accouder** to lean (on one's elbows)
accourir to come running
accrocher to hook, to catch, to hang; **s'____** to hang on
accroire: s'en laisser ____ to let oneself be taken in
s' **accroître** to grow, increase
accroupi(e) squatting, crouching
l' **accueil** *m* welcome
accueillir to welcome, greet
accumuler to accumulate
l' **accusateur** *m* accuser
l' **accusation** *f* prosecution
acerbe caustic
l' **achat** *m* purchase
acheter to buy
achever to finish, complete
l' **acier** *m* steel
l' **acompte** *m* deposit
acquérir to acquire
acquiescer to agree
l' **acquittement** *m* acquittal
âcre acrid, pungent
l' **acte** *m* act
l' **acteur (l'actrice)** *m, f* actor, actress
l' **activité** *f* activity
l' **actualité** *f* topical question; **____s** current events, newsreel; **d'____** current
actuel (actuelle) present
actuellement at present
l' **addition** *f* bill, check (restaurant)
additionné(e) increased
l' **adieu** *m* farewell
l' **adjectif** *m* adjective
admettre to admit, accept
admirablement admirably
admirer to admire
s' **adonner à** to give oneself over to
adorablement adorably

adorer to adore
adoucir to alleviate
l' **adresse** *f* address
adultère adulterous
advenir to happen
l' **adversaire** *m, f* opponent, adversary
l' **aération** *f* ventilation
aérien (aérienne) of the air
l' **aéroport** *m* airport
affaiblir to weaken
l' **affaire** *f* deal, matter, affair, case; **les ____s** business; **avoir ____ à** to have to deal with; **qu'ai-je ____ ?** what business do I have? **se tirer d'____** to get out of the difficulty
affairé(e) busy
affamé(e) famished
affecter to affect
affectueux (affectueuse) affectionate
l' **affiche** *f* posted notice, poster
afficher to display
affirmatif (affirmative) affirmative
l' **affirmation** *f* assertion
affirmer to assert
affliger to afflict
affluer to abound
affranchir to set free
affreusement frightfully
affreux (affreuse) horrible, awful
affronter to face
afin de in order to
afin que so that
l' **Afrique** *f* Africa
agacer to annoy, bother
l' **âge** *m* age; **le grand ____** old age
âgé(e) old, elderly
s' **agenouiller** to kneel
l' **agent** *m* agent; **____ de police** police officer
l' **agilité** *f* agility
agir to act; **il s'agit de** it is a question of
agissant(e) effective
agité(e) agitated
agiter to agitate
l' **agneau** *m* lamb
agréable pleasant

les **agréments** *m* pleasures, charms
agressif (agressive) aggressive
s' **agripper à** to cling to
ahuri(e) dumbfounded
l' **ahurissement** *m* bewilderment
l' **aide** *f* help; **porter** _____ to lend assistance; **venir en** _____ **à** to help
aider to help
les **aïeux** *m* ancestors
l' **aigrefin** *m* swindler
aigu(ë) sharp
l' **aiguille** *f* needle; hand (on a clock)
l' **aiguillon** *m* goad
l' **aile** *f* wing
ailleurs elsewhere; **d'**_____ besides,
moreover, as a matter of fact; **par**
_____ on the other hand
aimable kind
aimer to like, love; _____ **à la folie**
to be crazy about; _____ **mieux** to
prefer
aîné(e) older, oldest; **l'aîné** *m* eldest
son
ainsi likewise, thus; _____ **que** as
well as, as
l' **air** *m* air, appearance; melody; **avoir**
l'_____ to seem, appear, look like;
faux _____ resemblance; **regarder**
en l'_____ to look up
aise glad; **l'**_____ *f* comfort; **à l'**_____
comfortable; **mal à l'**_____ uneasy
aisé(e) well-off, well-to-do
aisément easily
l' **aisselle** *f* armpit
l' **ajournement** *m* adjournment
ajouter to add
s' **alarmer** to be alarmed
l' **alexandrin** *m* alexandrine (12-
syllable verse)
algérien (algérienne) Algerian
l' **allée** *f* alley, walk
alléger to alleviate, mitigate
allégrement cheerfully
alléguer to allege
allemand(e) German
aller to go; to suit, fit; _____
chercher to fetch; _____ **de soi**
to be a matter of course; **s'en** _____

to go away; **Allez !** Come on! **Allez**
ouste ! Off you go! **Allons !** Come
now!
l' **aller-retour** *m* round trip
allié(e) allied
l' **allocation** *f* allowance
allonger to stretch out; **s'**_____ to
stretch oneself out
allumer to light
l' **allumette** *f* match
l' **allure** *f* gait, appearance; **à toute**
_____ at full speed
alors at that time, then; so; _____ **que**
while
l' **alouette** *f* lark
alourdi(e) heavyset
altérer to affect
l' **amant(e)** *m, f* lover
ambigu(ë) ambiguous
ambitieux (ambitieuse) ambitious
l' **ambre** *m* amber
ambulant(e) traveling
ambulatoire ambulatory
l' **âme** *f* soul, spirit, mind
l' **amélioration** *f* improvement
améliorer to improve
amener to bring, lead
amer (amère) bitter
amèrement bitterly
américaniser to Americanize
l' **ameublement** *m* furnishing
l' **ami(e)** *m, f* friend; **le, la petit(e)**
_____ boy (girl)friend
amical(e) friendly; **l'amicale** *f* frater-
nal society
l' **amitié** *f* friendship
amollir to soften
amonceler to pile up
l' **amour** *m* love; **par** _____ out of love
l' **amour-propre** *m* self-esteem
amoureux (amoureuse) amorous;
l'_____ *m, f* lover; **être** _____ **de** to
be in love with
ample ample, full
amusant(e) amusing
amuser to amuse, interest; **s'**_____ to
play; to enjoy oneself, have a good
time

l' **an** *m*   year

l' **ancêtre** *m, f*   ancestor

ancien (ancienne)   ancient, old; former; elder

ancrer   to anchor

l' **âne** *m*   donkey

anéantir   to wipe out, annihilate

l' **ange** *m*   angel

l' **Angleterre** *f*   England

angliciser   to Anglicize

l' **angoisse** *f*   anguish

animer   to animate; **s'_____** to become animated

l' **année** *f*   year

l' **annonce** *f*   announcement

annoncer   to announce; to bespeak

anonyme   anonymous

l' **anse** *f*   handle

antagoniste   antagonistic

antipathique   unpleasant, disagreeable

apaiser   to appease

apercevoir   to catch sight of; **s'_____ de** to notice, realize

aperçu(e)   noticed

aplatir   to flatten

l' **apogée** *m*   height, peak

l' **apôtre** *m*   apostle

apparaître   to appear

l' **apparat** *m*   pomp; **tenue d'_____** ceremonial dress

l' **appareil** *m*   camera

apparemment   apparently

l' **apparence** *f*   appearance; **sauver les _____s** to keep up appearances, save face

l' **appartement** *m*   apartment

appartenir   to belong

l' **appel** *m*   call, appeal; **faire _____ à** to appeal to

appeler   to call; **en _____ à** to appeal to; **s'_____** to be called

l' **appentis** *m*   lean-to, shed

appétissant(e)   appetizing, delectable

applaudir   to applaud

les **applaudissements** *m*   applause

appliquer   to apply; **s'_____ à** to apply; to take pains to

l' **apport** *m*   contribution

apporter   to bring

apprécier   to appreciate; to take under advisement

l' **appréhension** *f*   apprehension, anxiety

apprendre   to learn; to teach; to inform

l' **apprenti(e)** *m, f*   apprentice

apprivoiser   to tame

l' **approbation** *f*   approval

approcher   to approach, draw near; **s'_____ de** to come near

approfondir   to go deeply into

approprié(e)   appropriate, proper

approuver   to approve of

appuyer   to rest; to support; to back up; **s'_____ à, sur** to rest on, lean on

après   after; *adv* afterward; **d'_____** according to; next, following; **peu _____** a little later

l' **après-midi** *m, f*   afternoon

aquilin(e)   hooked

l' **arabe** *m*   Arabic (language)

Arabie *f*   Arabia

l' **araignée** *f*   spider

l' **arbitre** *m*   arbiter

l' **arbre** *m*   tree; **_____ fruitier** fruit tree

l' **arc** *m*   arch

l' **archevêque** *m*   archbishop

ardent(e)   passionate, intense

l' **ardeur** *f*   intense heat; ardor

l' **argent** *m*   money; silver

l' **argile** *f*   clay

l' **argot** *m*   slang

l' **arme** *f*   arm, weapon; **faire des _____s** to fence

l' **armée** *f*   army

l' **armement** *m*   armament

l' **armoire** *f*   wardrobe, closet

arracher   to tear away, snatch; to pull up

s' **arranger**   to contrive

l' **arrêt** *m*   stop, sentence; **sans _____** unceasingly

arrêter   to arrest; to stop; **s'_____** to stop

arrière   rear; **en _____** back

les **arrière-grands-parents** *m* great-grandparents

l' **arrivée** *f* arrival

arriver to arrive; to happen; _____ **à** to manage to; **en** _____ **là** to get to that point; **il arrive** there arrives, it happens

l' **arriviste** *m, f* go-getter

l' **arrondissement** *m* subdivision of a French department

arroser to sprinkle, lace; to water; to bathe

l' **as** *m* ace

l' **ascension** *f* ascent, climb

l' **asile** *m* home, refuge

l' **aspect** *m* look, appearance

l' **assassinat** *m* assassination

s' **asseoir** to sit down

asservir to enslave, subject

assez enough; rather; _____ **de** enough

l' **assiette** *f* plate

assigner to summon

assis(e) seated, established

l' **assistant(e)** *m, f* **social(e)** social worker

assister à to attend, be present at

assoiffé(e) thirsty

s' **assombrir** to darken

assommer to knock on the head; to bore to tears

l' **assommoir** *m* low tavern

assortir to match

s' **assoupir** to doze off

assoupli(e) made flexible, supple

l' **assouvissement** *m* fulfillment

assujetti(e) subjugated

assurément assuredly

assurer to assure

l' **âtre** *m* hearth

attacher to attach, tie; **s'**_____ **à** to apply oneself (to)

attaquer to attack; **s'**_____ **à** to grapple with

attardé(e) late

s' **attarder** to linger

atteindre to attain, reach

atteint(e) affected

attendre to wait (for), await; to expect; **s'**_____ **à** to expect; **en attendant** meanwhile

attendri(e) moved (emotionally)

s' **attendrir** to grow tender, be moved

l' **attentat** *m* attempt

l' **attente** *f* wait; expectation

l' **attention** *f* attention; **faire** _____ to pay attention, be careful

attentivement attentively

atténuant(e) extenuating

atterré(e) overwhelmed; felled

atterrer to bowl over

attifer to dress up, deck out

attirant(e) attractive

attirer to attract, draw

l' **attrait** *m* attraction

attraper to catch

attribuer to attribute

l' **aube** *f* early dawn

l' **auberge** *f* inn

l' **aubergiste** *m, f* innkeeper

aucun(e)... ne no, not any, none; any

l' **audace** *f* audacity, boldness, daring

audacieux (audacieuse) bold

l' **au-delà** *m* life beyond

au-devant de before

l' **audience** *f* session

l' **auditeur (l'auditrice)** *m, f* listener

augmenter to increase, go up; to grow

aujourd'hui today

l' **aumône** *f* alms

l' **aumônier** *m* chaplain

auparavant before

auprès de beside, next to, at the side of, by

aussi as; also; and so

aussitôt immediately; _____ **que** as soon as, once

autant as much, as many; _____ **dire** one might as well say; _____ **que** as much as; **d'**_____ **que** inasmuch as; **pour** _____ on that account

l' **auteur** *m* author; _____ **dramatique** playwright

l' **auto** *f* car

l' **autobus** *m* city bus

l' **automate** *m* robot

l' **automatisme** *m* automatism; automatic functioning

l' **automne** *m* autumn, fall

l' **automobiliste** *m, f* motorist

l' **autorité** *f* authority

l' **autoroute** *f* highway; _____ **à péage** toll road

autour de around

autre other, else; **vous _____s riches** you rich (people)

autrefois in the past, of old

autrement differently, otherwise

l' **Autriche** *f* Austria

autrichien (autrichienne) Austrian

autrui others, other people

avaler to swallow

l' **avance** *f* advance, start; **d'_____** beforehand; **par _____** beforehand

avancer to advance, put forward; **s'_____ vers** to go to meet

avant before; _____ **de** before; _____ **que** before; *adv* deep; **en _____ !** forward, march!

l' **avantage** *m* advantage

avant-dernier (avant-dernière) next to the last

l' **avant-propos** *m* foreword

avare miserly, sparing

avec with

l' **avenir** *m* future

l' **aventure** *f* adventure

averti(e) well-informed

avertir to inform, to warn

l' **aveu** *m* avowal, confession

aveugle blind

avidement eagerly

l' **avidité** *f* eagerness, greediness

l' **avion** *m* plane

l' **avis** *m* opinion; **à mon _____** in my opinion

aviser to take stock, see where one stands; **s'_____ de** to take it into one's head to

l' **avocat(e)** *m, f* lawyer; _____ **général** prosecutor

l' **avoir** *m* assets, holdings, property, possessions; *v* to have; _____ **affaire à** to have to deal with; _____ **beau**

faire quelque chose to do something in vain; _____ **besoin de** to need; _____ **d'autres chiens à fouetter** to have other fish to fry; _____ **envie de** to feel like; _____ **l'air de** to appear, seem; _____ **lieu** to take place; _____ **peur** to be afraid; _____ **raison** to be right; _____ **tort** to be wrong; _____ **19 ans** to be 19 years old; **y _____** to be; **il y a** there is, there are; **il y a deux ans** two years ago

avouer to admit

avril *m* April

l' **axiome** *m* axiom

B

badiner to jest

bafouiller to stammer

les **bagages** *m* baggage, bags

le **bagne** penitentiary

la **bague** ring

le **bahut** wardrobe

la **baie** bay

baigner to soak, steep; **se _____** to bathe, go swimming

bailler *(archaic)* to give

bâiller to yawn

le **bâillon** gag

le **bain** swim; bath

baiser to kiss; **le _____** kiss

baisser to lower; to sink, go down

le **bal** dance

balayer to sweep

balbutier to stammer

le **balcon** balcony

les **balivernes** *f* nonsense

la **balle** bullet, shot

ballotter to toss about

la **balustrade** railing

banal(e) trite

la **banalité** triteness

le **banc** bench, seat

la **bande** gang; reel; _____ **magnétique** tape; _____ **originale** soundtrack

la **banlieue** suburbs

le, la **banlieusard(e)** suburbanite
bannir to banish
la **banqueroute** bankruptcy; **faire**
_____ to go bankrupt
la **banquette** bench
le **banquier** banker
la **baraque** booth, stall
baratter to churn
la **barbe** beard
barbouiller to smear
barbu(e) bearded
le **baril** barrel, keg
la **baronne** baroness
la **barquette** pastry
le **barrage** dam
la **barre** helm
barrer to steer
la **barrière** fence, barrier
bas (basse) base, lowly
le **bas** bottom; _adv_ low, quietly; **en**
_____ below; **mettre** _____ to put
down
la **base** basis, foundation
se **baser** to be founded
la **basse-cour** farmyard
la **bassesse** baseness, vileness
le **bassin** pond, ornamental lake
la **bataille** battle; **livrer** _____ to give
battle
le **bateau** boat
le **bâtiment** building
bâtir to build
le **bâton** stick
le **battant** leaf (of a door or table)
le **battement** flapping
la **batterie** set; _____ **de cuisine** set of
kitchen utensils
battre to beat, strike; _____ **sa**
coulpe to beat one's breast; **se**
_____ to fight
battu(e) beaten
le **baudet** donkey
le **baume** balm
le, la **bavard(e)** babbler, chatterer
le **bavardage** babble, chatter
bavarder to chat, babble
beau (belle) handsome, beautiful;
il a _____ **croire** in vain does he be-

lieve; **il fait** _____ the weather is
beautiful
beaucoup a lot, much; _____ **de** a
lot of
le **beau-frère** brother-in-law
le **beau-père** father-in-law
la **beauté** beauty
les **beaux-arts** _m_ fine arts
le **bébé** baby
bégayer to stutter, stammer
le **béguin: avoir le** _____ **pour**
quelqu'un to have a crush on
someone
le **bêlement** bleating
bêler to bleat
la **belle** beauty
la **belle-famille** in-laws
la **belle-fille** daughter-in-law
la **belle-mère** mother-in-law
la **belle-sœur** sister-in-law
la **bénédiction** blessing
bénéficier to benefit
bénéfique beneficial
bénir to bless
le, la **benjamin(e)** the youngest child
le **berceau** cradle
bercer to rock, sway
la **berceuse** lullaby
la **berge** bank
le **berger (la bergère)** _m, f_ shepherd,
shepherdess
la **besogne** task
besogner to work
besogneux (besogneuse) poor,
hard-working
le **besoin** need; **au** _____ if need be;
avoir _____ **de** to need
le **bétail (les bestiaux)** cattle,
livestock
la **bête** fool; animal; _adj_ stupid, foolish
la **bêtise** foolish thing; **faire des** _____**s**
to blunder
beurré(e) buttered
la **bibine** bad wine
la **bibliothèque** library
la **bicyclette** bicycle
le **bien** good, wealth; _pl_ belongings; _adv_
well; indeed; very much; _____ **des**

many; _____ **du,** _____ **de la** a great
deal of; _____ **que** although; _____
sûr of course; **ou** _____ or else; **si**
_____ **que** so that

bien-aimé(e) beloved

le **bien-être** well-being

bienfaisant(e) beneficial

le **bienfait** benefit

le **bienfaiteur (la bienfaitrice)** *m, f*
benefactor

bientôt soon

bienvenu(e) welcome

bigarré(e) motley, varied

le **bijou** jewel

le **bilan** appraisal; balance sheet

bilingue bilingual

le **billet** ticket; note, bill (currency)

bis(e) grayish brown

la **bise** north wind

bizarrement strangely

la **blague** joke; story

blanc (blanche) white; clean, blank

le **blanc-bec** greenhorn, novice

blanchir to turn white

blanchissant(e) turning white

le **blason** coat of arms

le **blé** wheat

blesser to wound, injure; to hurt,
offend

bleu(e) blue

bleuâtre bluish

blinder to armor-plate

le **bloc** block; **faire** _____ to unite

le **bocage** sparse, shady woods

la **bohème** bohemian life

boire to drink; **à** _____ ! something to
drink!

le **bois** wood

la **boisson** beverage

la **boîte** box; tin can; _____ **aux lettres**
mailbox

la **bombance** feasting; **faire** _____ to
feast, revel

la **bombe** bomb

bon (bonne) good, right; **il fait**
_____ it is good; **pour de** _____ for
good

le **bonbon** candy

le **bond** bound; **d'un** _____ at one
bound

bondé(e) packed

bondir to leap, spring

le **bonheur** happiness, good fortune

la **bonhomie** good nature

le **bonjour** hello

la **bonne** maid

le **bonnet** cap

le **bord** edge, side

la **bordée** tack, course

le **bordel** bordello

border to border, line

borgne one-eyed

la **borne** boundary, limit; milestone

borner to limit

la **bosse** hump

le **bottillon** little boot

la **bottine** ankle boot

le **bouc** goat

la **bouche** mouth

le **boucher** butcher

bouder to sulk

la **bouderie** sulkiness

bouddhique Buddhist

la **boue** mud

le **bouffon** buffoon, clown

bouger to stir, budge

la **bougie** candle

bouillir to boil

le **bouillon** broth

le **bouillonnement** gush

le **boulanger** baker

la **boule** ball; _____ **de neige** snowball

le **boulet** cannonball

bouleversé(e) distraught

le **boulomane** bowls player

le **boulot** work

le, la **bouquiniste** secondhand bookseller

le **bourdonnement** buzz, hum

bourgeois(e) middle-class

la **bourgeoisie** middle class

la **bourse** purse

la **bousculade** scuffle, jostling

bousculer to jostle

le **bout** end, tip; tag; piece; **au** _____ **de**
at the end of

la **bouteille** bottle

la **boutique**   shop
le **boutiquier (la boutiquière)**   shop-keeper
le **bouton**   button; _____ **de rose** rosebud
boutonner   to button
la **boutonnière**   buttonhole
le **boxeur**   boxer
braire   to bray (as a donkey)
les **braises** _f_   (glowing) embers
le **bras**   arm; _____ **dessus** _____ **dessous** arm in arm
le **brasier**   coal
brave   good, decent; brave
la **bravoure**   bravery, braveness
la **brebis**   female sheep, ewe
bredouiller   to mumble, stammer out
bref (brève)   short, brief; _adv_ in short
le **breuvage**   beverage, drink
breveter   to patent
la **bribe**   fragment
la **bride**   bridle
brièvement   briefly
brillant(e)   brilliant; **le** _____ diamond
briller   to shine
briser   to break, shatter, crush
le **brocard**   insult, jeer
brodé(e)   embroidered
le **brouillard**   mist, fog, haze
les **broussailles** _f_   brushwood
la **brousse**   bush
la **bru**   daughter-in-law
le **bruit**   sound, noise
brûler   to burn; _____ **un feu rouge** to go through a red light
la **brume**   fog
brumeux (brumeuse)   hazy, foggy
brun(e)   brown, dark; **le, la** _____ dark-haired man, brunette
brusque   sudden; brusque, abrupt
brusquement   abruptly, suddenly
brusquer   to quicken
la **brusquerie**   abruptness
bruyamment   loudly
bruyant(e)   loud, noisy
la **bruyère**   heather

le **bûcher**   stake
le **buffet**   (railroad station) buffet
le **buisson**   bush, thicket
le **bureau**   office
la **buse**   blockhead
le **buste**   bust
le **but**   goal, aim
le **buveur (la buveuse)**   drinker

C

ça   that; _____ **et là** here and there; **comme** _____ like that, that way
la **cabane**   hut, shanty
le **cabaret**   tavern
le **cabinet**   small room, study, office
cabrer   to rear up (horse)
cacher   to hide, conceal
la **cachette**   hiding place
le **cadeau**   gift
le **cadet**   younger brother
la **cadette**   younger sister
le **cadre**   setting, frame; executive
le **cafard: avoir le** _____   to have the blues
le **café-concert**   cabaret
le **cahier**   notebook
la **caisse**   crate, box; cash register
calciner   to burn to a cinder
calculer   to calculate
calé(e)   wedged, steadied
la **calebasse**   calabash, gourd
le **caleçon**   drawers, short pants
le **calembour**   pun
calme   calm
calmé(e)   calmed
calomnier   to slander
le, la **camarade**   friend, chum, mate; _____ **de chambre** roommate; _____ **de classe** classmate
le **cambriolage**   burglary
la **caméra**   movie camera
le **camion**   truck
le **camp**   camp; side; **ficher le** _____ to clear out
le, la **campagnard(e)**   country dweller

la **campagne**   country (rural district), fields

la **canaille**   rabble

la **canaillerie**   dishonest deed

le **canapé**   couch

le **canari**   canary

la **canne**   cane

canoter   to go boating

le **canotier**   straw hat

la **cantatrice**   female classical singer, vocalist

le **cantique**   hymn

la **capacité**   capability

le **capitaine**   captain

le **caprice**   caprice, whim

le **caquet**   chatter

car   for, because

le **caractère**   character, letter

la **caractéristique**   characteristic

la **carcasse**   frame

caresser   to caress, flatter

le **carnet**   notebook

carré(e)   square

le **carreau**   window pane

le **carrefour**   crossroad

la **carrière**   career; quarry

la **carte**   card; map; menu

cartésien (cartésienne)   Cartesian

le **cas** case; **c'est le ___ de le dire** now's the time to say it; **en tout ___** in any case; **faire ___ de** to pay attention to; **le ___ échéant** should the occasion arise

la **case**   hut, cabin

la **caserne**   barracks

cassé(e)   broken

le **cassement de tête**   bother, nuisance, annoyance

casser to break; **___ la tête** to bother, annoy

la **cassette**   money box

la **cassure**   break

la **cause** cause; **à ___ de** because of, owing to; **en connaissance de ___** with full knowledge

causer   to chat, converse

la **cave**   cellar

la **caverne**   cave, cavern

ce this, that; **___ qui (que)** what; **___ disant** in saying this

céder to yield; **___ la place** to give way

ceindre   to gird

cela that, this; **par ___-même** by that very fact

célèbre   famous, well-known

celer   to conceal

le **célibat**   celibacy

célibataire   single, unmarried

celui (celle) the one; **___-ci** this one; **___-là** that one; **___-ci... ___-là** the latter . . . the former; **___ de** that of

la **cendre**   ash(es)

le **cendrier**   ashtray

Cendrillon   Cinderella

censé(e)   supposed to

le **censeur**   study supervisor in French secondary schools

la **censure**   censorship

cent   (one) hundred

la **centaine**   about a hundred

centième   hundredth

le **centre**   center

cependant however, yet, meanwhile, nevertheless; **___ que** while

le **cercle**   circle

cérémonieux (cérémonieuse) ceremonious, formal

certainement   certainly

certains (certaines)   some

certes   indeed

le **certificat**   certificate

la **certitude**   certainty

le **cerveau**   brain

cesse: sans ___   unceasingly

cesser   to stop, cease

c'est-à-dire   that is to say

chacun(e)   each one

chagrin(e) glum, bitter; **le ___** grief, worry

chagriner   to annoy, grieve

la **chaîne** chain; **___ stéréo** stereo system

la **chaînette** small chain

la **chair** flesh; **donner la _____ de poule** to give goosebumps

la **chaire** rostrum

la **chaise** chair; _____ **de poste** post chaise; _____ **électrique** electric chair

la **chaleur** warmth, heat

chaleureusement warmly

la **chambre** room; _____ **à coucher** bedroom; _____ **des députés** lower house of French parliament; **femme de _____** maid

la **chambrée** barracks room

le **champ** field

le **champignon** mushroom

la **chance** chance, luck; **les _____s** odds; **avoir de la _____** to be lucky

le **changement** change

changer to change

la **chanson** song

le **chansonnier** writer of satirical songs

le **chant** song

chantant(e) singsong

chanter to sing

le **chanteur (la chanteuse)** singer

chantonner to hum

le **chapeau** hat

le **chaperon** hood

le **chapitre** chapter; **sur ce _____** on this subject

chaque each

le **char** tank

le **charbon** coal

la **charge** load, burden; **être, rester à _____** to be, remain a burden

le **chargement** load

charger to charge; to load; to burden; to lay it on thick, exaggerate; **se _____ de** to take upon oneself, take care of

la **charité** charity, love

charmant(e) charming

le **charme** charm

la **chasse** hunting, chase, hunt

la **châsse** reliquary

chasser to hunt, drive away

le **chasseur** hunter

le **chat** cat; **donner sa langue au _____** to give up guessing

le **châtaignier** chestnut tree

le **château** castle

châtier to chastise

chaud(e) hot; **avoir _____** to be hot; **il fait _____** it is hot (weather)

le **chaudron** cauldron, kettle

le **chauffard** road hog

chauffer to heat, warm

le **chauffeur** chauffeur, driver

la **chaussée** pavement, roadway

la **chaussette** sock

la **chaussure** shoe

chauve bald

le **chauvinisme** chauvinism

le **chef** head, leader, chief; _____ **de famille** head of the family

le **chef-d'œuvre** masterpiece

le **chemin** way, road; _____ **de fer** railroad; **faire du _____** to cover ground

la **cheminée** chimney, fireplace; _____ **d'aération** ventilation shaft

la **chemise** shirt

le **chêne** oak (tree)

cher (chère) (before the noun) dear; (after the noun) expensive; *adv* dearly

chercher to look for, seek; **aller _____** to get, fetch; _____ **querelle** to try to pick a fight

chéri(e) cherished, beloved; **le, la _____** darling, sweetheart, honey

le **cheval** horse

le **chevalier** knight

le **chevet** headboard, bedside

le **cheveu** hair

la **chèvre** goat

chez among, at; in the house of

le **chien** dog

le **chiffon** material, cloth

le **chiffre** figure

chinois(e) Chinese

chirurgical(e) surgical

le **chirurgien** surgeon

le **choc** impact
choir to fall
choisir to choose
le **choix** choice
le **chômage** unemployment
le **chômeur (la chômeuse)**
  unemployed person
choquer to offend
la **chose** thing
le **chou** cabbage
choyer to pamper
chrétien (chrétienne) Christian
la **chrétienté** Christianity, Christendom
chuchoter to whisper
la **chute** fall; _____ **des reins** small of
  the back
le **cidre** cider
le **ciel** sky; heaven
la **cigogne** stork
le **cimetière** cemetery
le, la **cinéaste** filmmaker
le **cinéma** cinema, movie theater
cinquante fifty
cinquième fifth
cintré(e) tight at the waist
la **circonstance** circumstance
la **circulation** traffic
circuler to circulate
la **cire** wax
le **cirque** circus
les **ciseaux** _m_ scissors
citadin(e) of the city; **le, la** _____
  city dweller
la **citation** quote
la **cité** city, housing development
citer to cite, mention, quote
la **cithare** cithara (ancient musical
  instrument resembling a lyre)
le **citoyen (la citoyenne)** citizen
clair(e) clear, light; **le** _____ **de lune**
  moonlight
clairement clearly
claquer to snap
la **clarté** light
la **classe** class, classroom
classé(e) filed; settled; ranked
classer to classify, rank
la **clé** key

la **clef** key; **mot-**_____ key word
le **clerc** cleric; scholar
le **cliché** hackneyed expression
le, la **client(e)** customer; patient
le **clignement** wink
le **climat** climate
le, la **clochard(e)** bum
la **cloche** bell
clos(e) closed, shut
la **clôture** fence
clouer to nail
le **clystère** enema
le **cochon** pig
le **cocotier** coconut tree
le **cœur** heart, courage; **avoir le** _____
  gros to have a heavy heart; **de bon**
  _____ heartily; **par** _____ by heart
cogner to bang, drive in
la **cohue** crowd
coiffer to fix someone's hair
le **coiffeur (la coiffeuse)** hairdresser
la **coiffure** headdress, hair style
le **coin** corner
la **colère** anger; **se mettre en** _____ to
  become angry
coléreux (coléreuse) quick-
  tempered
colérique irascible
le **colimaçon** snail; **escalier en** _____
  spiral staircase
le **collaborateur** collaborator
le **collège** secondary school
le **collégien (la collégienne)** school-
  boy (schoolgirl)
coller to stick, hold together; _____
  une blague à quelqu'un to put one
  over on someone; **être collé(e)** to
  flunk
le **collier** necklace
la **colline** hill
le **colloque** colloquium
la **colombe** dove
le **colon** colonist
la **colonne** column
le **combat** fight, fighting
combattre to fight, battle with
combien how much
la **combinaison** combination

le **comble** top, height; **au** _____ filled
combler to fill
la **Comédie-Française** French National Theater
le **comédien (la comédienne)** theater actor
comestible edible
comique comic
commander to order
comme as, since, like; how; _____ **d'habitude** as usual; _____ **si** as if
commencer to begin
comment how? what? what!
commenter to comment
commerçant(e) commercial; **le, la** _____ merchant
le **commerce** business, trade; association
la **commère** godmother; gossip (person)
commettre to commit
le **commis voyageur** traveling salesman
le **commissaire** commissioner
le **commissariat** police station
commode convenient, easy
commodément conveniently
les **commodités** _f_ conveniences
commun(e) common
communautaire community
la **communauté** community
communicatif (communicative) communicative
communiquer to communicate
la **compagnie** company
le **compagnon (la compagne)** companion
comparer to compare
le **compartiment** compartment
le, la **compatriote** compatriot, fellow countryman (countrywoman)
le **compère** old friend
complaisant(e) obliging
complet (complète) total, full
complètement completely
compléter to complete
complexe complex
le, la **complice** accomplice
compliquer to complicate
le **comportement** behavior

se **comporter** to behave
composer to compose, form
le **compositeur** composer
le **compotier** fruit dish or bowl
compréhensif (compréhensive) understanding, tolerant
la **compréhension** understanding
comprendre to understand, realize
compris(e) understood; **y** _____ including
compromettre to compromise
le **compromis** compromise
le **comptant** cash; **au** _____ for cash
le **compte** account, count; _____ **à rebours** countdown; **en fin de** _____ in the final analysis; **pour mon** _____ for my part; **se rendre** _____ **de** to realize; **tenir** _____ **de** to take into account
le **compte rendu** report
compter to intend; to count
le **comptoir** counter
le **comte** count
la **comtesse** countess
se **concentrer (sur)** to concentrate (on)
la **concession** plot of land
concevoir to conceive; to comprehend
le, la **concierge** doorkeeper, caretaker
le **concitoyen (la concitoyenne)** fellow citizen
conclure to conclude
le **concours** contest, examination
concret (concrète) concrete
concrétiser to concretize
la **concurrence** competition
concurrencer to threaten by competition
le, la **concurrent(e)** contestant, competitor
condamner to condemn
la **condoléance** condolence
conducteur (conductrice) conducting; **le, la** _____ driver
conduire to lead, to drive; **se** _____ to behave
la **conduite** conduct, behavior

la **conférence** lecture

le **conférencier (la conférencière)**
  lecturer

la **confiance** confidence, faith, trust;
  faire _____ **à** to trust

  confiant(e) confident; trusting

la **confidence** confidence, secret

  confier to entrust

les **confins** _m_ confines

le **conflit** conflict

  confondre to blend, merge (into
    one); to mistake; to confound; **se**
    _____ to coincide; to confuse

se **conformer à** to conform to, comply
    with

  conformiste conformist

le **confort** comfort

  confus(e) confused

le **congé** leave; **donner** _____ **à** to dis-
    miss, tell someone to leave

  congédier to dismiss, send away

le, la **conjoint(e)** spouse

  conjurer to avert; to exorcise; to
    conspire

la **connaissance** knowledge;
    acquaintance; **de votre** _____ of
    your acquaintance; **en** _____ **de**
    cause with full knowledge

  connaître to know; **se** _____ to be
    acquainted with

  connu(e) known

le **conquérant** conqueror

  conquérir to conquer

  consacrer to confirm; **se** _____ to
    dedicate oneself

la **conscience** conscience,
    consciousness, awareness; **avoir**
    _____ **de** to feel, be aware of

  consciencieusement
    conscientiously

  conscient(e) conscious, aware

la **consécration** acknowledgment

le **conseil** advice, piece of advice, coun-
    cil; **tenir un** _____ to hold a council

  conseiller to advise; **le** _____ adviser

  consentir to accept; _____ **à** to con-
    sent to

la **conséquence** consequence; **en** _____
    consequently

  conséquent: par _____ consequently

  conservateur (conservatrice) con-
    servative

la **conserve** canned food

  considérer to consider

  consigné(e) recorded

  consister to consist

  consolant(e) consoling

  consolé(e) consoled

la **consonne** consonant

la **constatation** statement; observation,
    discovery

  constater to ascertain, verify; to
    observe

  consterné(e) filled with consterna-
    tion, dismay

  constituer to constitute

  construire to construct, build

  consumer to consume, burn

le **conte** story, short story

  contempler to contemplate, gaze
    upon

  contemporain(e) contemporary

la **contenance** countenance, bearing

  content(e) happy, pleased

  contenter to satisfy; **se** _____ **de** to
    be satisfied with, be content

le **contenu** contents; _adj_ contained

  conter to tell, narrate

  contester to contest, argue

le **contexte** context

la **contiguïté** contiguity

  continuel (continuelle) continual,
    constant

  continuellement continually

  continuer to continue

  contracter to contract, acquire

  contraindre to force

le **contraire** contrary; **au** _____ on the
    contrary

  contrarié(e) annoyed

  contrarier to annoy

  contre against; **par** _____ on the
    other hand; **le pour et le** _____ pros
    and cons

la **contre-allée** side alley
contredire to contradict
la **contrée** region, district
contrefaire to imitate
contrefait(e) deformed
le **contresens** mistranslation
le, la **contribuable** taxpayer
contribuer to contribute
convaincant(e) convincing
convaincre to convince, persuade
convaincu(e) convinced; convicted
convenable suitable, fitting, proper
convenablement decently
la **convenance** propriety
convenir to be fitting; _____ **(de)** to agree (to)
convenu(e) agreed upon
convertir to convert
la **convoitise** desire, covetousness
coopérer to cooperate
le **copain (la copine)** chum, pal
copier to copy
le **coq** cock
la **coquine** hussy
le **cor** horn
la **corbeille** basket; round flower bed
la **corde** rope
le **cordeau** fuse; _____ **Bickford** safety fuse
cordialement cordially
le **cordon bleu** expert cook
le **cordonnier** shoemaker
la **corne de bouc** goat's horn
la **Cornouailles** Cornwall
corporel (corporelle) corporal, physical
le **corps** body; institution
corriger to correct, chastise
corrompre to corrupt
le **corsage** blouse
le **cortège** procession
la **corvée** drudgery, hard task
le **costume** costume, dress; _____ **marin** sailor suit
la **côte** coast; _____ **à** _____ side by side
le **côté** side; **à** _____ next door; **de** _____ to the side; **à** _____ **de** next to; **d'à**

_____ neighboring; **de son** _____ for his (her) part; **du** _____ **de** in the direction of
le **cou** neck
le **couard** coward
le **couchant** setting sun
la **couche** layer, coat
couché(e) lying; in bed
coucher to put to bed; to sleep; _____ **à la belle étoile** to sleep under the stars; **se** _____ to lie down, go to bed
le **coude** elbow
le **coudrier** hazel tree
couler to flow; **se** _____ to slip by
la **couleur** color; **haut en** _____ with a ruddy complexion
le **couloir** corridor, passage; hallway
la **coulpe: battre sa** _____ to beat one's breast
le **coup** blast, blow, stroke; deed; _____ **de foudre** thunderbolt; love at first sight; _____ **de fusil** gunshot; _____ **d'œil** glance; _____ **de pied** kick; _____ **de téléphone** telephone call; _____ **de tête** impulse; **du** _____ all of a sudden; **du premier** _____ with the first attempt; **en un** _____ at one and the same time; **tout à** _____ all of a sudden; **tout d'un** _____ all at once
coupable guilty
la **coupe** cup
le **coupe-papier** paper cutter
couper to cut; _____ **court à** to put an end to; _____ **la parole à quelqu'un** to cut somebody short
la **coupure** cutout
la **cour** court; playground; yard
courageusement courageously
courageux (courageuse) courageous
couramment fluently
courant(e) current; **le** _____ current; **mettre au** _____ to bring someone up to date
courbé(e) curved, bent
courir to run

la **couronne** crown
couronné(e) crowned
le **courrier** mail
la **courroie** strap
courroucé(e) wrathful, incensed
le **courroux** wrath, anger
le **cours** course; **au** _____ **de** in the course of
la **course** run, race; walk, journey; errand
court(e) short
le **courtisan** courtier
la **courtisane** courtesan; prostitute
courtois(e) courteous, polite; courtly
la **courtoisie** courtesy
le **coût** cost; _____ **de la vie** cost of living
le **couteau** knife
coûter to cost
la **coutume** custom; **avoir** _____ **de** to be in the habit of
la **couture** needlework; **haute** _____ high fashion
le **couvent** convent
le **couvercle** lid
le **couvert** place setting
couvert(e) covered
la **couverture** blanket, cover
couvrir to cover
le **crabe** crab
le **crachat** spit
cracher to spit
la **craie** chalk
craindre to fear
la **crainte** fear
craintif (craintive) fearful, timid
le **crâne** skull
le **crapaud** toad
craquer to crack, snap; to strike (a match); **plein à** _____ completely full
crasse crass; **la** _____ squalor, filth
la **cravate** tie
crédibiliser to make credible
le **crédit** credit; _____ **foncier** real-estate bank
la **crédulité** credulity

créer to create
crépitant(e) crackling
le **crépuscule** dusk, twilight
le **cresson** watercress
la **crête** crest
creusé(e) hollowed
creuser to dig
creux (creuse) hollow, sunken; **le** _____ hollow, hole
le **crève-cœur** heartbreak
crever to burst, split; to puncture; to put out; to die
le **cri** cry, shout
crier to cry out, shout; _____ **à tue-tête** to shout one's head off
le **criminel (la criminelle)** criminal
la **crise** crisis, attack
critique critical; **la** _____ criticism; **le** _____ critic
critiquer to criticize
le **croc-en-jambe** trip; **passer un beau** _____ to trip someone up nicely
le **crochet** hook; rack
croire to believe, think
la **croisade** crusade
le **croisé** crusader
le **croisement** meshing; intersection
croiser to cross; to meet
la **croix** cross
le, la **croquant(e)** peasant
le **croque-mort** undertaker
croquer to crunch, devour; to sketch
crotté(e) dirty
la **croupe** croup, hindquarters
la **croyance** belief, faith
la **cruauté** cruelty
cruel (cruelle) cruel
crûment crudely
cueillir to pick
la **cuiller** spoon
le **cuir** leather
cuire to cook
la **cuisine** kitchen; **faire la** _____ to cook
le **cuisinier (la cuisinière)** cook
la **cuisse** thigh
le **cuivre** brass, copper
le **cul de basse-fosse** dungeon

la **culotte** trousers, short pants
la **culpabilité** guilt
le **cultivateur** farmer, grower
cultiver to grow something, cultivate
culturel (culturelle) cultural
le **curé** pastor
curieusement curiously, strangely
curieux (curieuse) curious, odd
la **curiosité** curiosity; peculiarity

D

daigner to deign, condescend
la **dame** lady
damner to damn
dangereux (dangereuse) dangerous
danser to dance
le **datif** dative
la **datte** date (fruit)
davantage any further, more
débarqué(e) detrained
se **débarrasser de** to get rid of
le **débat** debate
débattre to debate, discuss; **se** _____ to struggle
débiter to tell, spout
débonnaire good-natured
le **débouché** opening
déboucher to emerge, open onto; to uncork
debout standing; **tenir** _____ to hold up
le **déboutonnage** unbuttoning
déboutonner to unbutton
se **débrouiller** to get out of trouble; to manage
le **début** beginning
le **débutant** beginner
débuter to begin
décédé(e) deceased
déceler to discover, detect
la **déception** disappointment
le **décès** demise, death
décevoir to disappoint
décharné(e) skinny
déchiffrer to decipher
déchirer to tear up; to rent (the air)

décidé(e) decided, resolute
décidément decidedly
décider to decide, determine; **se** _____ **à** to make up one's mind to
la **décision** decision
déclamer to declaim
la **déclaration** declaration, statement
déclarer to declare
la **déclinaison** declension
se **décoiffer** to take off one's hat
se **décolleter** to wear a low-cut gown
se **décontracter** to relax
le **décor** scenery
découper to carve, cut out
la **découverte** discovery
découvrir to discover, find, uncover; **se** _____ to clear up (weather)
décrire to describe
déçu(e) disappointed
dédaigner to disdain, scorn
dédaigneusement scornfully
dédaigneux (dédaigneuse) disdainful, scornful
le **dédain** disdain
le **dédale** maze
le **dédommagement** compensation
se **défaire de** to get rid of
la **défaite** defeat
le **défaut** fault
défavorable unfavorable
le **défendeur (la défenderesse)** defendant
défendre to protect, defend; to prohibit
défendu(e) forbidden, not allowed
déférer to confer
défiguré(e) disfigured
le **défilé** parade
défiler to march past
définir to define
définitif (définitive) definitive, final, definite
définitivement for good, permanently
défoncé(e) ploughed up, ripped open
défoncer to burst, smash
défricher to clear the land

défunt(e) deceased

se **dégager** to break away

le **dégel** thaw

dégeler to thaw

dégoiser to blab, rattle on

le **dégoût** loathing

dégradant(e) degrading

le **degré** degree

déguster to sample

le **dehors** exterior, outside; *adv* outside;
en _____ outward; **en** _____ **de** outside of

déjà already, before; as it is

le **déjeuner** breakfast, lunch; *v* to
breakfast; to lunch

delà: par-_____ beyond

délaisser to forsake

délasser to refresh, relax

la **délation** informing

se **délecter** to take delight

délibéré(e) deliberate, purposeful

la **délicatesse** considerateness,
delicacy

le **délice** delight

délicieux (délicieuse) delightful;
delicious, sweet

le **délire** madness, delusion, delirium

délirer to rave, be delirious

délivrer to free, release

demain tomorrow

la **demande** request

demander to ask, require; **se** _____
to wonder; _____ **pardon** to beg
pardon

le **demandeur (la demanderesse)**
plaintiff

la **démarche** step, move; action,
approach; walk, bearing

le **démêlé** quarrel

démêler to untangle, sort out

déménager to move

se **démener** to stir

démentir to contradict

démesuré(e) extraordinary, im-
moderate

demeurant: au _____ after all

la **demeure** dwelling

demeurer to stay, remain; to live

demi(e) half

la **demi-solde** half-pay

démissionner to resign

la **démocratie** democracy

démodé(e) outmoded

la **demoiselle** young lady, damsel

démolir to demolish

démontrer to demonstrate, prove

dénicher to unearth

dénigrer to denigrate, discredit

dénoncer to denounce

le **dénouement** ending, outcome

la **dent** tooth

le, la **dentiste** dentist

le **départ** departure, start

dépasser to go beyond, surpass, pass

dépayser to disconcert

se **dépêcher** to hurry

dépeindre to depict

dépendant(e) dependent

dépendre (de) to depend (on)

la **dépense** expense

dépenser to spend

dépersonnalisé(e) depersonalized

le **dépit** spite

se **déplacer** to get around, travel

déplaire à to displease

déplaisant(e) unpleasant

déplier to unfold

déployer to unfold

déposer to put down

le **dépôt** depot

dépouiller to strip, plunder

dépourvu(e) devoid, bereft

déprimé(e) depressed

déprimer to depress

depuis since, from, for; _____ **que**
since

le **député** deputy, delegate

déraisonnable unreasonable

déranger to disturb

déréglé(e) disorderly

déridé(e) smoothed over, cheered
up

dernier (dernière) last, final

dérober to steal, rob; **se** _____ to
escape, avoid

déroger to lose rank and title

dérouler to unroll

derrière behind; **le _____** behind

dès (immediately) upon, from; **_____ que** as soon as

le **désabusement** disillusion

le **désaccord** disagreement, variance

désagréable unpleasant

se **désaltérer** to quench one's thirst

désapprouver to disapprove of

le **désarmement** disarmament

désarmer to disarm

le **désarroi** distress

descendre to come down, go down, descend; to bring down; to get off

désemparé(e) helpless, distraught

le **désert** desert; *adj* deserted

désespéré(e) desperate, hopeless, despairing

désespérément desperately

désespérer to despair

le **désespoir** despair

déshabiller to undress

déshérité(e) disinherited

désigner to designate, show

désintéressé(e) unselfish

le **désir** desire

désobéir à to disobey

le **désœuvrement** idleness; **par _____** for want of something to do

désolant(e) distressing

la **désolation** grief

le **désordre** disorder

désormais henceforth

le **despote** despot

le **dessein** intention, purpose

desserrer to loosen

le **dessin** drawing, design; **_____ animé** cartoon

dessiner to draw

le **dessous** bottom; **au _____ de** below

le **dessus** top; *adv* on it; **au _____ de** above; **par-_____** over; **prendre le _____** to gain the upper hand

le **destin** destiny, fate

destiné(e) destined

la **destinée** fate, destiny, fortune

se **destiner à** to be destined for

détaillé(e) detailed

se **détendre** to relax

détendu(e) relaxed

détestable hateful, odious

détester to detest, hate

le **détonateur** detonator

le **détour** turning, bend

détourner to divert, turn away, distract; **se _____** to turn aside, detour

la **détresse** distress

détromper to put right; **détrompe-toi** get that out of your head

détruire to destroy

la **dette** debt

le **deuil** mourning

deuxième second

devant in front of, before (in space)

dévasté(e) devastated

développer to develop

devenir to become

déverser to pour out

se **dévider** to unwind

deviner to guess, foresee; to see into someone

le **devoir** duty; **_____s** homework; *v* must, have to, should; to owe

dévorer to devour

le, la **dévot(e)** devout person

dévoué(e) devoted

le **dévouement** devotion

dévouer to devote

le **diable** devil; **tirer le _____ par la queue** to be hard up

la **diablerie** mischievousness

le **diagnostic** diagnosis

le **diamant** diamond

le **dictateur** dictator

la **dictature** dictatorship

dicter to dictate

le **dicton** saying

le **dieu** God; **le bon Dieu** God; **mon _____ !** good heavens!

la **différence** difference; **à la _____ de** unlike

le **différend** difference of opinion

différent(e) different

la **difficulté** difficulty

diffuser to broadcast

digne worthy

la **dignité** dignity

se **dilater** to dilate, expand; to rejoice

le **dimanche** Sunday

diminuer to diminish, lessen

la **diminution** reduction, diminishing

dîner to have dinner; **le** _____ dinner

dire to say, tell; _____ **vrai** to speak the truth; **pour tout** _____ in short; **vouloir** _____ to mean

le **directeur (la directrice)** director, manager

diriger to direct; **se** _____ to make one's way, proceed; to be directed

discordant(e) harsh, grating

discourir to discourse, hold forth; to discuss

le **discours** speech

discrètement discreetly

discuter to discuss

disparaître to disappear

la **disponibilité** availability, openness

disposer to arrange, set; _____ **de** to have at one's disposal

la **disposition** arrangement; natural aptitude

la **dispute** argument, quarrel

se **disputer** to argue, quarrel

le **disque** phonograph record

dissimuler to hide

dissipé(e) dissipated

distingué(e) distinguished

distinguer to distinguish, discriminate

les **distractions** _f_ recreation, diversion, entertainment

se **distraire** to amuse oneself

distrait(e) absent-minded

distribuer to distribute, arrange

divaguer to ramble

le **divan** divan, couch

divers(e) diverse, different

diversement diversely, differently

le **divertissement** entertainment

divin(e) divine

diviser to divide

divorcer d'avec quelqu'un to divorce someone

la **dizaine** ten or so

docile manageable

le **docteur** doctor

documenté(e) informed

le **dodo** sleep; **faire** _____ to go to sleep (children's language)

le **doigt** finger

dolent(e) doleful, mournful

le **domaine** domain

le, la **domestique** servant

dominer to dominate

le **dommage** harm, damage; pity; **c'est** _____ it's too bad

dompter to tame

donc therefore, then

le **donjon** tower

les **données** _f_ facts, particulars, data

donner to give; _____ **à entendre** to intimate; _____ **du bout de la langue** to strike with the tip of the tongue; _____ **la chair de poule** to give goosebumps; _____ **sa langue au chat** to give up guessing; _____ **sur** to open onto; **étant donné** given, in view of

dont of whom, whose; of which, in which

doré(e) golden

dorique Doric

le **dormeur (la dormeuse)** sleeper

dormir to sleep

le **dos** back

le **dossier** back (of a chair, etc.)

doubler to pass

doucement softly, gently

la **douceur** sweetness; gentleness, calm

doué(e) endowed

douer to endow

la **douleur** suffering, sorrow; pain; **dans les** _____s in labor

douloureusement painfully; sorrowfully

douloureux (douloureuse) painful; sorrowful

le **doute** doubt

douter (de) to doubt; **se** _____ **de** to suspect

doux (douce) gentle, sweet, quiet, pleasant; soft

douze twelve

draconien (draconienne) strict
le **dramaturge** dramatist
la **dramaturgie** dramaturgy
le **drame** drama
le **drap** cloth, sheet
drapé(e) draped
le **drapier** cloth merchant
dresser to draw up, make out; to raise; to train; **se** _____ to rise
la **drogue** drug
droit(e) straight; right (direction); sound; **tout** _____ straight ahead; **le** _____ right (moral, legal); law
la **droite** right (opposite of left)
la **droiture** integrity
drôle funny, odd; **un** _____ **de type** an odd fellow
drôlement oddly, strangely
dû (due) due; **le** _____ due
le **duc** duke
la **duchesse** duchess
dur(e) hard, harsh; **œuf** _____ hard-boiled egg
durant during, for
se **durcir** to harden, toughen
la **durée** duration
durement harshly, severely
durer to last
la **dureté** harshness
dus, dut _ps_ of **devoir**
duveteux (duveteuse) downy, fluffy

E

l' **eau** _f_ water
l' **éblouissement** _m_ dizzy spell
l' **éboulement** _m_ landslide
ébranler to shake, rattle
écailleur (écailleuse) scaly
écarlate scarlet
écarté(e) remote
écarter to spread apart; to set aside; **s'**_____ to step away
échancrer to cut low
l' **échancrure** _f_ opening
l' **échange** _m_ exchange
échanger to exchange
échapper à to escape

échauffé(e) irritated
échauffer to give heat, excite; **s'**_____ warm up, get heated
l' **échec** _m_ failure
échouer to fail
éclaboussé(e) spattered
l' **éclair** _m_ lightning, flash
éclairé(e) enlightened, clarified
éclairer to enlighten, shed light on; to light
l' **éclat** _m_ gleam, brilliancy; burst; splinter; **voler en** _____**s** to smash into pieces
éclatant(e) resounding, loud
éclater to burst, split
s' **éclipser** to slip away
écœuré(e) disgusted
s' **écœurer** to be disgusted, nauseated
l' **école** _f_ school
l' **économie** _f_ saving
économiser to save (money)
écorcher to skin; _____ **la langue** to murder the language
s' **écouler** to pass, go by
écouter to listen (to)
l' **écran** _m_ (movie) screen
écrasé(e) crushed
l' **écrasement** _m_ crushing defeat
écraser to crush
s' **écrier** to cry out
écrire to write
écrit: par _____**270** in writing
l' **écriture** _f_ writing
l' **écrivain** _m_ writer
s' **écrouler** to collapse
l' **écu** _m_ crown (money)
éculé(e) worn out
l' **écume** _f_ foam
édifier to erect
l' **éditeur** _m_ publisher
l' **édredon** _m_ quilt
l' **éducation** _f_ education, upbringing, training
effacer to erase; **s'**_____ to fade
effaré(e) alarmed
l' **effarement** _m_ alarm
effectivement as a matter of fact, actually; effectively
effectuer to carry out

l' **effet** *m*   effect; **en** _____ in fact,
   indeed
   efficace   efficacious, effective
   efficacement   effectively
l' **efficacité** *f*   effectiveness
s' **efforcer de**   to endeavor to
   effrayant(e)   frightening
   effrayer   to frighten
   effronté(e)   shameless, impudent
   effrontément   shamelessly
   effroyable   frightful
   égal(e)   equal, same, even; **c'est**
   _____ it's all the same
   également   equally, as well
l' **égalité** *f*   equality
l' **égard** *m*   consideration; **à l'**_____ **de**
   with regard to
   égaré(e)   wild
s' **égarer**   to go astray, digress, get lost,
   wander
l' **église** *f*   church
l' **églogue** *f*   eclogue (pastoral poem)
l' **égoïsme** *m*   selfishness
   égoïste   selfish
   égorger   to cut the throat of
   égrener   to cast off one by one
   eh bien !   well!
l' **élan** *m*   outburst, burst; impulse
   élancer   to launch; **s'**_____ to spring
   forward, surge
   élargir   to widen; _____ **ses perspec-
   tives** to broaden one's horizons
l' **élastique** *m*   elastic
l' **électeur (l'électrice)** *m, f*   voter
l' **élément** *m*   element
   élémentaire   elementary
l' **élève** *m, f*   pupil, student
   élevé(e)   elevated; brought up; **bien,
   mal** _____ well-, ill-mannered
   élever   to raise, elevate; **s'**_____ to
   rise, raise
   élire   to elect
   éloigné(e)   distant
   éloigner   to send away, put farther
   away; **s'**_____ to move away,
   withdraw
   élu(e)   elected; **l'**_____ chosen one
   émaner   to emanate, come from

s' **embarquer**   to embark
l' **embarras** *m*   obstruction
   embarrassé(e)   embarrassed;
   muddled
   embarrasser   to embarrass; to
   obstruct
   embêter   to annoy
l' **embouteillage** *m*   traffic jam
   emboutir   to stamp
   embrasser   to kiss; to embrace, hug
   embrouiller   to embroil, confuse
   embroussaillé(e)   disheveled, bushy
   embusqué(e)   undercover
   émerveillé(e)   amazed
l' **émerveillement** *m*   amazement,
   wonder
   éminent(e)   eminent, distinguished
   emmailloter   to swaddle
   emmener   to lead away
   émotif (émotive)   emotional
s' **émousser**   to dull
   émouvant(e)   moving
s' **émouvoir**   to be moved, be agitated;
   to arise
s' **emparer de**   to seize, get hold of
   empêcher   to prevent; **s'**_____ to
   refrain
   empesé(e)   starched
   empêtré(e)   hampered
l' **emphase** *f*   bombast, grandiloquence
l' **empire** *m*   hold
   emplir   to fill
l' **emploi** *m*   use, job; _____ **subalterne**
   unimportant post
l' **employé(e)** *m, f*   employee, white-
   collar worker
   employer   to employ, use
l' **emportement** *m*   anger
   emporter   to take along, carry away;
   l'_____ **(sur)** to prevail (over)
   empressé(e)   eager, attentive
l' **empressement** *m*   eagerness
   emprisonner   to imprison, confine
   emprunté(e)   ill-at-ease
   emprunter   to borrow; _____ **la
   porte** to take the door
   ému(e)   moved, touched with
   emotion, excited

en in; *pron* of it, of them; some, any
enceinte pregnant
l' **encens** *m* incense
l' **enchaînement** *m* series
enchaîner to chain; to go on, continue
enchanté(e) delighted
l' **enchantement** *m* delight
enchérir to go up in price
l' **encoignure** *f* corner
l' **encolure** *f* neck and shoulders
encore still, again; even; _____ **que** although; **pas** _____ not yet
l' **encre** *f* ink
s' **endetter** to go into debt
endiguer to check, hold back
endimanché(e) in one's Sunday best
endormi(e) asleep
endormir to put to sleep; **s'**_____ to fall asleep
l' **endroit** *m* place, spot
énergiquement energetically
l' **énergumène** *m, f* fanatic, ranter
énervant(e) nerve-wracking
l' **enfance** *f* childhood
l' **enfant** *m, f* child
l' **enfer** *m* hell
enfermer to shut in; _____ **à clef** to lock up
enfin finally, in short
enflammé(e) ablaze, burning
s' **enflammer** to blaze
enfoncé(e) settled
enfoncer to drive in; **s'**_____ to plunge
enfourcher to straddle
s' **enfuir** to run away, escape, flee
engager to engage, enter into
l' **engeance** *f* breed
l' **engin** *m* device, machine
englouti(e) engulfed, swallowed up
l' **engouement** *m* infatuation
s' **engouffrer** to surge
engueuler to tell off
l' **énigme** *f* enigma
enjamber to step over
enjoué(e) lively, jovial
l' **enlacement** *m* embrace

enlever to take off, carry off, take away
l' **ennemi(e)** *m, f* enemy
l' **ennui** *m* worry, problem, trouble; boredom
ennuyer to bore; to bother; **s'**_____ to be bored
ennuyeux (ennuyeuse) dull, boring
l' **énoncé** *m* statement
énoncer to state
énorme enormous, huge
l' **énormité** *f* enormity
l' **enquête** *f* investigation
enragé(e) mad, rabid; enthusiastic
enrager to be enraged, fume
l' **enregistrement** *m* recording
enregistrer to record
enrichir to enrich
ensanglanté(e) covered with blood
ensanglanter to soak with blood
l' **enseigne** *f* shop sign, emblem
enseigner to teach
ensemble together
ensuite then
s' **ensuivre** to ensue, follow
s' **entasser** to pile up
entendre to hear; to understand; to mean, intend; **donner à** _____ to intimate; **s'**_____ **bien ou mal** to get along well or badly; **cela s'entend** that's understood
entendu(e) overheard; capable, shrewd; knowing; _____ **!** agreed!; **bien** _____ of course
l' **entente** *f* understanding
l' **enterrement** *m* burial
enterrer to bury
entier (entière) whole, entire
entièrement entirely, completely
entourer to surround
l' **entracte** *m* intermission
s' **entraider** to help one another
s' **entraimer** to love one another
l' **entraînement** *m* training
entraîner to lead to; to lead away
entre between, among
entréchanger to exchange with one another

entrecoupé(e) broken
l' **entrée** f entrance
entrelarder to intersperse
entreprendre to undertake
l' **entreprise** f business, firm, concern
entrer to enter
entretenir to talk to; to maintain, support, foster
l' **entrevue** f interview
entrouvrir to open a little; **s'____** to open up, part
énumérer to enumerate
envahir to spread over, invade
envelopper to wrap, surround
envers toward
envi: à l'____ vying with one another, competitively
l' **envie** f envy; urge, desire; **avoir ____ de** to feel like, want to
envier to envy
environ approximately, about; m pl vicinity
environné(e) surrounded
s' **envoler** to take flight
envoyer to send
épais (épaisse) thick, heavy
s' **épandre** to spread
épandu(e) spread
s' **épanouir** to bloom
épargner to spare
l' **épaule** f shoulder
l' **épave** f jetsam, wreckage; waif, stray person
l' **épée** f sword
éperdument desperately, madly
éphémère ephemeral
l' **épicentre** m epicenter
épier une proie to lie in wait for prey
l' **épine** f thorn
l' **épiscopat** m episcopate
l' **éponge** f sponge
l' **époque** f time, epoch
épouser to marry
épouvantable terrifying, dreadful
épouvanter to terrify
l' **époux (l'épouse)** m, f spouse
l' **épreuve** f ordeal

éprouver to experience, feel
épuisé(e) exhausted, tired out
épuiser to exhaust
l' **équipage** m crew; equipment
l' **équipe** f team
l' **équitation** f horsemanship
l' **équité** f equity, fairness
équivoque equivocal, ambiguous
s' **éreinter** to work oneself to death
errer to roam
l' **erreur** f mistake, error
l' **érudition** f scholarship
l' **escalier** m staircase, stairs
l' **escapade** f adventure, prank
l' **escargot** m snail
escarpé(e) steep
l' **esclavage** m slavery
l' **esclave** m, f slave
l' **escompte** m discount
l' **escouade** f squad
l' **espace** m space, interval
l' **Espagne** f Spain
espagnol(e) Spanish
l' **espèce** f kind, species, type, sort; **____ d'imbécile !** what an imbecile!
l' **espérance** f hope
espérer to hope
l' **espoir** m hope
l' **esprit** m mind, spirit; wit; **____ de famille** family spirit; **____ étroit** narrowmindedness
esquisser to sketch, outline
s' **esquiver** to slip away
l' **essai** m essay; try, attempt
essayer to try, try on
essentiel (essentielle) essential
l' **essor** m flight
essoufflé(e) out of breath
l' **essoufflement** m breathlessness
essuyer to wipe
l' **estime** f esteem, regard
estimer to deem, consider, think, find; to esteem, value
l' **estomac** m stomach
l' **étable** f stable
établir to draw up, make out
l' **étage** m floor, story

s' **étaler** to sprawl

l' **état** *m* state

l' **été** *m* summer

éteindre to extinguish; **s'____** to be extinguished, go out

éternel (éternelle) eternal

éternellement eternally

éthéré(e) ethereal

l' **étoile** *f* star

étonnant(e) amazing

étonner to astonish, amaze

étouffer to smother, suffocate

l' **étourdissement** *m* dizziness, vertigo

étrange strange

étranger (étrangère) foreign, unfamiliar; **l'____** *m, f* stranger; **à l'____** abroad

l' **être** *m* being

étreindre to embrace

l' **étreinte** *f* embrace

étroit(e) narrow

étroitement tightly, closely

l' **étroitesse** *f* **d'esprit** narrowmindedness

l' **étude** *f* study

l' **étudiant(e)** *m, f* student

étudier to study

l' **eunuque** *m* eunuch

eus *ps* of **avoir**

évacuer to evacuate

s' **évader** to escape

l' **évangile** *m* gospel

s' **évanouir** to faint; to disappear

l' **évasion** *f* escape

éveillé(e) awake

éveiller to awaken, arouse, stir

l' **événement** *m* event

l' **éventaire** *m* flat wicker basket

éventrer to rip open

éventuel (éventuelle) possible

l' **évêque** *m* bishop

évidemment obviously

l' **évidence** *f* obviousness, evidence

évident(e) evident

éviter to avoid

évoluer to evolve

évoquer to evoke

exactement exactly

exagérer to exaggerate

exaspérer to exasperate

excédé(e) wearied

excentrique eccentric

ex cathedra dogmatically

exceptionnel (exceptionnelle) exceptional

l' **excès** *m* excess

exciter to arouse, excite; **____ quelqu'un** to turn someone on

exclure to exclude

l' **excuse** *f* apology

s' **excuser** to apologize

exécrer to execrate, abhor

exécutif (exécutive) executive

l' **exécution** *f* execution

l' **exemplaire** *m* copy of a book; example, model

l' **exemple** *m* example; **par ____** for example

l' **exempt** *m* police officer

exercer to exert; to exercise; to train; to fulfill; **____ une profession** to practice a profession

l' **exercice** *m* exercise

exhorter to exhort, urge

l' **exigence** *f* demand

exiger to demand, insist, require

exister to exist

expansif (expansive) expansive

expédier to dispatch, send off

l' **expérience** *f* experience; experiment

expérimental(e) experimental

expérimenté(e) experienced

l' **explication** *f* explanation; **____ de texte** textual analysis

expliquer to explain

exploiter to develop, exploit

l' **exportateur** *m* exporter

exprès expressly, on purpose; **l'____** *m* letter

expressément expressly, specially

exprimer to express

l' **extase** *f* ecstasy

extatique ecstatic

l' **extérieur** *m* exterior; **à l'____** outside

extérioriser to exteriorize

l' **externe** *m, f*   day student
extorqué(e)   extorted
extraire   to extract
l' **extrait** *m*   excerpt
extraordinaire   extraordinary; **par**
_____ exceptionally
extraverti(e)   extravert
extrêmement   extremely
extroverti(e)   extrovert

F

fabriquer   to fabricate
la **face**   face; **en** _____ opposite; **en**
_____ **de** opposite; **faire** _____ **à** to
face up to, confront
fâché(e)   angry
se **fâcher**   to get angry
facile   easy
facilement   easily
la **facilité**   fluency, ease
faciliter   to facilitate
la **façon**   manner, way; **de toute** _____
in any case; **en aucune** _____ in no
way; **sans** _____ simply, without
ceremony
le **facteur**   factor; mail carrier
la **faculté**   faculty
fade   insipid, stale
faible   weak; **le** _____ weakness
la **faiblesse**   weakness
faillir   to fail; **j'ai failli te perdre** I
almost lost you
la **faim**   hunger; **avoir** _____ to be hungry; **avoir une** _____ **de loup** to be
ravenously hungry
le, la **fainéant(e)**   idler, loafer
faire   to make, do; _____ **attention** to
pay attention; _____ **confiance à** to
trust; _____ **de la peine** to cause
sorrow; _____ **mal** to hurt; _____
parade de to display; _____ **partie**
de to belong to, be part of; _____
place to give way; _____ **sauter** to
blow up; _____ **un enfant** to beget a
child; _____ **venir** to send for; to
bring about; _____ **voir** to show; **fis-**

je said I; **pourquoi** _____ **?** what
for?; **se** _____ to become; **se** _____
une idée to form an idea; **comment**
se fait-il ? how is it?
faisable   doable
le **fait**   fact, deed; _____ **divers** news
item; **en** _____ in fact
la **falaise**   cliff
falloir   to be necessary; to have to;
comme il faut suitably, properly;
suitable, proper; **il me faut** I need;
il ne faut pas one must not
fameux (fameuse)   famous
familial(e) *adj*   family; **allocation**
_____**e** family allowance
familier (familière)   familiar
la **famille**   family
le, la **fanatique**   fanatic
la **fanfare**   band
la **fantaisie**   fancy, imagination, fantasy
fantastique   fanciful; fantastic, eerie
le **farceur**   practical joker
le **fardeau**   burden
farder   to put on makeup
farouche   wild, fierce
farouchement   fiercely
le **fascicule**   fascicle, installment
fasciné(e)   fascinated
la **fatalité**   fate
la **fatigue**   fatigue, tiredness
fatigué(e)   tired
le **faubourg**   outskirts, suburb
faussé(e)   falsified
la **faute**   fault; lack; mistake; _____ **de**
for lack of
le **fauteuil**   armchair
fauve   fawn(-colored); **le** _____
wildcat
faux (fausse)   false; _____ **air** resemblance
le **faux-bourdon**   drone
la **faveur**   favor
favorablement   favorably
favori (favorite)   favorite
favoriser   to favor
le, la **féal(e)**   loyal servant
fécond(e)   fertile
la **fée**   fairy

feindre   to feign, pretend
la **félicité**   bliss
féliciter   to congratulate
féministe   feminist
la **féminité**   femininity
la **femme**   woman; wife; _____ **au foyer**
    homemaker; _____ **de chambre**
    maid; _____ **de ménage** house-
    keeper
fendre   to split, break into pieces
la **fenêtre**   window
le **fer**   iron
ferme   firm; **la** _____ farm
fermement   firmly
fermer   to close
la **fermeté**   firmness
le **fermier (la fermière)**   farmer
féroce   ferocious
la **ferveur**   fervor
fesser   to whip, spank
le **festin**   banquet, feast
festoyer   to celebrate
la **fête**   feast, holiday
fêter   to celebrate
le **fétiche**   fetish
feu(e)   late, deceased
le **feu**   fire; **à petit** _____ slowly, cruelly
le **feuillage**   foliage
la **feuille**   leaf; sheet (of paper)
le **feuillet**   sheet
feuilleter   to leaf through
le **feutre**   felt hat
février _m_   February
les **fiançailles** _f_   engagement
fiancé(e)   engaged
se **fiancer**   to become engaged
ficeler   to tie up
la **fiche**   index card
ficher: _____ **le camp**   to clear out;
    s'en _____ not to give a darn
le **fichu**   small shawl
le **ficus**   fig tree
fidèle   faithful
fidèlement   faithfully
la **fidélité**   loyalty, faithfulness
fier (fière)   proud
se **fier à**   to trust
fièrement   proudly

la **fierté**   pride
la **fièvre**   fever
fiévreux (fiévreuse)   feverish
la **figure**   face
figurer   to represent; **figurez-vous**
    que would you believe that
le **fil**   wire; thread; **coup de** _____ buzz
    (telephone call)
la **file**   file; **à la** _____ one after another
filer   to buzz off; to spin, go, slip away
le **filet**   luggage net; trace, drop
la **fille**   girl; daughter; streetwalker;
    vieille _____ old maid
la **fillette**   little girl
le **filou**   crook, swindler
le **fils**   son
fin (fine)   fine, delicate
fin   end; **à la** _____ finally
finalement   finally
financier (financière)   financial
finir   to finish; _____ **par** to end up;
    en _____ **avec** to have done with
fis _ps_ of faire
fixe   fixed
fixement   fixedly, steadily
fixer   to fix, establish
la **flamme**   flame
le **flanc**   side, flank
flâner   to dawdle, stroll
la **flânerie**   idling
flanquer   to flank; to deal (a blow)
flasque   flabby
flatter   to flatter, please
flatteur (flatteuse)   flattering; **le, la**
    _____ flatterer
la **flèche**   arrow
la **fleur**   flower, blossom, bloom
fleuri(e)   in bloom, flourishing
fleurir   to flower, blossom, bloom
le, la **fleuriste**   florist
le **fleuve**   river that empties into the
    ocean
le **flic**   cop
le **flot**   surge, flood, wave, stream
flotter   to float
flou(e)   hazy
le **fluide**   fluid
la **foi**   faith; **ma** _____ ! my goodness!

ma _____ oui ! yes indeed! **_____ de diable !** by the devil!

la **foire**   fair

la **fois**   time; **des _____** sometimes; **une _____** once; **à la _____** all at once, at one and the same time; **une _____ de plus** once again; **une _____ pour toutes** once and for all

la **folie**   folly; **aimer à la _____** to be crazy about

folklorique   folk

follement   crazily

foncé(e)   dark, deep

foncier (foncière)   land

la **fonction**   function

le, la **fonctionnaire**   civil servant

le **fond**   bottom; depth; far end, back; **à _____** thoroughly; **au _____ de** at the bottom of, deep in; at the end of

fondamental(e)   fundamental

fonder   to base, found

fondre   to melt, dissolve; **se _____** to melt away

les **fonds** *m*   funds, money

la **fontaine**   fountain

le **for: dans mon _____ intérieur**   in my heart of hearts

le **forçat**   convict

la **force**   strength; **à _____ de** by virtue of, thanks to; **de _____** by force; **de toutes ses _____** with all one's might

forcer   to force, compel

la **forêt**   forest

le **forfait**   crime

forger   to forge

le **formalisme**   formalism

la **formation**   training, education

la **forme**   form, shape

former   to form

formidable   tremendous, fantastic

la **formule**   formula

fors   except; **_____ que** except that

fort(e)   strong; shocking; large; fortified; *adv* very; hard; loud

fortifier   to fortify

fortuit(e)   fortuitous

le **fossé**   ditch, moat; gap

la **fossette**   dimple

fou (folle)   foolish, crazy; **le _____** madman

la **foudre**   lightning, thunderbolt; **coup de _____** love at first sight

foudroyant(e)   overwhelming

foudroyer   to strike down (as by lightning)

fouetter   to whip

fouiller   to search

le **foulard**   scarf

la **foule**   crowd

fouler   to tread on

le **four**   flop (theater)

la **fourberie**   deceit

fourchu(e)   cleft

la **fourmi**   ant

le **fourneau**   stove

fournir   to furnish, provide

fourrer   to shove, stuff

le **fourreur**   furrier

la **fourrure**   fur

se **foutre de** *vulg*   not to give a damn about

le **foyer**   hearth, home

le **fracas**   crash

fracasser   to smash

la **fraîcheur**   coolness

fraîchir   to cool

frais (fraîche)   fresh, cool

franc (franche)   honest, open

français(e)   French

franchement   openly, honestly

franciser   to Frenchify

franco-américain(e)   Franco-American

francophone   French-speaking

le **franglais**   highly Anglicized French

frappant(e)   striking, convincing

frapper   to strike, knock

fredonner   to hum

freiner   to put on the brakes

frelaté(e)   adulterated

frêle   frail

frémir   to quiver

frénétique   frantic

la **fréquentation**   frequenting, company

fréquenter   to frequent

le **frère**   brother

le **fripon (la friponne)**   swindler

frissonner   to shiver, quiver
frivole   frivolous
froid(e)   cold; **avoir** _____ to be cold;
   il fait _____ it is cold (weather)
froidement   coldly
le **froissement**   rumpling
froisser   to rumple
frôler   to graze, brush up against
le **fromage**   cheese
froncer les sourcils   to frown, scowl
le **front**   forehead; brow
la **frontière**   border
frotter   to rub
le **frou-frou**   rustling
fructueux (fructueuse)   fruitful
la **fruiterie**   fruit store
frustré(e)   frustrated
fuir   to flee
la **fuite**   flight, escape
la **fumée**   smoke
fumer   to smoke
funèbre   dismal, sad; **pompes** _____s
   funeral ceremony
funeste   disastrous, deadly
fur: au _____ **et à mesure**   gradually,
   as the work proceeds
la **fureur**   furor, anger, fury
la **furie**   fury, rage
le **fusil**   gun, rifle
fut   _ps_ of **être**

G

la **gaffe**   blunder, faux pas
le **gage**   token
gager   to wager
le, la **gagnant(e)**   winner
gagner   to win (over), earn, gain;
   _____ **sa vie** to earn one's living
gai(e)   gay, happy
gaiement   gaily
gaillard(e)   spicy; strong, vigorous
le **gain**   earnings, material gain
la **gaine**   holster
galant(e)   gallant, amorous, attentive
   to ladies
la **galerie**   gallery, arcade; tunnel
galeux (galeuse)   mangy

Galles: le pays de Galles   Wales
le **gallicisme**   gallicism
le **galon**   band, braid
le **galop**   gallop; **partir au** _____ to gallop off
le **gant**   glove
la **garantie**   guarantee
garantir   to guarantee
le **garçon**   boy; waiter; **vieux** _____
   bachelor
la **garde**   guard; hilt; **prendre** _____ to
   watch out, be careful
garder   to keep; to guard; _____ **son**
   sang-froid to keep one's cool; **se**
   _____ **de** to be careful not to, refrain
   from
le **gardien (la gardienne)**   guardian,
   keeper
la **gare**   railroad station
garer   to park
garni(e)   garnished, trimmed
gâter   to spoil
gauche   awkward; left; **la** _____ left
gaulois(e)   Gallic
se **gaver**   to gorge
le **gaz**   gas
le **gazon**   grass
le **géant**   giant
geindre   to whimper
geler   to freeze
gémir   to moan, wail
le **gendarme**   policeman
le **gendre**   son-in-law
la **gêne**   embarrassment
généalogique   genealogical; **arbre**
   _____ family tree
gêner   to bother, inconvenience,
   disturb, hinder
la **génération**   generation
généreux (généreuse)   generous,
   unselfish
la **générosité**   generosity
le **génie**   genius
le **genou**   knee; **sur ses** _____x on his
   (her) lap
le **genre**   kind, type, sort; **le** _____
   humain humankind
les **gens** _m, f_   people; **les jeunes** _____
   young men, young people

la **gent**   people, nation
gentil (gentille)   nice, kind
le **gentilhomme**   nobleman, gentleman
la **gentillesse**   graciousness, kindness
gentiment   nicely, like a good boy
or girl
le **géranium**   geranium
la **gerbe**   spray, shower
gérer   to manage
gésir   to lie, recline
le **geste**   gesture, act, deed
la **gifle**   slap in the face, box on the ear
gifler   to slap in the face
la **glace**   mirror; ice
glacé(e)   freezing, chilling, frozen
le **glaïeul**   gladiolus
la **glaise**   clay
le **gland**   acorn; tassel
la **glèbe**   land, soil
la **glissade**   slide
glisser   to slide, glide
la **gloire**   glory
la **glu**   birdlime
le **godillot**   boot
goguenard(e)   mocking, joking
gonfler   to swell
la **gorge**   throat; breast
gorge-de-pigeon   variegated
la **gorgée**   sip
le, la **gosse**   kid
le **gouffre**   abyss, gulf, chasm
le **gourdin**   club
le **gourmet**   epicure
le **goût**   taste, liking; **prendre** _____ **à**
to get to like
goûter   to taste, enjoy
la **goutte**   drop; **je n'y vois** _____ I don't
understand in the least
le **gouvernement**   government
gouverner   to govern, control
la **grâce**   grace, mercy; _____ **à** thanks
to; **de** _____ for mercy's sake
gracieux (gracieuse)   graceful
la **grammaire**   grammar
grand(e)   great, big, large; tall; wide;
_____ **magasin** department store;
_____**e personne** grown-up; _____**e**
sœur big sister; **une** _____**e heure** a
good hour

grand-chose   much; **pas** _____ not
much
grandement   greatly
la **Grande-Ourse**   Great Bear, Ursa
Major
grandir   to grow up
la **grand-mère**   grandmother
grand-peine: à _____   with great
difficulty
le **grand-père**   grandfather
la **grange**   barn
la **grappe**   bunch
gras (grasse)   fat, heavy, pudgy; slip-
pery; **faire la grasse matinée** to lie
in bed until late in the morning
le **gratte-ciel**   skyscraper
gratter   to scratch; **se** _____ **la gorge**
to clear one's throat
grave   grave, serious, solemn
gravir   to climb
les **gravois** *m*   plaster
le **gré**   liking, taste, will; **bon** _____ **mal**
_____ willy-nilly; **je ne lui sais**
aucun _____ I don't recognize him
(her)
grec (grecque)   Greek
greffer   to graft
le **grelot**   bell
grelotter   to shiver
le **grenier**   attic
la **grève**   strike; **faire la** _____ to go on
strike
le, la **gréviste**   striker
la **griffe**   claw
le **gril**   rack
grimacer   to make faces
grimper   to climb
grincer   to gnash, grate
grincheux (grincheuse)   ill-
tempered, surly
la **grippe**   flu
gris(e)   gray; intoxicated
grisonnant(e)   graying
grogner   to grumble
gronder   to scold
gros (grosse)   big; **avoir le cœur**
_____ to have a heavy heart; **jouer**
_____ **jeu** to play for high stakes
la **grossièreté**   coarseness

grossir to grow bigger, swell
le **groupe** group
les **guenilles** f rags
guère: ne... ____ hardly
le **guéridon** pedestal table
guérir to cure, heal, get better
la **guérison** healing
la **guerre** war; **faire la ____** to wage war; **Première, Deuxième ____ mondiale** First, Second World War
le **guet** watch; **faire le ____** to stand watch
guetter to be on the lookout (for)
le **gueux (la gueuse)** beggar, wretch
le **guichet** ticket window
la **guipure** lace
la **guirlande** garland
la **guise** way, manner; **à leur ____** as they wish; **en ____ de** as
la **Guyane Française** French Guiana

H

habile skillful, clever, able
habilement ably, skillfully
l' **habillement** m dress, wearing apparel
habiller to dress; **s'____** to dress up
l' **habit** m clothes, dress, suit; **les ____s** clothes
l' **habitant(e)** m, f inhabitant, resident
habiter to dwell (in), live (in); **____ la campagne** to live in the country
l' **habitude** f habit; **comme d'____** as usual; **d'____** usually
habitué(e) accustomed; **l'____** m, f frequenter
habituer to accustom
la **haie** hedge
le **haillon** rag
la **haine** hatred, hate
haineux (haineuse) hateful
haïr to hate
l' **haleine** f breath; **reprendre ____** to catch one's breath
la **halle** marketplace
la **halte** stop
le **hamac** hammock

le **hameau** hamlet
le **hanneton** May bug
harcelé(e) harassed
les **hardes** f old clothes
hardi(e) bold
la **hardiesse** boldness, daring
hardiment boldly, brazenly
harnaché(e) harnessed
le **hasard** chance, luck; accident; **au ____ de** according to
se **hâter** to hurry
hausser to raise; **____ les épaules** to shrug one's shoulders
haut(e) high, lofty, tall, loud; adv aloud; **____ en couleur** with a ruddy complexion; **à ____e voix** out loud; **en ____** above, upstairs; **en ____ de** at the top of; **le ____** top
hautain(e) haughty
la **hauteur** height
le **haut-parleur** loudspeaker
héberger to lodge
hébété(e) dazed
hein ! eh! **____ ?** what?
hélas ! alas!
héler to hail (a taxi)
l' **herbe** f grass
hériter (de) to inherit
la **hernie** rupture
l' **héroïne** f heroine
l' **héroïsme** m heroism
le **héros** hero
hésiter to hesitate
l' **heure** f hour, o'clock; **de bonne ____** early; **tout à l'____** a while ago; **une grande ____** a good hour
heureusement fortunately
heureux (heureuse) happy, cheerful; fortunate
heurté(e) jarred
heurter to knock against; **se ____ à** to run into
le **hibou** owl
hideux (hideuse) hideous
hier yesterday; **____ soir** last night
l' **hirondelle** f swallow
l' **histoire** f history, story
l' **hiver** m winter

le **hochement de tête** nod
hocher to nod
hollandais(e) Dutch
l' **homme** *m* man; ____ **politique** politician
homogène homogeneous
honnête honest, decent; cultivated
l' **honneur** *m* honor
la **honte** shame; **avoir** ____ **de** to be ashamed of; **faire** ____(**à**) to shame
honteux (honteuse) ashamed; shameful
l' **hôpital** *m* hospital
l' **horaire** *m* schedule
l' **horloge** *f* clock
l' **horreur** *f* horror, abhorrence; **avoir** ____ **de** to detest
hors de outside of; ____ **soi** beside oneself
l' **hôte** *m* host; guest
l' **hôtel** *m* hotel, townhouse
l' **hôtesse** *m* hostess
la **housse** horse blanket
le **houx** holly
la **huche** bin
hue ! giddap!
l' **huissier** *m* usher; bailiff
l' **huître** *f* oyster
humain(e) human, humane
l' **humeur** *f* humor, mood; **avec** ____ testily, crossly; **d'**____ **changeante** moody; **d'**____ **égale** even-tempered
humilié(e) humiliated
l' **humour** *m* humor
hurlant(e) howling, screaming
le **hurlement** howling, shriek
hurler to howl
l' **hydre** *f* hydra
l' **hyène** *f* hyena
l' **hypothèse** *f* hypothesis

I

ici here, now; ____-**bas** here below; ____ **même** in this very place; **d'**____ **là** between now and then

l' **idéalisme** *m* idealism
l' **idée** *f* idea; **aux** ____**s larges** broad-minded; **se faire une** ____ to form an idea
l' **identité** *f* identity
l' **idiotisme** *m* idiom
ignoblement ignobly, vilely
ignorer to be ignorant of
l' **île** *f* isle
illustre illustrious, famous
illustrer to illustrate
l' **image** *f* picture, image
imaginer to imagine, fancy; **s'**____ to imagine
imbiber to imbue, saturate
immédiat(e) immediate
l' **immensité** *f* immensity
l' **immeuble** *f* tenement, apartment building
impatienté(e) at the end of one's patience, made impatient
l' **impératif** *m* imperative
impérieux (impérieuse) imperious, overbearing
l' **imperméabilité** *f* impermeability, insensitivity
impersonnel (impersonnelle) impersonal
impitoyable pitiless, ruthless
impliquer to involve; to imply
implorer to implore, entreat
impoli(e) impolite
importer to matter; **n'importe** it doesn't matter; **n'importe quel** any; **n'importe qui** anyone; **n'importe quoi** anything; **peu m'importe** I couldn't care less; **qu'importe ?** what does it matter?
l' **importun(e)** *m, f* intruder
importuner to importune; to pester
s' **imposer** to force oneself upon
les **impôts** *m* taxes
impressionné(e) impressed
imprimé(e) printed; **l'**____ *m* printed matter
imprimer to imprint
l' **impuissance** *f* impotence, powerlessness
impuissant(e) powerless

impulsif (impulsive) impulsive
l' **impulsion** *f* impulse
inachevé(e) unfinished
inactif (inactive) inactive
inaltérable unchanging, steadfast
inanimé(e) inanimate
inattendu(e) unexpected
incendier to burn
incertain(e) uncertain
l' **incertitude** *f* uncertainty
l' **incisive** *f* incisor (tooth)
incolore colorless
incommoder to inconvenience
incompréhensif (incompréhensive)
  unsympathetic
incompris(e) misunderstood, not
  appreciated
l' **inconfort** *m* discomfort
inconfortable uncomfortable
inconnu(e) unknown; l'_____ *m, f*
  stranger
inconscient(e) unaware
inconstant(e) fickle
incontinent immediately
l' **inconvénient** *m* disadvantage
incrusté(e) encrusted
inculpé(e) accused, indicted
indéfini(e) indefinite; **le passé**
  _____ compound past
indépendant(e) independent
l' **indicatif** *m* indicative
les **indications** *f* directions
indicible inexpressible
indigène native
indigne unworthy
s' **indigner** to become indignant
indiquer to indicate
l' **indiscrétion** *f* indiscreetness
indiscutablement indisputably
l' **individu** *m* individual
l' **indolence** *f* indolence, idleness
indulgent(e) lenient
l' **industrie** *f* industry
l' **industriel (l'industrielle)** *m, f*
  industrialist, manufacturer
inébranlable immovable
l' **inégalité** *f* inequality
inepte inept
inépuisable inexhaustible

inerte lifeless
inespéré(e) unexpected
inexprimable inexpressible,
  unspeakable
infaillible infallible
l' **infanterie** *f* infantry
l' **infanticide** *m, f* child-murderer
inférieur(e) lower, inferior
infidèle unfaithful
l' **infidélité** *f* infidelity
infiniment infinitely
infirme crippled
l' **infirmier (l'infirmière)** *m, f* nurse
infliger to inflict
l' **infortune** *f* misfortune
infortuné(e) unfortunate
l' **ingénieur** *m* engineer
l' **ingéniosité** *f* ingenuity, cleverness
ingénu(e) ingenuous, innocent,
  simple
l' **ingénuité** *f* ingenuousness, naiveté
ingrat(e) ungrateful
l' **inimitié** *f* hostility, enmity
initier to initiate
l' **injure** *f* abuse, insult
injuste unjust
inné(e) innate
innocemment innocently
innombrable innumerable
l' **inoccupation** *f* idleness
inoccupé(e) idle
inoffensif (inoffensive) harmless
inonder to inundate, flood
inquiet (inquiète) worried
inquiéter to worry (someone);
  s'_____ (de) to worry (about)
l' **inquiétude** *f* anxiety, worry
s' **inscrire** to register
insensé(e) insane
l' **insensibilité** *f* insensitivity
insensible insensitive
insensiblement imperceptibly
l' **insignifiance** *f* insignificance
insister to insist
insolite unusual
insouciant(e) carefree, heedless
inspirer to inspire; **s'_____ de** to
  draw one's inspiration from
s' **installer** to settle down; to set up

l' **instant** *m:* **sur, à l'____**
  immediately, just now
instantanément instantaneously
l' **instar** *m:* **à l'____ de** like
instinctif (instinctive) instinctive
instituer to institute
l' **instruction** *f* education; pretrial
  inquiry
instruire to instruct
instruit(e) educated
l' **insu** *m:* **à l'____ de** without
  someone's knowing
insuffisamment insufficiently
insupportable intolerable,
  unbearable
intarissable unceasing
intenter un procès to bring legal
  action
l' **intention** *f* intention; **avoir l'____**
  de to intend to
intentionné(e) intentioned
interdire to prohibit, forbid
interdit(e) dumbfounded, taken
  aback
intéressant(e) interesting
intéressé(e) selfish; interested
intéresser to interest; **s'____ à** to be
  interested in
l' **intérêt** *m* interest, self-interest; **avoir**
  ____ à to be in one's interest to
l' **intérieur** *m* interior; **à l'____** inside
l' **intermédiaire** *m* intermediary; **sans**
  ____ directly
l' **internat** *m* boarding school
l' **interne** *m, f* boarding student
interpeller to summon; to challenge,
  ask for an explanation
l' **interprète** *m, f* player, actor,
  interpreter (of song or role)
interrogateur (interrogatrice)
  interrogative, questioning
l' **interrogatoire** *m* interrogation
interroger to interrogate
interrompre to interrupt
l' **intervalle** *m* interval
intervenir to intervene; **faire ____**
  to bring in, call in
intime close, intimate

intimer to notify, announce
l' **intimité** *f* intimacy
intitulé(e) entitled
intrigant(e) scheming
l' **intrigue** *f* plot
introduire to introduce
introverti(e) introvert
inutile useless
l' **inutilité** *f* uselessness
inventer to invent
inverse opposite
l' **invité(e)** *m, f* guest
irraisonnable unreasonable
irrité(e) irritated
l' **isolement** *m* isolation
isoler to isolate
italien (italienne) Italian
ivre drunk; wild
l' **ivrogne** *m, f* drunkard

J

jadis formerly
jaillir to shoot up, spurt, leap
la **jalousie** jealousy
jaloux (jalouse) jealous
jamais ever; **____ plus** never again;
  à ____ forever; **ne... ____** never
la **jambe** leg
janvier *m* January
le **jardin** garden
le **jardinier (la jardinière)** gardener
la **jarretière** garter
jaune yellow
jauni(e) yellowed
jeter to throw, throw away, fling, cast
le **jeu** game; gambling; working; **____**
  de mots play on words; **jouer gros**
  ____ to play for high stakes
le **jeudi** Thursday
jeun: à ____ on an empty stomach
jeune young; **____s filles** *f* girls;
  ____s gens *m* young men, young
  people
jeûner to fast
la **jeunesse** youth

la **joie**   joy

joindre   to join, unite; ____ **les deux bouts** to make ends meet; **se** ____ **à** to join (an organization)

joli(e)   pretty

le **jonc**   reed

le **jongleur**   minstrel

la **joue**   cheek

jouer   to play, act out; to gamble; ____ **gros jeu** to play for high stakes; **faire** ____ to activate; **se** ____ **de quelqu'un** to make a fool of someone

le **joueur (la joueuse)**   player, gambler

joufflu(e)   chubby

le **joug**   yoke, bondage

jouir de   to enjoy

la **jouissance**   pleasure, enjoyment

le **jour**   day; **de nos** ____ **s** these days, nowadays; **en plein** ____ in broad daylight

le **journal**   newspaper

la **journée**   day

le **jouteur**   jouster

jovialement   jovially

joyeux (joyeuse)   joyful

judiciaire   judicial

le **juge**   judge

le **jugement**   judgment

juger   to judge; ____ **de** to form an opinion of

juif (juive)   Jewish

juin *m*   June

le **jumeau (la jumelle)**   twin

la **jupe**   skirt

le, la **juré(e)**   juror

jurer   to swear

la **juridiction**   jurisdiction

jusque   until, up to, as far as; **jusqu'à ce que** until; **jusqu'ici** up to now

juste   just, accurate, fitting; *adv* just; **au** ____ exactly; **le** ____ **milieu** happy medium; **tout** ____ barely

justement   precisely

la **justesse**   accuracy, exactness

justiciable   under the jurisdiction of

justifier   to justify

K

le **kilogramme**   kilogram

le **kilomètre**   kilometer

L

là   there; ____**-bas** over there; ____**-dessus** on that point

le **labeur**   labor, toil

le **labour**   tilling

labourer   to till, plow

le **lac**   lake

le **lacet**   (shoe) lace; snare

lâche   cowardly; **le, la** ____ coward

lâcher   to let go, release

les **lacs** *m*   snare

là-dessus   on that subject, thereupon

là-haut   up there

laid(e)   ugly

la **laideur**   ugliness

la **laine**   wool

laisser   to let, leave (behind); to quit; ____ **tomber** to drop

le **lait**   milk

la **lame**   blade

lancer   to throw, hurl, launch

la **lande**   moor, wasteland

le **langage**   language

les **langes** *m*   swaddling clothes

la **langue**   language; tongue; ____ **courante** everyday speech; ____ **étrangère** foreign language; ____ **vivante** modern language; **donner sa** ____ **au chat** to give up guessing

la **langueur**   languidness, listlessness

languir   to languish

languissant(e)   languid, sluggish

le **lapin**   rabbit

le **lapis-lazuli**   lapis lazuli (deep-blue stone)

la **laque**   lacquer

laqué(e)   greased

le **lard**   fat

large   wide; big, large; **de long en** ____ up and down

largement   broadly, widely
la **largeur**   width
la **larme**   tear
las (lasse)   weary
se **lasser**   to grow weary
le **lavage**   washing
la **lavandière**   washerwoman
laver   to wash
la **leçon**   lesson
le **lecteur (la lectrice)**   reader
la **lecture**   reading
léger (légère)   light, slight; **à la
_____e** lightly
légèrement   slightly, lightly
la **légèreté**   lightness
législatif (législative)   legislative
légitimer   to legitimize
léguer   to bequeath, pass on, leave
le **légume**   vegetable
le **lendemain**   day after, next day
lent(e)   hesitant, slow
lentement   slowly
lequel (laquelle)   which, whom
léser   to injure, wrong
la **lessive**   wash, laundry
la **lettre**   letter; *pl* literature
lever   to lift, raise; _____ **l'audience**
to adjourn the session; **se _____** to
get up; **le _____** rising
la **lèvre**   lip
le **lézard**   lizard
la **liaison**   relationship, union
la **liasse**   bundle
la **libération**   liberation
libéré(e)   liberated
libérer   to liberate
la **liberté**   liberty, freedom
libertin(e)   free-thinking
la **librairie**   bookstore
libre   free
le **libre-service**   self-service restaurant
licite   licit, lawful
lier   to link; to tie up
le **lieu**   place; _____ **commun** common-
place; **au _____ de** instead of; **avoir
_____** to take place; **avoir _____ de**
to have reason to; **donner _____ à**
to give rise to
la **lieue**   league (distance)

le **lignage**   lineage
la **ligne**   line
le **lilas**   lilac
limpide   limpid, transparent
le **linceul**   shroud
le **linge**   linen, laundry
la **linguistique**   linguistics
la **lippe**   pout
lire   to read
le **lis**   lily
lisse   smooth
la **liste**   list
le **lit**   bed
la **livre**   pound
le **livre**   book; _____ **de chevet** favorite
book; _____ **d'heures** prayer book;
_____ **de poche** pocketbook
livrer   to deliver, surrender; _____
bataille to give battle; **se _____** to
be waged
le, la **locataire**   tenant
la **location**   sale of tickets
la **loge**   lodging
logé(e)   housed
le **logement**   housing
loger   to live; to lodge, house
la **logeuse**   landlady
la **loi**   law
loin   far; **au _____** in the distance; **de
_____** by far, from afar
lointain(e)   distant
le **loisir**   leisure
Londres   London
long *adj* _____ **(longue)** long; lengthy;
slow; **au _____ de** along; **le _____
de** along; **de _____ en large** up and
down, to and fro
longer   to run alongside (of)
longtemps   for a long time, long
longuement   at length, for a long time
la **longueur**   length
la **loque**   rag
lors: _____ **de** at the time of; **pour
_____** thence, thenceforth
lorsque   when
louer   to rent; to praise; **se _____ de**
to be pleased with
le **louis**   gold coin
le **loup**   wolf; **avoir une faim de _____**

to be ravenously hungry; **un froid de** ____ bitter cold
lourd(e) heavy
le **loyer** rent
la **lucarne** (attic) window
la **lueur** glow, gleam
luire to shine, gleam
la **lumière** light
lumineux (lumineuse) luminous, bright
la **lune** moon; ____ **de miel** honeymoon; **clair** *m* **de** ____ moonlight; **être dans la** ____ to daydream
les **lunettes** *f* (eye)glasses
la **lutte** struggle, contest
lutter to struggle
le **lutteur** wrestler
le **luxe** luxury
le **lycée** secondary school
lyrique lyric

M

mâcher to chew
la **mâchoire** jaw
le **maçon** mason
la **madame** madam, Mrs.
la **mademoiselle** miss, young lady
le **magasin** store; **grand** ____ department store
magique magic
le **magnétophone** tape recorder
magnifique magnificent
mai *m* May
maigre thin, skinny
la **main** hand; **à deux** ____**s** with both hands; **sous la** ____ at hand
maint(e) many a
maintenant now
maintenir to maintain
le **maintien** bearing, deportment
mais but
la **maison** house, (business) firm; ____ **d'édition** publishing house; ____ **de repos** rest home; **à la** ____ at home
le **maître** master; schoolmaster, school-

teacher; term of address given to lawyers; ____ **d'hôtel** headwaiter
la **maîtresse** mistress; schoolmistress; ____ **femme** super-woman
maîtriser to master, overcome
majeur(e) of full legal age, adult
le **mal** evil; ill; harm; *adv* badly; ____ **à l'aise** uncomfortable, uneasy; **avoir** ____ to hurt; **être au plus** ____ to be past recovery
malade ill; **le, la** ____ patient
la **maladie** illness
maladif (maladive) unhealthy
le **malaise** uneasiness
la **malchance** bad luck
mâle male, virile
maléfique maleficent, harmful
malencontreux (malencontreuse) unfortunate, untimely
le **malfaiteur** evildoer, criminal
malgré in spite of, despite
le **malheur** misfortune, unhappiness; ____ **à vous !** woe to you!
malheureusement unfortunately
malheureux (malheureuse) unhappy, unfortunate
malhonnête dishonest
malicieux (malicieuse) malicious
malin (maligne) cunning, sly; **le, la** ____ sly, shrewd person
malpropre improper, unsuitable
malsain(e) unwholesome, corrupting
malséant(e) unbecoming
maltraiter to mistreat
malvenu(e) malformed
la **maman** mother, mom
la **manche** sleeve
le **mandat** mandate, term of office
mander to send for; to inform somebody of
le **manège** trick
manger to eat; **se** ____ to be edible
le **manguier** mango tree
manichéen (manichéenne) Manichaean (of a religious philosophy based on good and evil)
la **manie** mania; idiosyncrasy
manier to handle, manipulate

la **manière**   manner, way, sort
le, la **manifestant(e)**   demonstrator
la **manifestation**   demonstration
 manifeste   manifest, obvious
 manifestement   obviously
 manifester   to manifest
la **manne**   manna
le **manque**   lack
 manqué(e)   unsuccessful; missed
 manquer   to be lacking, be missing; to fail; _____ **de** to lack; **elle me manque** I miss her
la **mante**   mantle
le **manteau**   cloak, coat; _____ **de pluie** raincoat
 manuel (manuelle)   manual; **le** _____ handbook
le **maquillage**   make-up
le **marabout**   marabout (Moslem holy man)
la **marâtre**   stepmother
le **marc**   mark
le, la **marchand(e)**   shopkeeper, dealer
le **marchandage**   dickering, bargaining
 marchander   to dicker, haggle over
la **marchandise**   merchandise
la **marche**   step, walking; march; **en** _____ moving, in motion; **se mettre en** _____ to get going
le **marché**   market; **à bon** _____ cheap; **le Marché Commun** Common Market
le **marchepied**   running board, step
 marcher   to walk; to work (function)
la **mare**   pool
la **margelle**   edge
le **mari**   husband
le **mariage**   marriage
 marié(e)   married
 marier   to give in marriage; **se** _____ **(avec)** to marry
 marin(e)   of the sea; **costume** _____ sailor suit
 marquer   to show
la **marquise**   marquise; wife or widow of a marquis
 marron   maroon, chestnut-colored
 mars _m_   March
 marseillais(e)   from Marseille

 marteler   to hammer out
la **massue**   club, bludgeon
les **matériaux** _m_   material
le **matériel**   materials, equipment
la **matière**   matter; **en** _____ **de** as regards
le **matin**   morning; **du** _____ a.m.
la **matinée**   morning; **faire la grasse** _____ to lie in bed until late in the morning
 maudire   to curse
 maure   Moorish
 maussade   glum, sullen
 mauvais(e)   bad, evil
 mea culpa (_Latin_)   by my fault
la **mécanique**   mechanics; _adj_ mechanical
la **méchanceté**   wickedness
 méchant(e)   wicked, nasty, vicious, bad, spiteful, ill-natured, malicious
la **mèche**   fuse, wick
 méconnaître   to misunderstand; to fail to recognize
 mécontent(e)   discontented, dissatisfied
le **médecin**   doctor
la **médecine**   medicine (science, profession)
le **médicament**   medicine (medication)
le **médiéviste**   medievalist
 médiocrement   moderately
 médire (de)   to slander
 méditer   to meditate
la **méduse**   jellyfish
la **méfiance**   suspicion
 méfiant(e)   suspicious, cautious, mistrustful
se **méfier (de)**   to be suspicious (of); to be wary (of)
 meilleur(e)   better; **le, la** _____ best
la **mélancolie**   melancholy, gloom
le **mélange**   mixture, blend
 mêler   to mingle, mix; **se** _____ **de ses affaires** to mind one's own business
 même   very, same; _adv_ even; _____ **pas** not even; **à** _____ directly from; **à Jonzac** _____ in Jonzac itself; **de** _____ likewise; **de** _____ **que** just

as; **quand** _____ nevertheless; **tout de** _____ all the same

la **mémoire** memory

menacer to menace, threaten

le **ménage** housekeeping, housework; household; **la femme de** _____ housekeeper

ménager to spare

la **ménagère** housewife, housekeeper

mener to lead, to take; _____ **à bien** to manage successfully

le **mensonge** lie

mentalement mentally

la **mentalité** mentality

le **menteur (la menteuse)** liar

mentir to lie

le **menton** chin

menu(e) small, tiny

le **mépris** scorn

méprisable despicable

mépriser to despise, scorn

la **mer** sea; _____ **des Antilles** Caribbean Sea

le **mercenaire** hireling

merci thank you; **Dieu** _____ thank God; **la** _____ mercy

le **mercier (la mercière)** dealer in small wares, notions, etc.

le **mercredi** Wednesday

la **mère** mother

le **mérite** merit

mériter to deserve

la **merveille** marvel, wonder

merveilleux (merveilleuse) marvelous

la **mésaventure** misadventure, misfortune

la **mesure** extent, measure; **à** _____ **que** as; **au fur et à** _____ gradually; **sur** _____ made to order

mesurer to measure

la **métaphore** metaphor

méthodique methodical

le **métier** trade, profession, job, occupation

le **métrage** length; **court** _____ short subject; **long** _____ full-length feature film

le **mètre** meter

le **métro** subway

la **métropole** mother country

le **mets** dish, food

le **metteur en scène** director

mettre to put; to put on; _____ **à la porte** to throw out; _____ **au courant** to bring someone up to date; _____ **en contraste** to contrast; _____ **en pièces** to tear to pieces; _____ **en présence** to introduce; _____ **en relief** to bring out, emphasize; _____ **en scène** to produce; _____ **le feu** to set fire; se _____ **à** to begin to; se _____ **à l'abri** to take cover; se _____ **à table** to sit down at the table; se _____ **d'accord** to agree; se _____ **dans l'idée** to put into one's head; se _____ **de côté** to stand to the side; se _____ **en colère** to get angry; se _____ **en marche** to get going

meublé furnished

la **meule** grindstone

meurtri(e) bruised, scarred

le **meurtrier (la meurtrière)** killer, murderer

la **meute** pack

mi- half, mid

le **microsillon** long-playing record

le **midi** noon; **le Midi** southern France

le **miel** honey; **lune** f **de** _____ honeymoon

le **mien (la mienne)** mine

mieux better; **le** _____ best

mignon (mignonne) darling

le **milieu** middle; **au** _____ **de** amid; **le juste** _____ happy medium

militaire military; **le** _____ soldier

mille (one) thousand

le **mille** mile

le **milliard** billion

le **millier** thousand

la **mimique** play, movement

minable seedy-looking

la **mine** mine; appearance

le **mineur** miner; **le, la** _____(e) minor

le **ministère** ministry, government

minuit m midnight

minuscule tiny

se **mirer**   to admire oneself
le **mirliton**   reed pipe, flute
le **miroir**   mirror
   miroiter   to gleam, sparkle
la **mise**   dress, appearance
la **mise en scène**   staging, production
   miser   to gamble
le, la **misérable**   wretch
la **misère**   misery, distress; poverty
la **miséricorde**   mercy
   mit   *ps* of **mettre**
la **mitraillette**   submachine gun
la **mitre**   miter
le **mobile**   motive
la **mode**   fashion; **à la _____** in fashion
le **mode**   way, mode
   modéré(e)   moderate
   moderne   modern
   modestement   modestly
   moelleux (moelleuse)   soft
les **mœurs** *f*   morals; way of life, customs, manners
le, la **moindre**   slightest
le **moine**   monk
   moins   less; **à _____ de** unless; **à _____ que** unless; **au _____** at least; **du _____** at least; **le _____** the least
le **mois**   month
   moisi(e)   musty, moldy
   moite   moist, clammy
la **moitié**   half
la **mollesse**   softness
le **moment**   moment; **à ce _____-là** then, at that time; **à un _____ donné** at a given moment; **au _____ où** when; **du _____ que** since, once; **en ce _____** right now
la **monarchie**   monarchy
le **monarque**   monarch
le **monceau**   heap, pile
le **monde**   world; people, society; **tout le _____** everyone
   mondial(e)   world
la **monnaie**   change, coin, money
   monotone   monotonous, dull
   monseigneur *m*   my lord
le **monsieur**   gentleman; mister; **_____ !** my lord! your honor!
le **monstre**   monster

monstrueux (monstrueuse)   monstrous
le **mont**   mount, mountain; hill
le **montage**   film editing
la **montagne**   mountain
   monter   to rise; to climb, get on, mount; to stage (a play); amount to
   montrer   to show
le **montreur**   showman
se **moquer de**   to make fun of, laugh at
la **moquerie**   mockery
   moqueur (moqueuse)   mocking
la **morale**   moral (of a story); morality
le **morceau**   piece
   mordre   to bite
le **morne**   small mountain
la **mort**   death
   mort(e)   dead, extinct; **le, la _____** dead person
   mortel (mortelle)   mortal
le **mortier**   mortar
la **mosquée**   mosque
le **mot**   word; **_____ à _____** word for word; **_____-clef** key word
le **motif**   motive
   motiver   to motivate
   mou (molle)   soft, limp
   moucharder   to inform on someone
la **mouche**   fly; beauty spot
se **moucher**   to blow one's nose
le **mouchoir**   handkerchief
la **moue**   pout; **faire la _____** to pout
   mouiller   to wet, moisten
le **moule**   mold
le **moulin**   mill
   mourir   to die; **se _____** to be dying
   mousser   to froth, foam
le **mouton**   sheep, ram
le **mouvement**   movement
se **mouvoir**   to move about, operate
le **moyen**   means; **au _____ de** by means of; **il y a _____** it is possible
   moyen (moyenne)   medium, average; **la classe moyenne** middle class
   muer   to molt, cast off a skin or coat
   muet (muette)   silent, mute
   mugir   to bellow
   muni(e)   equipped
les **munitions** *f*   ammunition

le **mur** wall
mûr(e) mature, ripe
la **muraille** wall
mûrir to grow ripe, mature
murmurer to murmur
le **musée** museum
la **musique** music; **sans plus de** _____
without further delay
musulman(e) Moslem
le **mystère** mystery

N

la **nacre** mother-of-pearl
nager to swim
le **nageur (la nageuse)** swimmer
naïf (naïve) naive
la **naissance** birth; **de** _____ from birth
naissant(e) beginning
naître to be born; **faire** _____ to
produce
la **nappe** tablecloth
la **narine** nostril
le **narrateur (la narratrice)** narrator
natal(e) native
la **natte** mat
la **nature** nature; undergrowth, bushes
naturel (naturelle) natural; **le**
_____ nature, disposition
naturellement naturally
le **navet** (film) flop
le **navire** ship
navré(e) distressed
ne: _____... **pas** not; _____... **point** not;
_____... **que** only
né(e) born
néanmoins nevertheless
nécessaire necessary
nécessairement necessarily
négatif (négative) negative
négliger to neglect
le, la **négociant(e)** merchant
nègre Negro, black
la **neige** snow
nerveusement nervously
nerveux (nerveuse) nervous
net (nette) clear, distinct; *adv*
plainly, clearly; suddenly

nettoyer to clean
neuf (neuve) new
neutre neutral
le **neveu** nephew
le **nez** nose
la **niche** doghouse
le **nid** nest
nier to deny
le **niveau** level; _____ **de vie** standard
of living
la **noblesse** nobility
la **noce** wedding
le **nœud** knot; bow; _____ **papillon**
bow tie
noir(e) black; dark
le **nom** name
le **nombre** number
nombreux (nombreuse) numerous
le **nombril** navel
nommer to name, call
non: _____ **plus** neither; _____ **seulement** not only
le **nord** north
la **Norvège** Norway
norvégien (norvégienne)
Norwegian
notamment particularly
la **note** bill; grade
nourrir to feed, nourish; to provide
for, nurture
la **nourriture** food, nourishment
nouveau (nouvelle) new; **à** _____
anew; **de** _____ again
le, la **nouveau-né(e)** newborn
la **nouveauté** newness, novelty
la **nouvelle** piece of news; short story
la **Nouvelle-Angleterre** New England
la **noyade** drowning
noyer to drown
nu(e) naked, bare
le **nuage** cloud
la **nuance** shade, hue
nuancé(e) varied
nuancer to vary
la **nue** cloud
la **nuée** cloud
nuire à to harm
nuisible harmful
la **nuit** night

le **nul (nulle)**   no, not one, not a, no one
nullement   in no way
le **numéro**   number
la **nuque**   nape, scruff of the neck

O

obéir (à)   to obey
l' **obéissance** *f*   obedience
objectif (objective)   objective
l' **objet** *m*   object
obligatoire   obligatory
obligé(e)   obliged, grateful
obliger   to compel
obscurcir   to darken
l' **obscurité** *f*   obscurity; darkness
obsédant(e)   obsessive
observer   to observe
l' **obstination** *f*   obstinacy, stubbornness
obstruer   to obstruct
obtenir   to obtain
l' **obus** *m*   shell
l' **occasion** *f*   opportunity; **d'_____** second-hand
occupé(e)   occupied, busy; held
s' **occuper de**   to take charge of; take care of, look after; to pay attention to
l' **octosyllabe** *m*   eight-syllable verse
l' **odeur** *f*   smell, odor
l' **œil** *m*   eye
l' **œuf** *m*   egg; _____ **dur** hard-boiled egg; _____ **sur le plat** fried egg
l' **œuvre** *f*   work
offensé(e)   offended
offenser   to offend
l' **office** *m*   function
l' **officier** *m*   officer
offrir   to offer, give
l' **oie** *f*   goose; **les pattes d'_____** *f* crow's-feet
l' **oiseau** *m*   bird
l' **oiselet** *m*   small bird
oisif (oisive)   idle
l' **oisiveté** *f*   idleness
l' **oison** *m*   gosling; simpleton
l' **olifant** *m*   horn

l' **ombrage** *m*   shade
l' **ombre** *f*   shade, shadow; darkness
omettre   to omit
l' **omnibus** *m*   bus
l' **oncle** *m*   uncle
l' **onde** *f*   wave
l' **ondulation** *f*   wave
l' **ongle** *m*   nail (on fingers or toes)
onzième   eleventh
opérer   to effect, bring about, carry out; to operate
opposé(e)   opposite
l' **oppresseur**   oppressor
oppressif (oppressive)   oppressive
opprimé(e)   oppressed
l' **optimisme** *m*   optimism
l' **or** *m*   gold
l' **orage** *m*   storm
orangé(e)   orangy, orange-colored
l' **oranger** *m*   orange tree
l' **orchestre** *m*   orchestra
l' **ordinateur** *m*   computer
l' **ordonnance** *f*   prescription
ordonné(e)   tidy, orderly
ordonner   to order, command
l' **ordre** *m*   order, command
l' **orée** *f*   limits, edge
l' **oreille** *f*   ear
l' **oreiller** *m*   pillow
l' **orfèvre** *m*   goldsmith
orgueilleux (orgueilleuse)   proud
l' **orifice** *m*   opening
originaire   native
l' **origine** *f*   origin; **à l'_____** originally
orner   to adorn, deck
l' **orphelin(e)** *m, f*   orphan
l' **orthographe** *f*   spelling
l' **os** *m*   bone; **en chair et en _____** in the flesh
osé(e)   daring, bold
oser   to dare
ôter   to remove
ou   or; _____ **bien** or else
où   where; when; **d'_____** whence
ouais !   sure! of course! (ironic or skeptical)
l' **oubli** *m*   oblivion, forgetfulness
oublier   to forget
ouïr   to hear

l' **ours** *m* bear
ouste: Allez _____ ! off you go!
outre besides; **en** _____ moreover
ouvert(e) open
ouvertement openly
l' **ouverture** *f* opening
l' **ouvrage** *m* work
ouvrer to work
l' **ouvrier (l'ouvrière)** *m, f* worker
ouvrir to open

P

le **pagne** loincloth
la **paie** pay
le **paiement** payment
païen (païenne) pagan
la **paille** straw
le **pain** bread
le **pair** peer
la **paire** pair
paisible peaceful
paisiblement peacefully
paître to graze
la **paix** peace
le **palais** palace; palate
pâle pale
le **palefrenier** groom
le **paletot** overcoat
la **pâleur** pallor, paleness
le **palier** (stair) landing
pâlir to turn pale
la **palissade** fence
la **palme** palm branch
le **palmier** palm tree
se **pâmer** to faint
le **pampre** vine branch
le **panier** basket
la **panique** panic
la **panne** breakdown
le **panneau** sign
la **panse** paunch
le **pantalon** trousers
la **pantoufle** slipper; **raisonner** _____
to reason like a jackass
le **pape** pope
le **papier** paper

le **papillon** butterfly; **nœud** *m* _____
bow tie
le **paquet** bundle, package
la **parade** show; **faire** _____ **de** to
display
le **paradis** paradise, heaven
paradoxal(e) paradoxical
le **paragraphe** paragraph
paraître to appear, seem
parallèle parallel
paralyser to paralyze
le **paravent** screen, partition
le **parc** park
parce que because
parcourir to cover
par-delà beyond
par-derrière from behind
par-dessus above, over;
le pardessus overcoat
par-devant in front
le **pardon** forgiveness
pardonner to excuse, pardon, forgive
paré(e) adorned, decked out
pareil (pareille) similar, same; such,
like that
parer to adorn
la **paresse** laziness
paresseux (paresseuse) lazy
parfaire to complete
parfait(e) perfect
parfaitement perfectly
parfois sometimes
le **parfum** perfume, scent
le **pari** bet
le **paria** pariah, outcast
parier to wager, bet
se **parjurer** to perjure oneself
parler to speak; _____ **français**
comme une vache espagnole to
murder the French language
parmi among
la **parodie** parody
parodier to parody
la **parole** word; *pl* song lyrics; **avoir la**
_____ to have the floor; **couper la**
_____ **à quelqu'un** to cut somebody
short
le **parrain** patron
la **part** part, share; **à** _____ besides,

except for; aside; **d'autre** _____ on
the other hand; **prendre** _____ **à** to
take part in; **quelque** _____ somewhere

partager   to share, divide, split

partant   and so, therefore

le **parti**   party; match (marriage); _____
pris preconceived notion

la **particularité**   peculiarity

particulier (particulière)   particular, special; private; **le, la** _____ individual; **en** _____ particularly

particulièrement   particularly

la **partie**   part; outing; party; opponent;
_____ **de cartes** card game; **faire**
_____ **de** to belong to, be part of

partir   to leave; **à** _____ **de** starting
with, from

le, la **partisan(e)**   supporter

partout   everywhere

la **parure**   adornment, finery

parvenir   to arrive, reach; _____ **à** to
manage to

le, la **parvenu(e)**   upstart

le **pas**   step, pace; **de ce** _____ directly,
just now; **le** _____ **de la porte** doorway; **presser le** _____ to quicken
one's pace

le, la **passant(e)**   passer-by

le **passé**   past; _____ **indéfini** compound
past

le **passeport**   passport

passer   to pass, spend (time); to over-
look, pass over; to take (a test); to
put on; _____ **un film** to show a film;
se _____ to take place, happen, go
on; **se** _____ **de** to do without

le **passe-temps**   pastime

passionnant(e)   exciting, thrilling

passionné(e)   passionate

se **passionner**   to be impassioned

le **pasteur**   shepherd

le **pastiche**   parody

patati: et _____ **et patata !**   and so
on and so forth

le **pâté**   meat pie

paternel (paternelle)   paternal

les **pâtes** _f_   pasta

pathétique   moving, touching

patient(e)   patient

patiner   to skate

le **patois**   dialect

la **patrie**   country, fatherland

le **patron (la patronne)**   employer,
boss

la **patrouille**   patrol

la **patte**   leg (of an animal), paw; _____**s**
d'oie crow's-feet

la **paupière**   eyelid

pauvre   poor

la **pauvresse**   poor woman

le **pauvret (la pauvrette)**   poor
creature

la **pauvreté**   poverty

le **pavé**   pavement

payer   to pay for; **se** _____ **la tête de**
quelqu'un to make fun of someone

le **pays**   country, land

le **paysage**   landscape

le **paysan (la paysanne)**   country
dweller, farmer, peasant

la **peau**   skin

le **péché**   sin

le **pêcheur**   fisherman

le **peignoir**   dressing gown, bathrobe

peindre   to paint

la **peine**   sorrow, trouble, difficulty;
_____ **de mort** death penalty; **à**
_____ hardly, scarcely, barely; **ce**
n'est pas la _____ it's not worth it;
se donner de la _____ to make an
effort

le **peintre**   painter

la **peinture**   painting

péjoratif (péjorative)   pejorative

pelé(e)   bald

la **pelouse**   lawn

le **penchant**   impulsion

pencher   to bend, lean

pendable   punishable by hanging

pendant   during, for; _____ **que** while

pendre   to hang (down)

la **pendule**   clock

pénétrant(e)   penetrating

pénétrer   to penetrate

pénible   painful

péniblement   painfully

le **pénitencier**   penitentiary

la **pénombre** semidarkness

la **pensée** thought

penser to think; **le** _____ thought; **penses-tu** you must be joking

pensif (pensive) pensive

la **pension** boarding house, boarding school

le, la **pensionnaire** boarder

le **pensionnat** boarding school

la **pente** slope

perçant(e) piercing

percer to pierce, break through

perdre to lose; _____ **connaissance** to lose consciousness; _____ **de vue** to lose sight of; _____ **la tête** to go crazy; **se** _____ to get lost

perdu(e) lost, doomed

le **père** father

perfidement treacherously

périgourdin(e) from Périgord

le **péril** peril

périr to perish

la **permanence** study hall

permettre to permit, allow

permis(e) permitted, allowed; **le** _____ **de conduire** driver's license

pérorer to hold forth, harangue

la **perpétuité** perpetuity; **à** _____ for life

la **perquisition** inquiry

le **perron** stoop, porch

le **perroquet** parrot

persan(e) Persian

persécuter to persecute

le **persécuteur (la persécutrice)** persecutor

la **persévérance** perseverance

le **personnage** character, individual

la **personne** person; **grande** _____ grown-up

personne... ne no one; _____ **d'autre** no one else

personnel (personnelle) personal

le **personnel** personnel, staff

persuader to persuade, convince

persuasif (persuasive) persuasive

la **perte** loss; **à** _____ **de vue** as far as the eye can see

pesant(e) heavy

la **pesanteur** weight

peser to weigh

la **peste** plague

le **pétale** petal

péter to fart; to explode

pétillant(e) sparkling

petit(e) small, little; **le, la petit(e) ami(e)** boy- (girl)friend; _____ **à** _____ little by little

la **petite-fille** granddaughter

le **petit-enfant** grandchild

le **petit-fils** grandson

le **pétrolier** oilman

peu little; few; _____ **à** _____ little by little; _____ **importe** it matters little; _____ **s'en faut que** very nearly; **à** _____ **près** almost; **un** _____ a bit

le **peuple** people, nation

le **peuplier** poplar

la **peur** fear; **avoir** _____ to be afraid; **faire** _____ to frighten

peut-être perhaps, maybe

le **phare** headlight, lighthouse

le **phénomène** phenomenon

le **philosophe** philosopher

la **philosophie** philosophy

philosophique philosophical

la **phonétique** phonetics

la **phrase** sentence

la **physionomie** appearance, look

physique physical; **la** _____ physics; **le** _____ physical appearance

Pie Pius

la **pièce** room; play; coin; piece

le **pied** foot; **à** _____ on foot; **au** _____ **levé** offhand, at a moment's notice; **coup** _m_ **de** _____ kick

le **piédestal** pedestal

le **piège** trap

la **pierre** stone; **Saint-Pierre** Saint Peter

les **pierreries** _f_ jewels, gems

le **piéton (la piétonne)** pedestrian

pieux (pieuse) pious

la **pilule** pill

le **piment** pimento

le **pin** pine tree

le **pince-fesse** fanny-pinching

les **pinces** *f* forceps, tongs, tweezers; pliers
piocher to dig (with a pick)
le **pion** pawn (in chess)
piquer to prick, prod
le **piqueur** whip (huntsman)
la **piqûre** injection
pire worse; **le** _____ the worst
pis worse
la **pistole** an old coin
le **pistolet** handgun
la **pitié** pity
le **pitre** clown; **faire le** _____ to clown around
pittoresque picturesque
la **place** seat; square; **céder la** _____, **faire** _____ to give way; **sur** _____ on the spot
placer to place
le **plafond** ceiling
la **plage** beach
plaider to plead
la **plaie** wound
le **plaignant (la plaignante)** plaintiff
plaindre to pity; to feel sorry for; **se** _____ **(de)** to complain (about)
la **plainte** moan, groan, complaint; case
plaire to please; **se** _____ **(à)** to take pleasure (in); **à Dieu ne plaise !** heaven forbid!; **s'il vous plaît** please
le, la **plaisant(e)** joker; **mauvais** _____ practical joker
plaisanter to joke, kid
la **plaisanterie** joking, joke
le **plaisir** pleasure; **faire** _____ to please
le **plan** plane; plan, outline
le **plancher** floor
la **planchette** tablet
planer to hover, soar
la **planète** planet
la **plante** plant; sole (of the foot)
le **plat** dish; **œufs sur le** _____ fried eggs
plat(e) flat, dull; **à plat** flat
le **plateau** tray
la **plate-forme** platform

platonicien (platonicienne) Platonic
plein(e) full; **à** _____**s poumons** at the top of one's lungs; **en** _____**e poitrine** right in the middle of the chest
pleinement fully
pleurer to cry; to deplore the loss of
les **pleurs** *m* sobs
pleuvoir to rain
le **pli** fold, pleat
le **pliant** folding chair
plier to fold, bend
plissé(e) wrinkled
le **plongeoir** diving board
le **plongeon** dive, plunge
se **plonger** to be plunged
la **pluie** rain
la **plume** pen; feather
la **plupart** the majority, most
plus more; **de** _____ moreover, besides; **de** _____ **en** _____ more and more; **ne...** _____ no more, no longer; **non** _____ neither
plusieurs several
plutôt rather, instead
la **poche** pocket
la **pochette** pocket handkerchief
le **poème** poem
la **poésie** poetry
le **poids** weight
la **poignée** handful
le **poil** hair, coat
le **poing** fist, hand
point: ne... _____ not at all
le **point d'interrogation** question mark
la **pointe** point, tip; _____ **de flèche** arrowhead
pointu(e) pointed
la **poire** pear; oaf *(fam)*
le **poireau** leek
le **poisson** fish
la **poitrine** chest, breast; **en pleine** _____ right in the middle of the chest
poli(e) polite
le **policier** policeman, detective
polisson (polissonne) naughty, ribald
la **polissonnerie** naughtiness

la **politesse**   politeness

le **politicien (la politicienne)**
    politician

politique   diplomatic, political; **la**
    ____ politics; policy; **l'homme (la**
    femme) ____ politician

pollué(e)   polluted

la **Pologne**   Poland

polonais(e)   Polish

polyglotte   polyglot

le **pomerol**   a variety of Bordeaux wine

la **pomme**   apple

le **pommeau**   pommel

le **pommier**   apple tree

les **pompes** *f* **funèbres**   funeral ceremony

le **pompier (la pompière)**   firefighter

le **pont**   bridge

le **porc**   pork

le **porion**   mine foreman

portant: être bien ou mal ____   to
    be in good or bad health

la **porte**   door; gate, portal; **mettre à la**
    ____ to throw out

porté(e)   inclined

la **portée**   reach, range; significance

le **portefeuille**   wallet

le **porte-plume**   penholder

porter   to carry, bear; to direct,
    induce, lead; to wear; to give; to
    strike; ____ **aide** to lend assistance;
    ____ **sur** to bear on; **se** ____ to be
    (health)

la **portière**   door (of car or train)

poser   to put down, lay down; ____
    en principe to set up as a principle;
    ____ **une question** to ask a ques-
    tion

posséder   to possess

le **possible**   what is possible; **faire tout**
    son ____ to do one's best

la **poste**   mail; **le** ____ job

le **pot**   pot; chamber pot

le **pot-de-vin**   bribe

potelé(e)   chubby

la **potence**   gallows

le **pouce**   thumb

le **poucet**   small thumb; **Petit Poucet**
    Tom Thumb

la **poudre**   powder

se **poudrer**   to powder oneself

la **poule**   hen; **donner la chair de** ____
    to give goosebumps

le **poulet**   chicken

le **poumon**   lungs; **à pleins** ____**s** at the
    top of one's lungs

la **poupe**   stern

pour   in order to; ____ **que** in order
    that, so that; **le** ____ **et le contre**
    pros and cons

le **pourboire**   tip

la **pourpre**   crimson cloth; **le** ____
    crimson

pourpré(e)   crimson

pour que   so that

pourquoi   why; ____ **faire ?** what
    for?; ____ **pas ?** why not?

pourri(e)   rotten, bad

pourrir   to rot

la **poursuite**   pursuit

le, la **poursuivant(e)**   pursuer

poursuivi(e)   pursued

poursuivre   to pursue, carry on;
    ____ **(en justice)** to sue; **se** ____
    to resume

pourtant   however, yet, nevertheless

pourvu que   provided that

le **pousse**   rickshaw

la **poussée**   push, shove

pousser   to push, advance, utter; urge,
    press; grow; **faire** ____ to grow
    something

la **poussière**   dust

la **poutre**   beam, girder

le **pouvoir**   power; *v* to be able to, can,
    be capable of; **il peut** there can; **il**
    se peut it is possible, it may be

la **prairie**   meadow

pratique   practical; **la** ____ practice

le **pré**   meadow

le **préambule**   prelude

précédent(e)   preceding

précéder   to precede

le **précepte**   precept

le **précepteur**   private tutor

le **prêcheur (la prêcheuse)**   preacher

précieusement   carefully

précieux (précieuse)   precious

le **précipice**   chasm

précipitamment   hurriedly

se **précipiter**   to rush, dart; to hurl oneself

précis(e)   specific

précisément   precisely, exactly

préciser   to specify

préconiser   to advocate

prédominant(e)   prevailing

préféré(e)   preferred, favorite

préférer   to prefer, favor

le **préjugé**   preconception

prémédité(e)   premeditated

premier (première)   first

premièrement   first of all

le **premier venu**   first comer, anybody

prendre   to take; to get, catch; _____ **congé** to take leave; _____ **du café** to have some coffee; _____ **en main** to take charge of; _____ **garde** to watch out, be careful; _____ **le dessus** to gain the upper hand; _____ **part à** to take part in; _____ **soin** to take care; **s'en** _____ **à quelqu'un** to lay the blame on someone

le **prénom**   first name

les **préparatifs** _m_   preparations

préparer   to prepare

près   near; _____ **de** near; **à peu** _____ almost, approximately; **de** _____ up close

présager   to conjecture; to be an omen of

prescrire   to prescribe

la **présence**   presence

présent: à _____   now, at present

la **présentation**   presentation

présenter   to present

le **président**   president, presiding judge

présomptueux (présomptueuse)   presumptuous

presque   almost, nearly

pressé(e)   in a hurry

pressentir   to sense, have an inkling of

presser   to press; _____ **le pas** to quicken one's pace; **se** _____ to crowd; to hurry

la **pression**   pressure

prêt(e)   ready

prétendre   to claim; to intend

prétentieux (prétentieuse)   pretentious

la **prétention**   pretention; aspiration

prêter   to lend; to assign (a role); _____ **serment** to be sworn in

la **preuve**   proof; **faire** _____ **de** to show, display

prévaloir   to prevail

prévenant(e)   obliging, kind, attentive, considerate

prévenir   to warn, inform; to prevent

prévenu(e)   prejudiced, biased

prévisible   predictable

prévoir   to foresee

prévoyant(e)   prudent

prévu(e)   planned; **comme** _____ as expected

prier   to ask, beg; to pray

la **prière**   prayer, supplication

la **primauté**   primacy

le **principe**   principle

le **printemps**   spring

la **priorité**   right of way

pris(e)   taken; _____ **au piège** trapped

priser   to take snuff

privé(e)   private

priver   to deprive

privilégié(e)   privileged

le **prix**   price; prize, reward; **à tout** _____ at any price

probe   upright, honest

le **problème**   problem

le **procédé**   process, method, procedure

le **procès**   trial, lawsuit

le **procès-verbal**   official report

prochain(e)   approaching, next

proche   near, close

les **proches** _m_   relatives, loved ones

procurer   to procure, obtain

le **procureur**   prosecutor

prodigieux (prodigieuse)   prodigious

prodigue   prodigal; lavish

le **producteur**   producer

produire   to produce

le **professeur**   college professor; high school teacher

professionnel (professionnelle) professional

profiter de   to take advantage of

profond(e)   deep, profound

profondément   deeply, soundly

la **profondeur**   depth

le **progrès**   progress

prohiber   to prohibit

la **proie**   prey; **épier une _____** to lie in wait for prey

le **projet**   project, plan; **_____ de loi** bill (prospective law)

projeter   to plan

prolongé(e)   extended

le **prolongement**   extension

la **promenade**   walk, outing

promener   to parade; **se _____** to go for a walk, stroll

le **promeneur (la promeneuse)** stroller

la **promesse**   promise

prometteur (prometteuse)   promising

promettre   to look promising, promise

prompt(e)   quick

prononcer   to pronounce

la **prononciation**   pronunciation

la **propagande**   propaganda

propager   to propagate

la **prophétie**   prophecy

proportionné(e)   proportionate

le **propos**   remark; *pl* talk; **à _____** judiciously; **à _____ de** about

proposer   to propose; **se _____** to come forward

la **proposition**   clause

propre   own; clean; **le _____** characteristic

proprement   properly

la **propreté**   cleanliness

le, la **propriétaire**   landlord, landlady; owner

la **propriété**   estate

protéger   to protect

la **prouesse**   prowess, courage

prouver   to prove

la **province**   province; **en _____** outside of Paris, in the provinces

provisoire   temporary, provisional

provoquer   provoke

prudemment   prudently, carefully, wisely

le **prud'homme**   wise and upright man

la **prunelle**   pupil (of the eye)

la **puanteur**   stench, foul atmosphere

public (publique)   public; **le _____** audience

publier   to publish

puéril(e)   childish

puis   then; **et _____** and besides; *pres* of **pouvoir**

puisque   since

la **puissance**   power

puissant(e)   powerful

le **puits**   well

punir   to punish

la **punition**   punishment

le **pupitre**   desk

pur(e)   pure

la **pureté**   purity, pureness

Q

le **quai**   wharf

la **qualité**   quality

quand   when; **_____ même** nevertheless, still

quant à   as for, as regards, as to

la **quantité**   quantity

la **quarantaine**   about forty

quarante   forty

le **quart**   quarter

le **quartier**   neighborhood

quatorze   fourteen

que: _____ de   what a lot of; **ne... _____** only

quel (quelle)   what; **_____ que** whatever; **n'importe _____** any (at all)

quelque   some; *pl* some, a few; **_____ chose** something; **_____ part** some-

where; _____ **peu** somewhat; _____
... que whatever

quelquefois sometimes, occasionally

quelqu'un someone; **quelques-uns** a
few

la **quenouille** distaff

la **querelle** quarrel; **chercher** _____ **à**
to try to pick a fight with

se **quereller** to quarrel

querelleur (querelleuse)
quarrelsome; **le, la** _____ quarreler

la **question** question, issue

questionner to question

la **queue** tail; **tirer le diable par la**
_____ to be hard up

qui que whoever, whomever

quinze fifteen; _____ **jours** two
weeks

quitte à at the risk of

quitter to leave

quoi what; **de** _____ **payer** the
wherewithal to pay; **en** _____ ?
how?; _____ **que ce soit** anything
at all

quoi que whatever

quoique although

quotidien (quotidienne) daily

R

rabâcher to repeat over and over
again

le **rabais** discount

rabaisser to lower

rabougri(e) stunted

raccompagner to see someone (to
the door)

la **racine** root

le **raclement** scraping

raconter to tell, relate, tell a story,
narrate

le **raconteur (la raconteuse)**
storyteller

radiodiffusé(e) broadcast

le **raffinement** refinement

raffoler de to be crazy about

rafler to carry off

rafraîchissant(e) refreshing

la **rage des dents** unbearable tooth-
ache

rager to rage

raide stiff

se **raidir** to stiffen

la **raillerie** mockery

la **raison** reason; **à tort ou à** _____
rightly or wrongly; **avoir** _____ to be
right

raisonnable reasonable

le **raisonnement** reasoning, argument

raisonner to reason; _____
pantoufle to reason like a jackass

le **raisonneur (la raisonneuse)**
disputer

ralentir to slow down

le **râleur (la râleuse)** grumbler

rallumer to light again

le **ramage** warble; yodel

ramasser to gather, collect, pick up

la **rambarde** handrail

ramener to bring back

ramoner to sweep (a chimney)

la **rampe** railing

la **rancune** rancor, grudge

le **rang** rank

rangé(e) correct, proper, well-
behaved

la **rangée** row

ranger to store, put away; to rank
among, include; **se** _____ to place
oneself; to fall in

ranimer to revive; **se** _____ to regain
consciousness

rapide rapid, quick; **le** _____ express
train

rapidement quickly

rappeler to recall; to remind; **se**
_____ to remember

rappliquer to show up

le **rapport** relationship; **par** _____ **à**
with regard to; **se mettre en** _____
avec to contact

rapporter to relate; to bring back; **se**
_____ to refer to

le **rapprochement** comparison, parallel

rapprocher to bring together; **se**
_____ **(de)** to draw nearer

raréfié(e) rarefied

ras: tondre à _____ to cut to the scalp
raser to shave; to skim
rassemblé(e) gathered
rassembler to gather together
rassurer to reassure
rater to fail, bungle
se **rattacher** to be attached, linked
rattraper to catch up with, reach
rauque raucous
ravi(e) delighted, enraptured
se **raviser** to change one's mind
le **ravisseur (la ravisseuse)** ravisher, kidnapper
le **rayon** ray, beam
rayonnant(e) radiant, beaming
la **réaction** reaction
réagir to react
le **réalisateur (la réalisatrice)** filmmaker
la **réalisation** realization
réaliser to realize, carry out, achieve
réaliste realistic
la **réalité** reality
rebondir to rebound
le **rebord** edge, rim
rebours: compte _m_ **à** _____ countdown
reboutonné(e) rebuttoned
rebutant(e) repulsive
rebuté(e) repulsed
récemment recently
recevoir to receive; _____ **une contravention** to get a traffic ticket
réchauffer to warm up
la **recherche** pursuit
rechercher to seek
réciproque reciprocal
le **récit** narration
la **réclame** advertisement
réclamer to claim, call for, exact
la **récolte** harvest
récolter to harvest, reap
la **recommandation** recommendation
recommencer to start over again
récompenser to reward
recompter to count again
le **réconfort** consolation
réconfortant(e) comforting

la **reconnaissance** gratitude
reconnaissant(e) grateful
reconnaître to recognize
recopier to recopy
le **recours** recourse
recouvert(e) covered over
recouvrir to cover over
recréer to recreate
se **récréer** to take recreation
le **reçu** receipt
recueillir to gather, take in; **se** _____ to pause for reflection, collect oneself
se **reculer** to move back
récurer to scour
redevenir to become again
redire to repeat; to find fault with
redoubler to increase
redouter to dread, fear
redresser to set straight, correct; **se** _____ to right oneself
réduire to diminish, reduce
réduit(e) reduced
réel (réelle) real; **le** _____ reality
réellement really, truly
refaire to redo; **se** _____ to recuperate
refermer to close
réfléchi(e) reflexive
réfléchir to reflect, think, consider; _____ **à** to think about, ponder
le **reflet** reflection (of light, etc.)
refléter to reflect
la **réflexion** reflection, thought
la **réforme** reform
refréner to restrain
se **réfugier** to take refuge
le **refus** refusal, rejection
refuser to refuse; **se** _____ **à** to refuse to accept
réfuter to refute
regagner to regain
le **regard** look, glance; _____ **d'intelligence** knowing glance
regarder to look (at), watch; to concern; _____ **en l'air** to look up
régi(e) governed
le **régime** diet
la **région** region

le **registre**   register

la **règle**   rule

réglé(e)   orderly

régler   to settle; to control, direct; **se** _____ **sur** to model oneself on

la **réglisse**   licorice

le **règne**   kingdom

régner   to reign

la **régression**   regression

regretter   to regret

rehausser   to lift

le **rein**   kidney; **chute** _f_ **des** _____s small of the back

la **reine**   queen

réitéré(e)   reiterated, repeated

rejeter   to reject, throw back

rejoindre   to reach again, overtake; to join

réjouir   to delight, thrill; **se** _____ to rejoice

la **relâche**   respite

relever   to be dependent; to raise again; to point out; **se** _____ to get up again

le **relief**   relief, prominence; **mettre en** _____ to bring out, emphasize

religieux (religieuse)   religious

la **relique**   relic

relire   to reread

la **reliure**   (book) binding

reluire   to glitter, shine

remarquable   remarkable

la **remarque**   remark

remarquer   to notice

le **remède**   remedy, cure, medicine

le **remerciement**   thanks

remercier   to thank

remettre   to hand over; to restore; to put on again; **se** _____ **à** to begin again; **s'en** _____ **à** to rely on

remonter   to go up again, raise again

le **remords**   remorse

le **remous**   upheaval

le, la **remplaçant(e)**   replacement, substitute

remplacer   to replace

remplir   to fill; to fulfill, carry out

le **remue-ménage**   bustle, stir

remuer   to stir; to move

renaître   to be born again; to spring up again

le **renard**   fox

renchérir   to chime in

la **rencontre**   meeting

rencontrer   to meet, encounter

le **rendez-vous**   meeting, appointment

se **rendormir**   to fall asleep again

rendre   to render; to make; to give up, give back, return; to vomit; _____ **visite** to pay a visit; **se** _____ to go; to surrender; **se** _____ **à** to bow to; **se** _____ **compte (de)** to realize

rendu(e)   arrived

renfermé(e)   closed

renfermer   to shut up, lock up; to contain

renforcé(e)   reinforced

renier   to disown; to repudiate, deny

renifler   to sniff

le **renom**   renown, fame

la **renommée**   renown, fame

renoncer   to renounce

renouveler   to renew

le **renouvellement**   renewal

renseigné(e)   well-informed

le **renseignement**   piece of information

renseigner   to inform, give information to; **se** _____ to ask for information, find out

la **rente**   pension

la **rentrée**   return

rentrer   to come home, go home; to go back in, go in again

renversant(e)   overwhelming, astounding

renverser   to reverse; to knock over, overturn; **se** _____ to lean back

renvoyer   to send back

le **repaire**   lair, den

répandre   to spread; to give off, shed

répandu(e)   widespread

reparaître   to reappear

repartir   to set out again

le **repas**   meal

le **repentir**   repentance

repérer   to spot

répéter   to repeat

le **répit**   respite

replier to fold, coil up; to refold

la **réplique** reply, response

répliquer to reply

répondre to respond, answer

la **réponse** answer

le **reportage** reporting

le **repos** rest

reposant(e) restful

reposer to set down; **se** _____ to rest

repousser to repulse, push aside

reprendre to resume, carry on; to take up again; to take back, recover; to reply; _____ **connaissance** to regain consciousness; _____ **haleine** to catch one's breath; **se** _____ to correct oneself, get hold of oneself

le **représentant** representative

le **représentation** performance

représenter to show; to represent

réprimander to reprimand, rebuke

la **reprise** revival; **à diverses** _____s on various occasions; **à plusieurs** _____s several times

le **reproche** reproach, rebuke

reprocher to reproach

reproduire to reproduce

repu(e) satiated, stuffed

la **république** republic

répudier to repudiate, renounce

répugné(e) repulsed, disgusted

la **requête** request, petition

le, la **rescapé(e)** survivor

se **résigner** to resign oneself

le, la **résistant(e)** Resistance worker or fighter

résister to resist

résolu(e) resolute, determined

résonner to reverberate

résoudre to resolve; to solve

respecter to respect

respectueusement respectfully

respectueux (respectueuse) respectful

respirer to breathe

resplendissant(e) resplendent

la **responsabilité** responsibility

responsable responsible; **les** _____s officials

la **ressemblance** resemblance

ressembler à to resemble

le **ressentiment** resentment

ressentir to feel

ressortir à to belong to; to come under the heading of

la **ressource** resource, means

le **reste** remainder, rest; **au** _____ moreover; **du** _____ moreover

rester to stay, remain; **il me reste deux minutes** I have two minutes left

restreint(e) limited

le **résultat** result

résulter to result

résumer to summarize

le **retard** delay; **en** _____ late

le, la **retardataire** latecomer

retenir to retain, hold back; to detain

retentir to reverberate, echo

la **retenue** withholding, detention

le **réticule** small purse

retirer to take out, withdraw, remove; to derive

retomber to fall back

le **retour** return; **être de** _____ to be back

retourner to turn over; to return; **se** _____ to turn around, turn over; **s'en** _____ to return home

rétrograde backward

retrouver to meet again; to find again, recover, regain; **se** _____ to be found

les **rêts** m nets

la **réunion** meeting

réunir to gather, unite

réussir to succeed

la **réussite** success

la **revanche** revenge; **en** _____ on the other hand

rêvasser to dream idly, daydream

le **rêve** dream

le **réveil** waking; **à son** _____ when he (she) wakes up

se **réveiller** to wake up

révélateur (révélatrice) revealing

révéler to reveal

revenir to come back; to amount to;

_____ **à soi** to come to; **en** _____ to get over it

rêver to dream

le **réverbère** streetlight

reverdir to become green again

revêtir to clothe

rêveur (rêveuse) pensive; **le, la** _____ dreamer

revivre to relive

revoir to see again

la **révolte** revolt

se **révolter contre** to rebel against

la **revue** review

le **rez-de-chaussée** ground floor

le **rhum** rum

le **rhume** cold

ricaner to snicker, sneer

riche rich

la **richesse** wealth, richness

la **ride** wrinkle

le **rideau** curtain

ridicule ridiculous

ridiculiser to ridicule

rien nothing; _____ **d'autre** nothing else; _____ **que** just, alone, nothing but

le **rieur (la rieuse)** person laughing

rigoler to laugh

rigoureusement rigorously, strictly

la **rigueur** strictness

la **rime** rhyme

rimer to rhyme

riposter to retort

rire to laugh; **le** _____ laughter

risquer to risk; **se** _____ to venture

rivaliser to rival

rivé(e) tethered, tied

la **rivière** river, stream

la **robe** dress; animal's coat

la **roche** rock

le **rocher** rock, boulder

le **roi** king

roide stiff

se **roidir** to stiffen

le **rôle** role

le **roman** novel; _____ **policier** detective story

le **romancier (la romancière)** novelist

romantique romantic

rompre to break, break up

les **ronces** f brambles, thorns

le **rond** ring, circle; _adj_ _____**(e)** round

la **ronde** rounds, patrol; **à des kilomètres à la** _____ for miles around

le **ronflement** snore, snoring

ronfler to snore

rose pink; **la** _____ rose

la **rosée** dew

le **rossignol** nightingale

rôti(e) roasted, broiled

rôtir to roast

rouge red

rougeâtre reddish

rougir to blush

rouillé(e) rusty

le **rouleau** roll

le **roulement** roll, rumbling

rouler to roll

la **route** road, way

rouvrir to reopen

roux (rousse) red-haired

le **royaume** kingdom

le **ruban** ribbon, band

rude tough

rudement harshly, hard

la **rudesse** harshness

la **rue** street

rugir to roar

la **ruine** ruin

ruiné(e) ruined

ruineux (ruineuse) ruinous, ruinously expensive

le **ruisseau** brook, stream; gutter

la **rumeur** noise, sound

la **ruse** cunning, trick

rusé(e) sly, crafty, wily, artful

russe Russian

le **rythme** rhythm

S

le **sable** sand

le **sabot** clog (shoe)

le **sac** bag

sache *subj* of **savoir**
sacré(e) sacred
sacrer to crown
sacrifier to sacrifice
sadique sadistic
le **safran** saffron
sagace sagacious, shrewd
sage wise; well-behaved
sagement wisely, sensibly
la **sagesse** wisdom
la **saignée** bloodletting
saigner to bleed
saillant(e) salient
sain(e) healthy; wholesome, sound
saint(e) holy, blessed; **le, la** _____ saint
saisir to seize, take hold of; **se** _____ **de** to lay one's hands on
la **saison** season
le **salaire** wage; reward
le, la **salarié(e)** wage earner, hireling
sale dirty
la **saleté** dirtiness
salir to soil, stain
la **salle** room, hall; _____ **à manger** dining room; _____ **de bains** bathroom; _____ **de séjour** living room; _____ **du tribunal** courtroom
le **salon** sitting room; _____ **de coiffure** barber shop, hairdressing salon
saluer to greet
le **salut** greeting; salvation
salutaire healthy, salubrious
le **samedi** Saturday
le **samit** samite (heavy silk fabric)
le **sang** blood
le **sang-froid** composure
sanglant(e) bloody, terrible
le **sanglot** sob
sangloter to sob
sans without; _____ **que** without; _____ **doute** no doubt
sans-gêne blunt, rude, uncivil
la **santé** health
le **satyre** satyr
sauf except; _____ **que** except that
saurait *cond* of **savoir**; **on ne** _____ one couldn't

la **saute d'humeur** sudden change in mood
sauter to leap; to explode, blow up; **faire** _____ to blow up something
sauvage wild; **le** _____ savage
sauvagement wildly
sauvé(e) saved, rescued
sauver to save; _____ **les apparences** to save face, keep up appearances; **se** _____ to be off, run off
savant(e) learned, scholarly
savoir to know; **faire** _____ to inform; **j'ai su** I learned; **je ne saurais** I couldn't; **le** _____ knowledge, learning
savourer to savor
le, la **scélérat(e)** scoundrel, villain
sceller to seal
le, la **scénariste** scriptwriter
la **scène** scene, stage; _____ **de ménage** family quarrel
scénique scenic, of the stage
sceptique skeptical
la **sciure** sawdust
scolaire scholarly, academic
le **scrupule** scruple
scrupuleusement scrupulously
scruter to scrutinize
la **séance** session
sec (sèche) dry, arid; lean
sécher to dry
secondaire secondary
la **seconde** second
secouer to shake, stir
secourir to help, rescue
le **secours** aid
la **secousse** tremor, jolt
secret (secrète) secret
le **secteur** sector
séculaire century-old, time-honored
séduire to seduce
séduisant(e) charming, attractive
séduit(e) attracted
le **seigneur** lord
le **sein** breast
le **séisme** quake
seize sixteen

le **séjour**   stay, residence; abode, dwelling place

le **sel**   salt

selon   according to; _____ **que** according as

la **semaine**   week

semblable   similar; le _____ fellow man

le **semblant**   semblance, appearance; **faire** _____ **(de)** to pretend, feign

sembler   to seem

la **semelle**   sole (of a shoe)

semer   to sow

le **sens**   meaning, sense; direction; **bon** _____ common sense; _____ **figuré** figurative meaning; _____ **propre** literal meaning; **en** _____ **inverse** in the opposite direction

la **sensibilité**   sensitiveness, sensitivity

sensible   sensitive

sensiblement   appreciably, noticeably

sensuel (sensuelle)   sensual

le **sentier**   path

le **sentiment**   sentiment, feeling

la **sentinelle**   sentry

sentir   to feel; to smell; to sense; **se** _____ **bien ou mal** to feel good or bad

seoir   to be fitting

séparément   separately

séparer   to separate

la **sépulture**   burial

serein(e)   serene

la **sérénité**   serenity, calmness

la **série**   series

sérieusement   seriously

sérieux (sérieuse)   serious

le **serment**   oath; **prêter** _____ to take an oath

sermonner   to sermonize, lecture

serrer   to squeeze, press; to clasp, shake

la **serveuse**   waitress

serviable   obliging

servir   to serve; _____ **à** to serve to; _____ **de** to serve as; **ça ne sert à rien** it's no use; **se** _____ **de** to use

le **serviteur**   servant

le **seuil**   threshold

seul(e)   alone, single; only; **tout** _____ all alone

seulement   only; however, but; **non** _____ not only

sévère   strict

sévèrement   severely, sternly

le **sexe**   sex

si   if; so; yes (in answer to a negative question); _____ **bien que** so that

le **siècle**   century, age; **s'accommoder à son** _____ to move with the times

le **siège**   siege; seat

le **sien**   his, hers; **les** _____**s** his (her) people, family

la **sieste**   nap

siffler   to boo, hiss; to whistle, rustle

le **sifflet**   whistle

le **signalement**   description

signaler   to indicate

le **signe**   sign, signal; **faire** _____ **à quelqu'un** to motion to someone

significatif (significative)   significant, meaningful

la **signification**   meaning, significance

signifier   to signify, mean

silencieusement   silently

silencieux (silencieuse)   silent

sillonner   to streak (through)

simple   simple, mere

simplement   simply

simplifier   to simplify

le **singe**   monkey

la **singerie**   antic

singulier (singulière)   singular, odd

le **sinistre**   catastrophe

sinon   if not, otherwise

la **sirène**   siren

sitôt   immediately

la **situation**   post, situation

situer   to locate, situate

sixième   sixth

slovaque   Slovakian

sobre   sober

la **société**   company, society

la **sœur**   sister

soi   oneself

soi-disant supposedly

la **soie** silk

la **soif** thirst; **avoir** _____ **de** to thirst for

soigner to take care of, look after, care for

soigneusement carefully

le **soin** care

le **soir** night; **hier** _____ last night

la **soirée** evening; reception, party

soit ! right! agreed! so be it!; _____ that is; _____... _____ either . . . or; _____ **dit** let it be said

soixante sixty

le **sol** ground, floor; soil

le **soldat** soldier

les **soldes** _m_ sale items, bargains

le **soleil** sun; **faire** _____ to be sunny

solennel (solennelle) solemn

la **solidarité** solidarity

solide solid

le **solitaire** hermit

la **sollicitude** solicitude, concern

sombre somber

sombrer to sink, founder

la **somme** sum; _____ **toute** in short; **en** _____ in short; **le** _____ nap; **faire un** _____ to take a nap

le **sommeil** sleep

le **sommet** summit

le **son** sound

le **sondage** poll

sonder to probe

le **songe** dream

songer to contemplate, think about; to dream

songeur (songeuse) dreamy, thoughtful

sonner to ring, sound, ring for

sonore resounding

le **sorcier (la sorcière)** sorcerer

les **sornettes** _f_ nonsense

le **sort** fate, destiny

la **sorte** sort, kind; **de** _____ **que, en** _____ **que** so that; **de la** _____ in such a way; **en quelque** _____ so to speak

la **sortie** exit; outing

le **sortilège** spell

sortir to leave, go out; to come out; to take out; **au** _____ **de** coming from

sot (sotte) foolish; **le, la** _____ fool

la **sottise** foolish thing

le **sou** penny

le **soubresaut** jolt

la **souche** stump; **dormir comme une** _____ to sleep like a log

le **souci** worry, anxiety, care; _pl_ problems

se **soucier (de)** to care (about)

soudain(e) sudden; _adv_ suddenly

le **souffle** breath

souffler to blow, blow out; to recover one's breath; to whisper; to breathe

souffleter to slap (in the face)

la **souffrance** suffering

souffrant(e) indisposed

souffrir to suffer; to tolerate; **faire** _____ to torture

le **soufre** brimstone

souhaitable desirable

souhaiter to wish, desire

le **souillon** scrubwoman

soulagé(e) relieved

soulever to stir, raise, lift; **se** _____ to heave

le **soulier** shoe

souligner to underline, emphasize

soumettre to subject; **se** _____ to submit

soumis(e) subject

le **soupçon** hint

soupçonné(e) suspected

soupçonneux (soupçonneuse) suspicious

la **soupe** soup

souper to have supper

le **soupir** sigh

soupirer to sigh

souple supple

la **source** source, spring (of water)

le **sourcil** eyebrow

sourdement with a dull hollow sound, indistinctly

la **sourdine**   mute; **en** _____ with muted strings

souriant(e)   smiling

sourire   to smile; **le** _____ smile

la **souris**   mouse

sous   under

sous-entendre   to imply, understand

le **sous-lieutenant**   second lieutenant

le **sous-officier**   noncommissioned officer

le **sous-titre**   subtitle

soutenir   to sustain, maintain, support; to defend, claim

souterrain(e)   subterranean

le **soutien**   support, sustenance

la **souvenance**   remembrance

le **souvenir**   memory, thought; **se** _____ **de** to remember

souvent   often

souverain(e)   sovereign

le **spectacle**   sight, show

le **spectateur (la spectatrice)**   spectator

spirituel (spirituelle)   witty

spontané(e)   spontaneous

sportif (sportive)   sporting

le **stade**   stadium

le **stage**   training period

stationner   to park

le **stoïcien (la stoïcienne)**   stoic

la **strophe**   stanza

stupéfait(e)   astounded

stupéfiant(e)   astounding; **le** _____ drug

stupide   stupid, stunned

subir   to feel; to sustain; to undergo, suffer, be subjected to

subit(e)   sudden

subitement   suddenly

subjuguer   to subjugate, captivate

subtil(e)   subtle, fine

la **subtilité**   subtlety, nicety

subvenir à   to provide for

le **succédané**   substitute

succéder   to follow; **se** _____ to succeed one another

le **succès**   success, hit

sucer   to suck

le **sucre**   sugar

sucré(e)   sweet

la **sucrerie**   sugar refinery; *pl* sweets

le **sud**   south

sud-américain(e)   South American

la **sueur**   perspiration

suffire   to be sufficient; **se** _____ to be self-sufficient

la **suffisance**   sufficiency, self-assurance

suffisant(e)   sufficient

suggérer   to suggest

la **suite**   succession, series; **à la** _____ **de** following, as a result of; **de** _____ in succession; **par la** _____ afterward; **tout de** _____ right away

suivant(e)   following, next; *prep* according to; **la** _____ lady's maid

suivi(e)   followed

suivre   to follow; _____ **un cours** to take a course; **se** _____ to proceed

le **sujet**   subject; **au** _____ **de** about, concerning, with regard to

supérieur(e)   superior; upper

supérieurement   perfectly

supplémentaire   extra

suppliant(e)   pleading

le **supplice**   torture, torment

supplier   to beg, beseech

supporter   to bear, endure

supprimer   to do away with

sûr(e)   sure, safe, secure; **bien** _____ of course

sûrement   surely

surgir   to crop up, appear

surhumain(e)   superhuman

surmonter   to surmount, overcome

surprenant(e)   surprising

surprendre   to surprise; to overhear

surpris(e)   surprised

sursauter   to start, jump

surtout   above all, especially

surveiller   to watch, keep an eye on, look after, supervise

survenir   to transpire, befall, appear or occur unexpectedly

le, la **survivant(e)**   survivor

susceptible   likely

suspect(e)   suspect, suspicious

le **sycomore** sycamore
la **syllabe** syllable
le **symbole** symbol
la **symétrie** symmetry
　　sympathique likable, friendly
　　syndical(e) of a trade union
le **syndicat** labor union

T

le **tabac** tobacco; _____ **à priser** snuff
le **tableau** chalkboard
la **table de toilette** dressing table
le **tablier** apron; smock
le **tabouret** stool
la **tâche** task
　　tacher to stain
　　tâcher de to try to
　　taciturne taciturn
la **tactique** tactics
la **taille** figure; waist
　　tailler to cut (out)
le **tailleur** tailor
se **taire** to be silent, hold one's tongue
le **talisman** talisman (good luck charm)
le **talon** heel
le **tambour** drum
le **tam-tam** tom-tom
　　tandis que whereas, while
　　tant so much, as much; _____ **bien que mal** somehow or other; _____ **de** so many, so much; _____ **et** _____ so much; _____ **mieux** so much the better; _____ **pis** too bad; _____ **que** as long as; until
la **tante** aunt
　　tantôt shortly; _____... _____ now . . . now
la **tape** slap
　　taper to slap
le **tapis** carpet; cover
la **tapisserie** tapistry
　　taquiner to tease
la **taquinerie** teasing
　　tard late; **plus** _____ later
　　tarder de to delay, be long in
　　tardif (tardive) late

la **tare** defect
la **tartine** slice of bread (with jam, butter, etc.)
le **tas** pile, heap
la **tasse** cup
　　tâtons: à _____ groping
le **taudis** slum
　　tchèque Czech
le **teint** complexion
　　tel (telle) such; _____ **que** just as
　　tellement so, so much, so many
la **témérité** audacity
le **témoignage** testimony
　　témoigner de to testify to, bear witness to
le **témoin** witness; _____ **à charge** prosecution witness; _____ **à décharge** defense witness
la **tempe** temple (of the head)
　　tempérer to temper
la **tempête** storm
le **temps** time, while; weather; tense; _____ **couvert** cloudy weather; **ces** _____**-ci** these days; **de** _____ **à autre** from time to time; **de** _____ **en** _____ from time to time; **de tout** _____ from all time; **tout le** _____ all the time
la **tendance** tendency
　　tendre tender; _v_ to stretch (out); to set; to hold out
la **tendresse** tenderness
　　tendu(e) tense; outstretched
les **ténèbres** _f_ darkness
　　tenez ! look here!
　　tenir to hold, hold up; to keep; to perform; _____ **à** to hold to; to be fond of; to be intent on; _____ **compte de** to take into account; _____ **debout** to stand up; _____ **un conseil** to hold a council; **se** _____ to stand; to take a place
la **tente** tent
　　tenter to tempt; to try
　　tenu(e) obliged; held
la **tenue** dress, appearance
le **terme** term
　　terminer to finish; **se** _____ to end

ternir to fade, tarnish
le **terrain** ground, soil
la **terrasse** terrace
la **terre** earth; land; property; **par** _____ on the ground, on the floor
se **terrer** to take cover
terrestre of the land; earthly
la **terreur** terror
terreux (terreuse) earthy; ashen, sallow
terrifié(e) terrified
le **tertre** mound, knoll
la **tête** head; **casser la** _____ to bother, annoy; **en** _____-**à**-_____ in private conversation; **faire** _____ **à** to stand up to; **perdre la** _____ to go crazy; **se payer la** _____ **de quelqu'un** to make fun of someone
téter to suck
têtu(e) headstrong, stubborn
le **théâtre** theater
la **théorie** theory
théorique theoretical
tiède lukewarm
tiens ! here! well!
le **timbre** clock chime
le **tintement** jingling
tinter to jingle; to toll, chime, ring
tirer to pull, tug; to draw; to shoot; _____ **le diable par la queue** to be hard up; **se** _____ **d'affaire, s'en** _____ to get out of trouble, manage
le **tiret** dash
le **tiroir** drawer
le **tisonnier** poker
Tite-Live Livy (Roman historian)
le **titre** title
tituber to stagger, reel
la **toile** linen, cloth; canvas; web
la **toilette** dress, dressing
le **toit** roof
la **tombe** tomb
tomber to fall; _____ **amoureux (de)** to fall in love (with); _____ **d'accord** to come to an agreement; _____ **en panne** to break down; **laisser** _____ to drop
le **ton** tone

tondre to mow; _____ **à ras** to cut to the scalp
le **tonneau** barrel
tonner to thunder
la **torche** torch
le **torchon** dishcloth
tordre to twist, wring; to distort
le **tort** fault; harm, wrong; **à** _____ **et à travers** with neither rhyme nor reason; **à** _____ **ou à raison** rightly or wrongly; **avoir** _____ to be wrong
la **tortue** tortoise
tôt soon; early; **au plus** _____ at the earliest
le **toucher** touch; _v_ to touch, concern; _____ **un chèque** to cash a check
touffu(e) dense, thick
toujours always, still; **à** _____ forever
le **toupet: avoir le** _____ to have the nerve
le **tour** trick, turn, circuit; _____ **à** _____ in turn; **trente-trois** _____**s** 33⅓ speed; **à son** _____ in turn
le **tourment** torment, agony
tourmenter to worry (someone); **se** _____ to fret, worry
le **tourne-disque** record player
tourner to turn, stir; _____ **un film** to make a film; **se** _____ to turn
le **tournoi** tournament
la **tourterelle** turtledove
tousser to cough
toussoter to cough mildly
tout all, whole, every; **tous les deux** both; _adv_ completely, quite, very; _____ **à coup** all of a sudden; _____ **à fait** completely; _____ **à l'heure** just now, a little while ago, in a little while; _____ **de même** all the same, still; _____ **de suite** right away, immediately; _____ **d'un coup** all at once; _____ **droit** straight ahead; _____ **en haut** at the very top; _____ **en parlant** while speaking; _____ **fait** ready-made; _____ **juste** barely; _pron_ everything; **pas du** _____ not at all; **pour** _____ **dire** in short

toutefois   yet, nevertheless, however

tout(e)-puissant(e)   all-powerful

la **toux**   coughing, cough

le **tracas**   annoyance

tracasser   to worry, bother

la **trace**   tracks

tracer   to sketch, trace

traditionaliste   traditionalist

traditionnel (traditionnelle)   traditional

la **traduction**   translation

traduire   to translate

la **tragédie**   tragedy

tragique   tragic

trahir   to betray

la **trahison**   betrayal

le **train**   train; **en _____ de** in the process of; **le _____ de vie** way of life, life style

traînant(e)   drawling, droning (voice)

traîner   to linger; to drag

le **trait**   feature, trait; dash, line

la **traite**   (business) draft

le **traité**   treatise

traiter   to treat; to do (business)

le **traître (la traîtresse)**   traitor

traîtreusement   treacherously

le **tram**   streetcar

tranché(e)   settled

trancher   to cut off

tranquille   quiet, undisturbed; at ease

tranquillement   quietly

la **tranquillité**   peace, quiet

transmettre   to transmit

transpercer   to pierce

transpirer   to perspire

le **transport**   transportation; rapture, ecstasy

le **traquenard**   trap

traquer   to track down, hunt down

le **travail**   work; **les travaux forcés** hard labor

travailler   to work

travailleur (travailleuse)   hard-working

la **travée**   row

travers: à _____   through, through-

out; **à tort et à _____** with neither rhyme nor reason; **en _____ de** across

traverser   to go through; to cross

le **traversin**   bolster (long, narrow cushion)

trébucher   to stumble

le **trèfle**   clover

le **tremblement**   trembling, quivering; **_____ de terre** earthquake

trembler   to tremble, shake

la **trempe**   steeping; stamp (of quality, value)

tremper   to soak, drench

trente   thirty

le **trésor**   treasure

tressé(e)   pleated, braided

la **tribu**   tribe

le **tribunal**   court, tribunal

le **tribut**   tribute

tricher   to cheat

la **tricherie**   trickery

trimer   to slave away

triompher de   to master, triumph over

tripoter   to concoct

triste   sad

tristement   sadly

la **tristesse**   sadness

troisième   third

la **trompe**   horn

tromper   to deceive, trick, cheat on someone; **se _____** to be mistaken

la **tromperie**   fraud, deception, deceit

le **trompeur (la trompeuse)**   deceiver

le **tronc**   trunk

trop   too; **_____ de** too much, too many

trottiner   to trot along

la **trottinette**   scooter

le **trottoir**   sidewalk

le **trou**   hole

le **trouble**   turmoil; *adj* dim, cloudy, unclear

troubler   to trouble, disturb

la **troupe**   theater troupe; **_____s** troops

le **troupeau**   herd

trouver   to find; **se _____** to be

located, be found; **se ___ mal** to
faint

le **truc**   trick, gimmick

la **truite**   trout

tuer   to kill

tue-tête: à ___   at the top of one's
voice

turc (turque)   Turkish

tutoyer   to address as **tu**

le **type**   guy, fellow

le **tyran**   tyrant

la **tyrannie**   tyranny

U

unanime   unanimous

uni(e)   united

unilatéral(e)   unilateral

unique   single, only

uniquement   solely

l' **unisson** *m*   unison

l' **univers** *m*   universe

universel (universelle)   universal

l' **université** *f*   university

urbain(e)   urban

l' **urbanité** *f*   urbanity

l' **usage** *m*   use; custom; **c'est l'___**
that's usual, that's the way it is;
selon son ___ as was his wont

user: en ___ avec   to treat

l' **usine** *f*   factory, mill

l' **ustensile** *m*   utensil

utile   useful

l' **utilité** *f*   usefulness

l' **utopie** *f*   utopia

V

les **vacances** *f*   vacation

la **vache**   cow

vagabonder   to roam, wander

vague   empty; **la ___** wave

vaguement   vaguely

vaillamment   valiantly

vaillant(e)   valiant, brave

vain(e)   vain, empty

vaincre   to overcome, conquer

vaincu(e)   defeated, conquered

vainement   in vain

le **vainqueur**   conqueror

le **vaisselet**   small vessel

le **val**   vale, valley, dale

valable   valid, good

la **valeur**   value; valor; **mettre en ___**
to emphasize, show

la **valise**   suitcase, bag

la **vallée**   valley

valoir   to be worth; **___ la peine** to
be worth it; **___ mieux** to be better; **faire ___** to assert, develop

la **valse**   waltz

vanter   to extol; **se ___** to boast,
pride oneself

les **vapeurs** *f*   vapors; depressed spirits

la **vareuse**   pea jacket

la **variété**   variety

le **vautour**   vulture

le **veau**   veal

la **vedette**   star

la **végétation**   vegetation

le **véhicule**   vehicle

la **veille**   day (night) before

la **veillée**   social evening

veiller   to wake; **___ à, sur** to
watch over

la **veilleuse**   night light

la **veine**   vein

le **velours**   velvet

velu(e)   hairy

le **vendeur (la vendeuse)**   salesperson

vendre   to sell

vénérer   to venerate, revere

se **venger**   to take vengeance, get one's
revenge

venir   to come; **___ à bout de** to
get through; **___ de** to have just;
en ___ à to come to the point of;
faire ___ to send for, bring about

le **vent**   wind; **faire du ___** to be
windy

la **vente**   sale (of an item)

le **ventre**   belly

venu: le nouveau ___ newcomer;
mal ___ malformed

la **venue** coming, visit

le **ver** worm

le **verbe** verb

verdir to turn green

la **verdure** greenery, foliage

le **verger** orchard

vérifier to verify, check

véritable real, true

véritablement truly

la **vérité** truth; **à la** _____ in truth

vermeil (vermeille) bright red

verni(e) varnished; patent

le **verre** glass

vers toward

le **vers** verse

verser to shed; _____ **un acompte** to place a deposit

la **version** translation

vert(e) green

la **vertu** virtue

le **veston** jacket

le **vêtement** article of clothing, clothing, garment; **les _____ s** clothes

vêtir to clothe, dress

vêtu(e) dressed, attired

le **veuf** widower

la **veuve** widow

viager (viagère) for life

la **viande** meat

vibrer to vibrate, throb

le **vicaire** curate

le **vicomte** viscount

la **victime** victim

la **victoire** victory

vide empty; **le _____** space

vider to empty

la **vie** life; **gagner sa _____** to earn one's living

le **vieillard** old man

la **vieillesse** old age

vieillir to grow old

la **vierge** virgin

le **vieux (la vieille)** old man, old woman; **mon vieux !** my friend!

vif (vive) vivid, keen, intense, lively; **brûler _____** to burn alive

la **vigne** vine

vigoureux (vigoureuse) vigorous

la **vigueur** vigor

vilain(e) wretched, vile

la **ville** city; **en _____** downtown

le **vin** wine

le **vinaigre** vinegar

la **vipère** viper

le **visage** face

vis-à-vis opposite; _____ **de** toward

visiblement visibly, obviously

le **visiteur (la visiteuse)** visitor

visqueux (visqueuse) slimy

vite fast, quickly; **au plus _____** as fast as possible

la **vitre** windowpane

le **vitrier** glazier, glassman

la **vitrine** showcase

la **vivacité** vivacity, intensity

vivant(e) living

vive ! long live!

vivement briskly, vividly

vivre to live

le **vocabulaire** vocabulary

la **vogue** vogue, fashion; **être en _____** to be popular

la **voie** way

voilà here is, here are; _____ **sept ans** it's been seven years

la **voile** sail

voir to see; **faire _____** to show; **se _____** to be seen; **mais voyons !** come now!

la **voirie** dump

voisin(e) neighboring, next; **le, la _____** neighbor

le **voisinage** neighborhood, vicinity

voisiner to be next to

la **voiture** car, coach; _____ **de pompier** fire engine; _____ **de bébé** baby carriage

la **voix** voice; sound; **à haute _____** out loud

le **vol** theft; flight

le **volant** steering wheel

le **volcan** volcano

voler to rob, steal; to fly, soar; _____ **en éclats** to smash into pieces

le **volet** shutter

le, la **volontaire**   volunteer

la **volonté**   will; _____s whims; **à leur** _____ as they wished

volontiers   willingly

voltiger   to flutter

la **volupté**   voluptuousness, sensual delight

voluptueux (voluptueuse) voluptuous

la **volute**   swirl

vomir   to vomit

vouer   to pledge

le **vouloir**   will; *v* to want (to); _____ **bien** to be willing; _____ **dire** to mean; **en** _____ **à** to bear a grudge against, have it in for

voulu(e)   intended, deliberate

voûté(e)   bent

vouvoyer   to address as **vous**

le **voyage**   trip; _____ **d'affaires** business trip

voyager   to travel

le **voyageur (la voyageuse)**   traveler, passenger

la **voyelle**   vowel

vrai(e)   real, true; **à** _____ **dire** as a matter of fact; **être dans le** _____ to be right; **dire** _____ to speak the truth

vraiment   really

la **vraisemblance**   verisimilitude, probability

la **vue**   sight, view; eyesight; **de** _____ by sight

vulgaire   vulgar, common; **le** _____ common people

la **vulgarisation**   popularization

W

le **wagon**   coach (of a train)

les **waters** *m*   toilet

X

la **xénophobie**   xenophobia

Y

les **yeux** *m*   eyes; *pl* of **œil**

Literary Credits

Camara Laye, "Départ pour l'école" from *L'Enfant noir,* © Librairie Plon.

Marcel Pagnol, "La Vie au lycée" from *Le Temps des amours,* © Editions Bernard de Fallois.

Julien Green, "Chez le conseiller" from *Moïra,* © Julien Green et J. Eric Green, Editions du Seuil.

Gabrielle Roy, "La Femme : mère" from *Bonheur d'occasion,* 1945 (Editions Stanké, Montréal, Collections "Québec 10/10," 1977), © Fonds Gabrielle Roy.

Mariama Bâ, Extract from *Une si longue lettre,* © Les Nouvelles Editions Africaines du Sénégal.

Simone de Beauvoir, "Mariage ou célibat?" from *Mémoires d'une jeune fille rangée,* © Editions Gallimard.

Yves Thériault, "Un père et son fils" from *La Fille laide,* © Editions Beauchemin (première édition); © 1996 Editions Typo/Succession Yves Thériault (édition de poche).

Jacques Prévert, "La Grasse Matinée" from *Paroles,* © Editions Gallimard.

Antoine de Saint-Exupéry, "L'Homme d'affaires" from *Le Petit Prince,* © 1943 by Harcourt, Brace, Jovanovich, Inc., and renewed in 1971 by Consuelo Saint-Exupéry, reprinted by permission of the publisher.

Charles de Gaulle, "Appel du général de Gaulle aux Français" and "Appel radiodiffusé de Londres par le général de Gaulle" from *Mémoires de guerre,* © Librairie Plon.

François Sengat-Kuo, "Ils m'ont dit..." from *Fleur de latérite,* © Editions CLE.

Michel Tremblay, "Le Diable et le champignon" from *Contes pour buveurs attardés,* © Editions du Jour.

Francis Bebey, "Un Grand Conseil de mariage" from *Le Fils d'Agatha Moudio,* © Editions Clé.

Eugène Ionesco, "Les Martin" from *La Cantatrice chauve,* © Editions Gallimard.

Jean Anouih, "L'Eglise et l'Etat" from *Becket,* © Jean Anouilh et Editions de la Table Ronde.

François Truffaut : "Patrick pousse son pion" from *L'Argent de poche,* © Editions Flammarion.

Photo Credits

Page 3, © P. Odile/SIPA. **Page 5,** © Pinney/Monkmeyer Press. **Page 7,** © Betty Press. **Page 11,** © SYGMA. **Page 19,** © Courtesy of the University of Virginia. **Page 25,** © Spencer Grant/Leo de Wys. **Page 26,** © Canapress. **Page 32,** © Michel Renaudeau/Gamma-Liaison. **Page 39,** © UPI/Corbis-Bettmann. **Page 45,** © Thomas Hurst. **Page 53,** © Corbis-Bettmann. **Page 59,** © John Brooks/Gamma-Liaison. **Page 67,** (bottom) © Steve Vidler/Leo de Wys, (top) © Henry Veiller/Photo Researchers Inc. **Page 68,** © Roger Violett/Gamma-Liaison. **Page 73,** © Roger Violett/Gamma-Liaison. **Page 78,** © The Image Works Archives. **Page 86,** Courtesy French Embassy Press & Information Division. **Page 88,** © Charles Gatewood/The Image Works. **Page 94,** © Stock Montage. **Page 98,** © Stock Montage. **Page 105,** (bottom) © Steve Vidler/Leo de Wys, (top) © G. Bouquillon/Gamma-

Liaison. **Page 106,** © S.H.A.A./SYGMA. **Page 113,** © Corbis-Bettmann. **Page 117,** © Owen Franken/Stock Boston. **Page 124,** © Corbis-Bettmann. **Page 131,** (left) © Corbis-Bettmann, (right) © The Granger Collection. **Page 137,** © SYGMA. **Page 147,** © The New Haven Colony Historical Society. **Page 153,** © Canapress. **Page 157,** © UPI/Bettmann Newsphotos. **Page 160,** © Benaroch/Sipa Press. **Page 162,** © Beryl Goldberg. **Page 169,** © David Frazier. **Page 170,** © The Granger Collection. **Page 174,** © Richard Feldman. **Page 181,** © The Bettmann Archive. **Page 187,** © Historical Pictures/Stock Montage. **Page 191,** © Stock Montage. **Page 195,** © French Consulate. **Page 198,** © French Consulate. **Page 205,** © French Consulate. **Page 213,** © Ulf Andersen/Gamma Liaison. **Page 215,** © John Springer/Corbis-Bettmann. **Page 223,** © SYGMA. **Page 224,** © William Karel/SYGMA. **Page 227,** © Thomas Hurst. **Page 231,** © Historical Pictures/Stock Montage. **Page 233,** © J. Messerschmidt/Leo de Wys. **Page 237,** © The Bettmann Archive.